研究生"十四五"规划精品系列教材

创新创业管理

主　编　袁晓玲
副主编　赵　锴　姚　芳　杨万平

西安交通大学出版社

图书在版编目(CIP)数据

创新创业管理 / 袁晓玲主编. — 西安：西安交通大学出版社，2023.8
　ISBN 978-7-5693-2843-1

　Ⅰ.①创… Ⅱ.①袁… Ⅲ.①创新管理-研究生-教材 Ⅳ.①F273.1

中国版本图书馆 CIP 数据核字(2022)第 198296 号

书　　名	创新创业管理 CHUANGXIN CHUANGYE GUANLI	
主　　编	袁晓玲	
责任编辑	魏照民	
责任校对	李逢国	
装帧设计	伍　胜	
出版发行	西安交通大学出版社 (西安市兴庆南路 1 号　邮政编码 710048)	
网　　址	http://www.xjtupress.com	
电　　话	(029)82668357　82667874(市场营销中心) (029)82668315(总编办)	
传　　真	(029)82668280	
印　　刷	西安明瑞印务有限公司	
开　　本	787mm×1092mm　1/16　印张 17.25　字数 418 千字	
版次印次	2023 年 8 月第 1 版　2023 年 8 月第 1 次印刷	
书　　号	ISBN 978-7-5693-2843-1	
定　　价	59.90 元	

发现印装质量问题，请与本社市场营销中心联系。
订购热线：(029)82665248　(029)82667874
投稿热线：(029)82668133　(029)82665379
读者信箱：xj_rwjg@126.com

版权所有　侵权必究

前言

在新一轮科技和产业革命孕育兴起、国际体系和秩序深度调整的大背景下，我国经过改革开放四十余年的积累，经济发展正从传统模式逐步进入创新发展的新阶段。作为推动创新发展的重要抓手之一，党中央、国务院对创新创业一直高度重视，自从2015年《国务院关于大力推进大众创业万众创新若干政策措施的意见》发布以来，推出了一系列旨在有效结合科学技术成果转化和创新创业人才供给，形成创新"供给—需求"双轮驱动经济高质量发展的政策框架，更于2021年10月《国务院办公厅关于进一步支持大学生创新创业的指导意见》中明确提出，提升大学生创新创业能力，优化大学生创新创业环境，加强大学生创新创业服务平台建设，促进大学生创新创业成果转化等九条重要实施举措。基于上述背景，本书贯彻落实十九大以来关于创新发展精神，针对目前创新创业教育现实收效不高、创新创业课程体系设置不合理等近年来在实践中浮现出的代表性问题，系统、详细和准确地阐述了新环境下创新创业者尤其是大学生所应掌握的主要前沿理论、最新实践案例、实操要素等知识和技能，旨在为完善现有创新创业教育体系，加速我国经济高质量发展提供必要的理论和实践参考。

本书具有如下特点：第一，基于国际先进理论与中国实践的深度融合，明晰创新和创业的内涵及其相互之间关系，增强学习者创新创业常识和素养。第二，为学习者精准提供具有实践导向的专业理论知识和技能，帮助其做好创新创业准备、评估和行动过程中的关键环节。第三，每章均附有最新国内外成功实践案例解析，丰富学习者对创新创业实践载体的理解，提升其整合知识、技能和社会资源的能力。

本书以教育部哲学社会科学研究重大课题攻关项目（20JZD012）为支撑，经过一年不懈的努力终于出版面世。本书作者均来自创新创业科研、教学和实践的第一线，经验丰富。全书由袁晓玲教授担任主编，赵锴、杨万平、姚芳担任副主编。各章参与撰写的人员如下：第一篇理论篇，共8章，由赵锴、王燕丽、吉悦瑞、王宁、李欣怡、张锦昊负责完成；第二篇创新实践篇，共4章，由杨万平、刘文飞、郭璐瑶、黄涛、李潇负责完成；第三篇创业实践篇，共6章，由姚芳、王恒旭、郭润昊、王卢佳、邓申伶负责完成。全书由袁晓玲教授拟订大纲、审稿，并最终定稿。在此，还要诚挚感谢西安交通大学、陕西省高质量发展软科学研究基地、西安市科技创新智库、中国环境质量评价中心所提供的科研平台、资金支持和学术资源，以及为本书出版付出努力的西安交通大学出版社等所有工作人员。最后，编写过程中也参阅了许多国内外专家的著作和研究，在此一并致谢。

创新创业教育作为一项涉及多学科、多领域的研究工作，尚处于不断摸索和完善的阶段。本书在完成过程中难免存在许多不足之处，期待社会各界人士提出宝贵意见，我们将在今后的教学和科研工作中不断深化和完善相关内容。

袁晓玲

2023年3月

目录

第一篇　理论篇

第一章　创新与创业的内涵 003
第一节　创新的含义 003
一、创新的概念 003
二、创新与创造、发明的区别 004
三、创新类型 005
第二节　创新思维 006
一、创新思维的内涵 006
二、创新思维的本质 006
三、创新思维的培养 007
第三节　创业的含义 008
一、创业的内涵 008
二、创业要素 008
三、创业阶段划分 009
第四节　创业决策逻辑 010
一、因果逻辑 010
二、效果逻辑 011
三、因果逻辑和效果逻辑的比较 012
四、精益思想与创业逻辑 014

第二章　创新与创业的区别和联系 016
第一节　创新与创业的区别 018
一、关注点不同 018
二、手段不同 018
三、主体与客体不同 019
第二节　创新与创业的联系 020
一、创新是创业的灵魂、本质与动力 020
二、创业是创新的载体和表现形式 021
三、创新创业联动助推高质量发展 022

第三章　创新与创业动力 024
第一节　创新动力 024
一、外部动力 024
二、内部动力 030
第二节　创业动力 032
一、外部动力 032
二、内部动力 034

第四章　创新创业与创意 036
第一节　创意内涵 036
一、创意的基本内涵 036
二、创意内涵的进一步理解 037
三、创意的重要特征 038
第二节　创新创业与创意的关系 039
一、创意和创新的关系 039
二、创新带动创业 041
第三节　创意开发 042
一、创意开发的活动要素 042
二、创意开发的过程 043

第五章　创新方法与类型 047

第一节　创新方法基本概述 047
一、创新方法的概念 047
二、创新方法的产生与发展 047

第二节　创新方法 048
一、创新方法的分类 048
二、创新方法应用的影响因素 049

第三节　创新类型 051
一、依据创新程度划分 051
二、依据创新所依赖的价值网络（市场）分类 053
三、依据创新主题分类 053

第六章　创业机会与风险 057

第一节　创业机会 057
一、创业机会概述 057
二、创业机会的识别 060
三、创业机会的评价 063

第二节　创业风险 067
一、创业风险概述 067
二、创业风险的防范和估计 069

第七章　创业类型与机制 074

第一节　创业类型 074
一、创业类型概述 074
二、创业类型划分的原则 076
三、创业类型的系统分类 077

第二节　创业机制 082
一、创业机制概述 082
二、创业机制的架构设计 084

第八章　创新创业生态系统 089

第一节　产学研机制 089
一、企业的产学研合作 089
二、高校的产学研机制 090
三、产学研与企业、高校经营创新 092

第二节　融资渠道 092
一、股权融资 093
二、债权融资 096

第三节　财税激励 097
一、财税激励政策的背景 097
二、当前的财税激励政策 098
三、财税激励政策的重要意义 101

第四节　法律保障 102
一、法律保障的必要性 102
二、创新创业活动中的法律风险 104
三、创新创业的法律保障 106
四、如何进一步建立法律保障机制 107

第二篇　创新实践篇

第九章　技术创新 111

第一节　技术创新理论与发展 111
一、技术创新理论的提出 111
二、技术创新理论的发展 111
三、技术创新未来发展趋势 114

第二节　技术创新类型 116
一、按照创新对象分类 116
二、按照创新程度分类 117
三、按照技术创新源分类 118
四、按照技术变动方式分类 119
五、按照技术创新规模分类 120
六、按照技术创新本身的经济价值分类 120
七、按照技术创新的最终效益分类 120

第三节　技术创新战略 121
一、技术创新战略的概念和特点 121
二、技术创新战略的内容框架 121
三、技术创新战略的分类 124
四、技术创新战略模式的选择 129

第十章　管理创新 ……………… 131

第一节　企业管理创新价值 …… 131
一、管理创新概述 ……………… 131
二、为什么要进行管理创新 …… 132

第二节　企业管理发展趋势 …… 135
一、企业管理的发展历程 ……… 135
二、企业管理的现状 …………… 137
三、企业管理的发展趋势 ……… 138

第三节　管理创新策略 ………… 141
一、古典管理理论与现代管理理论的区别
………………………………… 141
二、新形势下的企业管理创新策略 … 141

第十一章　营销创新 ……………… 146

第一节　营销创新发展 ………… 146
一、营销创新的背景 …………… 146
二、营销创新的主体 …………… 147
三、营销创新的分类 …………… 148
四、营销创新的未来发展趋势 … 148

第二节　数字化营销 …………… 150
一、数字化营销概述 …………… 151
二、数字化营销的主要形式 …… 152
三、数字化营销的特点 ………… 153
四、数字化营销实施策略 ……… 154

第三节　体验营销 ……………… 158
一、体验营销概述 ……………… 158
二、体验营销体系 ……………… 159
三、体验营销的特点 …………… 161
四、体验营销实施策略 ………… 161

第四节　跨界营销 ……………… 165
一、跨界营销背景 ……………… 166
二、跨界营销类型 ……………… 166
三、跨界营销实施原则 ………… 167
四、跨界营销未来发展趋势 …… 168

第十二章　服务创新 ……………… 173

第一节　服务创新概述 ………… 173
一、服务创新的必要性 ………… 173
二、服务创新的概念 …………… 173
三、发展服务创新的阻碍 ……… 174

第二节　服务创新的四维度模型 … 175
一、四维度模型的形成 ………… 175
二、四维度模型的框架 ………… 176

第三节　服务创新实践 ………… 178
一、顾客参与服务创新 ………… 178
二、畅通信息传导机制 ………… 179
三、数字赋能与数字经济 ……… 180

第三篇　创业实践篇

第十三章　创意产业 ……………… 185

第一节　创意产业概述 ………… 185
一、创意产业的概念 …………… 185
二、创意产业发展的社会基础 … 186
三、创意产业的特征 …………… 186
四、创意产业发展的意义 ……… 187

第二节　创意保护 ……………… 188
一、创意保护的意义和必要性 … 188
二、创意保护方式 ……………… 190
三、创意保护的建议和对策 …… 194

第十四章　创业主体 ……………… 199

第一节　创业者 ………………… 199
一、创业者的含义与类型 ……… 199
二、创业者素质与能力 ………… 202

第二节　创业团队 ……………… 203
一、创业团队的内涵 …………… 203
二、组建创业团队 ……………… 204
三、创业团队的管理 …………… 207

第三节　创业主体的社会责任 …… 209
　一、创业主体社会责任的内容 …… 209
　二、创业主体承担社会责任的原因 … 209
　三、创业主体承担社会责任的做法 … 209

第十五章　创业计划 …… 211

第一节　创业计划结构 …… 211
　一、创业计划的基本结构 …… 211
　二、结构设计注意事项 …… 212
第二节　创业计划要素 …… 213
　一、公司介绍 …… 213
　二、产品与服务 …… 215
　三、行业与市场 …… 216
　四、营销计划 …… 219
　五、生产运营 …… 220
　六、公司管理 …… 221
　七、财务计划 …… 223
　八、风险控制 …… 224

第十六章　创业资源 …… 227

第一节　创业资源概述 …… 227
　一、创业资源的定义与分类 …… 227
　二、创业资源的获取 …… 228
第二节　创业资源整合与利用 …… 230
　一、创业资源整合概述 …… 230
　二、创业资源整合过程 …… 231

第十七章　创建企业 …… 234

第一节　企业组织形式 …… 234
　一、企业组织形式的定义与分类 …… 234
　二、企业组织形式的选择 …… 235

第二节　企业注册流程 …… 235
　一、企业注册基本流程 …… 235
　二、中国注册登记制度的特点 …… 236
第三节　企业组织结构 …… 236
　一、企业的组织结构概述 …… 236
　二、企业组织结构类型 …… 237
第四节　新企业发展管理 …… 240
　一、企业成长理论概述 …… 240
　二、新创企业成长阶段管理 …… 241
　三、企业发展与知识管理 …… 242
　四、企业发展与创新管理 …… 243

第十八章　创业孵化 …… 246

第一节　创业孵化概述 …… 246
　一、创业孵化的概念 …… 246
　二、创业孵化的过程 …… 246
　三、创业孵化的模式 …… 247
　四、创业孵化载体 …… 249
第二节　创业苗圃 …… 249
　一、创业苗圃的内涵 …… 249
　二、创业苗圃发展现状 …… 250
第三节　创业孵化器 …… 251
　一、孵化器的内涵 …… 251
　二、孵化器对初创企业的作用 …… 252
　三、孵化器发展现状 …… 252
第四节　加速器 …… 254
　一、加速器的内涵 …… 254
　二、加速器的现状及发展趋势 …… 255

参考文献 …… 258

》第一篇

理论篇

第一章 创新与创业的内涵

面对新时代独特的历史发展机遇和新的社会矛盾,"创新"一词在各领域被频繁提及。在经济领域,例如创新创业、商业模式创新、技术创新、创新网络、国家创新体系、金融创新等;在社会发展领域,例如创新型社会、扶贫创新、社会救助体系创新、社会管理创新等;在政治领域,例如制度创新、改革创新、党建工作创新、思政教育创新等。在以上所提到的语境中,"创新"既可以是动词,也可以是名词,其具体含义包罗万象,十分广泛。

基于本书的主题"创新与创业管理",本书试图从已有资料、文献和具体实践中,从理论层面上分析"创新"的具体含义及创新思维,并进一步推进到本书的核心"创业"部分,即创业的含义和创业逻辑。

第一节 创新的含义

一、创新的概念

《现代汉语词典》对"创"的解释是"开始做,初次做,例如首创,创新纪录";对"创新"有两种解释:第一种是作为动词的"创新",是指"去旧迎新",例如商业模式创新、创新思维;第二种是作为名词的"创新",是指"创造性、新意",例如,这是一个富有创新的想法。

在中国最大的学术知识库上搜索"创新"二字,可以得到370余万条与该关键词有关的文献;通过在"百度学术-开题分析"网站搜索关于创新概念的研究可得,国内数据库关于"创新概念"从1991年开始出现相关研究,2015年达到最热,至今还有数百篇相关论文。研究"创新"的文章,可谓是浩如烟海。下面对国内外学者关于"创新"的不同定义做一下简单介绍。

中外学者对于"创新"的定义各有不同。最著名的关于"创新"的定义,来源于奥地利经济学家熊彼特(Schumpeter)的著作《经济发展理论》:创新是指建立一种新的生产函数,也就是说,把一种从来没有过的关于生产要素和生产条件的"新组合"引入生产体系。熊彼特的"创新"概念包括五个方面:①发明或引进新产品;②利用新技术,即新的生产方法;③开辟新市场;④挖掘原材料的新供应来源;⑤建立企业新的组织。

其他国外学者则从不同角度来定义"创新"。迈克尔·波特把创新宽泛地定义为包括技术改进和更好的做事方式与方法。他从"创新"需要达成的目标即更好的做事方式与方法角度来定义创新。霍尔特(Holt)将创新定义为:创新是指运用知识或相关信息创造和引进某种有用的新的事物的过程。这是从开发者的角度来定义创新的。奈特(Knight)将创新定义为:创新是指对一个组织或相关环境的新的变化的接受。这是从接受者的角度来定义创新的。萨尔特曼(Zaltman)将创新定义为:创新是指被相关使用部门认定的任何一种新的思想、新的实践和新的制造物。这是从使用者的角度来定义创新的。

国内学者关于"创新"的内涵有以下几种理解。

王海山等对熊彼特提出的"技术创新"概念做了论述,并研究了技术创新的宏观经济动力模式及意义;魏发辰对"创新""创造""技术创新""发明"等概念进行了区分,强调"创新"是一项产生新结果的社会活动;张凤、何传启认为"创新"是指在世界上第一次引入新东西、引入新概念、制造新变化,其中"新"指在结构、功能、原理、性质、方法、过程等方面的、第一次的、显著性的变化,"新"的含义是知识产权意义的"新",不是时间意义或地理意义的"新"。

长期以来,技术创新是西方实现创新的主要形式,国内学术界更多地对"技术创新"进行了定义,但这里的"技术创新"还是指传统意义上的"创新"概念。

傅家骥对技术创新给出了经典定义,他认为,技术创新是企业家抓住市场的潜在盈利机会,以获取商业利益为目标,重新组织生产条件和要素,建立起效能更强、效率更高和费用更低的生产经营方法,从而推出新的产品和新的生产(工艺)方法、开辟新的市场、获得新的原材料或半成品供给来源以及建立企业新的组织,包括科技、组织、商业和金融等一系列活动的综合过程。吴贵生认为,"技术创新是指由技术的新构想,经过研究开发或者技术组合,到获得实际应用,并产生经济、社会效益的商业化全过程的活动"。

随着对"创新"概念研究的不断深入,学者们更多地将概念理解引入企业管理、社会转型、自主创新、创新设计、企业家等具体领域。

如韩文龙论述了"技术进步—制度创新—企业家精神"创新组合对优化资源配置和促进经济增长的机制;胡琪煊研究了大数据背景下的企业创新管理策略;王建华论述了创新驱动发展的新时代背景下,大学生创新创业教育的必要性。

由以上引用的文献可以看出,本书中的"创新"更多地从经济学层面去分析"创新",即强调在创业过程中通过创新获得更多的经济价值产出,所以相关概念阐述的角度有一定的偏向性和选择性,相信读者可以理解本书编者的用意。

二、创新与创造、发明的区别

(一)创新与创造

创造(creation)一词最初一般出现在哲学、神学表达用语中,后来出现了研究方法"创造技法"、应用心理学分支"创造力研究"等与"创造"有关的表达。具体到概念上,不同的学者从创造活动的主体、创造活动过程、创造产品角度来定义,但不同视角都强调创造的"新颖性"或"原创性"的本质规定。

傅世侠综合以上角度,认为"创造"指创造主体在一定的情境下,通过创造性地解决某个适宜的问题,而获得了某种新观念、新设想、新方法或新产品等的思维活动过程。

在创造学中,"创造"和"创新"这两个概念,在一般情况下是可以相互替换使用的,或者说,它们之间并没有绝对严格的界限。两者的共同特点就是,无论是创造主体的创造性思维,或是创造出来的产品(物质的或精神的),都是越出新、越独特、越不同凡响或越标新立异,就越好。如果这种产品是世界上从来没有过的、独一无二的"原创",那么只要它还能满足"现实性"这一充分条件,它就将是世界性的、顶尖级的创新或创造。

从创造性思维过程来看"创造"和"创新"这两个概念,前者所表征的正是这一思维活动的全过程,而后者所表征的则是这一过程的核心阶段。它们之间便是一种前者对后者的包容关系。从这个意义上说,这里所谓的"创新",乃是一种狭义的创新;而前述与"创造"概念同义的"创新",便是广义的创新。但无论前者抑或后者,它们的基本含义仍都在于一个"新"字。或者说,正是因为有了通过酝酿和顿悟而达到的创新,才有所谓创造性的思维过程,从而也才有创造。由此亦可说,"酝酿"和"顿悟"才是整个创造性思维过程中的核心部分,从而也就是创造或创新的关键。

(二)创新与发明

发明是指首次提出一种新产品或者新工艺的想法,而创新则是首次尝试将这个新想法付诸实施;发明并不必然导致创新,创新只是在实现新产品、工艺系统和装置的首次商业交易时才算完成。

首先,就"创新"本身而言,技术发明的成果可能是一种概念、一份图样或一种新的改进了的装置、产品、工艺或系统的模型,它可以是首创的,也可以仅是一项改进。它总是包含着创造一个新构想或者新方案。但是,发明只是一个想法或者设计,并不一定能在商业上使用。发明可以但不一定申请专利,也未必能带来适合市场的产品和服务。但创新却是一个新想法在商业上的实现,并且是切实可行的。只有当新装置、新产品、新工艺或新系统第一次出现在商业交易中时才算是一项技术创新。技术发明是以技术解决问题,而技术创新则是以技术推动经济。其次,就活动主体而言,只有完成新组合的企业经理才是企业家,而技术发明不是创新,这就把其他人员(如科学家、工程师、技术员、管理人员等)排斥在创新之外。

1974年,厄特巴克在《产业创新与技术扩散》中指出:"与发明或技术样品相区别,创新就是技术的实际采用或首次应用。"进一步强调了"技术发明"与"技术创新"的不同:"技术发明(创造)是指在技术上有较大突破,并创造出与已有产品原型或方法完全不同或有很大改进的新产品原型或新的方法。技术发明仅指技术活动,只考察技术的变动性,不考察是否产生经济效益。它和技术创新是不同的概念,技术发明可以形成具有商业目的的技术新构思,从而构成技术创新活动的一个环节(组成部分),从这个意义上说,技术创新可以包括技术发明。但技术发明也可能不具备商业价值,终止于技术原型。如果将从发明到应用简单地看成一个完整的技术活动链的话,技术发明侧重于链的前端,而技术创新则涉及整个链,同时更侧重于链的后端。"

三、创新类型

(1)从制度状态来划分,奈特将创新划分为程序化创新和非程序化创新两类。程序化创新事先有计划,开发活动遵循既定的路径和程序。非程序化创新又可划分为两类:一类是消极性创新,它是指创新之所以开展起来主要是因为企业偶尔有资金来支持;另一类是痛苦型创新,它是由企业失败引起的。这种划分法可以说明创新的主动性。

(2)从创新的最初重点来划分,道尔顿(Dolton)提出了创新的三种类型,即:①技术创新;②以价值为中心的创新;③结构创新。以此为标准,奈特则将创新分为:①产品或服务创新;②生产流程创新;③组织结构创新;④人际关系创新。这种划分法能够了解创新的重点领域。

(3)从创新的结果和效应来划分,创新分类的结果是两个极端:彻底型创新和日常型创新,这里的核心变量是创新的彻底性。通常认为,创新的结果与现行的正在使用的方法或手段相比,如果差异程度越大,则彻底性程度越高。这种划分法便于了解创新的程度。

(4)从节约资源的种类来划分,约翰·理查德·希克斯(John Richard Hicks)将创新分为

节约劳动的创新、节约资本的创新和中性的创新。这种划分法被很多经济学家所看重,可以说明新技术在经济增长中的作用并为政策制定提供参考。

(5)从组织方式来划分,创新分为独立创新、联合创新和引进创新。这种划分法可以说明创新的自主程度。

第二节 创新思维

认知指导实践,实践又进一步深化认知。同理,创新思维指导着创新活动的开展,而在此过程中,创新思维也被进一步培养和开拓。创新思维对于创新而言至关重要。在本节内容安排上,首先对创新思维的内涵进行介绍;其次,着重介绍创新思维的本质;最后,简述对创新思维能力培养的建议和看法。

一、创新思维的内涵

"创新"强调新产品、新工艺、新流程、新组织等带来的新的价值,"创新思维"强调的是创新过程中对于新价值多维度实现的潜在意识。

创新思维与习得思维相对应。习得思维是人们在过往的经验、实践、学习等过程中逐渐建立的一种相对固化且稳定的处理问题的思维方式。习得思维在处理常规问题上非常有效,但一旦出现的问题超出主体过往的认知范畴,习得思维往往无能为力。此时,创新思维就可以展现它的巨大能量了。创新思维面对新问题,采用新的认识角度,尝试新的解决方法,最终在已有经验范围内获得新的认知成果。

创新思维是从实际出发的。具体来讲,在创新过程中,从具有独特性、原创性事物的产生,到商业转化、市场推广、新价值的最终实现,其中的每一个步骤都需要创新思维根据出现的实际情况做出超出可预知结果范围的选择。沿着前人走过的路,只能去验证前人的想法,而做不出创新。

二、创新思维的本质

根据唯物辩证法,本质是事物的内在根据,是事物内部各个要素之间稳定的联系,是同类事物中一般的、共同的东西。如果可以理解创新思维的本质,那么创新思维的培养问题将会获得源头活水,水到渠成。

根据张义生在《论创新思维的本质》一文中的观点,创新思维的本质可从其功能、结构、机制这三个层面来揭示。

(一)功能层面

从功能层面来讲,创新思维的本质在于出新。注意,这里的"出新"并非是产出新的实践成果,而是通过创新思维产生新的认知成果。更进一步,这里的"新"既可以是广泛至整个人类群体认知范畴的"新",也可精细到对单个认知个体的"新"。具体来讲,大到达尔文的进化论、牛顿的三大定律、爱因斯坦的相对论等思想巨人的认知成果是创新思维的"出新",小到厨师在菜谱改进过程中创建的一道新菜品、研究人员阅读文献时摸索出来的新的解决问题思路、小学生设计的跳方格游戏的新规则等,也是创新思维的"出新"。一言以蔽之,只要在原有的思维基础上产生了区别于过去的东西,那么这个"出新"的思维就是创新思维。

（二）结构层面

系统科学的观点认为，结构决定功能。有什么样的思维结构，就会有怎样的思维功能。创新思维的出新功能受制于它的超越结构。

思维结构是从我们开始有自我意识后，通过对所感所知的周围环境以及周围环境和我们自身之间的互动而逐渐建立起来的。通俗来讲，思维结构是我们将客观事物转化为主观认知的一个过滤器或转换器。思维结构决定了我们对于同一客观事物的关注程度、关注角度、内化处理机制以及最终的处理结果。由于思维结构是在日积月累的经验和学习中建立的，因而一旦形成，便具有相对的稳固性。这种稳固性结构是习得思维最好的"温室"。而创新则是突破思维定式的阻碍，超越既定的思维结构。从结构层面来讲，创新思维的本质就是突破原有的思维结构。

（三）机制层面

结构侧重从静态的角度描述系统，机制则侧重从动态的角度描述过程。创新思维超越现有思维结构取决于思维过程的内部运作机制。

创新思维既是一个逻辑的过程，也是一个非逻辑的过程，是逻辑与非逻辑的统一。任何思维创新，哪怕是极具独创性的思维过程，都不是凭空出现的，不能脱离原有的思维方式。它总是要运用原有思维方式中的一部分要素，如一定的知识、概念、原理和方法等，那种与人类既有的思维完全脱节的创新是不存在的。因此，创新思维与已有的知识等思维要素之间必然会发生种种逻辑联系，使得创新思维过程不可避免地带有一定的逻辑性。同时，创新思维要出"新"，就要超越原有的思维方式，这就使得创新思维过程必然要增加新的成分、新的因素，如新的事实、概念、原理、方法等。这样一来，又使得创新思维过程不可能完全地还原为逻辑的过程，而成为一种非逻辑的心理的过程。

三、创新思维的培养

创新思维需要大胆地对原有传统进行批判、破坏甚至颠覆。克里斯坦森在《创新者的窘境》一书中首次提到的颠覆式创新（disruptive innovation），被认为是 21 世纪最具有影响力的创新理论。与熊彼特所倡导的"破坏式创新"（重组现有资源以创新性地破坏市场均衡）有所区别，克里斯坦森倡导的"颠覆式创新"专指这样一种创新过程：刚出现时技术不成熟，水平不高，不为主流市场所青睐，只能凭其某些新特性服务于低端或新兴市场，随着其产品或服务性能的提高，建立新的市场和价值网络，最终抢占主流市场，取代旧技术。前者强调基于重组现有资源进行产品创新、工艺创新、市场创新、资源配置创新或组织创新；后者则强调新技术对原有市场的颠覆，即小众产业占据主流市场。

创新思维需要通过营造环境和支持条件来培养。摩尔（Moore）提出了创新生态理论，将企业生态系统定义为一种"基于组织互动的经济联合体"，即一种由客户、供应商、主要生产商、投资商、贸易合作伙伴、标准制定机构、工会、政府、社会公共服务机构和其他利益相关者等具有一定利益关系的组织或者群体构成的动态结构系统。创新生态系统是由参与创新的主体及其环境相互作用形成的一个开放的有机整体，包括参与创新的自然资源、劳动、知识、资本、技术等各种创新要素在各主体之间的流动和溢出（柳卸林等）。创新生态系统强调了环境对创新过程的重要作用，这与创造力培养过程中强调优化教学环境（如校长的指导思想、学校管理、环境布置、教学评估体系及班级气氛等因素)的观点是一致的(林崇德等)。从生态系统角度对创新理论的解读让我们得到一个重要启示,即学校的创造性环境与社会和企业中创新环境的融合以及产学联合机制对创新人才培养的意义重大。在第四次工业革命背景下,颠覆性创新教育势在必行。学校教育不但需要培养学生的好奇心和创造性,更需要培养其具备准确把握市场规律和商业模式的能力,即颠覆性创新能力。

第三节 创业的含义

在当今的中国乃至全世界,创业越来越成为经济发展中的强劲推动力。自1980年以来,在美国和世界其他一些国家或地区,小企业和创业者每年创造了70%以上的就业机会与70%以上的新产品和新服务。自1990年以来,美国每年都有100多万个新企业成立,即平均每250个美国公民中就有一个新企业。中国超过60%的国民生产总值是由中小企业创造的。中国中小企业和小微企业已有7000多万家,占全国总数的99%以上。伴随"双创"的广泛开展,2016年中国注册登记企业同比增长24.5%,平均每天新增1.5万户,加上个体工商户等,各类市场主体每天新增4.5万户。在创业型经济时代,小企业和创业企业成了经济增长的火车头。

一、创业的内涵

狭义的创业是指"从零开始创建新企业",广义的创业包括"从一个有问题的企业开始创建出一个重焕生机的企业"。

在中文语境中,"创业"一词在我国文献中最早出现于东汉诸葛亮的《出师表》:"先帝创业未半而中道崩殂"。这句话中的"创业"在前文有所提及,指的是"开创的事业",与现今一般理解"创业"中的"业"字意义相差不大。在《辞海》中,创业被解释为"开创基业"。

"创业"一词在英文中有多种表述方式。例如:表示创业企业的有 venture 和 start-up;表示创业者的有 entrepreneur;表示创业行为、创业活动的有 venturing 和 entrepreneurship。需要指出的是我们通常所说的风险投资的英文是 venture capital,其中的 venture 虽然是由"风险"转义而来,却不是风险的意思,而是指创业企业。因此 venture capital 的正确翻译应该是创业投资,即专门为创办企业进行的投资。新创企业也可以用 business venture 或 new business venture 来表示。

创业活动是在创新创业精神的驱动下,对创业机会进行识别和开发的创建过程,是创业者主导下的高度综合的不确定性管理活动。创业不完全等同于创新或一般意义上的创建活动;创业活动既需要创造力,也要求具有行动力。

二、创业要素

所谓创业要素,就是创业活动所必须具有的实质或本质、组成部分。研究表明创业成功是一系列要素科学组合的结果,创业者可以通过改善这些要素的组合来提高其创业成功的可能性。

具体而言,创业究竟应该包括哪些要素,不同的学者有不同的认识。如蒂蒙斯(Timmons)认为,创业是"机会、资源、团队"三大要素的结合;葛建新等提出,人的因素、物的因素、社会因素和组织因素构成了创业的要素;蔡莉等在对科技型企业的创生系统研究过程中提出,科技性企业创生要素分为宏观要素(包括科技环境、金融环境、教育人才环境、政策法律环境、文化环境和市场环境)和微观要素(包括创业者、商机和资源)。

虽然创业过程是多种要素共同作用的结果,但对于创业者而言,对其创业结果产生至关重要的影响的要素往往只是众多要素中的几个甚至一个。学者们对影响创业成功或失败要素的研究很多,但由于创业个案背景的差异性大,所以各自的研究结论并不完全一致,既有相互印证的,也有完全相反的。如部分学者从心理学出发研究发现,创业者的个性特征对于其创业绩效具有显著影响,成就感、冒险精神、合作精神等一些个性心理特征与创业成功密切相关。而战略适应论学者研究发现,行业结构和企业战略之间的互动作用对新创企业绩效具有显著影响,而创业者的特征对提高新创企业的绩效作用并不明显。麦克雷(Mcrae)提出,中小企业创业成功的关键要素在于如何采取弹性的经营策略,以适应快速变化的市场需求。

近年来,随着创业学研究的不断深入,学者们开始认识到无论哪种单一的要素都不能全面解释创业成败的原因,创业的成功应是多种关键要素综合作用的结果。优素福(Yusuf)通过对南太平洋地区创业家的研究,发现良好的管理能力、政府的支持、市场因素、教育培训的水平、初期的筹资能力、个人的特质背景、先期在该行业的经验等是影响创业能否成功的关键要素。马克(Mark)对美国全国住宅建造商协会(NAHB)中的1114家建筑企业进行了全国范围的随机调查,结果表明,创业者的企管实践、技术、企业态度、计划、市场、外部要素、质量服务和授权工作、创业者的个人特质是新企业成功最为关键的要素。

三、创业阶段划分

一个新兴企业从创建到成熟通常需要经历5个时期:种子期(或概念期)、早期、发展期、晚期和成熟期。

(一)种子期(seed stage)

种子期是创业的第一个时期。在这个时期,创业者仅有一个好的点子或创意而已。种子期有下列特点:尚未注册企业或刚刚注册了企业;尚未或正在进行市场调研;尚未或正在建立商业计划;尚未形成核心创业团队,没有产品或服务,没有销售和利润。因此在该时期,创业者需要获得种子资金(或启动资金),以进行较深入的市场调研,确立商业计划,创建核心创业团队等。该时期结束时,企业应已基本建立。种子期通常持续3个月到1年。

(二)早期(early stage)

早期即产品或服务开发期。经过种子期后,企业需进行产品或服务的开发。该时期的特点有:企业已经注册,商业计划已确定,核心团队已基本形成,产品或服务正在开发,没有销售和利润。创业者在这个时期需要早期产品或服务的开发资金,以进行产品或服务的开发,进一步完善核心团队,建立和发展销售渠道,寻求商业合作伙伴等。该时期结束时,企业应完成产品或服务的开发工作,已制成产品样本,具备规模生产和产品上市的能力。该时期通常需要1~15年。风险投资把种子期和早期资金通常称为第一轮融资。

(三)发展期(expansion stage)

发展期即规模生产、产品或服务上市,以及扩大生产时期。其特点有:已有开发完成的产品或服务;产品或服务已推向市场,已有销售收入;尚未盈利或已有些利润。在这个时期,企业需要发展资金,以进行规模化生产,维持迅速增加的库存和应收账款,以及促销产品和服务,而此时从销售收回的现金流量还不足以支持发展所需的资金,所以企业还需进行第二轮融资,甚至有时要扩大规模、开发新产品等,还需要进行第三轮融资。发展期结束时,企业应有了利润并占领了一定的市场份额。企业的发展期通常需要 2~3 年。

(四)晚期(later stage)

晚期为企业主要的扩展期。晚期的特点有:有可观的销售收入,已拥有一定的市场份额。在这个时期,企业需要开发新产品或新服务,扩大规模,以进一步占领市场和领导市场。有时企业需要进行第四甚至第五轮融资。晚期结束时,企业应已盈利并有正的现金流,且已占领了相当的市场份额。这个时期通常持续 2~3 年。

(五)成熟期(mezzanine stage)

经过种子期、早期、发展期到晚期以后,企业进入了成熟期。在这个时期,创业者需确定企业未来的发展方向:上市、被并购或继续独立(以私有形式)发展。为了使风险投资价值化,获得高额回报,风险投资公司通常促成所投资企业走上市和被并购之路。如果上市,由于此时企业的股份仍然相对集中,为了满足上市的要求企业需要获得夹层资金(mezzanine fund)以调整股本结构等。如果被并购,企业可能被兼并和收购(并购可分吸收并购、新设并购和收购控股权三种形式)。收购方有可能采取杠杆收购的形式。在杠杆收购的情况下,企业可能被该企业的管理层或其他收购方收购。收购方可以以目标企业的资产或未来的现金流做抵押,向银行(主要是投资银行)以优先债形式获得 60%左右的收购所需的资金,从风险投资公司以可转化债券和优先股形式获得 30%左右的夹层资金,以及自己投入 10%左右的资金来完成杠杆收购。

第四节　创业决策逻辑

创业者的创业决策行为贯穿整个创业过程,创业决策逻辑作为指导创业者的行为逻辑,对于决策结果至关重要。因果逻辑(causation)和效果逻辑(effectuation)是两种主流的创业决策逻辑。

一、因果逻辑

(一)因果逻辑的含义

2001 年,因果逻辑一词被萨阿斯瓦斯(Sarasvathy)引入创业研究领域,用于描绘创业者的创业决策逻辑。萨阿斯瓦斯认为因果逻辑创业决策方式就是传统的以目标为导向的创业决策方式——从给定的目标出发,重点在于从现有手段中筛选出最优方案以实现预设目标的过程。

遵循古典主义经济学的假设,因果逻辑的创业者被假定为完全理性,即决策者可以掌握所有的信息以及知晓所有的选择方案,并能从中选择最优的方案。未来被假定为可预测的,即决策是以信息完全和信息对称为基础的。

这个可预测的创业决策过程起始于创业机会的识别,以形成新产品、新企业以及新市场,此后,创业者会进行充分的竞争性分析以及市场调研,以制订相对完备的商业计划,并根据商业计划拟订的商业目标来获取必要的资源,以及结识利益相关者来促进创业过程。此外,由于创业环境是不断变化的,创业者会根据环境的变化做出相应的改变以保持企业长期的竞争力。

(二)因果逻辑的创业决策过程特点

1. 目标导向

因果逻辑是目标导向的,创业者对于预期的未来有着清晰的认知,当目标确定后,创业者会付出一切努力以达成预期的目标。在这个因果关系中,"目标"就是"果",而创业者的逻辑是围绕者预期的"果"倒推出相应的"因",并由"因"找出"可替代手段",并从中选出最优的手段来实现预期目标。

2. 利益最大化

因果逻辑的决策方式强调追求利益的最大化,而非聚焦于创业项目的下行风险和损失。换句话说,在考虑投资需求时,创业者会更关注投资带来的预期回报,而不是关注潜在的风险。因此,因果逻辑的创业者在决策时会选择利益最大化战略,并通过一切可能路径来实现利益最大化。

3. 竞争性分析

竞争性分析是战略制定的关键因素,因果逻辑的创业者格外关注竞争,甚至会将客户和供应商的关系限制在必要的范围内。在制订商业计划前,创业者们会做充分的市场调研和竞争性分析,以通晓内外部环境,明确战略定位,降低不确定性。

4. 避免意外事件

遵循因果逻辑的创业者对于意外事件的态度是十分消极的,他们认为意外事件是个"不速之客",甚至是个"威胁",会破坏他们精心编制的计划而打乱创业节奏使未来变得不可控。因此,因果逻辑的创业者会极力避免意外事件,并尽力将未来置于可控的范围内,从而有效地实现预期目标。

5. 未来可预测性

因果逻辑的决策方式对于未来的态度是——"某种程度上,我们能预测未来,我们能控制未来",并且未来是可以预测的。因果逻辑的创业者认为环境是外生的,不在可控范围内,因此尝试去预测未来可能出现的风险、损失等,然后尽力规避,企图在可预测的未来里控制未来。

二、效果逻辑

(一)效果逻辑的含义

萨阿斯瓦斯认为,在环境高度不确定性、目标模糊性的创业情境下,传统的以目标为导向的因果逻辑模式就会失效,如此决策情境下,以手段为导向的效果逻辑决策方式给创业者们打开了另一扇门。

与传统的目标导向的因果逻辑的决策过程相反,萨阿斯瓦斯将效果逻辑决策过程定义为从已有的手段出发,聚焦于选择利用已有手段的组合可能产生的效果而不强调对未来的控制。效果逻辑者从既有手段出发采取有效的行动并积极与其他人进行互动,因此建立起来的合作关系和利益相关者的承诺带来了更多的新手段和新目标。

效果逻辑和因果逻辑被萨阿斯瓦斯描述为两种不同的创业决策思维,因果逻辑聚焦于对未来的预测,而效果逻辑理论的潜在逻辑是"控制",即强调控制未来而不强调预测未来,在某种程度上你能控制未来,但是并不需要对未来做出预测。

(二)效果逻辑的创业决策特点

萨阿斯瓦斯通过强调采取行动的标准将效果逻辑与因果逻辑区分开来,并提出了5个效果逻辑的决策原则,分别为:既有手段原则、可承受损失原则、战略联盟原则、利用意外事件原则以及非预测控制原则。

1. 既有手段原则

既有手段原则强调如何利用既有的手段创造各种可能的效果,而不是发现新的手段达到指定的目标。创业者通过"我是谁""我知道什么""我认识谁"这些既有手段,在个人、企业以及经济的水平上对创业情境进行分析,思考这些手段可能创造的各种结果。

2. 可承受损失原则

因果逻辑强调通过一切路径实现利益最大化,而可承受损失原则强调关注可以承受的损失而不是期望收益。如果要估计期望收益,创业者必须对未来的销售情况以及风险状况进行评估,也就是要对未来进行预测,而效果逻辑者降低了他们对预测的依赖,效果逻辑的创业者只需要在开始创业前评估自己当前的经济条件以及对最坏情况的心理承受能力,把决策的重点建立在可以控制范围的同时,减弱了创业初期所面临的不确定性。

3. 战略联盟原则

战略联盟原则是指创业者更愿意与其他利益相关者进行联盟合作以降低环境不确定性和市场进入壁垒,而不是担心机会成本和竞争性分析。此外,利益相关者的承诺使得既有手段丰富起来,在创业者和利益相关者的相互协作下,新企业的市场也逐渐清晰。

4. 利用意外事件原则

利用意外事件原则也称"柠檬汁原则"。"柠檬汁原则"来自谚语"当生活给了你酸苦的柠檬,就做成可口的柠檬汁"。这与效果逻辑的思维相同:当创业遇到意外事件时,那就把意外事件看作一个新兴机会并利用意外事件创造更多的价值,而不是消极地逃避、克服甚至去适应意外事件。

5. 非预测控制原则

非预测控制原则的潜在逻辑是,某种程度上,我们能控制未来,我们不需要去预测未来。这个逻辑与传统的"某种程度上,我们能预测未来,我们能控制未来"的因果逻辑相反,强调对当前状态的控制而非对未来的预测,建议创业者发挥主观能动性而不是依赖于外部因素。

三、因果逻辑和效果逻辑的比较

(一)因果逻辑与效果逻辑理论对比

因果逻辑和效果逻辑都要求创业者理解基本的商业技能,如合理的会计实践、企业运营环境的合法性问题以及财务和人员管理的日常机制。同时,两者还都要求创业团队按照新创企业做出的承诺有效地执行。然而两种逻辑中的主要驱动力是不同的(如表1-1所示)。

表 1-1　因果逻辑和效果逻辑的主要驱动力

类别	因果逻辑	效果逻辑
对未来的认识	预测：把未来看作是过去的延续，可以进行有效预测	创造：未来是人们主动行动的某种偶然结果，预测是不重要的，人们要做的是如何去创造未来
行为的原因	应该：以利益最大化为标准，通过分析决定应该做什么	能够：做你能够做的，而不是根据预测的结果去做你应该做的
采取行动的出发点	目标：从总目标开始，总目标决定了子目标，子目标决定了要采取哪些行动	手段：从现有的手段开始，设想能够利用这些手段采取什么行动，实现什么目标；这些子目标最终结合起来构成总目标
行动路径的选择	既定承诺：根据对既定目标的承诺来选择行动的路径	偶然性：选择现在的路径是为了以后能出现更多更好的路径，因此路径可能随时变换
对风险的态度	预期的回报：更关心预期回报的大小，寻求能使利益最大化的机会，而不是降低风险	可承受的损失：在可承受的范围内采取行动，不去冒超出自己可承受能力范围的风险
对其他公司的态度	竞争：强调竞争关系，根据需要对顾客和供应商承担有限的责任	伙伴：强调合作，与顾客、供应商甚至潜在的竞争者共同创造未来的市场

通过对比可以发现，因果逻辑和效果逻辑的适用条件各有不同。因果逻辑决策适用于成熟的大企业。成熟企业拥有的资源较丰富，内部运行机制较完善，危机处理能力和方式较成熟，稳定的内外部环境使得风险概率容易预测，确定和实施目标较为容易。效果逻辑决策适用于创业早期企业。创业早期企业大多缺乏资源，面临着目标、市场、风险等种种不确定情况，无法像因果逻辑一般做出理性决策，因此更强调的是决策者的个人特质、社会关系等参与到决策中，创造各种可能结果。虽然因果逻辑与效果逻辑决策方式有较大区别，但并不意味着两者相互对立。在现实决策中，可能决策者会同时运用这两种决策方式，只是在某个具体时段其中一种决策方式占主导地位。

(二)因果逻辑与效果逻辑案例对比

以星巴克为例。按照因果逻辑，创业故事应该是这样的：

星巴克创始人霍华德·舒尔茨发现，婴儿潮一代拒绝加工和包装食品及饮料，偏好更加"自然"和高质量的食品和饮料。

他看到美国人变得对比大多数零售店里提供的服务水平更高的服务越来越感兴趣。

舒尔茨利用对顾客需求的理解开发了优质咖啡产品和宜人的零售环境。

但历史事实其实是按照效果逻辑发展的：

1980 年之前，美国人均咖啡消费量已经连续 20 年下滑。

星巴克最初由戈登·波克等人于1971年创立,是一家位于西雅图的出售高质量烘焙豆的商店,同时提供茶、调味品等,但并不按杯出售咖啡。

如舒尔茨自己所说,"星巴克创始人并没有研究市场趋势。他们满足一种对优质咖啡的需求——他们自己的需求"。

即便戈登·波克和他的合作伙伴也不是第一个"发现"特色咖啡的人——荷兰的咖啡鉴赏家从1966年就开始干这个了。很可能其他人也早在波克之前就干这行了。

不同于星巴克的创始人,舒尔茨并不是一个咖啡迷,"同20世纪80年代早期的大多数美国人一样,他在成长过程中将咖啡看作一种在超市的走道里出售的商品"。他是一家家用器皿供应商的管理人员,该公司的客户包括最初的星巴克公司。

通过对星巴克发展逻辑的假设与现实对比,对于按照因果逻辑和效果逻辑进行创业有了一个更形象化的感知:采用因果逻辑开展创业时,首先要开展市场研究和竞争分析,找到目标细分市场;然后制定营销战略,计算边际成本/价格并制定财务规划;最终撰写商业计划,整合资源,组建团队并搭建新企业。而效果逻辑支持的做法则是:首先从你是谁、你知道什么以及你认识谁起步,尽可能利用少量资源开始做可以做的事情;然后要与大量潜在利益相关者进行交互并谈判实际的投入,根据实际投入重塑创业的具体目标;重复上述过程,直到利益相关者和资源投入链条收敛到了一个可行的新创企业。

四、精益思想与创业逻辑

精益创业目前受到大量创业者的推崇,这个概念是由精益生产演变过来的,而后者是丰田公司的大野耐一创造并且实践得来的,在现代制造业有着难以撼动的地位。精益的含义就是要去粗取精,刨除冗杂、陈旧、传统的东西,在市场操作过程中改以顾客为导向产生的真正需求为指标重新安排生产过程,从而以较少的投入产生巨大的收益。

精益的核心思想是杜绝浪费,精益创业的核心思想就是:以最低的成本制作MVP(minimum viable product,最简可行产品),从每次实验的结果中学习,快速迭代,在资源耗尽之前从迷雾中找到通往成功的道路。精益创业的方法论,非常像实验室里做实验的方法。

第一步:确定待验证的假设

所谓待验证的假设,就是那些认为理所当然的、一厢情愿的需求。不要自欺欺人,要把这些不确定的主观臆断全部罗列出来,按照优先性有针对地去解决。

第二步:制作MVP

用最低的成本制作一个用于检验假设的产品,可以是经过开发的产品原型,也可以是一段故事描述。只要是能够让待测的用户感受到这个产品所能带来的价值就可以。

第三步:确定衡量指标,检验假设

分析哪些客观指标可以标识之前规划的需求确实存在于用户内心之中。召集目标用户,向他们展示MVP,测量衡量指标,用以验证之前的假设。

第四步:坚持或者转型

根据收集到的结果,决定是坚持最早的规划,还是转变方向。

精益创业所引申出的创业逻辑如下:

(1)创业者必须承认在创业初期只有一系列未经检验的假设,也就是一些不错的"猜测"。一定要总结其假设,而不是花几个月来做计划和研究,并写出一份完备的商业计划书。

（2）创业者必须积极走出办公室测试他们的假设，即所谓的客户开发。要邀请潜在的使用者、购买者和合作伙伴提供反馈，这些反馈应涉及各个方面的假设，包括产品功能、定价、分销渠道以及可行的客户获取战略。关键在于敏捷性和速度，新创企业要快速生产出最简化且可实行的产品，并立即获取客户的反馈，然后根据消费者的反馈对假设进行改进。创业者要不断重复这个循环，对重新设计的产品进行测试，并进一步做出迭代，或者对行不通的想法进行转型。

（3）创业者要采取敏捷开发的方式。敏捷开发最早源于软件行业，是一种以用户为本、强调迭代、循序渐进的产品开发模式。传统的开发方式是假设消费者面临的问题和需求，周期常常在一年以上。敏捷开发则完全不同，通过迭代和渐进的方式，预先避开无关紧要的功能，杜绝了浪费资源和时间。

第二章
创新与创业的区别和联系

创新是创业的动力和源泉,是创业的主要标志。创业的精神实质是创新,创业过程的核心就是创新精神。从富兰克林到爱迪生,再到比尔盖茨、乔布斯,许许多多优秀的发明家和创业者,创造了改变这个世界的许多重大发明和科技成果,这都是创新。如果把创业比作推动经济发展的发动机,那么创新就是发动机的气缸,它带来了重大发明和新技术的产生,推动了人类社会的不断进步。

硅谷之所以是创新的摇篮,是创新和创业精神的栖息地,就是因为它不仅仅局限在取得的科学进步或技术突破上。硅谷与众不同的不是这里发明的技术,而是进行技术开发利用并将其推向市场的在当地创建的企业。换句话说,硅谷的历史就是企业尤其是新创企业进行技术开发与市场应用的历史。

创业与创新既相互联系,又相互区别,二者通过"创"联系在一起,而不同之处在于"新"与"业"的区别。"创"即创造之意,是思想的产生。创新是将新思想转化为新产品或新服务,是执行创造的活动,其英文单词是 innovation;创业一词在英文中有多种表述方式,但作为专业研究术语的"创业"则普遍采用 entrepreneurship 来表示,形容词性的 entrepreneurial 则用来表示"创业的"或者"创业研究的"。中文中一般用创业表示创业行为,用创业精神表示创业的特征。

创新强调通过创造产生与以前不同的东西,重点从技术角度考虑;创业则强调通过创造产生新的事业,即开创事业,一般是从经济角度考虑的。创新成功主要看是否取得了新突破,而创业成功则看是否产生了新的事业。

整个创新过程包括产生创意阶段、创意开发阶段和新产品(产品开发)、新过程(过程开发)、新服务(服务开发)的商业化阶段,这个过程受目标、变化方式、资源等组织因素的影响。最终,只有最合适的创意才能被批准执行,其他创意则要么被拒绝,要么经过整合重新进入新创意的产生过程。而创业过程则开始于机会,这个机会常常是创新的结果,通过对机会的利用和开发,最终产生新的事业。

创新与创业的联系和区别可以用图2-1表示。图中上半部分表示创新过程,创新者以商业化需求为目的,通过开发发明将创意转化为市场需要的产品或服务。创业则是通过识别并开发商业机会最终产生商业化结果的过程。

从图2-1中可以看出,尽管创业和创新都包括商业化阶段。在生产商品和服务及将其引入市场的方式上,创业与创新相同。但从狭义上理解,创业一定伴随新事业的产生,在原有业务基础上的拓展(如原有业务开拓新市场)不能叫创业,而创新则不一定有新事业产生,如转让专利也是一种商业化途径,但不是创业。

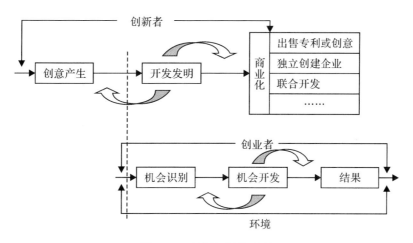

图 2-1 创新与创业过程

创业是按照个人商业化产品、服务、过程或商业思想的动力和能力的强度不同而划分的，而创新则是按照创造新产品、新服务、新市场、新过程或新组织的过程来划分的。创业动力和能力有强弱之分，而创新程度不同，有全新（对全世界）和只是相对个人新。创新者不一定是创业者，创业者也不一定是创新者。根据影响经济人行为的两个因素——商业化新思想的动力（即创业动力）和创造新思想的动力（即创新动力），克努森（Knudson）等划分出 4 种创业与创新组合类型（见图 2-2）：熟练企业主（master entrepreneurs）是熟练的管理者、风险承担者，但不是创新者；创新型创业者（innovative entrepreneurs）是熟练的创业者的同时也是创新者，但他们先考虑创业再考虑创新；创业型创新者既是熟练的创新者也是创业者，但他们先考虑创新再考虑创业；熟练创新者是熟练的创新者，但不是创业者。

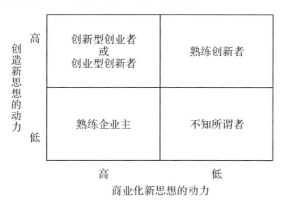

图 2-2 创业与创新

创业强调通过创造产生新的事业，是从经济角度分析的；而创新强调通过创造产生与以前不同的东西，虽然创新也有经济学意义，但更多的是从技术角度来考虑的。创业是行为而不是特征，因此创业是可以学习的。创业可以但不一定包括新组织产生，是一个过程，而不是一个事件。机会追求是创业的核心要素。创新是创业的重要特征，创新与创业互相渗透，彼此包容，但两者又有各自关注的重点领域。

第一节 创新与创业的区别

知识经济的核心,就是社会经济由许许多多的创新活动构成。这些创新活动需要两样东西来支撑:一个是宏微观制度环境,另一个是资源的优化配置与有效运用,当然这两样也是互通的。社会上有许多的发现与发明创造,但是它们不会自动成为事业,因为缺乏良好的政策环境或经营模式或关键性资源,所以这些发现、发明、创造没办法发展成创业,因而谈不上是真正意义上的创新。特别的,有些创业活动主要是在模仿甚至复制他人的产品或服务,自身并没有什么创新,但也是在创业。

可见创新与创业并不是完全等同的概念。瑞典管理学家凯伊·米科斯(Kaj Mickos)就提出:"创业并不是创新,创新也不是创业。创业可能涉及创新,或者也并不涉及;创新可能涉及创业,或者也并不涉及。"

创新与创业的区别主要表现在以下三点。

一、关注点不同

创新关注如何对现有的理论、技术、模式、方法等实现新的突破,或对现有资源——生产要素——实施新组合,以提升其价值创造的能力。熊彼特在《经济发展理论》《经济周期》《资本主义、社会主义与民主》三本著作中形成了以创新理论为基础的独特的创新经济学理论体系。按照熊彼特的观点,所谓"创新"就是"建立一种新的生产函数",即把一种在此之前从没有过的生产要素和生产条件形成的"新组合"引入生产体系。他将创新分为以下5类:推出新产品或已知产品的新种类;使用新的生产方法或产品新销售方式;开放一个新市场;获取原材料或半成品的新供应来源;出现新的产业结构,如创造或破坏垄断地位。熊彼特把创新过程分为4个维度,即发明、创新、传播和模仿。在经济发展初期,传播和模仿对一个国家的经济具有更大的影响,创新对宏观经济的影响并不明显。随着经济不断发展,当生产经营者意识到开发新产品、新生产方式、新供应链、新市场或新产业结构比对技术或产品的简单复制、模仿更具盈利潜力时,各种形式的创新便会得到大力资金支持。根据熊彼特的理论,经济、产业发展的过程是经济结构内不断改革、变化的,是不断破旧立新的过程。因此,创新是促进经济增长必不可少的重要因素,因为若没有不断的破旧立新,取而代之的将是永恒的模仿、经济的停滞不前。

创业不一定非得有创新,创业并不拘泥于当前资源的约束,甚至可以白手起家。创业者更加注重的是寻求机会和创造性地整合资源,关注的是机会、市场和顾客需求。熊彼特认为,创业活动并不限于生产或贸易的管理与组织中。企业家的创业活动包括使用未尝试的技术制造一种新商品、以新的方式改造旧产品、开辟材料的新供给来源,以及为产品提供新出口供应渠道或重组产业等。企业家的创业就是充满信心的创新,超越熟悉的范围界限,组织新行动。他认为创业并不是开办公司或以获利为目的的商业活动,创业更相当于一种不断创新的"企业家精神",或者对于个人而言,他的任务是坚持严格地打破旧的规制,创造新的传统,开创人生新的事业。

二、手段不同

创新注重"新",创新无须通过组织变革和商业模式创新的手段;哪怕仅仅在理论研究或者实验室中获得新发现和新发明，都可称为创新。至于这些新发现和新发明能否推向市场，能否实现财富创造，创新者则往往无暇顾及。因此，创新可能并不涉及创业。

创业更注重"业"，是创业者及创业搭档对他们拥有的资源或通过努力对能够拥有的资源进行优化整合，从而创造出更大的经济或社会价值的过程。创业是一种需要创业者及其创业搭档组织经营管理，运用服务、技术、器物作业的思考、推理和判断的行为，往往通过新的企业或通过组织变革、商业模式创新来创造财富。

三、主体与客体不同

1. 创新主体的特性

创新是主体在一定条件下，在可能拥有的物质、能量、信息与知识的前提下开展活动，形成具有新价值、新效用的思想与方法的活动。创新活动从一开始到最终成果的产生，时刻都离不开创新主体的作用。因此创新主体自始至终参与管理创新全过程，即有自己的创意并成功地将其付诸实施的人或由人组成的群体，是具有创新能力并实际从事创新活动的人或社会组织。创新主体是在创新活动中居于主导地位并具有主动性、自主性和创造性等特点和功能的一方，是创新系统中的首要因素，对创新系统的形成及其诸要素的结合起着决定作用。

创新主体具有主动性。特定的创新主体在进行创新活动之前或创新活动之中都有自己的目的、欲望与需求，这种需求或者是因社会实践对某种新思想与新产品的需要而产生的，或者是创新主体从内在的知识经验的撞碰中产生出的"火花"。不存在没有目的、欲望与需求的创新，因而也不存在没有任何目的与价值取向的创新主体。正因为创新主体具有非常强烈的主动性，才使其要去做点有价值的东西出来。所以说创新主体的主动性决定了创新行为是有着强烈目的性与效用性，必定要产生"价值"的活动。

创新主体具有自主性。自主性是系统活动变化有规律地进行的内在机制，指创新系统从无到有、从简单到复杂、从低组织水平向高组织水平的运动过程。创新主体作为整个创新系统的决定性因素，其自主性是指创新主体通过与创新系统中其他要素及环境发生联系并产生相互作用，能够形成某种自稳定状态以及适应环境的自学习行为的能力。

创新主体具有创造性。创新主体应用自身已有的知识、技术与管理对物质与能量进行重组与再现，形成新的具有特定价值的思想与方法，这个过程是一个创造的过程。创造是人们做出前所未有的有价值产物的活动，具有两大特点，一是首创性，二是价值性。而创新主体的创造性是广义的创造，广义的创造性是指特定主体根据自身的经验与能力对客观物质或已有的工具、方法、规则进行重组与再造，使之具有相对特定主体或特定区域而言具有首创性与价值性。所以说发现、发明是创新，模仿也是创新。

2. 创新客体的特性

在创新的系统结构中，创新客体是与创新主体相对应的另一个要素。创新客体是创新活动中居于被动地位的一方，是创新主体所指向的对象。创新客体是指通过创新主体运用一定的知识、技术与管理对已有的物质、能量与信息进行重组与再现所产生的具有新价值与新效用的思想与方法。创新的客体可以是理论、技术、产品、工艺、组织、流程、管理、模式、观念、方法、秘诀等。创新客体一般有两大类：第一大类是具有新价值、新效用的新思想，是创新主体的思维的产物，是精神产品，常表现为概念、原理、理论与思想体系；第二大类是具有新价值、新效用的新方法，是创新主体开展物质活动的产物，是物质产品，常表现为工具、方法与规则等形式。

创新客体具有客观性。创新客体作为客观物质、能量与信息通过创新主体运用一定知识、技术与管理的重组而得出的思想与方法,是一种客观的存在,它不依赖于任何个人或群体的承认与否而发挥出其特有的社会功能,实现其社会效用。创新客体的客观性是以创新主体的客观性、创新中介的客观性以及创新活动的客观性作为保障的。

创新客体具有价值性。创新客体是创新主体的整体创新价值观的终极体现,因而创新客体具有价值性。所谓创新客体的价值性是指创新客体具有满足主体及社会的目的与需求、实现主体与社会的欲望的属性,这是创新客体的固有属性,亦即内在属性,这种属性不以外界评判标准的改变而改变。创新客体必定具有价值性,不具有价值性的产物不能称为创新客体。

创新客体具有前瞻性。创新的本质是创新主体依托自身条件借助外界条件而做出能实现主体目的、愿望、需求的有价值和效用的创新客体的活动,创新客体自然也附上了创新主体的强烈的目的性与指向性。创新的原动力在于社会对新思想与新产品的强烈的需求。

3. 创业的主体

创业的主体通常是创业者个人,或由个人主导的创业团队;创新的主体除了个人外,还有企业、政府、高校或科研院所等多种形式。熊彼特的"第二创业理论"中的企业家概念主要是减少了个人主义,并将之扩展到组织层面。他认为,企业家是一个杰出的个人主义者,而在"第二创业理论"中明确指出企业家并不非得是一个人,国家或组织都可以作为企业家。这是由于熊彼特认为创业行为是一种功能,可以不依附于某个人来实施,因此组织、国家也能实现这一功能。熊彼特还认为,创业行为是经济活动的中介,即创业者既可以是新消费品的供应者,也可以是市场中新生产手段的购买者。熊彼特结合演化经济学的相关理论,提出创业能够将独特的生产要素或社会资源投入市场,激发市场活力,带动经济繁荣从而使得经济能够保持良性的动态发展。由于熊彼特从组织、国家、经济等不同角度探讨创业,使得创业的概念与意义有了更大范围的扩展。

4. 创业的客体

创业的客体通常就是一个企业或组织。在不同的创业阶段,创业客体有着不同的表现形态。创业初期的创业客体主要是创业搭档团队等较为基础的形式;创业中后期的创业客体是集团和子公司形成的系统平台,依靠一个个团队通过系统平台来完成管理;最高境界的创业客体是集团总部阶段,集团总部也就是俗称的跨国公司,集团总部的系统平台和各子集团的运营系统形成的是一种体系。

第二节 创新与创业的联系

创新与创业都是赋予资源新的创造财富能力的行为,以实现价值创造为归宿,并且成功的创业活动往往离不开创新。"创新型创业"是"创新"和"创业"的交集部分,会更容易形成独特的竞争优势,也更有可能为顾客创造新的价值,是创业中最具可持续发展的类型。

一、创新是创业的灵魂、本质与动力

创新是创业的源泉,是创业的灵魂、本质与动力,是创业者的重要特征。企业失去了创新就不会产生自己的核心竞争力,将难以长期生存,很快就会被市场所淘汰。创业者只有具备了创新意识、创新思维、创新技能、创新品质,才能在严酷的市场环境下开辟创业之路。可以说创

新是创业者实现创业的核心。创新是创业发生—发展—成熟或消亡过程中最主要的影响因素,是创业的内核。创业往往因创新而被催生,创新因创业而实现其商业价值。创业者在进行创业时,重要的创业资本是核心技术、创业知识、运作资金、创业团队、创新能力等,但其中创新能力是最重要的。创业者在创业过程中需要具备创新意识和创新精神,需要具备独特和新颖的创新思维,产生出富有创意的独特想法,寻求解决问题的新的思路和方法,不断克服企业发展中的瓶颈和难题,最终能够取得创业的成功。

据《全球创业观察 2015/2016 年度全球报告》,创新水平是随着经济发展水平的提高而提高的,高创新水平有利于提高创业的成功率,使企业走向成熟,同时也会促进创新型经济发展。

当今世界,企业竞争的焦点已从物质资本与市场的竞争转移到了企业间创新能力的竞争,创新是企业可持续发展的必由之路。创新精神是创业的灵魂、本质与动力,是对新事物的敏感和好奇心、追求新发现和新发明的激情。不论是创建新企业,还是在原有企业中开发新产品、实施新战略、开辟新市场、引进新技术或配置新资源,都是不同程度的创新活动,因而创业者首先是创新者,而创新的思维和能力则是创业者个体创造力水平的综合体现。

美国长期从事创业研究的著名学者加特纳教授(W. Gartner)曾调查了 36 位学者和 8 位商业领袖,归纳出 90 个创业属性,最终发现对于创业活动,人们强调最多的属性是创新,诸如新事业的创造、新企业的创建与发展、新事物附加价值的创造、通过整合资源和机会的产品或服务创新、为了把握机会的资源筹集和创新等。很多创业者借助创新的产品或服务而创业,并努力将创新产品或服务推向市场,创造财富,造福社会。从这点上看,创业实际上是一种不断挑战自我的创新过程。正如彼得·德鲁克(Peter F. Drucker)所说,创业精神是一个创新过程,在这个过程中,新的机会被确认、被创造,最后开发出产品或服务,并创造新的财富。

二、创业是创新的载体和表现形式

创新的前提是创意,创新的延伸是创业和市场。创业是创新最重要、最有价值的表现形式,是创新的外壳,创新的价值必须通过创业来体现。只有将有价值的创新投入市场进行创业,经过实践的检验,才能更好地发挥创新的价值。

罗斯韦尔(Rothwell)提出的第五代创新模型中提到了这样的观点:由于当前世界经济的转型,创新的模式也发生了巨大的变化,仅按"基础—技术—应用技术—推广"的研发链进行创新已经远远不够,而要继续向下游延伸,形成产业链,将创新成果变成产品;在此之后,还需要有很重要的一条市场链,将产品推向市场,形成价值。这三根完整的链条共同构成了"创业创新链",每个链条中的每一环节都有创新的内容与需求。

熊彼特在其创新理论中引入了动态企业家理论,认为企业家的活动借用了科学家和发明家的发明,从而创造了全新的投资、增长和就业机会。熊彼特认为,除了公司创造者或生产资料管理者之外,企业家可以是一个没有资本的人,那些通过银行贷款购买生产工具以创造"新组合"的个体也被熊彼特称为"企业家"。

可见,创新的最终价值在于将潜在的知识、技术和市场机会转化为现实生产力,实现社会财富增长,造福人类社会,否则,创新也就失去了意义。而实现这种转化的根本途径是创业,创业者使得创新成果实现商品化和产业化,将创新的潜在价值转化为现实的社会财富。创新只有通过"企业家"的创业行为才能真正地实现、传播与产生价值,如同发明家的发明如果没有企业家介入,投入生产,那么这种创新也不过是一种"聪明的创意",并不对社会产生真正的价值。

市场是决定创新成败的试金石。彼得·德鲁克认为,创新如果仅停留在观念、思想和制度上,没有转化为实际行动,没有借助创业媒介将其付诸实践应用,就没有任何意义。一项创新的考验并不在于它的新奇性、科学内涵等,而在于推出市场后为顾客接受的程度,也就是能否创造出新的价值。

历史上每次划时代的创新成果都是通过创业后才进入市场,进而催生出一个或若干庞大的产业部门,为创业者本人、企业和社会创造出巨额财富。例如:1876年发明的电话成就了全球通信产业和诺基亚、摩托罗拉、贝尔、朗讯等一大批跨国公司;1885年发明的汽车造就了通用、福特、戴克、宝马等大批汽车业巨头;1903年发明的飞机使波音、空中客车等公司创造了辉煌的业绩;1946年制造出来的第一台计算机使得国际商业机器公司(IBM)和英特尔成了IT(信息技术)界的霸主;个人计算机诞生于1981年,催生出苹果、微软、戴尔等业绩令人惊叹的世界级企业;1995年前后电子商务投入市场,亚马逊、脸谱、阿里巴巴等一大批网络企业应运而生。

三、创新创业联动助推高质量发展

(一)创新创业联动的时代背景

我国经济发展正面临着世界百年未有之大变局,国内外形势发生深刻和复杂变化,既有机遇,又有挑战。当中国经济总量跃上新台阶,"成长的烦恼"也伴随而来。在稳增长、促改革、调结构、惠民生、防风险、保稳定的经济新常态下,创新为高质量发展注入第一动能,创业为高质量发展拓展市场空间,创造为高质量发展增添竞相迸发的活力。给创新创业创造厚植土壤,为创新创业创造铺平道路,让创新创业创造之花竞相绽放,既是历史的必然选择,也是高质量发展与时俱进的必要之举。营造有利于创新创业创造的良好发展环境,要向改革开放要动力,最大限度释放全社会创新创业创造动能,不断增强我国在世界大变局中的影响力、竞争力。

以创新创业创造助推高质量发展,要以改革开放为动力。改革开放是解放生产力的催化剂,最大限度释放全社会创新创业创造动能,关键是向改革开放要动力。改革开放为创新拓展思维,为创业拓开市场,为创造拓张空间。通过改革疏通堵点、纾解痛点、攻克难点,不断夯实制度保障,为创新松绑、为创业加油、为创造助力。

以创新创业创造助推高质量发展,要营造良好的社会氛围。政府要为创新创业创造提供良好的法治环境,要坚持"两个毫不动摇",落实、鼓励、引导、支持民营经济发展的各项政策措施,给民营企业发展创造充足市场空间,特别是要为中小企业、年轻人发展提供有利条件,为高技术企业成长建立加速机制,让广大市场主体稳定预期,增强信心。

以创新创业创造助推高质量发展,要鼓励企业家扎扎实实从事实体经济。要在市场竞争中打造一支有开拓精神、前瞻眼光、国际视野的企业家队伍。企业家要有使命担当,实体经济才是国家的立身之本、财富之源。振兴实体经济,是我国经济发展的支点,也是国家强大的本钱。发达稳健的实体经济,对提供就业岗位、改善人民生活、实现经济持续发展和社会稳定具有重要意义。做企业、做事业不是仅仅赚几个钱的问题;实实在在、心无旁骛做实业,这是本分。

(二)创新创业联动的具体举措

立足新发展阶段,要在优化新兴产业发展生态上下足功夫,做好文章。坚持创新驱动,突出自主可控，努力锻造长板，将国家战略性需求转化为提升科技创新实力、构建现代产业体系的动力。在持之以恒加强基础研发的基础上，前瞻性地设立一批具有全球引领性的大科学研究计划和实施工程，加速形成若干未来产业。同时，推动科技、产业、财税、投资、金融、贸易、就业、环境等多种政策融合和工具创新，共同支撑新兴领域的重大科技创新、核心技术和关键零部件研发、市场开发和消费理念更新、技术和产品标准体系建设、产业链延展增强、竞争规范和贸易规则重构，培育形成国际竞争新优势。

为此，一要完善科技创新体制机制，进一步理顺科技成果转化机制，加强知识产权保护，改善创新激励措施，加快新兴领域的商业化市场化进程。二要加大新型基础设施建设投资力度，同步推进数字经济发展和智慧社会构建，打通各类数字端口。通过政府采购，提高新产品新模式的市场认知度和辨识度，引导消费升级，助推新兴产业市场潜力充分释放。三要营造公平竞争的行业发展环境。一方面，鼓励各类资本有序投资，促进新兴产业市场主体多元化发展。另一方面，不断优化数据要素交易机制及数据收益分配方式，科学预判新兴产业组织结构变化及其影响，创新监管模式，切实维护企业数字权益，保护消费者隐私安全。四要加紧制定实施新就业计划，改革高校专业设置，大力培养人工智能算法、大数据开发、云运管等新一代信息技术领域的工程师，以及智能制造解决方案开发专家等紧缺的专门人才；政府、市场、企业、个人联合投入，为在职员工量身定制适用的知识再造和能力提升方案，打造数字劳动力梯队，扩大新就业岗位。五要坚持开放集成式创新，创造条件，凝聚共识，克服阻力，发掘国际科技创新合作的新方向新机遇，以构建数字规则体系、推动形成碳交易机制、应对重大突发安全事件为着力点，共同开启数字转型、低碳发展、公共卫生和人类健康的全球治理新模式。

第三章 创新与创业动力

第一节　创新动力

　　企业是创新发展的主体,企业创新能力是提升其自身核心竞争能力的关键。企业创新是企业管理的一项重要内容,是决定公司发展方向、发展规模、发展速度的关键要素。从整个公司管理,到具体业务运行,企业的创新贯穿在每一个部门、每一个细节中。企业创新涉及组织创新、技术创新、管理创新、战略创新等方面的问题,各方面的问题并不是孤立地考虑某一方面的创新,而是要全盘考虑整个企业的发展,因为各方面创新是有较强的关联度的。

　　创新动力机制是创新的动力来源和作用方式,是能够推动创新实现优质、高效运行并为达到预定目标提供激励的一种机制。对于以营利为目的的企业来说,这种机制的目的主要是自身的经济利益最大化。要使企业创新有强大的动力源泉,首先要进行产权制度创新,这是建立创新机制的前提条件;其次要求企业家具有创新精神;再次要建立激发创新意识的人事制度、工资制度和鼓励人们勇于创新的其他激励制度;最后要搞好推动创新的文化建设,通过企业文化建设,形成具有特色的企业精神。改革开放以来,我国已经深度参与了全球价值链的分工,成为国际贸易中举足轻重的大国。然而由于全球疫情影响以及大国地缘政治斗争日趋激烈,我国经济发展和竞争的外部环境面临很多困难,以参与中低层次分工为主的出口导向型经济发展模式显然具有不可持续性。只有以"扩大内需"作为战略基点,由国内市场主导国民经济循环,才能使我国经济发展更为稳定和可持续。

　　目前,阻碍国内大循环畅通最根本的矛盾是供给与需求的矛盾。提升产业链、供应链现代化水平,加快攻关制约产业链发展的关键技术和加速技术成果的转化,促进产业结构优化升级,提升商品和服务的质量,是深化供给侧结构性改革的根本途径。此外,通过技术创新来培育新兴产业,催生新的经济增长点,加快发展现代服务业,也相应创造出新的就业岗位,从而创造出新的需求并提升消费层级,如制造业智能化、物流、"互联网+"平台经济、共享经济等新产业、新业态、新模式的出现,培育了不同以往的消费生态体系。以创新驱动、高质量供给创造需求,需求又牵引供给,如此才能激发国内大循环的活力,使循环有效转动。

一、外部动力

　　受到新冠肺炎疫情的重大冲击,国际贸易保护主义、逆全球化抬头,经济金融风险、地缘政治风险等多重风险的不确定性增加。2020年5月,中共中央政治局常委会会议第一次提出构建国内国际双循环相互促进的新发展格局。党的十九届五中全会强调要以推动高质量发展为主题,加快构建以国内大循环为主体,国内国际双循环相互促进的新发展格局。中国提出构建新发展格局,是要充分利用两个市场、两种资源,国内大循环提供动力保障国内经济可持续高质量发展,进而推动全球复苏经济,建设开放型世界经济。这是继深化供给侧结构性改革之后,依据对自身发展阶段的新定位判断和全球外部环境的新变化趋势,做出的具有长久可持续意义的经济高质量发展战略抉择。

(一)科技进步

科学技术创新动力是指企业的一种连续的技术创新过程。科技发展日新月异,越来越多的先进科学技术直接服务于经济领域,从而促使企业不断采用先进科技进行适用性创新。仅有市场需求,没有科学技术的保障,是无法实现企业创新的。科技发展是推动企业创新的一个决定性力量,技术创新和技术变化常常影响到一个企业经营战略的制定。科学技术的发展会带来新知识、新技术的涌现,通过在生产活动中的传播和应用,成为推动企业技术和产品创新的重要力量。熊彼特认为,"发明推动"是产品创新的动力起源。正是技术发明的出现,激发了企业家力图通过其商业应用而获得超额利润的冒险渴望,从而推动技术创新的发展。

企业的创新动力来源于技术创新的发生,而技术创新引起的技术变化会影响企业竞争战略的制定和进一步开拓市场的能力。技术变化不仅关系到产业结构的演变,而且影响经济的增长。技术变化与技术创新紧密相联,技术创新是技术变化的基础,而技术变化是技术创新的结果。技术创新是以其构思新颖性和成功实现为特征的有意义的非连续性事件,是将新的或改进的产品、过程或服务引入市场,是新产品、新过程、新系统和新服务的首次商业性转化。从这个角度来说,我们可以把技术变化理解为无数次技术创新的过程的总和,而这种无数次技术创新的过程也就成了创新的动力。

由于技术创新的复杂性和不确定性,为了提高技术创新中的信息和知识的传递效率,充分利用企业内外部的创新资源,降低创新成本和风险,提高创新绩效,就需要构建系统的技术创新动力模式来推动企业创新活动的开展。企业创新动力模式首先是研究开发、生产制造和市场营销三个方面的有机整合,组成企业的技术创新系统;其次是构建整个技术创新系统的支撑系统,包括企业家精神、科学教育培训体系、创新企业制度文化等。企业技术创新动力是技术创新效价和创新期望的共同体现。

创新是引领发展的第一动力,推动高质量发展,必须把科技创新摆在发展全局的核心位置。科技创新是推动高质量发展的动力支撑,通过科技创新可以完全替代或部分替代传统资源,改变组合方式,提高资源利用效率;通过科技创新可以放大生产力各要素作用,大大提高经济发展的整体效益和效率;通过科技创新可以建立起以新技术、新产品、新服务等为核心内容的新优势,提高核心竞争力;通过科技创新可以在解决资源环境与发展之间突出矛盾的同时,实现产业升级、经济的可持续发展。因此,我们必须高度重视科技创新的战略支撑作用,增强以科技创新破解矛盾解决问题的意识,进一步强化科技创新引领作用,切实提升发展质量。

以科技创新推动高质量发展,必须毫不动摇去产能,优化产业结构,依托产业链布局创新链,围绕创新链培育产业链,推动产业高水平聚集发展。党的十九届五中全会确立了创新在我国现代化建设全局中的核心地位,把科技自立自强作为国家发展战略支撑,摆在各项规划任务的首位,进行专章部署。从十八大提出创新驱动发展战略,到十九大提出创新是引领发展的第一动力,再到十九届五中全会提出加快建设科技强国,二十大提出建成科技强国的目标,中央对于科技创新的谋划部署既一脉相承,又与时俱进。

科技创新是"十四五"时期应对各种不确定、不稳定因素的抓手。"十四五"时期是科技创新发力最关键的五年,也是最具不确定性的五年,面临百年未有之大变局、世界秩序大调整与关系大重构、全球疫情蔓延以及经济动荡动态调整,因此需要在不确定中寻找确定的未来发展之道。新的发展形势下,经济结构、经济增长点、产业布局、资本市场等都对科技创新提出了更多的要求,而科技领域体制机制改革仍然存在诸多薄弱环节和短板,包括科技与经济融合性较差、企业科技创新主体地位不突出、科技创新激励机制和评价体系不完善、关键领域和环节高精尖专人才匮乏、科技投入产出效益不高、科技成果市场化能力不足等,亟须进一步释放科技创新改革效应。

新发展格局不是封闭的国内循环,而是国内国际两个循环彼此依存、相互促进。技术创新不仅有助于解决国内循环和供需不匹配的深层矛盾,而且有利于增强我国在国际市场上的竞争力。首先,技术创新能够加速形成我国工业制成品的比较优势,有效抵御来自以美国为首的西方国家实施的技术封锁,加强我国经济安全的保障。其次,通过技术创新提升我国参与世界分工的层次,有助于深入和扩大与世界其他经济体的交流和联系,形成互补合作,并有利于高效补齐资源、要素、人才等方面的短板和不足,促进国内大循环的顺畅运转。

坚持科技创新引领新发展的着力点在于从核心创新要素上进行突破。这就要求以体制机制改革为抓手,破解创新关键环节改革梗阻,释放制度红利;构建以政府为主导、市场为导向、企业和科研机构为主体、科学家和人才为主力、制度为保障的创新生态环境体系;构筑科技创新新高地,抓住高质量创新发展的机遇,提升自主创新能力,激发全社会创造活力,真正实现创新驱动发展。

(二)市场变化

1. 市场需求

市场需求是企业创新活动的动力源泉与起点,因为市场是检验创新成果、实现创新价值的最终场所,如果市场不存在这种需求或者需求规模不足以使创新者获利,那么创新就失去了意义。市场需求推动的创新包括,生产要素稀缺导致该要素相对价格的提高而诱致能节约该要素或寻找替代要素的创新,以及企业家独具慧眼发现新的市场机会而诱发的开发新产品、占领新市场的创新。

市场需求会随着经济和社会的发展不断变化,当变化达到一定程度,形成一定规模时,就会带来市场的不平衡,从而为企业和创业者提供新的市场机会,并引导企业以此为导向开展创新活动。引导作用体现在:首先,市场需求可以把科学发明由科学原理转换成技术原理,以及为技术从横向课题的提出和形成提供明确的目标和技术目的;其次,市场需求可以为技术发明的完善化和工业化应用提供适用性的前进目标;最后,市场需求为新技术从一个应用领域向其他应用领域的扩散、移植和综合利用提供新的社会背景,为整个部门产业乃至整个市场需求体系的形成、演化和变革奠定基础。

目前,消费支出增速与可支配收入增速之间存在"剪刀差",消费升级潜力尚未完全释放。在新时代,提出双循环具有十分重要的意义,加快构建新发展格局是积极应对国内外形势变化的主动选择,是充分发挥我国超大规模市场优势的内在要求,是坚持深化改革开放的国内国际双循环相互促进的统一体。

2. 市场竞争

市场需求是企业创新的原动力,而市场竞争则是企业创意的助燃剂。市场竞争引致的创新,是指由于市场竞争给企业造成实际威胁(由于竞争者成功地引入创新,使企业在产品和服务竞争上处于劣势)和潜在威胁(如竞争者研发投入的规模和重点,创新投入强度和结构,科技人员的数量、素质以及普通员工的素质等),而迫使企业从事创新,战胜竞争对手,获得持续生存和发展。

熊彼特最早于1942年就开启了市场与创新之间关系的研究。熊彼特认为,企业在市场中的能力越大,就越能承受高额研发费用的投入,而且垄断性的大企业可以消化掉创新失败和推广创新成果,市场成本将有机会获得后续超额收益。阿罗(Arrow)认为在特定的条件下,竞争性产业比垄断产业能产生更多的研发激励,即企业的垄断地位可能削弱其创新激励,这一点是从产品的替代效应与消费者惯性效应两个角度而言的。菲利普斯(Philips)认为市场竞争度与研发投入之间存在正向关系,通过研究美国航空市场的数据,提出市场竞争度与研发投入互为因果。谢赫(Sheikh)认为在市场竞争激烈的环境下,股东会更倾向于赋予企业管理者更大的职权,这种情况下,经理人会更容易发挥自己的才能,从而促进创新。阿亚加里(Ayyagari)也通过47个新兴市场的19000多家规模不同的公司数据的实证研究,认为当一个公司面临更强的外部竞争环境(如该行业存在来自国外的市场竞争)时,可以在某种程度上弥补公司治理水平不足的缺陷,进而促进企业创新。

市场需求引发企业为生存和发展而创新,使创新成为可能。市场竞争则促使企业比竞争对手更快、更好地进行更有效的创新活动。市场竞争会迫使企业关注市场信息,更准确地把握创新方向,提高创新速度,迫使企业加强产品创新,以更好地迎合市场需求。同时,竞争还能改变创业者的观念,加强组织和管理创新,以提升企业的运作效率和市场竞争力。

双循环带来企业竞争环境的改变,在疫情外生冲击和逆全球化结构性压力叠加的大背景下,抱残守缺或固步自封无助于破解存量博弈的陷阱,构建双循环正在成为中国打造升维竞争力的重要举措。其一,双循环的核心在于依托经济规模和政策空间盘活存量、创造增量,完善内部循环、带动外部循环;其二,双循环以民生和实体为先,随着全球贸易格局重构和价值链体系再造,内生消费和产业升级有望形成闭环,形成稀缺的增长动力;其三,双循环的互动基础仍是改革开放,通过制度创新推动关键领域改革将促进要素自由流动,提升资源配置效率,激活金融将助力双循环对接,充分释放"鲶鱼效应"和"财富效应"。

(三)政策推动

政府在产业、科技等方面的政策导向变化也是企业创新的外部动因之一。政府一般会通过宏观产业政策、科技创新政策、财政税收以及公共投资等政策的出台,激励、引导和保护相关企业创新,从而影响企业的创新战略和决策,以实现产业结构调整、行业升级等目的。

政策激励是指企业通过制定各种激发员工创新积极性、鼓励员工创新的政策和措施来推进企业不断创新发展。只有市场拉动和科技推动,而没有企业内部正确有效的激励政策,市场再好,科技再先进,也无法促使企业员工主动进行创新。

政府补贴直接或间接给予企业资金上的援助,一般被视为供给侧政策工具,是企业研发和创新最直接的外部资源支持。政府补贴旨在利用财政资源来协助消费者和生产者实现特定目标,尤其是实现合理的资源分配,从而协调生产和需要。政府补贴能够对企业创新产生激励影响。自由市场环境下,政府补贴作为企业生存和发展最为常见的直接的创新激励方式,对企业创新行为的影响很明显,其调节角色发挥着不可替代的作用,可以帮助企业缓解资源约束,优化资源基础,进而降低风险和成本,投入更多的精力进行研发创新。此外,政府补贴可以向社会传递信号,可能会为企业带来除政府外更多外部融资的机会。同时,政府补贴的调节作用也为学术界关于政府补贴、企业研发投入、企业创新绩效同一框架下的互动研究做了良好补充。

政府采购通过订单采购企业创新产品,通常被视作需求侧政策工具。政府采购是指事先对特定产品、服务或技术的大宗购买。在创新的链环模型中,政府采购能够作用于企业创新的各个阶段,有效解决由创新活动的本身特征带来的市场失灵问题。在以往的创新线性模型中,政府补贴具有效果直接、实施方便等特征。随着创新速度不断加快、形式愈发复杂,单独关注投入阶段的政府补贴已不能满足现代创新的需求。在创新的链环模型中,政府采购被认为可以从企业创新的各个阶段促进创新,近年来受到各创新型国家的广泛关注。在创新前,基于信号理论,政府采购由于公开招标机制的设定,只有创新能力较强的企业能够得到政府的订单,这给市场中的投资者传递出企业良好的信号;在创新中,由于订单具有详细的要求,这减轻了企业创新的技术风险;在创新后,由于政府采购的订单数量与金额一般大于市场私人购买需求,因而会加速市场对创新产品的接受进度,刺激市场的间接需求。

1. 高质量发展

推动高质量发展,既是保持经济持续健康发展的必然要求,也是适应我国社会主要矛盾变化和全面建设社会主义现代化国家的必然要求,更是遵循经济规律发展的必然要求。

高质量发展是适应经济发展新常态的主动选择。我国经济发展进入了新常态,在这一大背景下,我们要立足大局、抓住根本,看清长期趋势、遵循经济规律,主动适应把握引领经济发展新常态。要牢固树立正确的政绩观,不简单以GDP(国内生产总值)论英雄,不被短期经济指标的波动所左右,坚定不移实施创新驱动发展战略,主动担当、积极作为,推动我国经济在实现高质量发展上不断取得新进展。高质量发展是贯彻新发展理念的根本体现。发展理念是否对头,从根本上决定着发展成效乃至成败。党的十八大以来,以习近平同志为核心的党中央直面我国经济发展的深层次矛盾和问题,提出创新、协调、绿色、开放、共享的新发展理念。只有贯彻新发展理念才能增强发展动力,推动高质量发展。应该说,高质量发展,就是能够很好满足人民日益增长的美好生活需要的发展,是体现新发展理念的发展,是创新成为第一动力、协调成为内生特点、绿色成为普遍形态、开放成为必由之路、共享成为根本目的的发展。

高质量发展是适应我国社会主要矛盾变化的必然要求。中国特色社会主义进入新时代,我国社会主要矛盾已经转化为人民日益增长的美好生活需要和不平衡不充分的发展之间的矛盾。不平衡不充分的发展就是发展质量不高的直接表现,要更好满足人民日益增长的美好生活需要,必须推动高质量发展。我们要重视量的发展,但更要解决质的问题,在质的大幅度提升中实现量的有效增长,给人民群众带来更多的获得感、幸福感、安全感。

高质量发展是建设现代化经济体系的必由之路。建设现代化经济体系是跨越关口的迫切要求和我国发展的战略目标。实现这一战略目标,必须坚持质量第一、效益优先,推动经济发展质量变革、效率变革、动力变革,提高全要素生产率,不断增强我国经济创新力和竞争力,归根结底,就是要推动高质量发展。推动高质量发展是当前和今后一个时期确定发展思路、制定经济政策、实施宏观调控的根本要求。遵循这一根本要求,我们必须适应新时代、聚焦新目标、落实新部署,推动经济高质量发展,为全面建成社会主义现代化强国奠定坚实物质基础。

由要素驱动向创新驱动转变,是新常态下经济高质量增长的动力之源,也是形成以国内大循环为主、国内国际双循环互相促进的新发展格局的重要保障。创新驱动从过去资源主导,正在向平台、政策、资金、队伍、网络、产业、空间等方面进行全面推动。

2. 双循环新发展格局

双循环新发展格局尤其需要重新审视科技创新生态系统。这既需要审视科技创新生态系统的目标、任务、结构和资源配置是否符合双循环新发展格局要求,也需要重新审视科技创新生态系统的机制体制是否符合双循环发展新格局要求。科技创新是知识和信息等要素不断流动和互动而形成的结果,双循环新发展格局将显著改变这些创新要素的流动和互动模式,因而科技创新生态系统的改变是必然的。

双循环新发展格局对科技创新提出了新要求,双循环新发展格局事实上是对经济中供给侧和需求侧的重大战略调整,这意味着相应的科技创新也要有对应的重大调整,长期遵循的科技创新模式也应做对应调整。双循环新发展格局对科技创新的新要求,首先是需要尽快弥补关键技术短板,即"补短板",解决国内大循环的断点和堵点。双循环是以国内大循环为主体的,这对我国经济而言是一次重大转型,因为我国经济已形成显著的外向型特征,具有典型的研发和消费"两头在外"特征,特别是部分关键技术受控于人,产业安全受到威胁。要实现这一转型,对科技创新而言,关键技术必须实现自主可控,因此必须大力发展"补短板"式科技创新,这在双循环新发展格局中显得十分急迫。其次是需要加快前沿技术研发和应用的进程,避免形成新的关键技术"短板",积极锻造关键技术"长板"。

双循环新发展格局需要加快发展相适应的科技创新模式。无论是要加快关键技术"补短板""锻长板",还是要避免形成新的关键技术"短板",在双循环新发展格局中,国际形势已迥异于以往,特别是在国际主要创新网络中,无论是人才流动,还是知识和信息流动,均已产生明显变化,并且无法排除会受到更多无端限制的可能。因此,此时我们既需要快速形成有利于加快关键技术"补短板""锻长板"的科技创新模式,又需要构建国际科技创新合作的新模式。

(四)社会文化环境

社会结构、社会风俗、社会价值取向等因素的变化,也会在一定程度上促进企业创新行为。例如,社会中宽容失败、包容异己风气的形成以及对契约精神的崇尚,都能对促进创新和创业起到积极的作用。此外,社会民众消费价值观和生活方式的改变也会促使企业改变生产和商业模式。

深圳作为一个年仅40余岁的年轻城市,从当年的一个小渔村发展到现在的现代化、工业化、都市化的大城市,走出了其独特的创新之路,对失败的宽容,使深圳成为孕育创新创业的肥沃土壤。关于怎么去面对一个创业失败的人,在深圳,大家会认为他是一个宝,会更加主动地为他提供资源、资金,支持他再次创业;或者说在大家眼里,创业失败不是失败,而是另外一种意义上的成功。因为,他一次创业的失败使他离成功更近了一步。政府以及一些社会资本都会自觉、主动地向那些创业、创新失败的人倾斜。鼓励冒险,宽容失败,培植能够涌现创业者的土壤,才可能不断催生绚丽的创新之花。创新创业,正在成为每一个深圳人的执着追求。

(五)自然环境

社会对自然环境保护的重视和自然资源的日益短缺,给企业尤其是资源消耗的企业带来很多约束,促使企业必须寻求战略、战术、原料、流程等方面的创新和变革,以适应环境变化的需求。

新能源汽车的蓬勃发展与其在环境保护方面具有极其深刻的意义密不可分。无论是混合动力汽车还是燃料汽车,都能在充分运用电力资源的基础上改善汽车的生产工艺技术,通过水力发电、风力发电、核能发电等发电方式,电力资源得到全面的汇聚融合,当这些能源驱动汽车实现电动机化时,空气中的二氧化碳的排放量便会大幅度下降,更不会产生污染环境的排放物。纯电动汽车在运行过程中可以做到零污染,完全不排放污染大气的有害气体,即使按所耗电量换算为发电厂的排放,造成的污染也少于传统汽车,因为发电厂的能量转换率更高,而且集中排放可以更方便地加装减排治污设备。

二、内部动力

(一)企业目标

企业目标与创新的本质特征耦合度的高低直接决定企业创新需求的强弱。无论企业是在成熟产业还是在飞速发展的新型产业,创新永远是企业发展的加速器。此处的创新并不一定是要有发明、创造,任何有利于企业改善产品品质、降低成本费用、提高劳动生产率、改善管理效率的都是创新。当企业以追求短期利润为目标时,很容易出现安于现状、缺乏创新激情的情况。1983年,壳牌石油公司的一项调查表明,1970年名列《财富》杂志"500家大企业"排行榜的公司,有1/3已经销声匿迹。大型企业的平均寿命不及40年,虽然这是正常的优胜劣汰、适者生存的社会"新陈代谢"现象,但对具体企业来说却非常痛苦。究其原因,企业短命现象发生的原因是企业的目标设立过于以营利为导向,不够长远,由此导致了企业不善于学习创新的短视行为。注重企业长期利益和长远发展的创业者则会在创新方面大刀阔斧,更倾向于通过扩大投入,不断改进甚至革新生产工艺,提升产品品质,获取竞争优势,从而获得利润的长期稳定增长。

确立的创新目标正确与否,决定着企业创新活动的成败。在确立创新目标过程中,只有遵循正确的确立原则并以其为指导,其目标才会具有时效性。确立企业创新目标应注意如下几点:首先,企业创新目标需要与企业长远发展战略目标相一致,必须有助于企业长期发展战略目标的实现,因为长期发展战略是企业创新的来源。创新目标是从属于发展战略目标的一个子系统,它虽然有其自身的特点,但它是实现企业长期发展战略目标的保证目标,因而不能偏离或背离战略目标而自行其是。其次,创新目标要尽可能具体化,应使抽象的创新目标分层和细化。其含义必须用词准确,概念明确,时间和范围清楚,有具体的评价指标。抽象的创新目标执行起来无所适从。一般要求创新目标要单一并且可以测量,要分层次并且能确定责任,要明确其约束条件。最后,要考虑实现目标的轻重缓急和力所能及,对具体目标一定要优先排列那些企业创新具有重要性、紧迫性、非解决不可的,而且是企业力所能及和实现可能性很大的目标。这就是按层次目标的轻重缓急进行排列顺序和量力而行的原则。

(二)企业创新愿景与惯性

企业创新愿景取决于企业家及其创新精神。优秀的企业家和企业家精神会激发企业内部形成较强的创新力量,创新型领导、创新型人力资源和创新氛围的存在和发展,又会在企业滋生出一种内在的创新惯性,从而使企业对机会更加敏感并做出快速决策,促使创新的发起与实施。

因而,企业为了追求自身经济利益的最大化,维持长期生存和不断发展,就要让企业创新具有强大的动力源泉。因此,首先要进行企业制度创新,这是建立创新机制的前提条件。只有在产权清晰、权责明确、管理科学的现代企业制度前提下,"自主经营,自负盈亏",企业才会以市场为导向,在当今世界企业资本股份化、产业规模化、技术创新化、融资多元化、管理科学化、经济国际化的浪潮中,自主地组织研究开发和各种创新,进行"自我约束、自我发展"。其次,企业领导者要具备企业家精神和战略管理眼光。企业家是创新活动的主要倡导者、决策者和组织者,必须具备如下个人品质:创造性、创新精神和创新能力、洞察力和判断力、决策能力、毅力和敢于冒风险。企业家精神就是指企业家所具备的能敏锐地发现和接受新事物,敢于并善于先人一步、超人一等的创新和创业精神。只有企业领导者具备了企业家精神,才能制定正确的创新战略。而要制定正确的创新战略,还要求企业领导者具备战略管理眼光,懂得先行战略规划,能够明确本企业现在是什么、应该是什么、将来会是什么,能够明确本企业的创新活动现在进行得如何、应该如何进行、将来会如何进行。只有这样,企业领导者才能制定正确的创新战略,进而及时做出正确的创新决策,并采取有效措施激励员工,带领企业全体员工从事创新活动,推动企业不断发展。再次,企业应建立激发创新意识的干部人事管理制度、工资奖金分配制度和鼓励员工勇于创新的其他激励制度。建立创新指标考核制度是一种行之有效的方法。这种方法根据创新指标的完成情况来决定企业员工地位的升降、技术职称的高低、分配待遇的高低。最后,要搞好企业文化建设。通过文化建设,在企业中营造出一种强烈的创造性氛围,人人崇尚创新,争创新高,形成以创新为特色的企业精神。

(三)企业制度

企业制度主要指企业内部是否存在有利于创新的正式制度规章及非正式制度安排,包括企业的治理结构、激励安排、企业文化等。通常在市场控制治理结构下,企业倾向于产品创新选择;在组织控制治理结构下,企业倾向于过程创新选择。内部激励是企业推动创新的另一种方法,即通过物质奖励与精神激励,使员工真正感受到创新的收益和实现自我价值的愉悦,同时调动企业研发人员的创新热情。

企业通过制定各种激发员工创新积极性、鼓励员工创新的政策和措施来推进企业不断创新发展。光有市场拉动和科技推动,而没有企业内部正确有效的激励政策,市场再好,科技再先进,也无法促使企业员工主动进行创新。

(四)企业成长阶段

企业处于初创期或成长期时,往往会积极采取各种创新手段促进企业快速发展。而到了成熟期,企业便会出现创新动力下降、创新行为减少的趋势,一旦进入衰退期,企业一般又会主动进行战略、技术等创新,以谋求新的发展。伊查克·爱迪思(Ichak Adizes)于1988年提出了著名的企业生命周期理论,该理论分析了企业的生命历程及成长过程中每个阶段的成功与失败的原因。爱迪思将企业生命周期理论运用于创业研究,提出企业从孕育初创到盛年阶段的发展均离不开创新精神助力,并给出了创新精神波动曲线与企业生命周期曲线的上下浮动关系。他根据企业灵活性和可控性的状况,将企业生命周期划分为孕育期、婴儿期、学步期、青春期、盛年期、稳定期、贵族期、官僚化早期、官僚期与死亡几个阶段。在企业生命周期的各个阶段中,创新精神的变化极大地影响企业的成长历程,企业的诞生、成熟与老化都与创新精神息息相关。爱迪思认为,创新精神是企业发展最主要的驱动力,当创业者整合资源并开始承担创办新企业的使命时,创新精神便诞生了,企业也就随之诞生;当创业者成为企业领导者坐享企业收益而不思进取时,创新精神便消失了,此时即使企业的某些部分还在发挥功能,但是企业已经脑死亡了。因此对于企业来讲,创新精神是一个生死攸关的信号,必须加以监控。

创业者在筹备创办企业最初,由于必须拥有创造力并能够承担风险才能创办企业,此时创业者的创新精神值最高。而从企业的孕育期到婴儿期,为求得企业稳步发展,创业者的创新精神值开始下降,但是为了保证企业的可持续发展,创业者必须为预测未来变化做足创造性的准备,因为想象未来的发展必须具备创造性的想象力,这便意味着企业从婴儿期到盛年期的发展均离不开创新精神助力,且创新精神是一个企业发展最重要的驱动力。企业依靠创新精神的诞生而被创造,创新精神的消亡也注定了企业的消亡。创新精神在某种意义上,其值是考察企业能否继续存续的指标。

第二节 创业动力

一、外部动力

(一)市场机遇

把握市场机遇是创业最重要的因素。由经济日报社中国经济趋势研究院、中国社科院数量经济与技术经济研究所共同编制的《创业企业调查(三期)报告》显示,28.1%的企业将市场机会作为创业首选因素,其重要性综合评价也明显高于其他因素。

(1)创业机会识别是创业领域的关键问题之一。从创业过程角度来说,它是创业的起点。创业就是围绕着机会进行识别、开发、利用的过程,识别正确的创业机会是创业者应当具备的重要技能。创业机会以不同形式出现。许多好的商业机会并不是突然出现的,而是对于"一个有准备的头脑"的一种"回报"。在机会识别阶段,创业者需要弄清楚机会在哪里和怎样去寻找。创业者需要在现有的市场中把握市场机遇,发现创业机会,因为总有尚未全部满足的需求,在现有市场中创业,能减少机会搜寻成本,降低创业风险,有利于成功创业。现有的创业机会存在于不完全竞争下的市场空隙、规模经济下的市场空间、企业集群下的市场空缺等。

①不完全竞争下的市场空隙。不完全竞争的市场环境会造就市场机遇,从而为创业者提供新的创业机会。不完全竞争理论或不完全市场理论认为,企业之间或者产业内部的不完全竞争状态,导致市场存在各种现实需求,大企业不可能完全满足市场需求,必然使中小企业具有市场生存空间。小企业与大企业互补,满足市场上不同的需求。大中小企业在竞争中生存,市场对产品的差异化需求是大中小企业并存的理由,细分市场以及系列化生产使得小企业的存在更有价值。

②规模经济下的市场空间。规模经济理论认为,任何行业都存在企业的最佳规模或者最适度规模的问题,超越这个规模,必然带来效率低下和管理成本的提升。产业不同,企业所需要的最经济、最优成本的规模也不同,企业从事的不同行业决定了企业的最佳规模,大小企业最终要适应这一规律,发展适合自身的产业。

③企业集群下的市场空缺。企业集群主要指地方企业集群,是一组在地理上靠近的相互联系的公司和关联的结构,它们同处在一个特定的产业领域,由于具有共性和互补性而联系在一起。集群内中小企业彼此间发展高效的竞争与合作关系,形成了高度灵活且专业化的生产协作网络,具有极强的内生发展动力,依靠不竭的创新能力保持地方产业的竞争优势。因而对地理位置上靠近的相互关联的公司而言,所处的集群内部间高效的竞争与合作关系会产生市场机遇,从而造就新的创业机会。

(2)新科技应用可能改变人们的工作和生活方式,出现新的市场机会。通信技术的发展,使人们在家里办公成为可能;互联网的出现,改变了人们工作、生活、交友的方式;网络游戏的出现,使成千上万的人痴迷其中,乐此不疲;网上购物、网络教育的快速发展,使信息的获取和共享日益重要。潜在的创业机会来自新科技应用和人们需求的多样化,成功的创业者能敏锐地感知社会大众的需求变化,并能够从中捕捉市场机会。

(3)在细分市场中可以发掘尚未满足的潜在市场机会。一方面,根据消费潮流的变化,捕捉可能出现的市场机会;另一方面,根据消费者的心理,通过产品和服务创新,引导需求并满足需求,从而创造一个全新的市场。衍生的市场机会来自经济活动的多样化和产业结构的调整等方面。

(二)政策激励

政府通过制定并实施专门性的激励企业创业发展政策,能够创造有助于创业的机制和条件,以激励企业的创业行为。创新型企业发展政策作为推动创业的主要外部激励因素,对创业企业的建设与发展发挥着引导、支持、协调、保护等方面的作用,激励并驱动着创业型企业在创新与持续创新中不断发展。

政府政策能够促进市场体系的完善,促进有效的市场需求,弥补企业技术创新的高风险性和高外溢,提升企业创新的积极性与创新成功的可能性。强化企业的持续竞争优势,能够满足企业持续创新的需要。政府制定与实施的政策通过具体政策工具发挥作用,政策工具的不同分类组合形成了不同的政策激励模式。政府激励政策的工具主要包括财政政策、税收优惠政策、政府采购政策、金融支持政策、产学研合作政策等。

财政政策主要包括政府补贴、政府设立的专项基金等,政府通过财政投入资助和引导科技创新活动,并主要作用于基础研究、共性技术研究等领域,对创业行为有积极影响。税收优惠政策主要包括固定资产加速折旧、研发费用加计扣除、税收减免、税率优惠等,对企业内部运营有积极影响。政府采购政策是联系政府与市场、政府与企业的最佳纽带。金融支持政策包括政策性金融政策、商业银行服务政策、担保与保险政策、科技创业风险投资政策等,有助于为企业的创业营造一个和谐的投融资平台,使创新型企业有更多的融资机会,解决企业融资难问题,支持产业升级,调整经济结构。产学研合作政策涉及的是大学、科研机构和企业这些处于不同领域的技术创新主体,彼此通过不断影响、不断协同发展,完善各个技术创新主体之间潜在的互惠行为。

二、内部动力

(一)成就需要

机会型创业是指那些为了追求一个商业机会而从事创业的活动;是已感知到商业机会的人自愿开发商业机会,他们虽然还有其他的选择,但由于个体偏好而选择了创业;是那些为了追求一个机会而开创企业的创业者,自动自发地开创企业。

机会型创业是通过发现或创造新的市场机会,为追求更大发展空间,通过新产业的开拓实现对新市场的开拓的创业形态,呈现出创业起点高、对经济社会的推动力大、市场空间大、造就的就业岗位多、利润高、风险大等特征。机会型创业者往往期望较高的投资回报。

机会型创业不仅能解决自己的就业问题,而且能解决更多人的就业问题。另外,机会型创业着眼于新的市场机会,拥有更高的技术含量,有可能创造更大的经济效益,从而改善经济结构。无论是从缓解就业压力还是改善经济结构的目的出发,政府和社会都更加关注机会型创业,大力倡导机会型创业,因此机会型创业者能获得更多的贷款资金和政府支持。

相比生存型创业,机会型创业意愿源自个体追求自我发展的内部需要而非生存压力,往往表现出更强的创新性。机会型创业是个体开启机遇之门的钥匙,其以追求新机会从而创造新的价值为关键动力,对提升创业活动的质量进而实现创新驱动发展的战略目标具有至关重要的意义。根据《全球创业观察(GEM)2017/2018中国报告》分析,在中国60%以上的创业者开展的创业活动属于机会型创业,该比例仍存在较大上升空间。正如2003年非典危机催生了阿里、京东等电商公司,最终形成当前中国互联网局部领先的优势,2020年新冠肺炎疫情中不断涌现新的机会如医药电商O2O、在线教育、线上办公等。在此契机下,如何更大范围地激发机会型创业活动对我国产业数字化和智能化升级尤为重要。

成就需要是指一个人追求卓越、渴望成功的愿望,其反映了个体自我实现的需要。个体层面的学习导向是指人们具有更新现有知识的渴望,其体现了个体自我成长的需要。因此,成就需要和学习导向作为两种重要的个体内部需要有助于形成创业内部动机,从而促进机会型创业意愿形成。机会型创业是为了追求新机会以创造新价值而从事的创业活动,其创业动机主要来源于追求非物质回报的内部需要。动机理论认为动机是由个体需要产生的,当需要到达一定程度时,需要就会转化为动机。对于机会型创业者而言,其创业动机主要来自内部自发的需要。成就需要和学习导向作为个体寻求自我实现和自我成长的自发需要有助于形成创业动机,从而形成机会型创业意愿。

(二)生存需要

生存型创业是指那些由于没有其他就业选择或对其他就业选择不满意而从事创业的创业活动,显示出创业者的被动性。生存型创业是创业者受生活所迫,物质资源匮乏,而从事的低成本、低门槛、低风险、低利润的创业,往往无力用工。面对现有的市场,最常见的是在现有市场中捕捉机会,表现出创业市场的现实性。从行业分布来看,生存型创业的行业多为零售、汽车、租赁、个人服务等技术壁垒低的行业,大多为个体私营经济所处的行业。

许多农村创业行为就是典型的生存型创业活动。农民以家庭为依托,在农业及相关涉农行业中,利用自身的资源要素,通过扩大现有生产规模或从事新的生产经营活动以达到可持续生计并进一步谋求发展。伴随农业产业革命的兴起,农民将致力于生态、高效、科技的现代农业领域的创业活动,即农业创业。农业创业指农民在农业及相关涉农行业中,整合各项资源,创建社会化生产或经营组织,开发并利用商业机会以实现经济效益和社会价值。与机会型创业不同,农村地区从事农业生产的农民大多是出于生存的需要进行的生存型创业,主要为了满足贫困群体脱贫致富的需求。

值得注意的是,生存型创业者可以被引导进行二次创业或三次创业,转向机会型创业。随着经营存续年限延长,创业经营内容逐渐缺乏创新性,应该鼓励创业者发掘新的市场机会,在现有的经验优势和资本优势下,开展二次创业和三次创业。要引导初始创业转化为机会型创业,生存型创业转化为机会型创业,而已经成为机会型创业的企业应继续提高创新能力。

【案例】　　　　　　　　　　　　**大疆飞机的挫折**

深圳市大疆创新科技有限公司(以下简称大疆)是全球领先的无人飞行器控制系统及无人机解决方案的研发和生产商,客户遍布全球100多个国家和地区。通过持续创新,大疆致力于为无人机工业、行业用户以及专业航拍应用提供性能最强、体验最佳的革命性智能飞控产品和解决方案。大疆现在占据着全球无人机市场80%的份额,在美国地区也拿下了近一半的"蛋糕"。大疆的创始人、董事长汪滔入选2021年度中国最具影响力的50位商界领袖。

然而当年,汪滔在深圳莲花北小区一个单元里创业时,屡遭挫折。汪滔对天空的痴迷始于小学,在读了一本讲述红色直升机探险故事的漫画书之后,他梦想着拥有自己的"小精灵"——一种搭载摄像机跟在他身后飞行的设备。汪滔最初在大学宿舍制作了飞行控制器的原型,2006年他和两名同学来到了中国制造业中心——深圳,在一套三居室的公寓中办公,将他在大学获得的奖学金的大部分拿出来搞研究。当初汪滔创业接连失败,过得很艰辛,但没有被人看不起;相反,汪滔的项目却不断得到香港科技大学、深圳市政府及一些投资平台的关注和支持。汪滔一路走来很艰辛,最初每个月只能销售大约20台飞行控制系统,后来由于陆迪的慷慨帮助,大疆最终渡过难关。2006年陆迪向大疆投了大约9万美元,而今他已成为该公司最大的股东之一。另一位对大疆发展起到重要作用的人是汪滔的中学好友谢嘉。谢嘉在2010年加盟大疆,负责市场营销工作,同时也是汪滔的重要助手。谢嘉曾卖了房子投资大疆。深圳宽容失败、支持创新的土壤助力汪滔在艰苦创业10年之后终于一鸣惊人。

第四章
创新创业与创意

第一节 创意内涵

一、创意的基本内涵

创意(creative idea),根据汉语词典给出的定义,指的是有创造性的想法、构思等,是基于对客观事物的理解和认知所衍生的新的抽象思维和行为潜能。一般的想法不能称为创意,只有同时具备有用性及新颖性两个特征的想法才能称为创意,而创造力则是能产生创意的能力。最早将"创意"作为一个专业名词提出来的是世界著名的广告策划大师詹姆斯·韦伯·杨,他在其名著《产生创意的方法》中提出。从此,"idea"作为创意一词便被普遍认同并广泛应用起来。美国创意大师罗伯特·弗兰克(Robert Frank)认为创意必须是最新的,具有独特性,具有震撼力和强大的吸引力。而被誉为"创意产业理论之父"的约翰·霍金斯(John Howkins)在其《创意经济——如何点石成金》一书中指出:"创意是能够给人类带来快乐的最基本的天赋,是催生某种新事物的能力,它表示一人或多人创意和发明的产生。"霍金斯认为存在两类不同的创意:一类创意出于人类的共同特性,即出于人类探索新事物的一种本性,这种创意存在于所有社会和文化中;另一类创意是导向制造创意产品的创意,这类创意在工业化程度较高的社会更加广泛,因为这时候的社会对新奇、科学、技术革新以及知识产权往往给予更高的价值评定。霍金斯指出第一类创意并不一定会引发第二类创意,但是第二类创意必须以第一类创意为基础。其实,以制造创意产品为导向的创意,人们并不陌生,创意产业主要关注的就是这类创意。但是正如霍金斯所指出的那样,第二类创意必须以第一类创意为基础,否则创意产品的生产就将是无源之水,也就不能称为创意产业。霍金斯在他的书中还指出:"任何创意都拥有三个基本条件,即个人性、独创性和意义。"首先,人类具有创意的能力,创意需要个人去观察表面或者深层的东西,然后让它们成型;其次,创意具有独创性,它可以是赋予某事物新的特征,也可以是全新的"无中生有",即"独特"或"崭新";最后,创意具有深远意义,它一方面经由知识产权法和市场使个人性、原创性的创意转变成创意产品,实现创意的商业化、市场化运作,从而实现创意的巨大经济价值,另一方面还会满足人们创造的需求,带来创造的愉悦。

创意也可以从宏观和微观两个方面来进行理解(李双金)。从宏观方面来看,创意是打破常规的哲学,是对传统的叛逆,是大智大勇的同义,是导引递进升华的圣圈,是一种智能拓展,是一种文化底蕴,是对点题造势的把握,是对宏观微缩的审视,是跳出"庐山之外"的思路,是超越自我超越常规的导引,是智能与文化神奇组合的经济魔方,是思想库与智囊库的能量释放,是深度情感和理性的思考与实践,是推动社会不断发展变化的强大动力,是思维的碰撞、智慧的对接,是创造性的奇思妙想,是投资未来、创造未来的过程……宏观上的创意范围更广,意义也更加深远,因此它可能成为超越自我、促进人类进步的阶梯。但同时宏观上的创意也体现出一定的局限性,因为能够提出宏观创意的人一定智慧超群,掌握了丰富的人类知识,具备深厚的文化功底。而从微观方面来说,创意是生产产品的能力,这些产品要既新颖又恰当。研究者们对创意产业或创意经济中的创意有着明确的界定。微观层次的创意定义显然更加符合现代观点,即人人都能成为创意的主体,这种微观的概念更加关注创意的经济价值和对于人类日常生活的改变。因此,只要你深耕某个特定的领域、某类特定的产品、某个特定人群、某种特定需求……就能在此基础上,提出与众不同的想法,这些想法只要有理有据,就能成为创意,进而转化为有形或无形的商品,投入市场,进一步满足市场的消费需求(厉无畏)。

进入 21 世纪以来,人类社会正逐步迈向一个创意经济时代。此时,人的创造力、想象力、创意成了核心,创意也逐渐成为推动经济发展的核心和主导力量,社会不再是简单的工业经济时代的规模决定一切,也不再是信息革命时代的技术万能。随着创意经济和知识经济的出现,创意成了新的"流通货币"。伟大的创意——不管是源自发达国家还是发展中国家——都能够产生巨大的新价值和财富。

二、创意内涵的进一步理解

(一)创意与创意工作者

创意是发现一种新的组合,本质上不属于经济活动,而是一种思维活动,任何人都可能具有该潜能。因此创意与知识、人力资本等要素之间不会必然存在正相关关系。人力资本更高的人不一定更有创意禀赋,知识更多的人可能想法更多,但未必创意更多。人力资本更高的人可能只是更有能力将创意与其他要素结合起来生产出以创意为基础的创意产品。值得注意的是,随着分工和专业化水平以及工业化程度的日益加深,旨在生产创意产品的创意产业在经济中发挥着越来越重要的作用。许多被称为创意者的群体,如画家、作家、设计师等也越来越多地以专业人士的身份出现。工业化、信息化的社会环境使得这些被称为创意者的人群更有能力吸收、获取和使用创意,因而在创意产品的生产上占据优势,但同时也可能会掩盖他们所使用创意的真正来源(Axtell)。应该说这类创意者群体"生产"的创意,更多指向了霍金斯意义上第二类创意,在这方面,他们产生创意产品的能力似乎更强(Bayus)。尽管他们本身可能也有较强的生产第一类创意的能力,但他们更经常做的工作还是从普通人群中收集和吸收创意,这也是创意工作者们往往十分强调采风之类活动的重要原因。在分工和专业化高度发达的社会,创意工作者与创意来源分离的现象会更普遍(Harvey),第一类创意人群与第二类创意人群的重合度会更低,因此,整个社会更需要各种创意工作者专门从事搜集整理、加工的工作。第一类创意的工作分散在人群中,第二类创意工作人群将点滴创意汇聚起来导向创意产品的生产,导向经济发展。这也正是发展创意产业的必要性所在。

(二)创意蕴含变化

创意蕴含变化意味着新的组合或新的可能性可能会改变经济体系原有的结构,打破原有的均衡(Schroeder)。创意往往对原有的经济体系形成思维冲击。因此在这里创意就不同于人们常说的"点子",因为"点子"不可能构成对现实生活的实质性冲击,它可能仅仅只是一种想法,并不蕴含新的观点和联系,也并不一定能够起到实际作用,从根本上来说不会对现实生活产生较大的冲击(Stevens)。而且原有的经济体系能够通过大量微小的变化来消化、适应这些想法,且不会破坏原有的均衡。而创意所蕴含的冲击则可能在一个较短的时间内破坏原有的均衡。

　　创意者之所以能够发现新的组合,是因为这些人对事物之间的关联十分敏感,对各种潜在变化具有较强的感知力和领悟力,同时对特定环境有自己独到的理解和观察。因此,参照熊彼特对创新的理解,发现新组合的创意也是对原有经济体系的冲击和干扰。只不过这种冲击以思维的方式存在,只预示一种可能的变化。现实生活中,人们常常希望通过头脑风暴的方式产生创意,发现经济体系中存在的新机会,但往往这种活动所产生的想法很少能够真正成为创意,因为大多数想法所代表的组合能够通过原有体系的渐进调整而得到,不构成真正的新变化。但是从思辨的角度来说,渐进的创意总要优于没有创意,只是产生的作用相对来说小一点而已。然而在当前竞争环境日益激烈的市场中,渐进的创意也有可能成为企业的主导优势,带来巨大的财富价值和市场地位。

三、创意的重要特征

(一)创意的分散化

　　新组合自发地存在于经济体系内部,实际上意味着创意者在经济体系中无处不在,因此分散化是创意最重要的特征(Drucker)。创意的分散化是指任何个体都有发现新组合的能力和禀赋,创意具有无限的可能性。分散化对于创意的重要性在于,它最终决定着创意的增长作用能否实现,以及在多大程度上会实现。创新活动本身具有很强的不确定性,其产生的经济后果也高度不确定,因此导向经济增长的创新实践也必须尽可能分散化,以规避可能发生的较大风险。

　　创意分散化对经济增长的重要性,类似于知识分散化对人类社会发展的重要性。人类发展依赖于分散化的知识,更依赖于允许人们向无限可能方向上探索新知识的机制和制度安排。后者不仅决定着分散化知识的产生,而且使分散化的知识得以汇聚(Schneider 等),并且经过辩论碰撞后形成准公共物品性质的新知识为人类共享。知识所具有的报酬递增特性使人类社会的长期发展成为可能(孙光磊等)。同样,创意的分散化引导着创新活动的多样化和分散化,决定了人类探索增长的努力,也可以是分散化和多元化的,这在某种程度上增强了经济长期增长的可能性。从根本上说,保持创意的分散化也依赖于一种允许人们向无限可能方向上探索的机制和秩序。自由开放的社会鼓励人们自由探索,也保护其探索成果,因此最可能保障创意的分散化和创意的涌现。

(二)非完全排他性

　　一个创意可以被许多人同时使用,但是如果创意获得类似专利的保护或垄断,那么创意在一定时期内就具有较强的排他性(陈放)。因此非完全排他性是创意的另一个重要特征。仍以"分工和专业化"的创意为例,从最古老的家庭作坊到现代化的集群网络生产体系,"分工和专业化"的创意被不断地实践和使用着。最早以个体为单位的组织内分工和专业化逐渐被以企业组织为单位的组织间分工和专业化所代替(Dorst)。这种不完全排他的创意在不同情景下被人们反复地使用带来新变化,不断地实现思维冲击,最终作用于经济增长。创意是无数人思维无限碰撞所产生的积极后果,任何人都可能碰巧成为某一创意的发现者。自发分散的创意一旦被导向生产有市场价值的创意产品后,将很快显现出其巨大的推动增长潜能的作用。但是谁也无法说清楚,创意究竟来源于谁,创意获得的经济利益究竟属于谁。创意的非完全排他性在某种程度上损害了创意工作者的工作积极性,也使得人们在交流创意时保持高度警惕,防止自己的创意被他人窃取,这将损害创意的产生和多样化(祝帅等)。

(三)不成熟性

创意的不成熟性实际上是基于头脑风暴法的特点来理解的。萨顿(Sutton)和哈加登(Hargadon)通过对IDEO公司进行的研究也认为头脑风暴法是一种很有效的促进创造力发挥的方法。头脑风暴法的特点包括四个方面的内容:第一,自由畅谈。即在进行头脑风暴时,对于主题是没有限制的,参与者可以任意发散思维,拓宽自己的思路,还可以天马行空地发挥想象。第二,禁止评论。亚历克斯·奥斯本(Alex F. Osborn)及其支持者认为这样可以减少观点提出者的焦虑程度,从而提高所得观点的数量,但奈米斯·查兰(Charlan Nemeth)等人则提出了相反的观点。他们认为即使按照头脑风暴法的要求对每个人的观点不进行评价,但事实上评价焦虑仍然存在,还不如把自己的想法完全地表达出来,这样更有利于创造性氛围的形成。第三,追求数量。头脑风暴会议的目标是获得尽可能多的设想,追求数量是会议的首要任务。在一定数量的基础上,再通过一定的筛选及验证,寻找优质想法。第四,二次联想。这一特点具体指的是,参与者可能在他人表达出的想法之上,再次进行联想,以求能够提出更多新的想法。

第二节 创新创业与创意的关系

一、创意和创新的关系

(一)创新与创意的区别

1. 二者的概念不同

创意是一种创新性的思维活动,可以是逻辑思维、形象思维、逆向思维、发散思维、系统思维、规模思维和直觉、灵感等多种认知方式或者是综合运用的结果(Cassiman)。而德鲁克认为创新是指突破传统,具有开拓性的思想、行为、成果等。可见创意只是大脑领域发生的活动,而创新包括了思想、行为和结果。也就是说,创新必须有创意,但创意不等同于创新,好的创意往往能够形成创新。如企业组织内部最初的分工和专业化活动本质上就是一种创新,它对工人和工作内容之间的关系进行了新的安排,执行了经济活动的新组合。可以肯定的是,历史上由古希腊思想家首先明确提出的分工和专业化的思想是不折不扣的创意。该创意的价值在于,它明确了工人与特定工作内容之间的新关联,即某个工人只从事某一特定的工序。例如在亚当·斯密所列举的制针业中,A做拉直的工作、B做磨尖的工作、C做装针头的工作等,而不是所有工人都从头到尾地从事所有工序。更重要的是,这种新的组合预示了未来的某种变化,如人们工作方式的变化、工作熟练程度的变化、产品数量和质量的变化、分配关系的变化等。当然,这些可能的变化只有经过执行新组合的创新实践后才能显现出来。

2. 二者的特点不同

创意具有突发性、不成熟性、分散性和非完全排他性（李双金），它是人的大脑的突发奇想，是尚未开始投入实践的灵感和想象。而创新具有成果性、价值性，是已经行动并取得成果的一系列活动的总和（Anderson 等）。创意是创新的开始，成败未知；创新是"创意＋行动"的结果，只有将创意运用在行动中并获得成功，这一系列活动及成果才叫创新。正是因为二者的特点不同，在现代社会，尽管企业家是创新的实践者，却并不必然是创新事物的发现者。创新者需要有企业家精神，但仅仅发现一种新组合、新可能性的人却并不必需具备这些特质，任何普通的个人都可能潜在地具备发现新组合的能力。创新是"执行一种新的组合"，那么创意就可以理解为发现一种新组合。创意者可能是具有企业家精神的企业家，或者说企业家具有创意的能力，但更多的创意者未必需要具备企业家的特质。在普遍意义上，任何普通的经济个体都可能具有创意，能成为创意者。

3. 二者的结果不同

创新有失败，但失败不是创新，只是创新的一个阶段、一个环节。而创意要打破常规，可以天马行空甚至从胡思乱想开始，有着明显的自由性和不成熟性，所以创意往往是虚构的、示意的，更多的是一种艺术形式或者产品的最早期构思，而并非一种真实的产品。即使是对产品的构思，与产品有关的主意或者所谓的"点子"，绝大多数也并不一定能最终实现（霍金斯）。也正因为如此，创意诞生后，还必须对创意进行证明和证伪，考虑其是否适应目前所处的外部环境，有没有足够的消费群体来支撑其盈利性，现实条件能否支持将创意由抽象转化为具体、由想法转化为产品或服务……

（二）创意与创新的联系

1. 创意驱动创新

围绕个体创造力、个体创新行为、团队创造力、团队创新行为等，学者们发现了不同层面众多的影响创新的因素，如个体特征、团队氛围、组织文化、领导等（Anderson 等）。如果这些方面的条件能得到满足，那么员工的创造力和企业的创新水平会大大提高。但从本质上来说，一切创新都始于创意，而且创意只有被使用才是有价值的。创意是创新的基础，"创新＝创意＋实施"，创意在先，实施在后。人类是创意、创新的产物。类人猿首先想到了造石器，然后才通过勤劳的双手把石器造出来，而石器一旦造出来，类人猿就成了人。创意、创新是创造性劳动。富有创意就富有创新，缺乏创意就缺乏创新，创意度与创新度成正比，轻视创意就等于放弃创新。

一个企业为了实现创新，除了要搞好创新文化建设，建立鼓励创新机制，首先要做的就是鼓励员工不受那么多限制地产生创意。创新、创新文化建设、鼓励创新、鼓励创意四者之间存在着难以割舍的内在联系，要看到并重视这些内在联系，要根据这些内在联系推动企业创新，这是企业树立科学发展观的重要体现。许多企业追求创新却不重视鼓励员工产生创意，这样就永远实现不了企业的长远发展目标。

2. 创新是创意的定价机制

理论上讲，只有有价值的创意才能最终为人们所知晓和接受。创意的经济和社会价值需要经过创新的实践活动才能被揭示出来，因此创新是创意的定价机制。

创新成功意味着创意具有价值，但创新失败并不一定表明创意没有价值，因为创新能否成功还取决于其他多种客观因素。尽管如此，创意仍然必须经过创新定价机制的检验才能显现其价值。如果好的创意导致了失败的创新活动,这至少表明该创意在现有条件下还不具备经济上的可行性,或许只是具有潜在的市场价值。

哈耶克十分强调社会交换活动中的各种"试错过程"和"赢者生存"实践在形成"自发秩序"中的作用。他认为,分散化的个体行动只有不断地通过"试错过程"和"赢者生存"实践,通过积累性的发展方式,才能逐渐形成某种自发的社会秩序。"自发秩序"所引导的个体行为不同于先前无数个体的分散行为(Ford)。不经过积累性的发展方式,分散化个体的行动就仍然是分散化的,不具有统一的内在秩序。创新是一种具体的"试错"和"赢者生存"实践,它使分散化创意的价值得以揭示,引导着霍金斯意义上的第二类创意活动(即创意是导向制造创意产品的创意),同时也影响着第一类创意活动(创意出于人类的共同特性,出于人类探索新事物的一种本性)。经创新检验后的创意就不再是先前不自觉的创意,而是具有确定价值和意义的创意,能够进一步导向制造创意产品。从这个角度来看,创新在实现定价作用的同时还实现了对创意的筛选,即将那些具有经济价值和可行性的创意筛选出来,进而通过创意产品的生产、创意产业的发展而实现增长。

3. 创新是创意的保护机制

创新的定价筛选机制促使第一类创意转化为第二类创意。第二类创意通过导入创意产品的生产或通过创意的产业化达到增长的目的。在此过程中,增长目标能否实现的关键在于,导向创意产品生产的第二类创意是否有足够分散的第一类创意作为基础。因此,保护创意的分散化至关重要。而创新正好提供了这样一种保护,创新是创意的保护机制。

创新能够保护创意的分散化,因为它在霍金斯意义上的第一类创意和第二类创意之间形成一道隔离墙,可以有效保护人类纯粹出于好奇本性的探索精神和想象力,使之不受任何功利目的的侵蚀。创新的隔离保护使第一类创意仅仅停留在发现和探索新可能性、新组合的层面上。只有这样,探索新可能性的创意才可能出现在无限多可能的方向上。

如果第一类创意被直接地导向制造创意产品,或者说导向经济增长,创意向无限多可能方向上的探索就会被缩减至极少数方向,创意的分散化特征将不复存在。这将导致创新活动的整体风险大大增加。创新的隔离促使第一类创意仅仅停留在探索发现的层面上,因此保护了创意的分散化特性。创新的保护机制使创意不致沦为经济增长的功利性工具而最终损害增长。通过创新的筛选定价和保护机制,创意与创新的内在联系得以揭示。这两个机制表明,在经济发展过程中尽管创新可以视为一种生产要素直接进入生产过程,创意却不能,创意只有通过创新才能间接地进入生产过程。只有这样,创意的分散化特性才能得到保护。直接将创意作为一种资本纳入生产环节不仅有悖于真正的创意,也违背了促进经济增长的目标。

二、创新带动创业

创新与创业之间的相互关系至少具有两重含义。第一重含义是针对个体而言的,只要实现了自我认识的革新就是在创新,只要实现了行为模式的转变就是在创业。第二重含义是针对社会层面而言的,即当一个人为社会提供了新认识,改变了人们传统的认识方式,这就是他的创新成果;如果他为社会创造了财富,无论是精神的还是物质的,都可以算是创业成功。所以,第一重含义的创新创业是指超越自己和实现自己,第二重含义的创新创业是指超越了前人和发展了前人。从学理上讲,这两者是统一的,只有先实现了个体层面的创新创业,才可能实现社会层面的创新创业。而从本质上讲,社会层面的创新创业仍然从属于个体层面的创新创业，只不过此时个体的认识与实践都已经走在了社会前沿。所以第一重含义的创新创业更具有普遍意义，更接近于哲学层面的理解。现实中人们思想上存在一个很大的误解，即试图不承认个体层面的创新创业而直接达到社会层面的创新创业，这实际上是一种舍本逐末的行为，因为只有重视个体层面的创新创业，才可能实现社会层面的创新创业。换言之，今天的创新创业教育也必须从重视和开发个体潜能出发，舍此并无他途。

今天和未来时期的中国创业，已不再是一般意义上的创业，而是创新型的创业，以创新带动创业，进而用创业去带动就业。经过改革开放40多年的较快发展，中国经济进入了新常态，开启高质量发展模式。与此相应，中国经济的发展动力结构、就业创业结构也步入了新常态。

在"创客空间""创新工场"为孵化模式的基础上，我国一直在强调大力发展市场化、专业化、集成化、网络化的"众创空间"，实现创新与创业、线上与线下、孵化与投资相结合，为小微创新企业成长和个人创业提供低成本、便利化、全要素的开放式综合服务平台；加大政策扶持力度，适应"众创空间"等新型孵化机构集中办公等特点，简化登记手续，为创业企业工商注册提供便利，支持有条件的地方对"众创空间"的房租、宽带网络、公共软件等给予补贴，或通过盘活闲置厂房等资源提供成本较低的场所；发挥政府创投引导基金和财税政策作用，对种子期、初创期科技型中小企业给予支持，培育发展"天使投资"，完善互联网股权众筹融资机制，发展区域性股权交易市场，鼓励金融机构开发科技融资担保、知识产权质押等产品和服务；健全创业辅导指导制度，支持举办创业训练营、创业创新大赛等活动，培育创客文化，使创业创新蔚然成风。

创业者尤其创新型的创业者，始终是社会经济发展的中坚力量。创新者站在创业、发展的最前沿，他们探索和开拓发展新领域。成功了的创新，也就是能够市场化、商业化、社会化的创新成果，就能够带动市场化群体（企业）的创业；而市场化群体（企业）的创业推进，又广泛地带动了各行各业的社会就业。

第三节　创意开发

现代管理学之父彼得·德鲁克认为，企业要想获得更加丰厚的经济效益，获得持续的经营和发展，就必须运用创意开发的相关原理不断地进行创新，并发现新的机遇。迄今为止，学者们对创新研究的巨大热情为我们揭开了员工创新行为的层层面纱。但遗憾的是，这些研究主要关注创新的第一阶段——创意的产生，忽略了另一个至关重要的问题，即创意在什么情况下才会得到实施。沙莱（Shalle）在对韦斯特（West）的研究进行评述时指出，韦斯特研究的一个重大贡献是指出了创新的不同阶段有不同的影响因素，沙莱认为应该进一步探讨这个问题。安德森（Anderson）等认为创造力（creativity）与创新（innovation）是有差异的，应该加强对创意实施和创新过程的研究。有鉴于此，本节将从创意产生和创意实施的角度讲述创新开发的过程。

一、创意开发的活动要素

创意开发同其他社会生产活动一样，有许多主客观因素需要加以考察，如创意的对象、创意开发的主体和创意开发的手段。而要想深入了解创意开发，就必须研究创意开发活动的要素和创意开发的环境。

(一)创意开发的对象

创意开发的对象是指创意开发活动系统中的客体要素,可分为自然客体和社会客体,而确定创意开发对象的意义在于分析整个创意开发过程所要解决的最终问题(Janssen)。人们为了认识和改造这些客体,就会提出新问题,从而将创意开发对象具体化。一旦将创意的开发当成是一项有迹可循且有一定方法的经济活动时,它就区别于天马行空、不切实际的"胡思乱想",而成为面向应用的学问,是设计性的诊断,而不是单纯试验性的诊断,要考虑到创意开发活动的有效性。

(二)创意开发的主体

创意开发的主体指的是创意开发行为人,即创意开发者。它和创意开发对象一样都是创意开发的最基本要素,在创意开发活动系统中占据重要的地位,其中前者更是占主导和支配地位。创意开发的主体可以是个人,也可以是集体(李双金)。一项创意开发活动究竟需要由个体还是群体来完成,与创意开发研究课题的技术水平、难度、所需经费以及所处的环境有关。

(三)创意开发的手段

创意开发的手段是指创意开发主体借以展开创意开发活动能够使用的方法和条件,它在创意开发活动中起着至关重要的作用。不同的创意开发活动具有不同的创意开发手段,例如创造性思维方法、创造性观察方法、科学实验方法和创造性工程技法等"软"创意开发手段,开展科学研究和技术开发工作所需的设备、材料和经费等"硬"创意开发手段。在创意开发活动过程中,运用合适的思维、手段和工具,将对最终产生的结果起到事半功倍的效果。

(四)创意开发的环境

创意开发环境相对于创意开发主体来说是一种外部条件,它对创意开发主体的思维方式和运用创意开发手段的状况产生的影响既包括正面的,也包括负面的。因此,创意开发环境对企业的影响是不可忽视的,企业的创意开发应当紧跟环境的变化,结合自身条件去不断适应环境,尽可能地利用环境中的有利条件。对于不利条件,要尽量施以影响,使其向有利于自己的方向发展。只要有强烈的创意开发意识和一定的创意开发手段,就能够在任何环境里做到有所发现,有所创新。

二、创意开发的过程

当城市经济率先步入后工业化社会时,产业融合和消费结构转型从供给和需求两个角度为创意产业的发展提供了动力,也赋予人们创意产生的新方向。斯科特(Scott)、班克斯(Banks)等强调消费转型的重要性,认为创意产出是为了满足消费者娱乐与欣赏的需要,创意商品或服务的价值来自美学上的贡献。利德比特(Leadbeater)则认为,创意产业的发展不仅与供给方的创造力有关,而且取决于供求双方的交流与互动。实践表明,无论是供给还是需求主导,只有那些密切关注并洞察需求心理变化和紧扣时代潮流的创造性想法以及创新性活动才能够得到市场的认可与接受。

（一）创意产生

创意产生是指产生新颖且有潜在价值的事物或想法，包括新的产品、服务、制造方法及管理过程等，它可以促使企业在激烈的竞争中生存、革新和成长。与之类似的创新行为（creative behavior or innovative behavior）是指搜寻新的技术，建议新的方式去完成目标，应用新的工作方法，调查和获取资源去执行新的想法。创意既可以是渐进式的（如程序的改良），也可以是激进式的（如新产品上的重大突破）。创意可以由组织中任何层级、任何岗位上的员工提出。

这一过程要关注产业链中创意组合的价值"倍增效应"。创意产品的价值实现要以市场的规模化为前提。除了直接面对个体消费者的创意产品以外，还有大量的、以中间品投入为存在形式的创意产品，它们面对的是整个产业链的需求。在产业链多个环节同时进行的有效创意，将会产生意想不到、基于不同价值链创意组合的"乘数效应"。产业链中的中间环节越多，或者说分工越细密、越充分，这种效率倍增效果就越显著（Yusuf）。此外，处于价值链高端的创意活动，又往往对产业链的整体增值起着支配性的作用。例如，研发环节的创意，支持的不仅仅是某个制造业部门的效率提升，而且还有可能透过跨行业的多个制造业部门甚至是跨产业的农业和服务业部门，创造出更大的效率增长空间。当然，要实现并维持这种基于产业链"创意组合"的增值优势，需要全社会具备足够数量与质量的人力资本、结构制度资本、社会资本与文化资本，形成有利于创意阶层再生产和创造力不断涌现的良好氛围。

（二）创意实施

创意实施（the implementation of new ideas）是指把新颖有用的想法转换成相应的产品、服务或流程。豪厄尔（Howell）和希金斯（Higgins）认为要想创意得到实施，就必须获取到关键性的资源支持。而对于创意产生与创意实施的区别主要表现在三个方面。

其一，创意产生与创意实施是创新的两个环节。创新是产生某一新颖、有用的想法并把之转换成相应产品、服务或流程的一个多阶段过程。创意产生是创新的理念基础和最初阶段，包括了问题信息收集、提出方案几个环节。创意实施包括了方案评估和选择、执行方案等环节，是创新的第二阶段也是至关重要的一个阶段。

其二，创意产生主要是个体内部的认识活动，而创意实施主要是工作场所中人际的社会化过程。在实施创意的过程中，个体需要征求他人对创意的反馈意见，选择最佳创意，并取得他人的支持。坎特（Kanter）认为个体创新以个体认识问题和产生想法开始在寻求组织资助后，将创新加以实施，使其成为一项新的模型，最后通过经济的组织化处理推出商品化的产品或服务。成功的创新不仅来自组织内部的创意，还需要组织相关资源的支持，个体拥有创造力不一定能达成创新。

其三，尽管有学者认为创意产生与创意实施是一个不断循环反复的过程，但创意产生在创新的早期阶段最显著，尤其当团队成员需要提出新的想法应对所面临的问题时。金（King）和安德森（Anderson）认为，尽管创意实施依赖于最初提出的创意的质量，在创意实施的过程中遇到意外问题时也需要提出创意，但创意主要发生在创新的早期阶段，创意实施则主要发生在创新的后期阶段。

【案例】　　　　　　　　　　　　古文物色彩创意产品

当前正处于文化创意产品研发的重要时期,无论是博物馆还是各类旅游景点,都涌现出许多文创产品。其中以故宫博物院的文创产品为代表,其产品种类丰富、数量多。故宫博物院也是我国文化创意产业中的"领头羊"。故宫文创产品的设计很好地融入了藏品的文化内涵,将古典与时尚有效融合。从色彩的角度出发,故宫对文物典藏的再设计有着不少成功的案例。如"水仙迎春"剔红工艺的笔记本,其灵感来源于故宫博物院藏品——明代剔红水仙花圆盘。设计师在色彩方面保留了剔红的高饱和度特点,夺人眼球,并加入黑色作为底色,红黑搭配,更加突出了其精美的雕刻花纹。

在文创综艺节目《上新了·故宫》中,节目组携手顶尖设计师推出了一套故宫定制款"碧海青心"水具系列(见图4-1),在色彩上极具故宫文化特色。此水具系列与小米科技跨界合作,与故宫元素结合,让科技和传统相互碰撞,既有"新意",又有"心意",运用了象征祥瑞福寿的"海水江崖纹",选取了三种颜色——故宫红、琉璃黄和青花白。作品未直接照抄文物原有的色彩,而是在不脱离固有色的基础上,强化了文物本身的色彩特点,摆脱了陈旧的观感。整套水具以"郑和下西洋"这段历史为灵感,提取了郑和从古波斯带回的旷世釉料"苏麻离青"中的青色作为点缀。此外,《上新了·故宫》开发的另外一套产品——山海文渊文具套装,其中包含的包、本、笔、名片夹的设计灵感皆来源于文渊阁,采用的是文渊阁的主色——"文渊绿",典雅、低调而沉稳,静逸又不乏朝气。

图4-1　"碧海青心"水具系列

南京博物院在特展馆的清宫陈列厅里展出了许多印有"大雅斋"字样的粉彩瓷器。"大雅斋"是慈禧太后画室的名字,"大雅斋"款瓷器是慈禧太后的专用瓷,有盘、碗、盒、花盆、大缸等,大多是在浅青色、蓝色、黄色、藕荷色等底色上以淡墨彩绘,纹饰题材多为富有吉祥寓意的植物、花鸟,画风细柔,色彩雅致。在清代同治至光绪年间出现了一件"大雅斋"的精品——湖绿地墨彩加粉花鸟纹荷花缸。这件瓷器在湖绿底色上生动地描绘了一湖春水、鸟语花香的美好景象,色彩典雅素丽,具有极高的艺术价值,是晚清宫廷瓷器艺术的巅峰之作,其也由此成为有关专家在鉴定其他"大雅斋"瓷器时参考的标准。江苏弈橙文化发展有限公司以该件清代瓷器精品为创作原型,开发了一套名为"丹青婉约大雅斋"的文创产品,产品色彩清新雅致,古典而又时尚,一经问世便广受好评(见图4-2)。

图4-2 丹青婉约大雅斋

第五章 创新方法与类型

第一节 创新方法基本概述

一、创新方法的概念

创新方法一直以来为世界各国所重视,在美国被称为"创造力工程",在日本被称为"发明技法"、在俄罗斯被称为"创造力技术或专家技术"(罗玲玲)。我国学者认为创新方法是科学思维、科学方法和科学工具的总称,既包含实现技术创新的方法,也包含实现管理创新的方法。它是一种人们根据创新原理解决创新问题的创意,是促使创新活动取得成效的具体方法和实施技巧,是创新原理、技巧和方法融会贯通以及具体运用的结果。

二、创新方法的产生与发展

美国是创新方法研究的发源地。早在1906年,美国专利审查人员林德尔就向美国电气工程师协会提交了一篇论文,论述了"发明的艺术"。他在专利审查中注意到一些发明家具有独特的"创意技巧",于是主动去进行归纳和整理,还用实例加以说明,并建议对工程师进行这方面的训练。1931年,美国内布拉斯加大学克劳福德教授发表了《创造思维的技术》一文,首次提出了"特性列举法",以后这种方法被不断完善并作为一种创新方法在大学讲授。1932年,美国政治学家拉斯维尔提出"5W分析法",后经过人们不断运用和总结,逐步形成了一套成熟的"5W+1H"模式。1936年,史蒂文森在美国通用电气公司率先开设了创造工程课程,职工只有经过创造工程教育训练后才能安排工作,这是企业在创新能力开发方面的首次尝试。1941年,创造学的奠基人——"创新方法之父"亚历克斯·奥斯本——在其出版的著作《思考的方法》中,提出了头脑风暴法,正式揭开了人们研究创新方法的序幕。1944年,美国哈佛大学教授戈登发明了提喻法,并用于鱼雷研制。

在欧洲,人们对于创新方法的研究主要从20世纪40年代开始。1942年,瑞士天文学家茨维基在火箭研制过程中,利用排列组合原理提出了形态分析法;1960年,英国著名心理学家、英国头脑基金会总裁东尼·博赞发明了思维导图法;1985年,英国学者爱德华·德·博诺提出了"六项思考帽法""侧向思维"等一系列促进人们进行创新思维的方法。这些方法自提出后就得到了广泛应用,在提升人们创新效率方面发挥了重要作用。

我国创新方法的研究起步较晚。从20世纪60年代起,台湾地区开始引进创新工程与技法理论,如陈树勋的《创新力发展方法论》、纪经绍的《价值革新与创新力启发》。直到20世纪90年代末,以清华大学为代表的高等学校逐渐把创新创业教育纳入人才培养体系,与此同时,各类创新团体和学会相继建立,创新技法也被越来越多的人应用。进入 21 世纪以后,随着自主创新、创新驱动和加快建设创新型国家战略的提出,创新方法的研究和普及受到前所未有的重视,国内成立了一大批创新方法研究机构,许多高校都开设了创新教育课程,发表的论文和专著也成倍增加,创新方法研究工作已经全面开展起来。

第二节 创新方法

一、创新方法的分类

德国著名哲学家格奥尔格·威廉·弗里德里希·黑格尔说:"方法是任何事物都不能抗拒的、最高的、无限的力量。"创新方法是创新学者根据创新思维发展规律和大量成功的创造与创新的成功案例,总结出来的一些原理、技巧和解决创新问题的实施步骤。创新方法的运用既可以直接产生创新成果,同时也可以强化创新者的创新意识,启发创新者的创新思维,提高创新者的创新能力和创新成果的实现可能性。

至今已经涌现出 1000 多种创新技法,而且存在着不同的分类体系,如日本电气通信协会《使用创新型技法》中将创新方法分为六类,具体是:自由联想法——头脑风暴法、KJ 法,强制联想法——查表法、焦点法,设问法——戈登法、德尔菲法,分析法——列举法、形态分析法,类比法——提喻法、等价变换法,其他方法——网络法、反馈法等。在查阅大量文献和书籍并归纳整理后,我们将创新方法大致分为联想型、组合型、类比型和体系型四大类(见表 5-1)。

表 5-1 创新方法的分类

序号	类型	具体名称
1	联想型	头脑风暴法
		列举法
		思维导图法
		六顶思考帽法
2	组合型	组合法
		形态分析法
		强制联想法
		信息交合法
3	类比型	类比法
		综摄法
		移植法
		等价变换法
4	体系型	TRIZ(发明问题解决)法
		SIT(系统创新思维)法
		检核表法

二、创新方法应用的影响因素

创新环境的剧烈变化,推动着创新范式从"线性"到"非线性"、从"封闭"到"协同"、从"独立"到"系统"的嬗变。由此,创新模式从传统线性创新1.0、耦合交互创新2.0迈向创新生态系统3.0,使得创新的范围、组织和行为均发生了新的变化,成为全球化经济变革时代创新创业的重要基础,日益受到研究学者的重视,由此也改变了创新方法的推广应用。创新方法在不同国家均受到广泛关注和重视,那么,哪些因素会影响创新方法的推广应用呢?

(一)创新方法自身因素

创新方法能否得到广泛应用,首先与方法的实用性和操作性密切相关。具体而言,包括方法的用户友好性、实用性、时间限制、货币成本、灵活性和工具的普及性等因素。学者尼杰森(Nijssen)和弗兰巴赫(Frambach)发现,创新方法及工具使用的便利程度越高,使用者对创新方法的信任度就越高。迈因尔(Meinl)研究了商业实践中创新方法的应用行为后发现,创新方法选择主要受创新方法的突出性、实用性和时间限制性影响。创新方法的突出性是指其名声大小;方法的实用性是指先前成功使用而形成的经验和常规;时间限制性是指学习使用方法所要花费的时间,如头脑风暴法广泛流行和使用是因为创新者耳熟能详、操作简便、学习时间短,再如TRIZ法的广泛应用得益于其实用性、操作性强,能够加快创造发明进程,开发出有竞争性的产品。

(二)创新组织因素

此外,有研究显示,创新方法应用还受到组织规模、创新程度、创新战略定位等因素影响。一般而言,成功的创新公司更重视创新方法,使用创新方法的频度也更高。路易吉(Luigi)等的研究结果显示,领先的创新组织使用创新方法的频率更高。在组织内部,公司部门数量、各部门之间的交流水平也会对创新工具和方法的应用产生积极影响。公司战略越高度聚焦于创新,其采用的创新工具在行业中也越趋于高级化。如"六项思考帽"在组织会议中的典型应用步骤如图5-1所示。

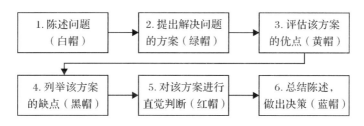

图5-1 "六项思考帽"在会议中的典型应用步骤

"六项思考帽"是博诺博士开发的一种思维训练模式,一种平行思维工具,人际沟通的操作框架,也是提高团队智商的有效方法,是一种在讨论中就如何调动各项思维能力进行全面思考的模型。他认为"思维最主要的困难在于混淆不清",应避免将时间浪费在互相争执上,要强调能够成为什么的延展性问题,而非"本身是什么"的终极原理问题,探求推动讨论向前发展的路,而不是争论谁对谁错。运用博诺的"六项思考帽",将会使混乱的思考变得更清晰,使小组中无意义的争论变成集思广益的创造,使每个参与者变得富有创造性。

(三)创新者个体特征因素

创新活动既是一项组织活动,也是一项个人行为,必须考虑到创新者创新思维方式、人格属性、认知方式以及前期使用经验等个性特征方面的影响。基尔戈(Kilgour)和科斯洛(Koslow)通过对广告业的试验分析发现,引发创意从业者产生更为合理化想法的原因是其专业人士思考和工作的创造性方式,这类人倾向于将领域中的原理、技术、方法等,应用或渗透到其他学科、领域中,为解决某一问题提供启迪和帮助。其主要包括原理移植、技术移植、方法移植、结构移植、功能移植和材料移植等,在生活中应用非常普遍。

除此之外,Yan liuxing研究了设计工程师人格属性与创造力工具的关系,发现设计工程师的人格属性对创意工具在创意形成中的应用偏好有一定影响,不同群体成员的人格类型对创意产生过程也会产生不同刺激与影响。个体在解决问题时的认知方式也会影响创新方法的使用类型。奇库(Kickul)等认为,具有直觉认知风格的人有信心搜索和识别新的创新机会,因此适合采用直觉型创新方法;分析型个体更喜欢用线性和连续过程来评估信息与计划资源,因此适合采用分析型创新方法。

(四)创新过程因素

创新方法的应用必须具备一个良好的发展过程。创新步骤和数量、参与部门数量、其间的交流与合作以及该过程形式化都对创新方法应用具有一定影响。格里芬等认为,线性的创新过程比较适用于渐进创新企业,因为其目标相对明确。比斯格(Biskjaer)等认为,结构化方法可能对缺乏经验的设计师更有吸引力,这是因为他们渴望得到受指导的工作。然而对于经验丰富的设计师来说,非结构化方法更可取。这种偏好的变化表明,创新方法的使用应结合设计经验进行调整,也即创新过程的结构化程度对创新方法使用效率的影响需要根据具体创新情景来确定。

基于该因素,适合利用综摄法进行思考,有如下两个思维方式,同时也是保证该方法有效的基本原则和思维要求。

(1)异质同化。异质同化简单说来是指把看不习惯的事物当成早已习惯的熟悉事物。在发明没有成功前或问题没有解决前,它们对我们来说都是陌生的,异质同化就是要求我们在碰到一个完全陌生的事物或问题时,要用所具有的全部经验、知识来分析、比较,并根据这些结果,做出很容易处理或很老练的态势,然后再去用合适的方法达到这一目的。

(2)同质异化。所谓同质异化就是指对某些早已熟悉的事物,根据人们的需要,从新的角度或运用新知识进行观察和研究,以摆脱陈旧固定的看法的桎梏,产生出新的创造构想,即将熟悉的事物转化成陌生的事物看待。

为了加强创造力发挥的潜能,使人们有意识地活用异质同化、同质异化两大原则,戈登提出了四种极具实践性、具体性的模拟技巧:①人格性的模拟。这是一种感情移入式的思考方法。先假设自己变成该事物,再考虑自己会有什么感觉,又如何去行动,最后再寻找解决问题的方案。②直接性的模拟。它是指以作为模拟的事物为范本,直接把研究对象范本联系起来进行思考,提出处理问题的方案。③想象性的模拟。它是指充分利用人类的想象能力,通过童话、小说、幻想、谚语等来寻找灵感,以获取解决问题的方案。④象征性的模拟。它是指把问题想象成物质性的,即非人格化的,然后借此激励脑力,开发创造潜力,以获取解决问题的方法。

(五)创新环境因素

激励机制和资源是影响工作创造性发挥的重要环境因素,尤其对于小公司和初创公司,资源不足和竞争优先权可能会限制他们采用创新工具的动力与潜力。

瓦尔(Waal)发现与团队管理和通信相关的创新工具似乎不太适用于小团队。然而,这些公司最有可能受益于研发工具;王(Wang)认为影响创新方法使用的因素包括组织背景、创新方法感知以及知识产权问题,其中,对知识产权所有权的担忧被认为是一种潜在的影响机制,这是因为难以确定归属权可能会减少群体对创新方法的采用;马丁·迈内尔(Martin Meinel)发现,创新方法的应用可能出现行业和文化背景的差异。而解决这一差异的办法就是寻找一种普遍适用的创新方法——TRIZ法。

TRIZ法作为一种创新理论与方法,在突破思维定式、启发创新灵感、拓展设计思路、辅助创新设计、解决技术难题方面卓有成效,被誉为世界级的创新方法。由于其不依赖具体科学和技术领域专业知识,具有更高抽象层次的发现问题解决问题的基础,因而具有较大的通用性,有利于突破专业知识背景的局限,专注于探索发明问题背后的根本规律。现代TRIZ理论体系可分为四个模块:①突破思维惯性的工具——九屏幕法、最终理想解(ideal final result,IFR)、STC(size-time-cost)算子法、聪明小人法、金鱼法;②分析问题的工具——因果分析、系统功能分析、资源分析;③产品预测的工具——S曲线与技术系统进化法则;④解决问题的工具——技术矛盾与发明原理、物理矛盾与分离原理、物场分析与标准解、HOW TO模型与效应库、功能裁剪、功能导向搜索(function-oriented search,FOS)。其中,STC算子法是一种非常简单的工具,却能够通过极限思考方式想象系统,将尺寸、时间和成本因素进行一系列变化的思维实验,用来打破思维定式,克服长期由于思维惯性产生的心理障碍,打破原有的思维束缚,将客观对象由"习惯"概念变为"非习惯"概念,在很多时候,问题的成功解决取决于如何动摇和摧毁原有的系统以及对原有系统的认识。

第三节 创新类型

一、依据创新程度划分

(一)根本型创新

根本型创新是指引入一项新技术,从而产生了一个新的市场基础。它包括宏观和微观层面上的不连续性(吴晓波等)。一个引起世界、产业和市场层面不连续性的创新,必然引起一个企业或顾客层面的不连续性创新。如果一个产业是由一项根本型创新引起的,例如万维网,那么这种创新必然会产生新企业和新顾客。

根本型创新并不是为了满足已知的需求,而是创造一种尚未被消费者认知的需求。这种新需求会产生一系列的新产业、新竞争者、新企业、新的分销渠道和新的市场活动。根本型创新就像一种促使新市场或新产业产生的催化剂。

福斯特(Foster)的技术S形曲线可以用来识别根本型创新,可以用来描述不延续或根本型技术创新的起源和演变。该理论认为,技术产品的绩效沿着S形曲线移动,直到遇到技术瓶颈,研究努力、时间和资源才会显得无效,从而导致回报的减少。一旦新的创新取代老的技术后,就会产生新的S形曲线(见图5-2)。

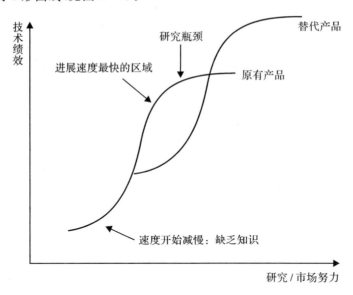

图5-2 技术市场S形曲线

根本型创新可以通过新技术和新市场的S形曲线的产生来识别。对根本型创新进行计划,需要了解如何战略性地计划全球市场的技术不连续性(中断)和市场不连续性。很多企业都不能改变驱动它们沿着特殊轨道演进的惯性力量,所以不可能根据宏观层面的变革计划重大的战略性变革。这并不是说敏捷创造性公司或缺乏活力的公司偶遇奇迹也不能带来根本型创新,但基于它们的性质,根本型创新会很少。

根本型创新的另一个检验是判断公司的内部营销和技术S形曲线是否受到影响。库苏诺基(Kusunoki)认为,除了技术能力外,将根本型产品变革引入市场,通常都需要一系列嵌于组织结构、沟通渠道和组织信息处理程序内的组织能力,而领导企业往往难以调整它们的组织能力来发展创新型产品。如果不能找到企业内技术和市场战略中断,那么产品创新就不可能是根本型的。S形曲线上的一个微小的移动,是根本型创造性的必要但不充分条件,因为它同时也是适度创新的一个标志。

(二)适度创新

适度创新是"由公司的原有产品线组成但产品并不是创新性的,即市场对于它并不陌生,它只是企业当前产品线上的新产品",我们称这种适度创新产品为"适度"创新。绝大多数创新都属于这类创新。在宏观层面上,一个适度产品将带来市场或技术的中断,但并不会同时带来两者的中断。如果两者同时发生,这将成为一种根本型创新,而如果两者都没发生,那将是一种渐进型创新。从微观层面上,市场中断和技术中断的任何组合都会发生在企业中。适度创新很容易识别,它的标准是在市场或技术宏观层面上发生中断,并且这个中断是轻微程度的,它们能够演变成新的产品线(例如索尼的随声听),基于新技术扩张原有的产品线(例如佳能的激光打印机)或现有技术的新市场(例如早期的传真机)。

(三)渐进型创新

渐进型创新是指为当前市场当前技术提供新特色、收益或升级的产品。一项渐进型新产品涉及对现有或生产、传输系统的改善和提高。渐进型创新只会在微观层面上影响市场或技术S形曲线,并不会带来巨大中断(巨大中断一般只有在根本型创新和适度创新中才会出现)。"渐进型创新很重要,因为:首先,它可以作为技术成熟市场的有利竞争武器;其次,基于当前技术的流线型流程能够帮助组织迅速抓住企业进入新的技术高原过程中的机会。"所以对于很多企业来说,渐进型创新是组织的血液。

二、依据创新所依赖的价值网络(市场)分类

(一)延续型创新

大部分新科技主要是为了改善现有产品的性能,会提供给现有主导用户群体更大的效用,我们称这种创新为延续型创新。根据创新性大小,延续型创新在特性上可以是适度的或根本型的,也可以是渐进型的。所有延续型创新的共同点是改善既有产品的性能,而这些性能是主要市场的主流客户最为重视的。既有产业的多数技术创新在特性上都是延续型的。

(二)破坏型创新

鲍尔(Bower)和克里斯滕森(Christensen)认为破坏型创新往往是指提供一套差别较大的产品性能组合或者不同的性能实现方式。破坏型创新将不同的价值前提带入市场中,通常它们会削弱主流市场既有产品的性能,但是仍具有某些边缘客户(通常是新客户)重视的特色。破坏型创新所设计的产品比较便宜,操作简单,体积较小,容易使用,而且一般致力于吸引一些新的或被其他竞争者忽视的消费者。也就是说,延续型创新目的在于给更苛求、更高端的消费者提供更好的产品和服务;破坏型创新致力于改变原有的路径,创造出更典型、更简洁、更便利和更便宜的产品,满足那些新的和低需求的顾客。

破坏型创新包括新市场破坏型创新和低端市场破坏型创新。新市场破坏型创新创造了新的价值链条。如个人电脑和索尼的第一台装电池的晶体管袖珍型收音机,因为它们最初的顾客都是新消费者,这些顾客从没有运用过该产品的前代版本产品。佳能的桌面复印机也是一种破坏型创新产品。顾客可以自己在办公室中进行复印。新市场破坏型创新者的挑战在于创造了一个新的没有消费、没有同行业竞争者的价值网。新市场破坏型创新并没有进入主流市场,而是将一些消费者从主流价值网吸引到新的价值网,因为顾客发现运用新产品更方便。低端市场破坏型创新是指在原有的价值网中侵占利润最小的、顾客需求滞后的市场。小钢铁厂、折扣销售和韩国汽车制造商进入美国市场等,就是纯粹的低端市场破坏型创新,因为它们没有创造出任何新市场,而只是捡起了被行业领导者忽略的低端市场。新市场破坏型创新使行业领导者忽略了进攻者,而低端市场破坏型创新使行业领导者逃避进攻。

三、依据创新主题分类

(一)制度创新

制度创新的核心内容是社会政治、经济和管理等制度的革新,是支配人们行为和相互关系的规则的变更,是组织与其外部环境相互关系的变更,其直接结果是激发人们的创造性和积极性,促使不断创造新的知识和社会资源的合理配置及社会财富源源不断的涌现,最终推动社会的进步。

(二)技术创新

技术创新,指生产技术的创新,包括开发新技术,或者将已有的技术进行应用创新。科学是技术之源,技术是产业之源,技术创新建立在科学道理的发现基础之上,而产业创新主要建立在技术创新基础之上。

技术创新和产品创新有着密切的关系,但又有所区别。技术的创新可能带来但未必带来产品的创新,产品的创新可能需要但未必需要技术的创新。一般来说,运用同样的技术可以生产不同的产品,生产同样的产品可以采用不同的技术。产品创新侧重于商业和设计行为,具有成果的特征,因而具有更外在的表现;技术创新具有过程的特征,往往表现得更加内在。产品创新可能包含技术创新的成分,还可能包含商业创新和设计创新的成分。技术创新可能并不带来产品的改变,而仅仅带来成本的降低、效率的提高,例如改善生产工艺、优化作业过程从而减少资源消费、能源消耗、人工耗费或者提高作业速度。另外,新技术的诞生,往往可以带来全新的产品,技术研发往往对应于产品或者着眼于产品创新;而新的产品构想,往往需要新的技术才能实现。

(三)市场创新

市场创新包含两个方面的内容,分别是开拓新市场和创造市场"新组合"。

1. 开拓新市场

(1)地域意义上的新市场,指企业产品以前不曾进入过的市场。它包括老产品进入新市场,如由国内向海外拓展、由城市向农村拓展,也包括新产品进入新市场。

(2)需求意义上的新市场,指现有的产品和服务都不能很好地满足潜在需求时,企业以新产品满足市场消费者已有的需求欲望,如向农户推销廉价的、功能较少的彩电,向工薪阶层推销低价位汽车等。

(3)产品意义上的新市场。将市场上原有的产品,通过创新变为在价格、质量、性能等方面具有不同档次的、不同特色的产品,以满足或创造不同消费层次、不同消费群体需求。如通用汽车公司变换汽车式样,向其顾客供应不同档次的汽车:向富豪供应卡迪拉克,向一般人供应雪佛兰,向中等富裕的人供应奥兹莫比尔。

2. 创造市场"新组合"

市场创新也是市场各要素之间的新组合,它既包括产品创新和市场领域的创新,也包括营销手段的创新,还包括营销观念的创新。

市场营销组合是哈佛大学的尼尔·博登(Neil Borden)提出的一个概念,它指综合运用企业可控制的因素,实行最优化组合,以达到企业经营的目标。市场营销组合观念是市场营销观念的重要组成部分。营销组合为实现销售目标提供了最优手段,即最佳综合性营销活动,也称整体市场营销。市场营销组合观念认为,企业可以控制的产品、定价、分销与促销诸多因素,都是不断发展变化的。在营销过程中,任意一个因素的变化都可能起到意想不到的效果。

市场创新与市场营销反映了两种不同的思路:市场营销以"大路"货为基础,以总体成本取胜,以市场分享为目标,着重广告、推销和价格战等手段,因此资金最为充足的企业在"战"中取胜的可能性较大。而市场创新则靠产品和服务的差别性取胜,致力于市场创造,即提出新的产品概念,建立新的标准和市场秩序,因而最具有创造精神的企业取胜的可能性最大。正如托马斯·彼得斯所言:"不要老是分享市场,而要考虑创造市场。不是取得一份较大馅饼,而是要设法烙出一块较大的馅饼,最好是烘烤出一块新的馅饼。"

可见,市场新组合是从微观角度促进已有市场的重新组合和调整,建立一种更合理的市场结构,赋予企业以新的竞争优势和增值能力,这就是市场创新的宗旨所在。

(四)组织创新

企业组织创新是指随着生产的不断发展而产生的新的企业组织形式,如股份制、股份合作制、基金会制等,换句话说就是改变企业原有的财产组织形式或法律形式使其更适合经济发展和技术进步。组织创新是企业管理创新的关键。现代企业组织创新就是为了实现管理目标,将企业资源进行重组与重置,采用新的管理方式和方法、新的组织结构和比例关系,使企业发挥更大效益的创新活动。

企业组织创新是通过调整优化管理要素人、财、物、时间、信息等资源的配置结构,提高现有管理要素的效能来实现的。企业的组织创新,可以实行新的产权机制、新的用工机制、新的管理机制,进行公司兼并和战略重组,对公司重要人员实行聘任制和选举制。企业人员的调整与分流等组织创新的方向就是要建立现代企业制度,真正做到"产权清晰、权责明确、政企分开、管理科学"。企业的组织创新,要考虑企业的经营发展战略,要对未来的经营方向、经营目标、经营活动进行系统筹划;要建立以市场为中心的、能够对宏观调整信号及时做出反应的反馈应变系统要不断优化各项生产要素组合,开发人力资源;在注重实物管理的同时,应加强价值形态管理,注重资产经营、资本金的积累;等等。

(五)管理创新

管理创新是经济学家约瑟夫·熊彼特于1912年首次提出的关于"创新"的概念。管理创新是指组织形成创造性思想并将其转换为有用的产品、服务或作业方法的过程,也即富有创造力的组织能够不断地将创造性思想转变为某种有用的结果。当管理者提到要将组织变革成更富有创造性的时候,他们通常指的就是要激发创新。

管理创新是指在特定的时空条件下,通过计划、组织、指挥、协调、控制、反馈等手段,对系统所拥有的生物、非生物、资本、信息、能量等资源要素进行再优化配置,并实现人们新诉求的生物流、非生物流、资本流、信息流、能量流目标的活动。

企业管理创新,最重要的是在组织高管层面有完善的计划与实施步骤以及对可能出现的障碍与阻力有清醒认识。帮助企业主及CEO(首席执行官)塑造这一方面的领导能力,使创新与变革成为可能。

【案例】 TRIZ理论在翻转课堂微课中的应用

翻转课堂译自"flipped classroom"或"inverted classroom",也可译为"颠倒课堂",是指重新调整课堂内外的时间,将学习的决定权从教师转移给学生。在这种教学模式下,利用课堂内的宝贵时间,学生能够更专注于主动地基于项目的学习,共同研究解决本地化或全球化的挑战以及其他现实世界面临的问题,从而获得更深层次的理解。但由于翻转课堂在我国尚处于前期发展状态,存在许多教学问题亟待改善,如电子设备的使用降低了学习效率、教师课业负担重使得翻转困难以及学习知识难成体系等,因此需要开设培养创新能力的专门课程,采取针对性举措,以提升翻转课堂教学效果。TRIZ理论是基于知识且面向人的发现问题解决理论,具有解决普遍性问题的功能,综合运用矛盾矩阵对各方面待解决问题所含矛盾进行表述分析,在矩阵中可以找到相对应的创新原理,适用于翻转课堂的解决方案。

1. 优化教学内容,提高课后效率

依据 TRIZ 理论,通过多维度来解决各种问题。心理学家统计数据表明,注意力集中的有效时间为 10 分钟左右,依据 TRIZ 理论中的"分割原则",可以将原来的 45 分钟课堂教学缩短为 10 分钟左右的视频。另外,对于学生在学习过程中可能由于外界的诱惑力和有限的自制力而使得学习效率下降的问题,依据 TRIZ 理论中的"局部作用原理"可以优化翻转课堂中的视频内容,运用新颖的教学方式、高质量的授课环境、清晰悦耳的声音、柔和亲切的语言。

2. 缩短授课时间,减少教师负担

运用 TRIZ 理论对重要部分进行精准划分,运用合适的教学方法,合理安排授课时间。教师采取引导与演示方式讲授内容。微课简短但互动性强,要求学生掌握课内知识的同时,也要了解课外拓展的内容,才能更好地应用。其中应用到"自服务原理",主要指物体为自身服务,完成辅助完善工作。教育改革即观念转变,当代教育考核评价应把帮助学生发现自身问题、促进学生的全面发展作为考核的终极目标。在微课构建中应细致考虑学生个体差异,正向面对不同的学习效果。

3. 突出重点难点,保证知识体系

微课在授课时可以针对一个问题进行谈论,增加学习的深度,调动学生学习的兴趣,拓展思维,锻炼独立思考的能力。微课可以作为课上内容的延伸,针对课上难懂、涉及内容多的知识点进行专题讨论,精讲知识,充实学习体系。TRIZ 理论克服惯性思维最有效的系统分析模式之一就是"九屏幕法"。九屏图可以快速、有效发现超系统的位置,揭示冲突矛盾和需要解决的问题。翻转课堂作为一种创新型的教学模式,其教学评价也应具备独特的作用,如图 5-3 所示。

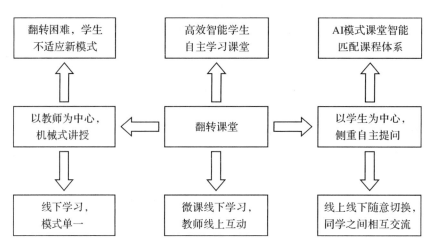

图 5-3 翻转课堂教学模式

第六章 创业机会与风险

第一节 创业机会

本质上,成功创业者都是及时识别创业机会进而成功开发了创业机会的人。

近几十年来,研究者们都试图回答这样一个问题,即创业者原动力是什么。最初,学者们从"特质论"出发,认为创业者具有异于常人的特殊个性特质,从而成功创业,但这类观点遭到了许多学者的质疑和批评。

1979年,纽约大学教授柯兹纳(Kirzner)首次指出,创业是一个机会发现活动,创业者往往对机会保持高度的警觉性,机会发现是创业中的一个重要环节。斯科特·谢恩(Scott Shane)和桑卡兰·文卡塔拉曼(Sankaran Venkataraman)指出,解释如何发现和开发创业机会是创业研究领域应当关注的关键问题。

在创业过程中,创业者将面临许多市场不确定性,同时也存在许多机会,能促进经济的更快发展,加快创新成果的转化。对于一个创业者而言,具备创造性的寻求机会的能力是创业的起点。创业机会识别作为创业活动的初始阶段和核心环节,对于新创企业起步与发展方向至关重要。

一、创业机会概述

(一)基本内涵

1. 机会的内涵

创业是建立在机会基础之上的,机会发现是创业的基础和前提。柯兹纳对机会的定义最具代表性:机会就是未明确的市场需求或未得到充分利用的资源或能力。

不同的研究视角对机会的理解存在差异。

从静态角度看,创业机会是客观存在的,以柯兹纳为代表的奥地利经济学派基于此还创立了机会发现理论。赫尔伯特(Hulbert)等认为机会实际上是一种亟待满足的市场需求,这种潜在的市场需求如此旺盛,因而对于创业者来说,实现该需求的商业活动相当有利可图。阿德吉费里(Ardichvili)等认为,机会事实上意味着创业者探寻到的潜在价值。萨阿斯瓦斯认为机会就是利用现有资源去更好地达到预定目标的一种可能性。

动态角度则强调了创业者的努力在机会识别中的重要作用。熊彼特在1912年出版的《经济发展理论》中提出,创造性地打破市场均衡,才会出现企业家获取超额利润的机会。文卡塔拉曼认为机会并不是客观存在的,是由主动型创业者创造出来的,机会的创造内生于想象和创造一个更美好未来的交互活动中,其结果就是创业者创造出一个新市场。谢恩(Shane)和埃

克哈特(Eckhardt)提出,机会是个体获取、修理并解读信息价值的过程。机会究竟是客观存在,还是主观创造出来的,学者们尚存争议。但可以肯定的是:机会总是存在的,一种需求得到满足,另一种需求又会产生;一类机会消失了,另一类机会又会出现。并且大多数机会不会显而易见,需要发现和挖掘。显而易见的机会因被过度开发利用而过早丧失价值。创业学所讨论的"机会"主要指"市场机会""商业机会""创业机会"。

2. 创业机会的概念

迄今有关创业机会并无统一的学术定义。英国雷丁大学经济学教授卡森(Casson)认为,创业机会是一种新的"目的-手段"关系,它是能为经济活动引入新产品、新服务、新原材料和新组织方式,并能以高于成本价出售的市场情况。谢恩和埃克哈特提出,创业机会本质上是一种能带来新价值创造的"目的-手段"关系。所谓"目的"指的是创业者计划服务的市场或要满足的需求,表现为最终产品或服务;所谓"手段"指的是服务市场或满足需求的方式,表现为用于供给市场最终产品或服务的价值创造活动要素、流程和系统。创业机会是指具有商业价值的创意,表现为特定的组合关系。奥地利经济学派认为,创业机会与商业机会的根本区别在于利润或价值创造潜力的差异,创业机会是一种独特的商业机会,它具有创造超额经济利润的潜力,而一般的商业机会只可能改善现有的利润水平。

(二)创业机会的来源

创业活动对社会进步以及经济发展的意义越来越明显。个人投资创业要善于抓住好机会,把握住了稍纵即逝的投资创业机会,就等于成功了一半。创业机会并不等于创业成功,创业往往是从发现、把握、利用某个或某些商业机会开始的。通过对创业机会来源进行学习,我们可以更好地进行创业机会识别和把握,以创造更多财富。

蒂蒙斯认为,创业机会主要来自改变、混乱或是不连续的状况。德鲁克提出机会的七种来源:意外之事,不协调,程序需要,产业和市场结构,人口变化,认知、意义和情绪上的变化,新知识。谢恩的观点比较有代表性,他提出产生创业机会的四种变革:技术变革、政治和制度变革、社会和人口结构变革、产业结构变革。可见,创业机会主要来自一定的市场需求和变化。徐本亮提出我国创业机会主要来自五个方面,包括问题、变化、创造发明、竞争和新知识、新技术的产生。

1. 发现问题

创业的根本目的是满足顾客需求,而顾客需求在没有满足前就是问题。寻找创业机会的一个重要途径是善于去发现和体会自己和他人在需求方面的问题或生活中的难处。比如,上海有一位大学毕业生发现远在郊区的本校师生往返市区交通十分不便,于是创办了一家客运公司,就是把问题转化为创业机会的成功案例。

2. 寻找变化

创业的机会大都产生于不断变化的市场环境,环境变化了,市场需求、市场结构必然发生变化。彼得·德鲁克将创业者定义为那些能"寻找变化,并积极反应,把它当作机会充分利用起来的人"。这种变化主要来自产业结构变动、消费结构升级、城市化加速、人口思想观念变化、政府政策变化、人口结构变化、居民收入水平提高、全球化趋势等诸多方面。比如居民收入水平提高,私人轿车的拥有量将不断增加,就会派生出汽车销售、修理、配件、清洁、装潢、二手车交易、代驾等诸多创业机会。

3. 创造发明

创造发明提供了新产品、新服务,更好地满足了顾客需求,同时也带来了创业机会。比如随着电脑的诞生,电脑维修、软件开发、电脑操作的培训、图文制作、信息服务、网上开店等创业机会随之而来。即使你不发明新的东西,你也能成为销售和推广新产品的人,从而给你带来商机。

4. 进行竞争

如果你能弥补竞争对手的缺陷和不足,这也将成为你的创业机会。看看你周围的公司,你能比它们更快、更可靠、更便宜地提供产品或服务吗?你能做得更好吗?若能,你也许就找到了机会。

5. 掌握新知识、新技术

新知识、新技术的出现改变了企业间的竞争手段和模式,也使得拥有新知识、新技术的人成功地发现和利用机会的能力大大提高,从而使得创业机会激增。例如随着健康知识的普及和技术的进步,围绕"水"就带来了许多创业机会,上海就有不少创业者加盟"都市清泉"而走上了创业之路。

(三)创业机会的特征

蒂蒙斯认为,创业机会"具有吸引力强、持久、适时的特性,它根植于可以为客户或最终用户创造或增加价值的产品或服务中"。

一般来说,一个好的创业机会应具备以下特征:

(1)真实的市场需求。即那些具有购买力和购买欲望的消费者有未被满足的需求,真实的市场需求能对创业者和消费者双方都产生吸引力。

(2)能够收回投资。即创业者在承担风险和投入资源之后,可以带来回报和收益,因而创业项目应该具有一定的持久性。

(3)能够创造更高价值。即消费者认为购买你的产品或服务比购买其他的产品或服务能够获得更高的价值。

(4)具备可行性。即不超出创业者所能具备的资源、能力、法律等必备条件范围。

创业机会隐藏在我们的经济生活中,不是任何人都能觉察到、一眼就能发现的。创业机会本身必定蕴含了创新性并具有潜在的经济价值。由此可见,创业机会还具有以下三个显著特征:隐蔽性、创新性和营利性。

(四)创业机会的类型

根据不同的角度,创业机会有多种分类方法。

1. 按创业机会的不同来源分类

从来源角度,创业机会可分为技术机会、市场机会和政策机会三类。

(1)技术机会,即技术变化带来的创业机会,主要源自新的科技突破和社会科技进步。通常,技术上的任何变化,或既有技术的新组合,都可能给创业者带来某种商业机会。历史上每次划时代的创新成果往往都是通过创业进入市场,进而催生出一个或若干庞大的产业部门,为社会带来巨额财富。

(2)市场机会,即市场变化产生的创业机会。一般而言,市场机会主要有以下四类情况:市场上出现了与经济发展阶段有关的新需求;当期市场供给缺陷产生的新的商业机会;先进国家(或地区)产业转移带来的市场机会;从中外比较中寻找差距,差距中往往隐含着某种商机。

(3)政策机会,即政府政策变化所赐予创业者的创业机会。随着经济发展、社会变革、科技进步等,政府必然也要不断调整自己的政策,而政府政策的变化,就必然给社会带来新的创业机会。比如,随着近年我国供给侧结构性改革的推进,实体经济将会产生大量新需求。固定投资需求导致资本不足,专业人员与技工不足,土地供应、水电气资源、营销力量等不足,这就会给很多行业带来新的发展机遇。一方面,随着居民收入水平进一步提高和中等收入群体的崛起,居民消费不仅会对"衣、食、住、行"等基本生存需求提出更高的追求,还会向文化、教育、旅游等更高层次享受需求倾斜,必将给教育、金融、文化、旅游、餐饮、保健、房地产等服务领域创造大量创业机会;另一方面,随着经济转型升级进入关键时期,包括钢铁、煤炭、水泥在内的传统行业间的并购重组将会加快,而包括生物医药、高端制造等在内的新兴产业将持续发展,这不仅将创造大量资金与人才需求,还会为科技研发、技术培训、财务精算、资产管理、保险审计、法律顾问等高端服务领域提供更多的创业机会。

2. 按目的-手段关系的明确程度分类

按目的-手段关系的明确程度,创业机会可分为识别型机会、发现型机会和创造型机会三类(见表6-1)。

表6-1 根据目的-手段关系的明确程度的机会分类

手段	目的	
	明确	不明确
明确	识别型机会	发现型机会
不明确	发现型机会	创造型机会

所谓目的是指创业主体在观念上事先建立的创业活动的未来结果或目标,手段则是指实现创业目的的方法和途径。借助于一定的手段才能实现一定的目的,这是人类活动的一个基本特点。

(1)识别型机会。识别型机会是指市场中的目的-手段关系十分明显,比如市场明显供不应求或供应根本无法满足需求时,人们已经察觉到问题的存在,并且解决此类问题的手段也很明确,创业者就可通过目的-手段关系的有效连接来识别出机会。一般来说,识别型机会多处于供需尚未均衡的市场。例如,我国改革开放之初,这类机会就非常之多,无须复杂的辨识过程,满足市场需求的手段对创新程度要求不高,只要拥有一定的资源就可以进入市场获利。

(2)发现型机会。发现型机会则指当目的或手段任意一方的状况未知,等待创业者去发掘机会。比如,一项技术被开发出来,但尚未实现产品的商业化转化,此时就需要创业者通过不断尝试来挖掘潜在的市场机会。

(3)创造型机会。创造型机会指的是目的和手段皆不明朗的商机,因此创业者要比他人更具先见之明,这种机会开发难度非常大,但往往能为创业者带来巨额利润。可以预言,随着科学技术的迅猛发展、市场供过于求程度的加剧,未来社会创造型创业机会将占据主导地位。通过创新目的-手段关系,深层次发掘和引导市场需求,带动新兴产业的发展和产业结构升级,不仅需要创业者的创造性资源整合能力与敏锐的洞察力,更需要创业者的创新思维与智慧。

二、创业机会的识别

创业机会以不同形式出现。每个人都有发现创业机会的可能性,但是创业者自身的差异导致只有一部分人能够发现创业机会,极少数人能够抓住创业机会而进一步行动起来创造财富。许多好的商业机会并不是突然出现的,而是对于"一个有准备的头脑"的一种"回报"。在机会识别阶段,创业者需要弄清楚机会在哪里和怎样去寻找。

(一)影响创业机会识别的因素

识别和选择合适的创业机会是创业者最为重要的能力。识别创业机会受到历史经验等多种因素的影响,因为从本质上说,机会识别是一种主观色彩浓厚的行为过程。

根据现有的文献研究,影响机会识别的关键因素主要集中在创业者的创业警觉性、先前经验、认知因素、社会关系网络等几个方面。

1. 创业警觉性

创业者与普通人的不同之处在于,他总是自发地关注他人忽略的市场环境特征。警觉的创业者时刻注意着市场,对机会存在的潜在性保持着敏感、警惕以及洞察力,一旦发现创业机会就会采取相应行动并努力获取利润。

柯兹纳认为,创业警觉性对机会发现具有关键性影响。由于个人在知识上不是全能的,所以他不能够发现所有的创业机会,只有具有警觉性的企业家才可能发现机会并利用机会而获得利润。

由于认知上的偏差和可能的错误,先入市场的创业者可能会遗漏一些创业机会,后来的创业者因为知识的增加就会敏锐地发现机会。可以说,正是创业者对机会的警觉发现使得非均衡的市场逐渐趋向于均衡,创业者在由非均衡市场向均衡市场的转变过程中能够发现利于自己发展的创业机会。

2. 先前经验

创业者的先前经验是识别机会的认知基础,在机会识别过程中起着非常重要的作用。先前经验的积累受创业者既往的工作经历、创业经历以及所接受过的教育培训等方面的影响。谢恩指出,个体先前工作经验中所积累的顾客问题知识、市场服务方式知识、市场知识造就了创业者的"知识走廊",导致创业者在面对同样的机会信息时,解读出的往往是与其先前知识密切关联的机会。

不少研究表明,经验丰富的创业者掌握了有关市场、产品、资源等的有价值信息,因而强化了其发现创业机会的能力;有创业经历的创业者则因体验过机会发现过程,积累了洞察信息、发现机会的隐性知识,有助于强化其对机会信息的警觉性,从而更容易识别到新的创业机会。

3. 认知因素

认知过程是产生创意、激发创造力、识别机会的基础。认知因素如创业意识、创新思维等本身就是创业能力的重要组成部分,是个体识别创业机会的重要前提。

谢恩认为,创业机会的发现取决于两个必要条件:第一,个体获取承载创业机会的信息;第二,个体合理解读这些信息并识别其中蕴含的价值。机会认知就是感知和认识到机会,合理解读信息并识别出其中蕴含价值的过程,从而使机会由模糊到清晰,由初始的发现到创业的决策行动,这是学习的过程,也是机会的认知和识别过程。

创业认知因素结构通常由商机、资源、组织、管理、风险和利益等一系列相关因素的结构化知识所组成。研究表明,良好的创业认知因素结构在创业中具有重要的作用,有助于创业者识别机会、构建商业模式、整合资源、制订创业计划。创业者的创业认知因素结构一旦建立,又成为其学习新创业知识和感知市场信息的极为重要的能量或基础,从而促使创业者形成创业警觉性,使其能更敏锐感知到市场的变化,并迅速洞察这种变化所带来的商业价值。

4. 社会关系网络

很多创意来自企业外部，要想及时而经济地获得这些创意，就必须与外部的社会建立广泛的联系。社会关系网络不仅提供了孕育创意的土壤，其深度广度也影响着机会的识别。

张玉利等通过调查问卷的实证分析认为，社会交往面广、交往对象趋于多样化、与高社会地位个体之间关系密切的创业者更容易发现创新性更强的机会。而创业者的先前经验调节着上述影响机制，相对于经验匮乏的创业者而言，经验丰富的创业者更容易从高密度的网络结构中发现创新性更强的机会。

创业者的社会关系网络是其在长期生活当中积累的"人脉"，"人脉"会提供许多重要信息和资源，这些信息和资源有助于发现创业机会。奥尔德里奇（Aldrich）就提出，创业者往往在社会交往过程中获得承载机会的信息并发现创业机会。希尔斯（Hills）等认为，利用社会网络资源获悉创业机会的创业者将比那些单独的创业者要识别出更多的机会。

(二) 识别创业机会的一般过程

克里特哈特（Kraekhardt）认为，机会识别是对开发有利可图新业务可能性的感知，是从创意中筛选合适机会的过程。这一过程包括两个步骤：首先判断该机会是否在广泛意义上属于有利的商业机会；其次考察对于特定的创业者来说，这一机会是否有价值。林赛（Lindsay）和克雷格（Craig）进一步将创业机会识别过程分为机会搜寻、机会识别和机会评价三个阶段。

识别创业机会是思考和探索互动反复，并将创意进行转变的过程（见图6-1）。

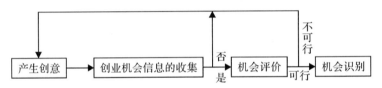

图6-1 创业机会的识别过程

1. 产生创意

创业开始的关键可能来源于一个新产品或服务的较完美的创意，而创意往往来源于对市场机会、技术机会和政策变化信息的感知和分析，来源于创业者在个人先前经验基础上的创新性思考和灵感乍现。

2. 创业机会信息的收集

创业机会信息的收集是使创意变为现实的创业机会的基础工作。

创业者应当通过多种方式和渠道收集、分析和解读有关特定的产业技术、市场、政府政策等相关因素的信息，这些信息能够影响创业者对机会的最初识别。谢恩认为，创业者感知创业机会的过程其实就是收集、处理信息的过程，机会的发现依赖于个体获取蕴含创业机会的信息，对信息进行有效的解读，以及识别出机会所蕴含的价值。

3. 机会评价

评价是仔细审查创意并分析其是否可行的阶段，主要包括技术方案评价、市场潜力评价和成本收益评价。评价是机会识别中的关键环节，要求创业者对创意的可行性进行客观、公正的评判。

4. 机会识别

创业者利用各种渠道和方式，收集有关市场和需求的变化信息，从中发现尚未满足的需求或既有的产品/服务、原材料、组织方式等存在的差距或缺陷,就可能找到改进或创造目的-手段关系的可能性——创业机会,在此基础上对可能的创业机会进行评价,分析评价结果就能识别出真正有价值、具有市场潜力且可行的创业机会。

(三)识别创业机会的行为技巧

1. 从国家经济发展趋势中判断商机

创业者一定要眼界开阔,关注并研究国家宏观经济政策和行业发展态势,这是大势。国家鼓励发展什么,限制发展什么,行业未来发展趋势如何,都与创业机会密切相关。顺着国家鼓励的方向,跟上行业发展的态势,创业就会事半功倍,做反了方向则一定一无所获。如国家近年来放宽准入,鼓励民间资本进入铁路、市政、教育、金融等领域,创业者就可以放手在这些产业中发掘"金矿"。

2. 市场环境变化孕育商机

变化中常常蕴藏着商机,许多创业机会产生于不断变化的市场环境。环境变化将带来产业结构的调整、消费结构的升级、思想观念的转变、政府政策的变革、市场利率的波动等。例如:在国有企业民营化的过程中,创业者可以在交通、电信、能源等产业中发掘创业机会;循环经济、绿色制造的理念将变革传统的生产和消费模式,带来节能减排、废物回收、材料更新、循环利用等创业机会。任何环境变化都能引发,甚至创造出新的创业机会,需要创业者凭着自己敏锐的嗅觉去发现和识别。

3. 资源整合创造无限商机

创造性地整合资源,不仅可以创造出新的价值,还可以带来无尽的商业机会。柯兹纳就认为,机会是一种通过对资源的创造性整合,满足市场及客户需求的渠道。

4. 科技发展催生商机

世界产业发展历史告诉我们,几乎每一个新兴产业的形成和发展都是技术创新的结果。产业转型、技术创新、产品换代都会带来前所未有的创业机会,创业者如果能够及时了解最新的科技发展动态,持续跟踪产业发展、技术创新的步伐,即使不发明新的东西,也会从其推广、应用、销售、维护、开发、咨询等各项服务中开发出新的市场机会。

5. 市场"空缺"蕴含商机

市场的"缺口"或"边角"往往蕴含了大量被人们忽略而未被满足的市场需求,充分开发利用这些机会空间,另辟蹊径、人无我有、人有我新,就一定能够出奇制胜。

6. 解决问题过程中发掘商机

问题往往隐含了被精巧掩饰的商业机会。许多创业者都是从发现问题开始,在解决问题的过程中,找到满足消费者需求,能为消费者创造价值的方案后,往往捕捉到极具市场前景的商机。

7. 竞争对手的缺陷隐藏商机

研究竞争对手,从中寻找其产品或服务的弱点,若能有效弥补其缺陷和不足,在激烈的竞争中胜出,就很可能从中找到重要的创业机会。

三、创业机会的评价

创业机会评价是创业机会识别和选择的一个重要环节。可以说,选对了创业项目,就意味着创业成功了一半。因此对于创业机会的评价,必须慎重并采取科学的方法。

一般而言，创业机会评价可以从产品、技术、市场与效益等几大方面进行。值得指出的是，创业者一般不会列举太多评价指标，因为一般创业机会比较模糊，很多指标无法准确地估算，所以创业者更多是凭借自己的先前经验、商业敏感性抓住几个重要指标分析，表现更多的是主观判断而不是科学分析。

(一)有价值创业机会的基本特征

有的创业者认为自己有很好的想法和点子，对创业充满信心。有想法有点子固然重要，但并不是每个大胆的想法和新颖的点子都能转化为创业机会。许多创业者因为仅仅凭想法去创业而失败了。

特征是指某种事物区别于其他事物所具有的象征和标志。创业机会特征反映了作为具有商业投资价值的潜在机会的标志。创业机会的基本特征为隐蔽性、偶然性、易逝性、时代性。有价值的创业机会具有价值性、可行性、时效性等基本特征。

蒂蒙斯教授在《21世纪创业》中提出创业机会的四个特征：①它很能吸引顾客。②它能在商业环境中行得通。③它必须在机会之窗存在期间被实施。机会之窗是指商业创意被推广到市场上去所花费的时间，若竞争者已经有了同样的想法并把产品推向市场，那么机会之窗也就关闭了。④必须有必要的资源(人、财、物、信息、时间和技能)。

1. 价值性

在上述特征中，能吸引顾客是条件，这体现出创业机会的价值性。只有能为消费者增加价值或创造新价值，才能对顾客和创业者双方产生吸引力，才可能具有良好的市场前景，才可能有创造超额经济利润的潜力。

2. 可行性

在"商业环境中行得通"是前提。这说明创业机会只有适合创业者所处的市场环境，创业者才有可能开发和利用这种机会，这就是创业机会的可行性；否则，机会再好，创业者却因条件缺乏(包括必要的资源，如人、财、物、信息、时间和技能等)而无法加以利用，这样的市场机会对于特定的创业者不能称为创业机会。

3. 时效性

创业机会必须在机会窗口存续期间被实施。机会窗口存续期间是创业的时间期限，即时机，所谓"机不可失，时不再来"。一旦新产品市场建立起来，机会窗口就被打开了。机会窗口一般会持续一段时间，不会转瞬即逝，但也不会长久存在。随着市场的成长，企业进入市场并设法建立有利可图的定位，当达到某个时点，市场成熟了，机会窗口即被关闭。因此特定的创业机会仅存在于特定的时段内，创业者务必要把握好这个"黄金时间段"，这就是创业机会的时效性。

(二)蒂蒙斯创业机会评价体系

创业机会评价有利于应对并化解环境不确定性。

蒂蒙斯提出了包含8项一级指标、53项二级指标的评价指标体系，几乎涵盖了其他一些理论所涉及的全面内容，包括行业和市场、经济因素、收获条件、竞争优势、管理团队、致命缺陷问题、个人标准、理想与现实的战略差异等方面，被认为是截至目前最为全面的创业机会评价指标体系(见表6-2)。

表 6-2 蒂蒙斯创业机会评价表

一级指标	二级指标
行业和市场	(1)市场容易识别,可以带来持续收入; (2)顾客可以接受产品或服务,并愿意为此付费; (3)产品的附加价值高; (4)产品对市场的影响力高; (5)将要开发的产品生命长久; (6)项目所在的行业是新兴行业,竞争不完善; (7)市场规模大,销售潜力达到 1000 万到 10 亿美元; (8)市场成长率为 30%～50%甚至更高; (9)现有厂商的生产能力几乎完全饱和; (10)在五年内能占据市场的领导地位,达到 20%以上; (11)拥有低成本的供货商,具有成本优势
经济因素	(1)达到盈亏平衡点所需要的时间在 1.5～2 年以下; (2)盈亏平衡点不会逐渐提高; (3)投资回报率在 25%以上; (4)项目对资金的要求不是很大,能够获得融资; (5)销售额的年增长率高于 15%; (6)有良好的现金流量,能占到销售额的 20%～30%以上; (7)能获得持久的毛利,毛利率要达到 40%以上; (8)能获得持久的税后利润,税后利润率要超过 10%; (9)资产集中程度低; (10)运营资金不多,需求量是逐渐增加的; (11)研究开发工作对资金的要求不高
收获条件	(1)项目带来的附加价值具有较高的战略意义; (2)存在现有的或可预料的退出方式; (3)资本市场环境有利,可以实现资本的流动
竞争优势	(1)固定成本和可变成本低; (2)对成本、价格和销售的控制程度较高; (3)已经获得或可以获得对专利所有权的保护; (4)竞争对手尚未觉醒,竞争较弱; (5)拥有专利或具有某种独占性; (6)拥有发展良好的网络关系,容易获得合同; (7)拥有杰出的关键人员和管理团队
管理团队	(1)创业者团队是优秀管理者的组合; (2)行业和技术经验达到了本行业内的最高水平; (3)管理团队的正直廉洁程度能达到最高水准; (4)管理团队知道自己缺乏哪方面的知识
致命缺陷问题	不存在任何致命缺陷问题

续表

一级指标	二级指标
个人标准	(1)个人目标与创业活动相符合； (2)创业家可以做到在有限的风险下实现成功； (3)创业家能接受薪水减少等损失； (4)创业家渴望进行创业这种生活方式,而不只是为了赚大钱； (5)创业家可以承受适度的风险； (6)创业家在压力下状态依然良好
理想与现实的战略差异	(1)理想与现实情况相吻合； (2)管理团队已经是最好的； (3)在客户服务管理方面有很好的服务理念； (4)所创办的事业顺应时代潮流； (5)所采取的技术具有突破性,不存在许多替代品或竞争对手； (6)具备灵活的适应能力,能快速地进行取舍； (7)始终在寻找新的机会； (8)定价与市场领先者几乎持平； (9)能够获得销售渠道,或已经拥有现成的网络； (10)能够允许失败

评价体系说明：

(1)该体系主要适用于具有行业经验的投资人或资深创业者对创业企业的整体评价。

(2)该体系必须运用创业机会评价的定性与定量方法才能得出创业机会的可行性及不同创业机会间的优劣排序。

蒂蒙斯机会识别指标体系的缺点也比较明显：①指标多而全,导致主次不够清晰,实践中在对创业机会进行评价时,很难做到对各个方面的指标量化设置权重,实现综合评分的效果；②各维度划分不尽合理,存在交叉重叠,这也在一定程度上影响了机会评价指标的有效性；③蒂蒙斯创业机会评价体系主要是基于风险投资商的风险投资标准建立的,这与创业者的标准还是存在一定的差异性,风险投资商的标准更具有主观性,而创业者的标准更具有客观性。

(三)刘常勇创业机会评价框架

我国台湾的创业学教授刘常勇归纳的创业机会评价框架比较简单,且具有一定代表性。他认为创业机会评价主要围绕市场和回报两个层面展开。需要强调的是,常规的市场研究方法不一定完全适用于创业机会评价,尤其是原创性创业机会的评价(见表6-3)。

表6-3 刘常勇创业机会评价表

一级指标	二级指标
市场评价	(1)是否具有市场定位,专注于具体顾客需求,能为顾客带来新的价值； (2)依据波特的五力竞争模型进行创业机会的市场结构评价； (3)分析创业机会所面临的市场规模大小； (4)评价创业机会的市场渗透力； (5)预测可能取得的市场占有率； (6)分析产品成本结构

续表

一级指标	二级指标
回报评价	(1)税后利润至少高于5%； (2)达到盈亏平衡的时间应该在两年以内，如果超过三年还不能实现盈亏平衡，则这样的创业机会是没有价值的； (3)投资回报率应高于25%； (4)资本需求量较低； (5)毛利率应该高于40%； (6)能否创造新企业在市场上的战略价值； (7)资本市场的活跃程度； (8)退出和收获回报的难易程度

第二节 创业风险

一、创业风险概述

(一)创业风险的基本内涵

创业风险由蒂蒙斯和德维尼(Devinney)提出，来自与创业活动有关因素的不确定性。在创业过程中，创业者要投入大量的人力、物力和财力，要引入和采用各种新的生产要素与市场资源，要建立新的机制或者对现有的组织结构、管理体制、业务流程、工作方法进行变革。在这一过程中必然会遇到各种意想不到的情况和困难，从而有可能使结果偏离创业的预期目标。

(二)创业风险的来源

有价值的创业机会也是有风险的。创业环境的不确定性，创业机会与创业企业的复杂性，创业者、创业团队与创业投资者的能力与实力的有限性，是创业风险的根本来源。研究表明，由于创业的过程往往是将某一构想或技术转化为具体的产品或服务的过程，在这一过程中，存在着几个基本的、相互联系的缺口，它们是上述不确定性、复杂性和有限性的主要来源，也就是说，创业风险在给定的宏观条件下，往往直接来源于这些缺口。具体如下：

1. 融资缺口

融资缺口存在于学术支持和商业支持之间，是研究基金和投资基金之间存在的断层。其中，研究基金通常来自个人、政府机构或公司研究机构，它既支持概念的创建，还支持概念可行性的最初证实；投资基金则将概念转化为有市场的产品原型(这种产品原型有令人满意的性能，对其生产成本有足够的了解并且能够识别其是否有足够的市场)。创业者可以证明其构想的可行性，但往往没有足够的资金将其实现商品化，从而给创业带来一定的风险。通常，只有极少数基金愿意鼓励创业者跨越这个缺口，如富有的个人专门进行早期项目的风险投资，以及政府资助计划等。

2. 研究缺口

研究缺口主要存在于仅凭个人兴趣所做的研究判断和基于市场潜力的商业判断之间。当一个创业者最初证明一个特定的科学突破或技术突破可能成为商业产品基础时，他仅仅停留在自己满意的论证程度上。然而这种程度的论证后来不可行了,在将预想的产品真正转化为商业化产品(大量生产的产品)的过程中,即具备有效的性能、低廉的成本和高质量的产品,在能从市场竞争中生存下来的过程中,需要大量复杂而且可能耗费巨大的研究工作(有时需要几年时间),从而形成创业风险。

3. 信息和信任缺口

信息和信任缺口存在于技术专家和管理者(投资者)之间。也就是说,在创业中,存在两种不同类型的人:一是技术专家;二是管理者(投资者)。这两种人接受不同的教育,对创业有不同的预期、信息来源和表达方式。技术专家知道哪些内容在科学上是有趣的,哪些内容在技术层上是可行的,哪些内容根本就是无法实现的。在失败类案例中,技术专家要承担的风险一般表现在学术上、声誉上受到影响,以及没有金钱上的回报。管理者(投资者)通常比较了解将新产品引进市场的程序,但当涉及具体项目的技术部分时,他们不得不相信技术专家,可以说管理者(投资者)是在拿别人的钱冒险。如果技术专家和管理者(投资者)不能充分信任对方,或者不能够进行有效的交流,那么这一缺口将会变得更大,带来更大的风险。

4. 资源缺口

资源与创业者之间的关系就如颜料和画笔与艺术家之间的关系。没有了颜料和画笔,艺术家即使有了构思也无从实现。创业也是如此。没有所需的资源,创业者将一筹莫展,创业也就无从谈起。在大多数情况下,创业者不一定也不可能拥有所需的全部资源,这就形成了资源缺口。如果创业者没有能力弥补相应的资源缺口,要么创业无法起步,要么在创业中受制于人。

5. 管理缺口

管理缺口是指创业者并不一定是出色的企业家,不一定具备出色的管理才能。进行创业活动主要有两种:一是创业者利用某一新技术进行创业,他可能是技术方面的专业人才,但却不一定具备专业的管理才能,从而形成管理缺口;二是创业者往往有某种"奇思妙想",可能是新的商业点子,但在战略规划上不具备出色的才能,或不擅长管理具体的事务,从而形成管理缺口。

(三)机会风险的构成与分类

机会风险分为系统风险与非系统风险。

1. 系统风险

系统风险主要是指创业环境中的风险,诸如商品市场风险、资本市场风险等,也称为市场风险,是由一些使整体市场受到影响并无法规避的环境因素,诸如政府经济政策的改变、利率的变化、通货膨胀、汇率变化等引发的。如2008年爆发的金融危机就是一次全球范围的系统风险。系统风险的诱因发生在企业外部,是创业者和新创企业本身控制不了的风险因素,其影响面一般都比较大。系统风险的特征包括以下三点:

(1) 由共同因素引起。经济方面的如利率、现行汇率、通货膨胀、宏观经济政策与货币政策、能源危机、经济周期循环等,政治方面的如政权更迭、战争冲突等,社会方面的如体制变革、所有制改造等。

(2) 对市场上所有的创业者和企业都有影响,只不过对某些企业的敏感程度更高一些。如基础性行业、原材料行业等。

(3) 无法通过创业者努力来加以消除。由于系统风险是个别企业或行业所不能控制的,是由社会、经济、政治大系统内的某些因素所造成的,影响着绝大多数企业的运营,所以只能设法规避,而无法消除。

2.非系统风险

非系统风险是指创业者自身的风险,诸如技术风险、财务风险等。非系统风险与创业者在创业过程中的判断失误、决策失误或创业项目的资金结构不合理等因素有关。非系统风险包括:

(1)团队风险。团队风险主要指由于某些原因造成创业团队分裂、溃散,进而导致创业活动无法持续进行,甚至创业归于失败的风险。

(2)技术风险。技术风险主要指伴随着科学技术的迅猛发展,创业中技术研发、产品试制、技术整合、设备更新等方面的不确定性引起的,威胁到创业企业生存与发展,甚至导致创业失败的风险。

(3)财务风险。财务风险主要指创业者因筹措资金、资金使用不当而产生的风险,创业过程中企业常常因资金链断裂而陷入困境,即可能丧失偿债能力,导致创业失败的风险。

(4)经营风险。经营风险主要指创业者/创业团队因经营不善或决策失误,导致创业失败、企业倒闭的风险。

(5)信用风险。信用风险也称违约风险,是指创业者/创业团队因违约行为而造成损失的风险。

对于创业者来说,系统风险只能设法规避,而非系统风险却在一定程度上可以通过控制、分散或转嫁的方式来加以削弱或抵消,因此非系统风险又称为可分散风险或可回避风险。

机会风险中,一些是可以预测的,一些是不可预测的。对于创业者来说,风险发生的时间、地点和损失程度往往具有不确定性,但这绝不意味着风险是不可捉摸的。事实上,通过市场调查,建立完善的信息搜集与管理系统,采用科学的预测方法,部分市场风险是可以预测的。创业者需要结合对机会风险的估计,努力防范和降低风险。

二、创业风险的防范和估计

(一)系统风险防范的可能途径

1.保持对系统性风险的警惕

当市场整体活跃,人气鼎沸,需求旺盛,投资者踊跃入市,创业机会多且赢面大时,人们对风险的意识逐渐淡漠,这往往是系统性风险将要出现的征兆。从投资价值分析,当市场整体价值有高估趋势的时候,创业者切不可放松对系统性风险的警惕。

2.建立风险评估和监控机制

针对创业过程中的风险,创业团队应建立风险评估、风险监控机制,由专门人员收集、处理和管理情报信息,构建与不断完善信息管理系统,主动有效地采取针对性防范和控制风险的措施。风险评估和风险监控的基础性工作是收集风险管理初始信息,对收集的初始信息进行必要的筛选、提炼、对比、分类、组合和识别,以便对风险进行分析和评估。

一般情况下,对系统性风险可采取风险规避、风险转嫁等方法,对非系统性战略、团队、财务、运营和法律等风险,创业者则需要千方百计地设法加强控制。

3.严格筛选创业项目

防范系统性风险,创业项目选择十分关键。通常创业者应当选择自己熟悉的行业,同时地域上也应当较为邻近,以便于沟通、联络和降低成本。在此基础上,必须对创业项目内外环境进行信息收集、访谈和论证,进行详细评估,做深入的投资可行性研究,评估应侧重市场目前的竞争态势、市场增长潜力和创业项目的经济效益。种子期、初创期所面临的技术风险和市场风险远比创业其他阶段高,因此创业项目遴选得好,成长性高,增值潜力大,风险敏感性低,就会大大降低系统风险的影响程度。

4.分散、转嫁和回避风险

对于创业者来说,系统性风险是无法消除的,但在一定条件下,系统风险能转嫁或转化为可分散的非系统风险。特别是在创业启动阶段,创业启动阶段的工作非常艰辛而又费时费力,不要试图独自解决一切问题,要积极主动地寻求合作和支持,这样有利于分散风险。

转移风险的有效办法有:一是去保险公司投保。企业的财产和责任、员工的健康、失业均可以进行保险。例如财产投保,就是转嫁投资意外事故风险。许多个体创业者都往往忽略保险,但买保险是"小投入大保障",必不可少。二是以租赁代替购买设备,可转嫁投资风险。三是资金筹集,个人独资则承担无限责任,但几个人共同投资,就是有限责任,能分散风险,还可以通过控制资金投入比例方式等,减弱系统性风险的影响。

根据创业者风险承受能力,对一些风险过大的投资方案应该坚持回避。比如,创业项目选择必须在国家法律、法规允许的范围内进行,创业项目是否符合有关环保规定,融资渠道是否合法等。回避风险还要做到拒绝与不讲信用厂商业务的往来,经营上不要试图一本万利、一夜暴富、"一锤子买卖"等。

(二)非系统风险防范的可能途径

1.选择好的创业伙伴

团队风险对早期的创业企业往往是致命的风险因素。防患于未然,就要从创业团队成员的选择开始。

(1)最基本的法则,就是选择最了解的人一同创业。大家都相互了解,有共同语言,配合默契,不会为相互了解与磨合而花费太多的精力。

(2)选择不太计较的人一起创业。创业初期最需要的是模糊学,"难得糊涂"。很多创业者奉行"亲兄弟,明算账"的哲学,这对创业团队来说往往是最大的伤害。创业刚起步,大家就争得面红耳赤,天天为鸡毛蒜皮的事情争来吵去,非坏事不可。

(3)朋友关系和家族亲情不要混合。创业伙伴不要把朋友关系和家族亲情掺合在一起。创业伙伴最坚固的莫过夫妻、父子、兄弟等,纯粹的血缘关系和姻亲关系最容易创业成功;长期的朋友关系一同创业也是很好的伙伴选择,但如果是朋友关系加上夫妻关系等家族亲情,这几乎宣告了创业团队不可能走远,再好的朋友也抵不住夫妻枕边风。所以创业伙伴要么选择纯家族关系,要么选择纯朋友关系。选择了纯朋友关系,就不要半路上让伙伴的家族成员再参与创业团队。

(4)创业团队必须要有领军人物,这是团队的核心和灵魂。否则,重大事项意见不一时,团队争执不下、议而不决,难以达成一致,会贻误战机。领军人物不一定是创业项目的最初发起人,但最好是第一大股东。均衡股份的股权安排,在创业初期可能很有效,但创业有所成之后麻烦就来了。领军人物股份和大家一样,在重大决策面前往往意见难以达成一致,就会错过企业最好的发展机遇;领军者不是第一大股东,当企业发展到一定程度后,就会出现领军者挑战第一大股东,取代第一大股东,或领军者带领核心成员离开的情况,这必然造成创业团队的分裂,导致创业失败。

2.有效保护创业创意和商业机密

势单力薄的创业者通常希望寻找互补型创业伙伴或者投资伙伴,弥补自身资金上或经营能力上的不足,从而增加创业成功的胜算。创业者在向潜在投资者透露创意真正的独创性和可行性信息时,一定要注意对该创意进行保护。然而创意本身又是难于保护的,这样只能通过一些有效的方法保护创意的资本属性,确保创意人和以创意为基础的创业者的利益,以有效降低创业早期阶段的技术风险和经营风险。

(1)商标注册。麦当劳、肯德基是没有任何高技术含量的产品,它们的最初商业创意仅仅是为司机等蓝领阶层提供快速、便捷、卫生的食品,但它们正是靠商标来保护自己的经营服务特色。当然,麦当劳、肯德基已经超越了普通商标的概念,其品牌价值已经赋予了商标无形资产,也就是它已经拥有了高额的资本属性。

(2)专利申请。如果商业创意基于一项技术发明,建议尽早申请、注册技术专利,尤其是对独有设计和新型实用专利,因为以后业务成功很可能就依赖于这样一个专利的保护。但申请前一定要注意,专利是否可以被别人轻易地加以改进,从而导致他人的胜出。例如,可口可乐的配方至今仍是一个秘密,也从来没有获得专利,但可口可乐的味道很难被模仿。

(3)版权保护。很多产品往往够不上申请专利的标准,但它却是企业或个人投入了成本自行研发的,为了保护这一创意产品,就需要用到版权保护。我国的版权保护法律制度正在逐步完善,除了著作权法以外,还包括《计算机软件保护条例》《集成电路布图设计保护条例》等专项法规。国际知名的特劳特咨询公司,其最具价值的核心资产可能就是特劳特先生的《定位》一书。特劳特咨询公司在全球的业务运营正是以此为蓝本,所以对于特劳特而言,对《定位》一书的版权保护是公司最重要的事。

(4)制度保护。在知识经济环境中,员工知识已经成为企业最为重要的资本,规范企业与员工的关系可以有效预防知识产权纠纷以及不正当竞争行为。比如企业与员工除了签订劳动合同以外,还要签订保密协议、同业竞争限制协议;在企业投入力量研发之前,先明确知识产权的归属等。

(5)保密协议。对于一名正在寻求合作或者融资的创业者来说,对要求阅读您的商业计划书的专业人士签署保密协议也十分重要,千万不要因为所谓的信任或者其他原因而放弃这一原则和权利。依据我国民法典的规定,当事人在订立合同过程中知悉的商业秘密,无论合同是否成立,不得泄露或者不正当地使用;泄露或者不正当地使用该商业秘密给对方造成损失的,应当承担赔偿责任。还可以援用反不正当竞争法的相关规定,请求市场监管部门对未经许可披露或使用商业秘密的竞争对手进行处罚。

要想真正保护商业创意不被侵犯,最好的保护办法莫过于尽快实施创业计划。从创意构思到公司开张这段时间里,需要完成很多工作,这些工作被称为"进入障碍"。越快、越好地越过这些障碍,早日实施创意,就越有可能阻止潜在的创意、技术被抄袭的危险。

3.密切监控财务、市场和运营风险

(1)在财务风险方面,创业者应当密切关注以下信息:负债、负债率、偿债能力,现金流、应收账款及其占主营业务收入的比重,应付账款及其占购货额的比重,成本和管理费用、财务费用、营业费用、成本核算、资金结算和现金管理业务中曾发生或易发生错误的业务流程或环节。财务风险普遍是创业启动阶段的"命门"。首先,要认真筹划创业初始需要的融资或投资数额。

融资时要考虑好准备借多少,能借到多少,最佳值应该是多少,风险有多大。其次,考虑企业的持续融资能力。需要注意的是,企业在运营过程中,一旦缺乏资金支持,就很可能导致整个项目的流产和创业的失败。因此,创业者需要提前考虑好融资途径,并建立起快速融资渠道,以防万一。最后,建立财务"预防"机制,正确把握企业负债经营的"度"。企业可以负债经营,但要保持合理的负债比率。生产经营状况好,资金周转快,负债经营比率可以适当高一些。生产经营不理想,产销不畅时负债比率则要相对保持低一些。资产负债率的临界值为35%~65%。

资产负债率的计算公式:资产负债率=(负债总额/资产总额)×100%。

(2)在市场风险方面,创业者/创业团队应当密切关注以下信息:产品/服务的价格及供需变化,产品/服务供应的充足性稳定性,主要客户、主要供应商的信用情况,潜在竞争者、竞争者及其主要产品情况。

(3)在运营风险方面,创业者/创业团队应当密切关注以下信息:新市场开发、市场营销策略,新创企业组织效能、管理现状、重要业务流程工作状况、质量、安全环保、信息安全等管理中曾发生或易发生失误的业务流程或环节,因企业内、外部人员的道德风险致使遭受损失或业务控制系统失灵,风险监控系统现状和能力。

针对各种风险应当建立和确定风险应对措施的程序和方法:一是对具有较高发生概率、影响重大的风险优先考虑;二是建立一套广泛适用的风险决策判断标准,即根据风险严重程度和企业的风险承受程度确定不同的决策;三是对降低风险水平所需成本进行合理分析,评估风险应对措施的成本与效益;四是企业必须持续获得风险变化信息,以有效地控制、管理风险,防范新风险的产生;五是对重要风险进行实时监控。

(三)创业者风险承担能力的估计

创业者必须进行创业风险的估计,即针对特定的创业机会和创业活动,分析和判断创业风险的具体来源、发生概率,测算风险损失,预期主要风险因素,测算冒险创业的"风险收益",估计自己的风险承受能力,进而进行风险决策,提前准备相应的"风险管理预案"。

在特定的创业机会面前,创业者需要估计自己的风险承受能力。即便有较高风险收益的项目,估计自己的风险承受能力也极为必要,特别是对那些发生概率较大、可能导致较大风险损失的风险因素的估计。

风险评估通常采用"层次分析法",层层细化,逐级分析,以深入准确地揭示可能遇到的风险因素。可从以下两个方面进行具体风险的估计测算,以做对照比较。

(1)从技术风险、市场风险、财务风险、政策及法律风险、团队风险等方面,预测特定创业机会、创业活动可能遇到的风险因素。

(2)从系统风险、非系统风险两个方面,预测特定创业机会、创业活动可能遇到的风险因素,从而判断创业者的风险承受能力。

(四)基于风险估计的创业收益预测

创业者估计了各项风险因素的发生概率和可能的损失之后,需要测算特定创业机会的风险收益,再判断是否值得冒险创业。一般而论,只有风险收益达到足够的程度,创业者才值得冒险去利用某个创业机会。

特定机会的风险收益可按下式测算:

$$FR = (M_1 + M_2)BP_1P_2S/(C+J)$$

式中,FR 代表特定机会的风险收益指数;M_1 代表特定机会的技术及市场优势指数;M_2 代表创业者的策略优势指数;B 代表特定机会的持续期内的预期收益;P_1 代表技术成功概率;P_2 代表市场成功概率;S 代表创业团队优势指数;C 代表利用特定机会创业的有形资产投资总额;J 代表利用特定机会创业的无形资产投资总额。

注意:当且仅当 FR≥R(创业者期望值)时,才值得冒险去利用特定的创业机会。

【案例】　　　　　　　　　　如何识别创业机会

在我国台湾地区食品业界,游昭明是凤毛麟角的科班出身且拥有国际视野者,在外商绿巨人食品任职的 6 年期间,他每天到产地采购农产品、监督加工厂再运送到国际机场。游昭明既能蹲在芦笋田间,以非常草莽的当地话与农人交涉,回到办公室又能用英语接打越洋电话。

20 世纪 70 年代,中国大陆与东南亚国家的农产加工业开始崛起,这时候的台湾,原料成本大幅上涨,又供应不足,因此台湾业者在外销市场节节败退。在失去了外销订单,公司赤字经营的状况下,佳美创办人林昭文愿将佳美无偿让出。这时候,游昭明与在佳美上班的哥哥站了出来,接手了濒临关门的佳美这个小工厂。

当时台湾农产品与果汁市场正面临转型,大量出口外销已经萎缩,内销市场则因为公众收入增加而成长,对于饮料需求变得多样与挑剔。每增加一项产品就必须投资盖厂。面临产业转型,游昭明在国际市场上看到品牌与代工的分割发展。这是一门与老天爷拼速度的生意,风险高但商机很大。游氏兄弟产生了惊人的想法,他们想出一个未被实验过的生意模式:帮有品牌的果汁业者代加工,扛下他们的风险。"我来做果汁原汁,就像是供应弹药给果汁品牌公司,让他们有足够的火力上战场打仗!"于是,游昭明找上了台湾地区最大的食品饮料公司——统一公司。

但统一公司为什么要把果汁加工的生意切割给无名小卒佳美呢?此时,统一公司面对大环境最需要的是稳定价格与源源不断的果汁原汁。因此游昭明承诺:不管水果价格如何波动,佳美保证稳定的价格与数量。对于佳美的承诺,统一公司还不满意。为了怕日后被掐住咽喉,统一公司要求佳美,若要发展代加工,就不得跨入品牌市场。不做品牌、不打内销市场,等于是跟钱过不去。这些利益,游昭明都放弃了,从此隐身幕后。退一步,但海阔天空。他赚不到别人一半的 3%~4% 的利润,以换取更大的营业规模,以便日后进入更大的国际市场。

这确实是漂亮而关键的一步。在佳美与统一公司的合作下,统一品牌的果汁在饮料市场快速起飞,营业额从 11 亿元增长到了 67 亿元,增加了五倍之多。佳美不仅跟着统一公司同步成长,还逐渐扩展客户。佳美从倒闭边缘翻身成为台湾最大的果汁代工厂,一张烂牌翻身了。

第七章 创业类型与机制

第一节 创业类型

创业类型的选择与创业动机、创业者风险承受能力密切相关,也会影响创业策略的制定,所以创业者如何选择创业类型也是至关重要的。

一、创业类型概述

创业类型的划分是展开创业研究的基础,目前,对于创业活动的分类方式较多,国内外学者在很早的时候就开始关注创业类型的划分,其中熊彼特早在1939年就基于创新的角度提出了五种创新模式,但是他所提出的创新模式分类并不完全适应创业理论研究,因此其他学者基于自己研究的目的提出了其他的创业分类,其中较常见的分类有以下几种。

加特纳(Gartner)、米切尔(Mitchell)和维斯珀(Vesper)通过对106位创业者进行问卷调查,针对个人、组织、环境、过程四个方面进行研究,发现创业类型可以分为八种:

(1)离职创立新公司,新公司与原来任职公司属于不同行业性质,新公司也必须立即面对激烈的市场竞争。

(2)新公司由原行业的精英人才组成,企图以最佳团队组合,集合众家之长,来发挥竞争优势。

(3)创业者运用原有的专业技术与顾客关系创立新公司,并且能够提供比原公司更好的服务。

(4)接手一家营运中的小公司,快速实现个人创业梦想。

(5)创业者拥有专业技术,能预先察觉未来市场变迁与顾客需求的新趋势,因而决定掌握机会,创立新公司。

(6)为特殊市场顾客提供更好的产品与服务而离职创立新公司,新公司具有服务特殊市场的专业能力与竞争优势。

(7)创业者为实现新企业理想,在一个刚萌芽的新市场中从事创新,企图获得领先创新的竞争优势,但相对的不确定性风险也比较高。

(8)离职创立新公司,产品或服务和原有公司相似,但是在流程与营销上有所创新,能为顾客提供更满意的产品与服务。

克里斯蒂安(Christian)等人依照创业对市场和个人的影响程度,把创业分为四种基本类型:复制型创业、模仿型创业、安家型创业和冒险型创业,如表7-1所示。

表 7-1 基于价值创造的创业类型

对个人的改变	新价值的创造	
	少	多
少	复制型创业	安家型创业
多	模仿型创业	冒险型创业

(1) 复制型创业。复制原有公司的经营模式,创新的成分很低。例如某人原本在餐厅里担任厨师,后来离职自行创立一家与原服务餐厅类似的新餐厅。新创公司中属于复制型创业的比率虽然很高,但由于这类型创业的创新贡献太低,缺乏创业精神的内涵,不是创业管理主要研究的对象。这种类型的创业基本上只能称为"如何开办新公司",因此很少会被列入创业管理课程中学习的对象。

(2) 模仿型创业。这种形式的创业,对于市场虽然也无法带来新价值的创造,创新的成分也很低,但与复制型创业的不同之处在于,创业过程对于创业者而言还是具有很大的冒险成分。例如某一纺织公司的经理辞掉工作,开设一家当下流行的网络咖啡店。这种形式的创业具有较高的不确定性,学习过程长,犯错机会多,代价也较高昂。这种创业者如果具有适合的创业人格特性,经过系统的创业管理培训,掌握正确的市场进入时机,还是有很大机会可以获得成功的。

(3) 安定型创业。这种形式的创业,虽然为市场创造了新的价值,但对创业者而言,本身并没有太大的改变,做的工作也是比较熟悉的工作。这种创业类型强调的是创业精神的实现,也就是创新的活动,而不是新组织的创造,企业内部创业即属于这一类型。例如研发单位的某小组在开发完成一种新产品后,继续在该企业部门开发另一种新品。

(4) 冒险型创业。这种类型的创业,除了对创业者本身带来极大改变外,个人前途的不确定性也很高;对新企业的产品创新活动而言,也将面临很大的失败风险。冒险型创业是一种难度很大的创业类型,有较高的失败率,但成功所得的报酬也很惊人。这种类型的创业如果想要获得成功,必须在创业者能力、创业时机、创业精神发挥、创业策略研究拟订、经营模式设计、创业过程管理等各方面,都有很好的搭配。

科恩(Cohen)和温(Winn)在文卡塔拉曼对创业界定的基础之上,扩展提出了一种新的创业类型——可持续型创业。按照文卡塔拉曼对创业的界定,创业的结果主要体现在经济、心理、社会三个方面,而科恩和温将既满足当前的需求又兼顾未来需求的可持续发展的创业活动作为一种新的创业类型。

也有的学者从技术、地理以及社会学的角度把创业划分为以下几种类型:

(1) 技术驱动型创业。即受新技术或老产品的新版本而驱动产生的创业行为。

(2) 地理驱动型创业。在这种创业活动中,已有的产品或服务被从一个地区引进到尚没有这类产品或服务的地区。

(3) 社会型驱动创业。这种创业活动是将已有的产品或服务更精致、深入地加工,考虑到顾客的心理,受社会环境驱动而产生的创业行为。

国内学者关于创业类型划分的研究在目前的文献中较为罕见,南开大学的张玉利在 150 份调查问卷的基础上,根据创业动机的差异性,把创业行为分成了以下三类:

(1)机会拉动型创业。创业的动机在于个人抓住现有机会的强烈愿望,是一个个体的偏好,并将创业作为实现某种目标(如实现自我价值、追求理想等)的手段。

(2)贫穷推动型创业。创业的动机出于别无其他更好的选择,是一种被迫的选择,而不是而个人自愿行为。

(3)混合型创业。这种类型的创业是介于机会拉动型和贫穷推动型创业之间的行为。

从国内外学者对于创业类型划分的文献综述来看,学者们对创业类型的划分虽然有几个大的方向可循,但实际上对于创业进行的各种分类至今都还比较零乱,标准的选取往往也不够科学,并没有体现出研究科学问题时所需要的系统逻辑的划分思路。学者们对创业类型的划分都有各自划分的标准,但有了一定的划分标准,却没有明显的划分界线,这为我们研究不同创业类型之间的对比带来了很大麻烦,对于一个创业企业,我们不能够很好地确定这一企业到底属于哪种创业类型,因为划分标准本身就很模糊。只有基于创业现象对创业类型进行划分才可以得到系统、规范而又能有效解决问题的创业分类,所以应该建立一种严谨的创业分类标准及划分依据。

二、创业类型划分的原则

创业类型的划分并不是一个纯粹的理论研究问题,而是研究者们为了更好地展开创业研究所选择的一个研究背景。如果学者们仅仅基于自身的研究目的就随意划分出一些创业类型的话,那将使得整体的创业研究不系统、不规范。因此,系统地划分创业类型是展开后续的创业研究的基础。常见的创业类型划分的原则有以下几点:

(1)理论逻辑性。创业类型的分类应该遵循经典创业理论模型,在逻辑上达到放之四海而皆准的合理程度。

(2)实践可操作性。创业类型的划分不宜过于抽象,虚无飘渺的界定无法适应创业研究这一实用性研究领域。

(3)系统完整性。完整性的界定是有一定前提的,在某个研究领域内,创业类型的划分必须是完整清晰的,不应存在划分标准以外的其他类型。

(4)可拓展性。在某个研究方向内的创业类型划分需要系统、完整,但是随着创业研究的深入,学者们对创业活动的认识逐渐深刻,可能存在在原来划分标准基础上扩展提出新创业类型的可能。

蒂蒙斯在1999年提出了经典的创业理论模型——蒂蒙斯模型。在这个概念模型中,蒂蒙斯指出,影响创业的主要因素是创业者、机会和资源。而创业过程也就可以被看作是创业者通过整合、利用资源来识别、开发机会的过程,如图7-1所示。

在这个过程中,创业者从创业动机出发,当形成了一定的想法后,识别出了若干商业机会,进一步通过相应的企业战略来整合、利用资源,进而实现商业机会并创建企业。由此我们可以感知,创业过程中的关键环节有创业者、创业动机、商业机会、企业战略、初始资源。这五个关键环节往往决定了创业活动开展的方式和性质,因此这些

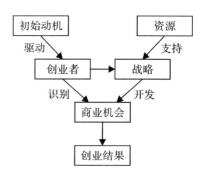

图7-1 创业过程

因素也就成为系统划分创业类型所必须考虑的。

三、创业类型的系统分类

根据文献综述情况,我们归纳出国外学者从创业者、创业动机、战略、资源、创业效果这几个角度对创业类型展开的划分,这些划分依据的要素无形中构成了创业的基本过程。在前人研究的基础上,我们系统归纳总结了创业类型的分类方式。

(一)基于初始动机的分类

拉斐尔·阿密特(Raphael Amit)在研究中从动机的角度将创业划分为推动型创业和拉动型创业。推动型创业是指创业者对当前的现状不满,并受到了一些非创业者特征的因素的推动而从事创业的行为。拉动型创业是指创业者在"新创一个企业的想法"以及"开始一个新企业活动"的吸引下,由于创业者自身的个人特质和商业机会本身的吸引而产生的创业行为。

GEM(全球创业观察)报告最先提出了生存型创业和机会型创业的概念,这一个概念的提出是建立在前人对推动型创业和拉动型创业的研究基础之上的。在 GEM 报告中雷诺兹(Reynolds)等人指出生存型创业就是那些由于没有其他就业选择或对其他就业选择不满意而从事创业的创业活动;机会型创业就是指那些为了追求一个商业机会而从事创业的创业活动。

(二)基于初始资源的分类

芝加哥大学教授阿玛尔·毕海德(Amar Bhide)曾在哈佛商学院讲授创业课程,为了整理出清晰的教课计划,他带领学生对 1996 年进入美国 Inc.500(Inc 杂志评选出的成长速度最快的 500 家企业)的企业进行了深入访谈,并于 2000 年出版了专著《新企业的起源与演进》。毕海德教授强调创业并不单纯指企业家或创业团队创建新的企业,大企业同样有创业行为。毕海德教授将原创性的创业概括为五种类型,分别是边缘企业(marginal businesses)、冒险型的创业(promising start-ups)、与风险投资融合的创业(VC-backed start-ups)、大公司的内部创业(corporate initiatives)和革命性的创业(revolutionary ventures)。

毕海德教授运用经济学的基本常识,结合大量的实际调查资料,对不同类型的创业活动做了深入而形象的对比,如表 7-2 所示。

表 7-2 不同创业类型的对比

因素	冒险型的创业	与风险投资融合的创业	大公司的内部创业	革命性的创业
创业的有利因素	创业的机会成本低、技术进步等因素使得创业机会增多	有竞争力的管理团队;清晰的创业计划	拥有大量的资金;创新绩效直接影响晋升;市场调研能力强;对研发的大量投资	无与伦比的创业计划;财富与创业精神集于一身
创业的不利因素	缺乏信用,难以从外部筹措资金;缺乏技术管理和创业经验	尽力避免不确定性,又追求短期快速成长,市场机会有限;资源的限制	企业的控制系统不鼓励创新精神;缺乏对不确定性机会的识别和把握能力	大量的资金需求;大量的前期投资

续表

因素	冒险型的创业	与风险投资融合的创业	大公司的内部创业	革命性的创业
获取资源	固定成本低；竞争不是很激烈	个人的信誉；股票及多样化的激励措施	良好的信誉和承诺；资源提供者的转移成本低	富有野心的创业计划
吸引顾客的途径	上门销售和服务了解顾客的真正需求；全力满足顾客需要	目标市场清晰	信誉、广告宣传；关于质量服务等多方面的承诺	集中全力吸引少数的大顾客
成功基本因素	企业家及其团队的智慧	企业家团队的创业计划和专业化管理能力	组织能力、跨部门的协调及团队精神	创业者的超强能力确保成功的创业计划
创业的特点	关注不确定性程度高但投资需求少的市场机会	关注不确定性程度低的、广阔而且发展快速的市场和新的产品或技术	关注少量的经过认真评估的有丰厚利润的市场机会，回避不确定性程度大的市场利基	技术或生产经营过程方面实现巨大创新，向顾客提供超额价值的产品或服务

(三)基于创业者的分类

史密斯(Smith)通过对调查数据的分析，发现样本企业创业的类型是可以被划分出来的。他根据分析结果将创业类型划分为工匠创业(craftsman entrepreneurship)和机会主义创业(opportunistic entrepreneurship)，并认为在工匠创业中，创业者在处理社会环境问题时能力较弱，而且在时间导向上会受到制约；而机会主义创业中的创业者的受教育和培训的范围比较广泛，社会感知以及对未来的定位较高。

史密斯和迈纳(Miner)认为不同类型的创业者所创造的新企业是属于不同类型的，并且在后续企业成长管理方式上也是不同的。根据创业活动的主体差异，创业活动可以分为个体创业和公司创业。莫里斯(Morris)和库特科(Kuratko)的研究对个体创业和公司创业做了较深入的比较。个体创业主要指与原有组织实体不相关的个体或团队的创业行为，而公司创业主要指由已有组织发起的组织的创造、更新与创新活动。虽然在创业本质上，公司创业和个体创业有许多共同点，但是由于起初的资源禀赋不同、组织形态不同、战略目标不同等，在创业风险承担、成果收获、创业环境、创业成长等方面也有很大的差异。两者主要差异点见表7-3。

表7-3 个体创业和公司创业的差异

序号	个体创业	公司创业
1	创业者承担风险	公司承担风险，而不是与个体相关的生涯风险
2	创业者拥有商业概念	公司拥有概念，特别是与商业概念有关的知识产权
3	创业者拥有全部或大部分事业	创业者或许拥有公司的权益，也可能只是很小部分

续表

序号	个体创业	公司创业
4	从理论上看,对创业者的潜在回报是无限的	在公司内,创业者所能获得的潜在回报是有限的
5	个体的一次失误可能意味着生涯失败	公司具有更多的容错空间,能够承担失败
6	受外部环境波动的影响较大	受外部环境波动的影响较小
7	创业者具有相对独立性	公司内部的创业者更多受团队的牵扯
8	在过程、试验和方向的改变上具有灵活性	公司内部的规则、程序和官僚体系会阻碍创业者的策略调整
9	决策迅速	决策周期长
10	低保障	高保障
11	缺乏安全网	有一系列安全网
12	在创业主意上,可以沟通的人少	在创业主意上,可以沟通的人多
13	至少在初期阶段,存在有限的规模经济和范围经济	能够很快地达到规模经济和范围经济
14	严重的资源局限性	在各种资源的占有上都有优势

南达·阿加瓦尔(Nanda Agarwal)的研究中将创业类型划分为以下五种:

(1)机会型创业(opportunistic type):由经济利益上的预期而驱动的创业行为;

(2)推动型创业("push"type):由生存推动驱使的创业行为;

(3)管理型创业(managerial type):拥有很高的领导权、管理权,为了获得经济回报而进行的创业;

(4)新工匠型创业(new craftsman type):具有高独立工作的需求,同时希望从事实现产品或服务想法的工作;

(5)想法驱动机会型(idea driven opportunist type):由想法驱动创业与机会驱动创业混合而成的创业类型。

(四)基于战略的分类

罗比(Robbie)和赖特(Wright)在前人将创业划分为 craftsman 和 opportunist 的基础上,进一步从创业形式上把创业活动划分为 buy-out 和 buy-in 两种类型。

迈耶(Meyer)和高登夏波(Godesiabois)从创业者早期战略导向的角度展开研究,在认知层面上将创业者分为三种类型:

(1)the disruptivetechnology entrepreneur(DTE):技术分裂型创业者;

(2)market share building entrepreneur(MSB):市场共享型创业者;

(3)market inefficiency entrepreneur(MIE):低效市场型创业者。

伯特克(Boettke)的研究将创业划分为两种类型:

(1)套利型创业:利用价格差异的机会,对于已经存在的差异边缘,通过低买高卖获取利润的创业活动;

(2)创新型创业:在史密斯的研究中提出的利用新商业机会的创业,在熊彼特的研究中提出的基于低成本或新技术开发的创业活动。

(五)基于创业效果的分类

戴维松(Davidsson)基于创业效果在组织层面和社会层面的产出对创业进行了分类,见表7-4。

表7-4 基于创业效果的分类

组织层面的产出	社会层面的产出	
	正	负
正	成功创业	重新分配式创业
负	催化剂式创业	失败创业

组织层面和社会层面都是负的创业行为属于失败创业,如破产了的污染企业;组织层面为负而社会层面为正的创业行为属于催化剂式创业,如万燕VCD的创业,虽然失败,但催化出了中国一个巨大的新兴产业;组织层面为正而社会层面为负的创业行为属于重新分配式创业,如国内钢铁行业的低水平的重复建设;组织层面和社会层面都为正的创业行为属于成功创业,如星巴克开创了一个全新的休闲方式,戴尔带来了一种全新的经营模式等,取得了企业、消费者和社会等层面的多赢效果。社会应该激励成功的创业,而重新分配式的创业不可避免,同时催化剂式的创业更需鼓励。

卡特(Carter)、加特纳和雷诺兹的实证研究从创业结果的角度对创业进行了如下分类:

(1)成立企业的创业。这类创业活动体现为初始创业者通过把握、利用机会成立商业实体。

(2)放弃型创业。这类创业活动体现为创业者发现并利用了商业机会,但是在开发利用机会的过程中由于众多因素而导致没有能力成立企业,利用商业机会的过程最终被放弃。

(3)继续尝试型创业。这类创业活动体现为创业者在上一次创业过程中没有成功,但是创业者仍然保持着继续创业的意愿并有着继续创业的行为。这种创业类型最终会转化为成功创业或放弃。

学者们对创业类型的分类基本上都是基于创业过程的单个关键要素而划分的。这些划分方式从理论层面提出了庞大、复杂的创业研究的若干基本出发点,在此基础上研究者可以将这些基本的创业类型进一步细化。

(六)创业动机与创业战略交叉划分

GEM报告按照创业动机将创业类型划分为生存型和机会型,这种划分标准为众多学者所肯定。熊彼特早在1939年就提出了五种创新的模式:一是新产品创新,二是新资源创新,三是新市场创新,四是新生产方法创新,五是企业组织创新。后来的学者又进一步基于创新的角度提出了企业的模仿战略、领先战略。当同时考虑创业动机与创业战略时,我们将得到这样的创业类型划分,如表7-5所示。

表 7-5 创业动机与创业战略交叉划分

创业战略	创业生存	
	高生存型创业倾向	高机会型创业倾向
领先型战略	生存领先型创业	机会领先型创业
模仿型战略	生存模仿型创业	机会模仿型创业

(1) 生存模仿型创业。生存型创业倾向较高同时又采取了模仿型战略的创业企业起点相对较低，基本没有太多的产品或服务的独特性，创业者为了摆脱当前的情况而模仿其他领先企业，这类创业在我国非常常见。

(2) 生存领先型创业。生存型创业倾向较高同时又采取了领先型战略的创业企业起点相对较高，虽然创业者因为没有更好的选择而创业，但创业者将自己的创业起点放在了较高的层面，作为一个领域的领先者，难免要面临更多的风险，而这类创业者试图通过承担可能的较多的风险来获得更高的利润。

(3) 机会模仿型创业。机会型创业倾向较高同时又采取了模仿型战略的创业企业起点相对较低。创业者在某一领域中发现了商业机会，但是由于各种因素，识别并开发这种机会需要通过模仿领先者的方式来实现。

(4) 机会领先型创业。机会型创业倾向较高同时又采用了领先型战略的创业企业起点相对较高，创业者识别出一个很独特的商业机会，并将这个商机实现出来，成为某一领域的领先者。

(七) 创业动机与价值创造交叉划分

创业活动是带有追逐利润的目的的，不管生存型创业还是机会型创业都带有各自的预期。而创业企业新创造的价值的多少反映了创业活动的效果。将创业动机与价值创造交叉考虑，可以反映出创业初始的预期与创业后客观情况的对比，如表 7-6 所示。

表 7-6 创业动机与价值创造交叉划分

价值创造	创业动机	
	高生存型创业倾向	高机会型创业倾向
价值创造多	逐利型创业	冒险型创业
价值创造少	保守型创业	稳定型创业

(1) 保守型创业。它属于生存型创业中的一种。在这种创业活动中，创业者只是为解决当前的经济困境而从事创业，不愿意承担更多的风险而只追求基本的利润回报，所产生的创业行为相对保守。

(2) 逐利型创业。它属于生存型创业中的一种。在这种创业活动中，创业者以追求高额回报为主要目的，这样会承担较多的风险，面临较多的不确定性。这种创业行为有孤注一掷的倾向。

(3) 稳定型创业。它属于机会型创业中的一种。在这种创业活动中，创业者以实现商业机会为目的，非利润回报对于创业者来说具有更大的吸引力。这种创业行为处于一种稳定发展的情况。

(4)冒险型创业。它属于机会型创业中的一种。在这种创业活动中,创业者在实现商业机会的同时,追求高利润回报,承担较多的风险。经济利润的刺激同实现商业机会的欲望对于创业者来说同样具有吸引力。

第二节 创业机制

近年来,创业管理研究在理论和实践的双重推动下快速发展,许多研究还借鉴了社会学、心理学和行为科学的最新理论与方法。

一、创业机制概述

(一)创业机制的概念

创业机制是指为推进创业而创建的机构、体系和制度以及各因素、各要害之间的相互关联。创业是推动经济生长的重要动力。彼得·德鲁克以为,创业型就业是美国经济生长的重要动力之一。20世纪90年代以来,美国经济的高增长,内在的原因虽然许多,但是具有企业家意识、自下而上的创业精神,可以说是美国经济连续增长的基本内因。在21世纪,创建创业机制将会极大地促进我国掀起更高的创业浪潮。蔡莉认为,创业机制揭示了创业行为的普适性规律,其包括:①探索新企业创建及成长机制,如发现型机会、创造型机会和资源开发的机会开发机制,关注创业环境、创业者、组织要素及创业过程等多重因素共同作用机制。②公司创业机制,公司创业的概念界定和构成维度;组织层面各种因素对公司创业活动的影响;公司创业行为的作用效果,包括探索公司创业与竞争优势和绩效的积极关联,以公司创业为情境的母子公司的治理关系、企业存在的问题以及对创业失败的影响;公司国际化创业的影响因素;等等。

(二)创业机制的形成动因

创业已经成为当前社会一种广泛的经济征象。创业机制的形成涉及政治体制、执法制度、经济运行、文化教诲等社会各个层面,是一个庞大的体系。创业机制形成的动因主要包括创业推动、政策驱动、需求拉动、学习效应及其交互作用。

1. 创业推动

传统的观念或经济学中的主流观点认为,大企业创造了整个社会中绝大多数的就业机会、产品和服务,是经济发展的主导力量和社会福利的主要来源。但是有许多研究表明,新创企业和小企业已经成为经济发展的重要动力,提供了大部分的就业机会。同时,创业对于经济发展的作用绝不仅仅局限于提高人均产出与人均收入水平,更重要的是,创业还促进新的社会结构和经济结构的形成,让更多的人来参与经济发展的过程和获得相应的回报。未来学家约翰·奈司比特也认为,创业是美国经济持续繁荣的基础。因此,创业者和创业企业的增多以及创业对就业和国民经济增长的贡献增大将是推动创业机制形成的一个重要原因。

2. 政策驱动

创业已经成为各国推动就业和经济增长的强大推动力,如何鼓励和推动创业已经成为各国政府经济政策的核心。英国政府早在1998年就发表了《我们竞争的未来:建设知识推动的经济》白皮书,提出:新经济社会对企业家的挑战,要求他们是创新的、有创造性的、能够持续改善性能,建立新的联盟和合作冒险。对政策制定者的挑战是创造一个框架,用这个框架支持科技杰出性的持续发展,加强竞争以及创业和创新文化,并使环境得到有效保护。如果有一个稳定的金融和经济背景,有一个支持创业的商业和社会环境,市场、技术和资金就容易获得;有一支教育精良和技术熟练的、灵活的劳动队伍,创业就能获得成功。

3. 需求拉动

任何创新和创业都是从好的创思开始的。创思要顺利地进入产业创新和创业过程,就首先要使得创思活动及其结果能够进入市场,即要有一个完善的创思市场。为培育新创企业,建立风险资本市场是一种重要的战略选择。许多新创企业在开业后很长时间内,资金短缺是最棘手的问题之一。但它们往往不乏好的项目和产品,所缺少的只是驾驭风险、进行风险投资的人才和机制。风险资本是投入具有快速增长潜力并能带来一定资本收益的拟创立的新企业或刚刚诞生还处于创业阶段的新创企业的一种权益资本,是风险资本与高新技术、风险资本与创业机会、风险资本与企业管理的高效组合,是高新技术迅速转化为生产力和产品的新型投资机制。如果相关的法律和政策配套措施得当,可以预见进入创业领域的风险资本的数量将十分可观。证券市场是风险资本退出、创业者融资或收获创业收益的最便利方式之一,但是新创企业在深、沪主板市场上市难度较大。主要是由于新创企业较难得到上市额度,经营业绩一般难以达到深、沪市场的上市标准。所以我国目前的证券市场还不能为风险资本退出、创业者融资或收获创业收益提供必要的渠道。创业需要建立相应的创思市场、风险资本市场和证券市场,以便为创业企业获得创思、创业资本成功获益提供便利,而这些市场的建立将进一步带动创业机制的形成。

4. 学习效应

欧美一些发达国家为推进创业制定了一系列法律、法规和政策,采取了一些有效的措施,收到了较好的效果,也有不少成功的范例,如美国的硅谷。一些学者通过对硅谷现象的探析,将硅谷那种特有的文化氛围和机制视为硅谷成功的关键,包括风险投资机制、对员工的激励机制以及鼓励创新的机制等。这些成功的做法对于我国建立创业机制会起到一定的示范作用。

(三)创业机制的基本特征

1. 系统性

创业机制是一个复杂的系统,包括若干相互联系的子系统结构。它既有一个相互联系的统一机制,又有一些反映各个子系统结构和运行原理以及各种制约关系的具体机制,如创业驱动机制、创业决策机制、创业管理机制和创业者收获机制等。

2. 功能性

创业机制必然产生自己特有的功能和机能,并通过功能力来反映功能的大小、强弱。比如建立创业机制,可有效防止小富即安,形成追求财富最大化的持续动力机制;有利于在创业中培育、发现企业家,形成我国企业家的培育、甄别机制,成为诱发和推动企业集群发育成长的强劲的内在动力;可以创造就业机会,成为推动经济增长的重要动力,具有驱动功能。

3. 诱致性

创业机制一旦形成,会对潜在创业者开展创业产生巨大的诱导和引致作用。比如,创思市场的形成、在财税上对创新和创业的扶持、风险投资的发展、创业文化氛围的营造、创业教育的开展以及创业管理的逐步规范等会激起人们的创业冲动,进而开始各种创业尝试。

4. 渐进性

建立创业机制涉及政治体制、法律制度、经济运行、文化教育等社会的各个层面,其复杂性和艰难性是可想而知的,因此创业机制的形成是不可能一蹴而就的,需要有一个逐步形成和完善的过程。

5. 制度化

建立创业机制应建立国家创新体系和相应的管理制度,进一步完善现行的经济法律制度,引入风险管理制度,建立健全证券管理制度,改革现行的教育体制和制度,建立创业管理制度等。通过建立这些制度规范创业行为,为创业者提供一个宽松的、规范的、健康的创业环境。

二、创业机制的架构设计

(一)创业机制设计中的三个核心问题

创新、创业风险防范与创业管理是创业机制设计中面临的三个主要问题。创新是创业的本质和手段,是创思的重要来源。创业充满了风险,通过创业过程的管理,合理地规避风险是创业机制设计的核心。

1. 创新是创业的本质和手段

创业是实现创新的过程,而创新是创业的本质和手段。熊彼特最早将"创新"这一概念作为一个经济学范畴纳入经济理论体系,赋予创业者以"创新者"的形象,认为创业者的职能就是实现生产要素新的组合。基于创业的创新是以创业机会为导向展开的。创业者发现、辨识由于技术、市场和环境的变化带来的技术机会、市场机会以及环境机会,通过技术创新、市场创新、制度创新、观念创新、产品创新和管理创新等去把握这些创业机会,甚至创造创业机会,进而形成创思。创新包括技术创新、市场创新、制度创新、观念创新、产品创新和管理创新等。其中,观念创新是核心,制度创新是前提,技术创新是基础,产品创新是载体,市场创新是目的,管理创新是保证。

2. 创业机制设计的风险防范

对于创业是否存在风险问题,尽管学术界存在争论,但一般认为,创业是存在风险的,并且存在比较高的风险。创业风险主要来自与创业活动有关因素的不确定性。在创业过程中,创业者要投入大量的人力、物力和财力,要引入和采用各种新的生产要素与市场资源,要建立新的机制或者对现有的组织结构、管理体制、业务流程、工作方法进行变革。由于市场是复杂多变的,新技术成果商品化与市场化所涉及的各种因素具有很大的不确定性,在创业过程中必然会遇到各种意想不到的情况和各种各样的困难,从而可能使结果偏离创业预期的目标。创业主要存在以下几个方面的风险:①机会风险。创业者选择创业也就放弃了自己以前所从事的职业。②技术风险。即新创企业在产品创新过程中,因在技术发展方向、速度以及所能达到的结果方面的不确定性而导致创业失败的可能性。③市场风险。即新创企业因新产品、新技术的可行性与市场需求不一致或者竞争对手所采取的反应对策等而导致企业面临盈利或亏损的可能性和不确定性。④管理风险。新创企业自身管理方面经验不足可能会导致风险。⑤资金风险。资金不能适时供应而导致创业失败。⑥环境风险。创业活动由于所处的社会环境、政策、法律环境变化或由于意外灾害发生而造成创业失败。因此,创业者和创业投资者应通过严格的风险管理程序和科学的风险管理手段,进行严格的风险监控,尽可能地降低风险。

3.创业管理贯穿于创业过程始终

创业者要创建自己的企业,通常要经历几个基本的步骤,一般包括:识别与估价市场机会,准备并撰写创业计划,确定并获取创业所需资源和管理新创企业。在这个过程中,创业者必须能够发现和评估新的市场机会,通过制订创业计划和组织创业资源,进一步将其发展为一个新创企业。而在新创企业,由于人力、财力和物力非常有限,初期的战略也极不规范,考虑得也不可能周全,并且初期的管理和经营决策很大程度上决定了企业的长期成功,所以,在这个过程中一时一刻也离不开管理。实际上,在做创业计划和组织创业资源时,就已经开始了企业管理活动。创建企业以后,尤其在创业初期,创业者必须对各种竞争战略进行评估和选择,以确保企业占领目标市场。企业成长过程中的管理复杂程度是呈几何级数递增的,往往超出许多创业者的想象。应充分了解企业成长过程中管理任务的艰巨性,了解那些经常遇到的问题,以便采取措施予以解决。

(二)创业驱动机制

1.鼓励和保护创新思想

创新思想是创新的基础和源泉,只要是好的创新思想,就应该鼓励和保护,并促进其加快实现市场价值。要有一个完善的创新思想市场,让各种创新思想进入市场评价和市场交换,特别是要让创新思想能够体现为对企业产权的拥有,这不仅可以促进创新思想以及使创思产业化和市场化,而且有助于形成技术创新过程中的合作关系,减少同类企业的重复投资。其主要制度安排之一是完善知识产权制度。而且,在企业制度上也要允许知识产权和知识型劳动者能够更多地参与经济剩余的分配。

2.财税上对创新和创业进行扶持

政府应在充分发挥现有各类科技工业园区带动、辐射功能的基础上,研究总结区域性、行业性中小企业技术创新服务机构的成功经验,加快创建中小企业技术创新基地和产业化基地。积极鼓励社会各类投资者以技术等生产要素投资创业,并且要根据财力情况,安排一定的资金投入,重点用于中小企业的信用担保和创业资助、科技成果产业化、技术改造项目贴息以及税收减免等。

3.建立、健全风险投资的运作机制

创新思想与金融市场的有机结合是产业创新过程中的一个突出特点。在我国,金融机制特别是风险投资的运作机制不完善是制约我国产业创新和创业的重要障碍之一。一些好的创思,只要能够获得一定的资金支持,就有可能开创非常可观的产业发展领域。从美国等发达国家 20 世纪 90 年代以来高新技术产业发展的状况看,创新机制与风险投资机制的密切结合,是促进高新技术及创思迅速实现产业化的强大推进力量。因此在我国,健全风险投资的运作机制是推动创业不可或缺的重要条件之一。

4.建立创业文化

风险投资技术以及创新思想在推进创业中的作用固然重要,但我们也不能忽视创业文化的培育。建立有利于知识和信息传播的鼓励人才频繁流动的运行机制,使人才流动成为一个人人都能理解和接受的观念。工作的高流动率应受到公司的鼓励,形成促使员工成才和成功的环境。创业充满了风险,一个企业要想能够承受高风险,实现快速发展,就必须在企业内营造敢于冒险、理解冒险、支持冒险、容忍失败的宽松进取文化氛围;应该倡导企业家精神,鼓励员工创业,树立将创业作为工作目标的工作观念,鼓励基于创业目标的各种创新活动,鼓励为实现创业而勤奋工作的敬业精神,倡导将工作视为乐趣的工作态度;培养尊重人的选择和首创精神,崇尚企业内部和企业之间互相竞争又互相学习的和谐的人际关系等。

5. 加强创业教育与培训工作

首先,在高等院校和职业学校中普遍开设创业学课程。对传统课程体系进行改造,强化实践教育内容,将创业机会识别、商业模式开发、创业投资、团队组建、企业成长等完整的创业过程知识纳入创业人才培养体系中。同时充分利用广大校友资源和社会资源,校内外协同办学,让有经验的创业企业家参与到创业人才的培养过程中。其次,落实高校毕业生就业促进和创业引领计划,带动青年就业创业,在引导毕业生转变就业观念的同时,通过优化教育和培训内容,提高毕业生的就业能力。

(三)创业决策机制

为了促进创业活动的健康发展,应该建立一个科学合理的创业决策机制,以保证创业活动不会出现重大失误。一个完整的创业过程应包括创业项目筛选、创业项目评价与创业决策等。

1. 创业项目筛选

只有极少数的创思能够形成创业项目,其中更少数量的创业项目能够实现商业化并获得成功,因此创业者应对创业项目进行认真筛选。

2. 创业项目评价

项目评价涉及对项目的技术评价和经济评价两个方面。项目评价的技术评价通常应由所属行业及其相关行业的专家就项目的技术完善或成熟程度、技术流程的合理性和可行性等进行综合评价,评价的依据是有关技术知识和各种技术标准;经济评价是有关创业计划的评估。

3. 创业决策

决策标准包括持续盈利能力、企业成长性和企业的市场地位等,以此标准,应选择风险较小、市场前景和盈利较好的创业项目。持续盈利是创业成功的第一大要素,也是企业存在的标志。持久盈利取决于企业的获利能力和盈利的持久性。企业成长性主要考察企业是否形成自己的核心能力。核心能力就是企业竞争优势,是企业长期积累的、具有辐射作用、其他企业不可复制的优势,包括技术管理和企业文化等方面特定的经营管理能力。新创企业在产业或市场上的地位对于企业未来的发展也是非常重要的一个方面。

(四)创业管理机制

在创业管理中,一些传统的管理思想和管理方式已经不能适应创业活动的需要,如传统的企业奖励、短期的工作定额和预算以及努力避免犯错误等。因此应实施管理创新,建立一套适合我国实际情况的创业管理机制。

(1)实施管理创新,改变传统的管理思想,对管理流程进行某种程度的改革。这包括营造鼓励创业的氛围;通过对企业之间的交叉运作,为创业人员提供能够开展风险事业的自由空间;允许创业人员按照自己的方式工作;采用一些迅速的、非正式的方法为新创意的实验提供所需要的资源;建立一套鼓励冒险、容许犯错误的体制;等等。

(2)实施多重激励,建立和健全创业动力机制。创业的动力来自人们开展创业的积极性,也就是说,要使创业具有强大的动力和旺盛的生命力,就必须建立发挥创业者积极性的机制。创业需要承担很大的风险,创业能否获得成功,在很大程度上取决于创业者的素质、事业心和努力程度,因此对于创业者,除了通过理念激励、目标激励、兴趣激励等措施调动其积极性外,还必须通过报酬激励、产权激励等满足创业者及其团队的经济利益。创业者责、权、利的统一是建立创业机制的中心环节。

(3)制定创业评价办法,建立和健全创业约束机制。为加强对创业活动的监控,要制定创业评价办法,进一步建立创业约束机制:首先要有多重的利益约束机制。要形成管理者利益、创业者利益和员工利益的利益制约关系,实现利益均衡。其次要有健全的财务约束机制。创业投资也是一项风险极大的投资活动,高风险的创业投资迫使创业者必须建立一套科学严密的资金配置、运用和监管机制,同时要求创业者要对未来的技术和市场有敏锐的感觉和预测能力,要有勇敢的冒险精神和谨慎严密的投资谋略。最后要有权力平衡约束机制。创业活动具有较大的灵活性和自主性,但这并不意味着创业人员和创业团队就不受任何约束,而应该是在现代企业制度的权力制衡下对创业团队和创业人员保持必要的柔性,形成既灵活又有相互制约的权力结构关系。

(五)创业者收获机制

创业者收获企业创造的价值的一些方法也被风险投资者用作获取收益的退出机制。不同的是,风险投资者大多在企业进入成熟期之前就退出,而创业者更多地将企业看成自己的事业所在。创业者收获企业创造价值的主要途径有:

(1)公开上市。这是创业者获益的最便利的方式,但由于上市的门槛较高,只有极少数企业能够实现。

(2)直接出售。这是收获企业价值的最普通的方法,将企业卖给大企业是一种主要的收获战略。

(3)员工股票选择权计划。即创业者将企业经过一段时间经营之后出售给员工。

(4)管理人员买断。即将企业出售或移交给忠诚的、关键的员工,这也是一种很有吸引力的所有权转移的解决方案,而且对于大企业和小企业都是适用的。

(5)由于我国有许多新创企业属于较为典型的家族型企业,移交给家族成员也是创业者收获企业价值的一种途径。

【案例】 海尔内部创业机制

海尔集团在1984年从一家小冰箱厂起家,经历几十年的不断发展,成了全球家电第一品牌。在经历了不断发展的时代,海尔能够始终保持行业领先的地位,得益于其持续不断地创新企业经营管理理念和经营管理模式。只有适应时代的企业,没有永远的企业。海尔在不同发展阶段,推出了很多创新的管理理念和方法,从根本上看,这些理念和方法是继承和发展的,即重复调动员工的创新性和积极性,实现企业价值的最大化。

海尔的自主管理模式起步于20世纪80年代。海尔冰箱厂成立于1984年,当时整个企业只有800名员工,也是从那个时候开始,海尔开启了企业管理的探索。在当时的现状和条件下,最突出的尝试体现在员工命名创新和激发员工"个体"意识的自主创新上,典型案例是自主管理班组激发员工的自主创新意识。

1998年海尔集团在开始实施国际化战略的背景下,为提高流程效率和客户满意度,实现管理提效,开始推广"SBU"管理。"SBU"的中文全称是战略事业单元,每个员工都是实现自身价值和企业目标的战略事业单元。这个管理模式使得每个企业员工成了自主创新的主体。

21世纪初，海尔开始探索"市场链管理"模式，提出了市场链管理的流程再造，上下岗位和工序之间形成了"索酬、索赔、跳闸"的市场关系，每个员工的利益与市场目标直接挂钩，这解决了过去员工只对直线领导负责的管理缺陷，形成了员工自主创新的良好企业环境。

互联网时代，"自主经营体"模式在海尔集团建立。海尔于2006年开始进行自主经营体模式的实践。这一创新的管理模式比"SBU"阶段更为先进，明确提出了打造从目标到目标、用户到用户的"端对端"卓越流程，为用户提供卓越服务的优秀商业运行模式的目标。到了2009年，海尔开始了国内三、四级市场的冰箱自主经营体实践，以损益表、日清表和人单酬表为支撑的自主经营体系趋于完善。

海尔集团一贯奉行的创新理念为自主经营体模式的探索提供了坚实的基础。借助互联网的力量，海尔加速了"转变、转型、转化"的实践，并建立了自主经营体，即将原分散、割裂的部门在同一目标下组成共同团队，为用户创造价值。海尔自主经营体是大型企业对全员内部创业及企业家精神的具体实践。海尔自主经营体是一种对企业管理模式创新的探索，它不同于传统的创新，不仅在理论上更在实践上证实了可以把全员内部创业的机制引入企业内部，让企业变成若干个小企业来运行，并且在这个模式下，交易成本和管理成本同时得到降低。

第八章 创新创业生态系统

企业或个人在开展创新、创业活动时,有个良好的创新创业生态系统十分重要。一个良好的创新创业生态系统可以为多种类、多主体的创新创业活动提供必要支持。例如,当前发达国家的创新创业生态系统已经比较成熟,当企业在开展创新创业活动时,不单单有着较为便利的融资渠道,还能享受到政府的补贴,同时发达国家往往还有着完备的知识产权法律法规,这也为企业创新产生的专利成果的转化提供了保障,这一系列的政策举措保障了创新性企业的发展。

因此,创新创业的生态系统可以归结为以下几个方面:产学研机制、融资渠道、财税激励及法律保障。构建良好创新创业生态系统,亟须深度融合的产学研机制、畅通的融资渠道、有力的财政支持与有效的法律保障。

第一节 产学研机制

当今世界,日趋激烈的竞争已表现为综合国力的竞争,而创新能力的竞争则是综合国力竞争的重中之重。各国之间在诸如5G、量子通信、智能装备制造等尖端领域的竞争,就是创新能力的竞争。尖端技术突破要靠众多的企业、科研院所、高校的合作协调,形成一个系统性的机制,因此科技创新是一个涉及企业、高校、政府等多个主体,以及产、学、研等诸多方面多向作用的复杂过程。

一、企业的产学研合作

在产学研机制中,"产"是指生产,"学"是指教育,"研"是指科学研究。在以往的经济中,各部门分工明确,企业进行产品的生产,高校进行知识传播与科学研究,研发则主要依赖个人的发明创造。随着社会的不断迭代,新事物的不断涌现,以人工智能、物联网、区块链、生命科学、量子物理、新能源、新材料等一系列创新技术引领的第四次工业革命的逐渐到来,一系列新兴科技正不断改变着当前的生产方式,重塑着新的社会形态。随着新的生产、生活方式的不断涌现,科技已经日益成为企业的核心竞争力。技术研发与技术创新在企业的竞争中愈发重要。在此背景下,产学研结合已经成为一个趋势。

大量高新技术企业都越来越重视产学研的融合,并借助于中国丰厚的科教资源,形成了科技到产品的商业转换,取得了巨大的成功。而有的企业甚至直接将生产端外包出去,专事研发,将研发作为企业生存的第一要务。

【案例8-1】　　　　　　　　　　华为重视基础研发

华为作为顶尖的通信设备提供商,研发是其最为核心的竞争力,从华为对研发的财务投入则可见一斑：每年将10%以上的销售收入投入研究与开发，2019年研发费用支出1317亿元人民币，近10年累计投入的研发费用超过6000亿元人民币。截至2019年，华为从事研发的人员约9.6万名，约占公司总人数的49%。

当前，华为已在全球布局了为数众多的研究所和实验室，为创新产品提供技术支持。在国内，华为已在北京、上海、深圳、成都等城市建立了八大研究所，在国外，华为已经建有16个研究所，分布在美、英、德、法、俄等国家。

华为的海内外研发起步较早。早在1999年，它就已经在俄罗斯设立了数学研究所，吸引顶尖的俄罗斯数学家来参与华为的基础性研发。进入21世纪后，华为设立海外分支机构、吸引人才的力度进一步增大。以2016年为例，华为在这方面新交出的"成绩单"包括5月份新设立的迪拜研究中心（满足中东和北非地区业务的需要）、6月份在法国新设立的数学研究中心等。

华为十分重视基础学科的攻关研究。"2012实验室"就是一个代表。而上面所提到的法国数学研究中心，是华为继俄罗斯研究所之后，在加强基础科学研究方面的又一有力举措。华为通过与研究机构紧密合作，利用、挖掘法国的基础数学资源，为华为在5G等领域的基础算法研究进一步打下扎实的基础。

如此大量的研发投入与重视技术研发的企业文化，使得华为拥有了大量的专利技术。截至2019年底，华为在全球共持有有效授权专利85000多件。截至2020年1月2日，在IFIClaims（美国商业专利数据库）发布的《全球250个最大专利持有者》(IFI250: *Largest Global Patent Holders*)中，华为排名第29位，成为中国的10家企业和机构之一。

企业对于自身所急需的某种资源或要素，一般可采取如下几种方式获得：市场购买、自主开发和合作开发。对于创业企业，开展高新技术的研发一方面可以考虑借助科技成果转化和孵化器的支持政策，另一方面可以寻求一些校企合作项目，借助与高校、科研机构合作来解决一些技术难题。但与高校、科研院所等合作可能并非易事，因为企业要找准自己的核心竞争力，提出有吸引力的产品设计，在此基础之上借助高校来弥补产品上的技术，最后制造出成型且具有科学价值与应用价值的产品，形成产品的商业价值。

企业如果不开展产研结合，将难以在激烈的竞争中生存，而在高校方面，如果在开展科学研究时，不了解当前重大需求以及世界的科技前沿，则研究就如空中楼阁。因此，实现跨部门、跨平台的知识转化正变得越来越重要。对于高校来说，进行产学研融合战略也是高校将科研成果进行有效验证、转化以及根据业界实践来进一步确定未来的发展前景的有效路径。

二、高校的产学研机制

高校与企业和科研院所一样，是创新创业的重要主体。如何为高校创造一个良好的科研环境，使之产出面向世界科技前沿的重大科技成果，怎样科学、有效地实现科技创新和产学研合作，就是一个值得重点关注的战略性问题。

在探讨高校如何开展产学研合作之前，首先我们应当要了解高校的职能。传统上大家认为高校有三大职能：教育、科研和服务。在早期，高校作为教育机构，其教学主要以专业教学为目的，培养具有一定专门知识的人才。而高校内大量科研人才的聚集为高校未来的职能拓展奠定了基础。在后续的发展中，高校通过发挥自己的人才优势，日益肩负起了发展科学的任务。进入20世纪，大学日益开始反哺社会，向社会输送各类服务。高校的产学研合作是在此基础上对学校教育、科研、服务等职能的进一步发挥。它最早源于20世纪初由美国辛辛那提工程学院教授施尔曼·施耐德所提出的"合作教育"。施耐德认为专业的培养不能只局限于书本,某些知识和技能只有通过工作岗位的锻炼才能够学到,因此他提出了学校与产业部门合作的模式。这种模式是:学生用一定的时间在学校学习科学技术的理论知识,之后学生再花费一定的时间到产业部门的工作岗位参加真实的工作,同时,参加劳动的报酬也可以支付部分的学费。施奈德提出的这一计划在辛辛那提大学获得成功实施。

按合作模式看,当前高校的产学研合作可分为两种模式。一种是校企合作。校企合作的模式就是由校方与企业签订协议,确立合作协议或搭建研究平台联合培养。这种产学研合作方式较为常见且流行。这类校企合作搭建平台、实现合作的方法的优势在于,它直接面向企业的生产与技术开发。这一方面有助于高校进一步发挥其教育职能,培育高素质的应用型专业人才;另一方面,高校学生通过企业的实习与实践,以及高校与企业的联合培养,能更好地增加对业界的了解,有利于未来的发展。而企业提供资金与平台来完成项目的推动,也为企业增加了发展机遇,解决企业在发展过程中遇到的技术缺乏以及人才欠缺系统性培养等问题。这样可以弥补我国当前存在的部分行业高技术人才、特种人才不足,也弥补了高校教育存在学生的职业化教育与培养的短板。另一种是由学校牵头主导的产学研合作模式。由学校来牵头主导的产学研模式就是高校有效地利用自身的人才储备,充分发挥自身的科研优势,考虑到业界需求建立经济实体,如我国的清华同方、清华紫光、科大讯飞等。通过这样一种机制可以有效地服务于社会,并实现科研成果的转化。

【案例8-2】 阿里巴巴商学院

阿里巴巴商学院成立于2008年10月31日,是杭州师范大学与阿里巴巴集团共建的校企合作学院。学院以培养数字经济时代创新型优秀管理人才和创业者为使命,致力于商业和管理理论创新,努力成为新型商学院的标杆。

阿里巴巴商学院结合了杭州师范大学的学生资源与阿里巴巴在互联网、电商领域的经营之道,以在互联网新经济领域的人才培养、研究、社会服务和创新创业教育为特色,在信息经济、智能商业、电子商务服务、大数据分析、社交网络、网络营销等方向上优势明显。

学院建立了融入阿里巴巴的企业文化,建立了"企业全程参与、创新创业教育全程贯通、与产业发展紧密结合"的人才培养"阿里巴巴模式"。建院以来,该学院取得了不小的成果。获得国家级大学生校外实践教育基地1个、国家级"十二五"规划教材2部、浙江省高等教育教学成果奖二等奖2项、浙江省重点建设实验教学示范中心1个等标志性成果。学院还组织编写出版了教育部电子商务类专业教指委推荐的新一代高等学校电子商务实践与创新系列规划教材。学院目前主持在研包括国家重点研发计划项目、国家优青项目在内的自然科学基金、社会科学基金项目11项,欧盟合作项目2项,在 *Physics Reports*、《美国科学院院刊》(PNAS)等刊物上发表了一大批具有很大影响力的学术论文,举办和承办了"国际网络科学会议NetSciX 2018""第九届全国复杂网络学术会议"等一系列国际国内顶级学术会议。在科研方面,学院与欧盟科技框架项目组联合成立了"中欧联合实验室",与阿里巴巴集团联合成立了"阿里巴巴复杂科学研究中心"。

在"阿里巴巴"式的企业文化影响下,该学院的学生创业氛围浓厚。近年来,学生获得了"互联网+"全国大学生创业大赛金奖1项、银奖2项,"挑战杯"全国大学生创业计划竞赛金奖1项,"创青春"全国大学生创业大赛金奖2项,全国大学生电子商务"三创赛"特等奖6项。学

生年均创业项目40余个、注册公司20余家。毕业生的就业率与就业质量也得到了一定的保障。数据显示,阿里巴巴商学院平均就业率97%以上,近几年有60余名毕业生入职阿里、腾讯、百度、网易等知名互联网企业。该学院也重视与外界的交流沟通,近年来为商务部、浙江省、杭州市、阿里巴巴集团等完成了一批合作项目,举办了"首席电商官@总裁班""新加坡、马来西亚东盟电商高级研修班"等境内外各类高端培训,获得了相对良好的社会声誉。

无论是从企业角度,还是高校角度,产学研融合的战略都有利于企业与高校之间优势资源的共享与互补,进而激发创新活力。

三、产学研与企业、高校经营创新

为了在搭建校企合作等产学研平台中有效地利用好企业为数不多的资源,每一个企业都需要进行目标管理。管理学家彼得·德鲁克有如下的一段论述:"每一名管理人员,上至大老板,下至生产工长或主管办事员,都必须明确其目标,否则一定会产生混乱。这些目标必须规定该人所管理的单位应达到的绩效,必须规定他和他的单位在帮助其他单位实现其目标时应做出什么贡献。"

因此对于企业和高校而言,无论是自主管理经营还是合作,都要对以下几个方面进行深刻思考:

一是目标管理。所谓目标管理,就是管理企业目标,就是要依据目标进行管理。在开展所谓"产学研合作"之前,企业首先要做的是对企业经营的目标有一个明晰的了解,究竟是要解决当前遇到的产品"高精尖"难题还是要针对现有产品开发出更好的技术,占领更大的市场。在此基础上,企业才具备考虑其他问题的条件。在与高校或科研院所的合作中,企业要考虑当前可以在哪些方面进一步改进,再根据自身的成本-收益的搭配来确定是自己设立研发部门还是与高校合作,或者在基础科学领域(如高科技企业),或者在经营管理方面借助于大学的学科设置、平台体系。

二是推动组织的创新。在产学研合作中,企业应当认识到这是谋求企业变革的绝佳时机。从产学研合作中得到的资本、技术和人才要素很有可能奠定未来经营的基石,让工作更具生产性。通过与高校中拥有丰富专业知识的人员进行交流,企业可以增加对深层次技术的了解,并将高校中专家学者所研究的较为先进的管理、运营模式带入企业。

三是注重发挥企业价值,为社会不断做出贡献。企业在以营利为目的开展经营的同时,也要注意企业的社会价值所在,发挥企业价值的过程,也是一个验证自身经营战略的过程,良好的社会价值的发挥不仅有助于企业树立社会声誉,同时有助于企业树立良好的消费者形象。

在高校治理中,也可以将高校本身当作一个"企业"来看待,推动高校的产学研合作。对于高校而言,除了注重上述的几个方面外,还要注重激励机制的建立,将考核评价体系科学地向有前途的校企合作项目倾斜。

第二节 融资渠道

在企业发展的各个生命周期,良好的融资方式对企业的发展十分重要。企业的融资主要有两种情境:一种是企业在建立时的融资,如企业的办公场所租赁、设备和办公用品采购、人员配置,以及工业企业生产投资所需资金,科技型企业用于软硬件配置、技术转让专利的费用等。

另一种较普遍的则是在不断发展壮大时,企业由业务面拓展或规模扩张而增加的融资。企业在开发新产品、开辟新的生产线或扩张规模时,往往需要大量的资金,因而需要在市场上融资。而企业借助上市等融资渠道还有宣传作用,能进一步增强企业品牌效应。

企业的资产负债表按以下模式编制:资产=负债+所有者权益。等式右端是贷方,表示企业的资金来源;左端是借方,表示企业的资金如何利用。负债和所有者权益主要表现为债权和股权,因此创新型企业的融资方式可以据此分为债权融资和股权融资两个方面。

一、股权融资

股权融资是指企业的股东愿意让出部分企业所有权,通过企业增资的方式引进新的股东的融资方式。这种融资方式下总股本同时增加。股权融资所获得的资金,企业无须像贷款一样还本付息,但新股东将与老股东同样分享企业的盈利。

主要的融资形式包括国内上市、国外上市、杠杆收购、直接投资、增资扩股、私募融资等。其中直接投资、增资扩股、私募融资等在新创企业中较为常见。按企业发展阶段的不同,股权融资可以分为直接投资和增资扩股两种方式。

(一)直接投资与增资扩股

1. 直接投资

直接投资是一种投资门槛低、较为普遍的投资方式,为大量新创企业所采用。其主要形式是投资人向新创企业直接投入资本金并成为新创企业股东。这些投资人可能是新创企业的创业团队本身,或者是其亲朋好友,或者是看好这家企业的投资人(往往被称为"天使投资人")。出资方法多种多样,以货币为主,但不局限于货币,还包括各类实物、知识产权、土地使用权等,但出资的物品或权利必须可估价。此类直接投资的优点有:相比于需要担保抵押的贷款等其他融资方式,获得资金的流程较简单;出资形式多样,同时便利于投资人与企业方;相比于其他融资,支付报酬方式灵活,如现金、股权等方式;此外,因为新创企业能迅速地形成自有资金,还有利于再次融资。但由于直接投资属于股权投资,其缺点在于可能会分散企业控制权。

2. 增资扩股

增资扩股是新创企业为了增加企业资本金,在企业已经经营一段时间后再次募集股份的行为。对于新创企业而言,最主要的来源是新股东投资或原有股东追加投资。新创企业增资扩股,除原有股东外,比较常见的新股东除了有亲朋好友、天使投资人、风险投资家以外,还有可能有投资银行、政府孵化器。

增资扩股的优点主要如下:资金可长期使用,对经营限制较小,资金获取方式相对较简单易行。但增资扩股的缺点也较为明显:投资者会分散原有股东的控制权;股东增加导致决策速度下降、委托-代理成本[①]上升;股份的增加会暂时摊薄每股利润,影响股价。另外企业在增资扩股、引入外部投资人时,特别要重视商业计划书的撰写。商业计划书是吸引到优质投资人的重要手段,而优秀的投资人不仅能提供资金,也能为企业的战略、研发等提供支持[②]。

---

① 委托-代理即股东(委托人)与经营者(代理人)之间由于信息不对称而引发的公司经营问题。
② 在写作商(创)业计划书时,新创企业要介绍创业项目的内容以及未来发展业务模式、行销策略以及企业的管理、财务、风险评估等方面,并介绍企业的核心产品,在介绍中要考虑产品、业务模式等如何吸引投资人。

直接投资和增资扩股的优缺点比较见表8-1。

表8-1 直接投资和增资扩股的优缺点

类别	优点	缺点
直接投资	1.出资形式多样 2.支付报酬方式灵活 3.有利于再次融资	分散企业控制权
增资扩股	1.资金可长期使用 2.对经营限制较小 3.资金获取方式简单	1.分散企业控制权 2.短期降低每股利润,影响股价

(二)私募融资与公募融资

按募集方式的不同,股权融资可分为私募融资与公募融资。

1.私募融资

私募融资是指不采用公开方式,而通过私下与特定的投资人或债务人商谈,以招标等方式筹集资金的融资。私募融资的形式多样,取决于当事人之间的约定。私募融资要求企业自行寻找特定的投资人,吸引其通过增资来入股企业。因为绝大多数股票市场对于申请发行股票的企业都有一定的条件要求,例如我国对在A股上市的公司有很多要求,在此情况下,采取私募融资对大多数中小企业来说,就是比较合理的选择。

对于企业,私募融资不仅仅意味着获取资金,同时新股东的进入也意味着新合作伙伴的进入。新股东能否成为一个理想的合作伙伴,对企业来说,无论是当前还是未来,其影响都是积极而深远的。对于私募融资的投资主体,企业需要做好功课,知晓不同主体的特点。在私募融资领域的投资者主要分为个人投资者、风险投资机构、战略投资者和上市公司。

(1)个人投资者。个人投资者投资的金额不大,但在大多数民营企业的初创阶段起了至关重要的资金支持作用。有些个人投资者可以直接参与企业的日常经营管理,有些则仅仅参与企业的重大经营决策。这类投资者往往与企业的创始人有密切的私人关系,随着企业的发展,在获得相应的回报后,有些会淡出企业的经营管理和决策。

(2)风险投资机构。风险投资机构从20世纪90年代后期开始,在我国迅速发展,其涉足的领域主要与高技术相关。IDG资本、红杉资本等都是当前排名居前的风险投资机构。这些投资机构能为企业提供几百万元乃至上千万元的股权融资。风险投资机构追求资本增值的最大化,它们的最终目的是通过上市、转让或并购的方式在资本市场退出。通过企业上市退出是它们追求的最理想方式。

选择风险投资机构对于民营企业的好处主要如下:①没有控股要求;②有强大的资金支持;③不参与企业的日常管理;④能改善企业的股东背景,有利于企业进行二次融资;⑤可以帮助企业规划未来的再融资及寻找上市渠道。但同时风险投资机构也有其不利之处,它们主要追逐企业在短期的资本增值,容易与企业的长期发展形成冲突。另外,风险投资机构缺少提升企业能力的管理资源和业务资源。

(3) 战略投资者。战略投资者是一个新近不可忽视的投资主体。他们的投资目的是希望被投资企业能与自身的主业融合或互补,产生协同效应。该类投资者对民营企业融资的有利之处非常明显:①具备较强的资金实力和后续资金支持能力;②有品牌号召力;③产生业务协同效应;④在企业文化、管理理念上与被投企业比较接近,容易相处;⑤可以向被投企业输入优秀的企业文化和管理理念。其不利之处在于:①可能会要求控股;②可能会对被投企业的业务发展领域进行限制;③可能会限制新投资者进入,影响企业的后续融资;④产业投资者若自身经营出现问题,则会对被投企业产生不良影响。

(4) 上市公司。上市公司作为私募融资的重要参与者,在我国的行为方式较为特别。一些有长远战略眼光的上市企业,因为看到了被投资企业广阔的市场前景和巨大发展空间,投资是为了其产业结构调整的需要。但部分主营业务预期下降、经营不善的上市公司,参与私募投资可能有利用资金优势为企业注入新概念或购买利润,伺机抬高股价,以达到维持上市资格或再次圈钱的目的。但不管是哪类上市企业,它们都会要求控股,以达到合并财务报表的目的。对这样的投资者,民营企业必须十分谨慎,一旦出让控股权,又无法与控股股东达成一致的观念,企业就会产生大量的委托-代理成本。

对于以上各种投资者,企业应当根据自身业务特点、企业规模和经营战略进行判断与选择。

【案例 8-3】 部分风险投资机构

IDG 资本

IDG 资本创始于 1992 年,是最早进入中国的外资投资基金。作为首家被引入中国的外资投资机构,当前该投资集团已经具有雄厚的实力。该集团参与了大量的中国境内独角兽公司的早期投资,已经完成了超过 200 次成功退出。如搜狐、腾讯、百度等这些中国最为成功的互联网企业背后都有该资本的参与。IDG 资本现阶段主要关注互联网与高科技、新型消费及服务、医疗健康、工业技术等。其中,蔚来、拼多多、爱奇艺、平安好医生、哔哩哔哩、小牛电动、美团点评、极光等项目均在 2018 年成功上市。

红杉资本

红杉资本成立于 1972 年的美国硅谷,在美国、印度、中国设立有本地的基金。红杉资本中国基金成立于 2005 年,主要专注于科技、医疗、消费三个方向的投资机遇。自 2005 年以来,红杉资本中国基金投资了超过 1000 家具有鲜明技术特征、创新商业模式、具备高成长性和高发展潜力的企业,其中 130 多家成员企业成为上市公司,超过 100 家非上市公司已发展成为独角兽企业①。

深创投

深圳市创新投资集团有限公司(简称深创投)是老牌创投机构,是深圳市政府于 1999 年出资并引导社会资本出资设立的、专业从事创业投资的有限责任公司。截至 2023 年 3 月 31 日,深创投投资了 1549 个项目,累计投资金额约 936 亿元,其中 245 家投资企业分别在全球 17 个

---

① 资料来源:红杉资本 www.SEQUOIACAP.cn。

资本市场上市,482个项目已退出(含IPO)[①]。深创投的投资主要集中在信息科技、智能制造、互联网、消费品/现代服务、生物技术/健康、新材料、新能源/节能环保等领域。

2. 公募融资

公募融资是指通过股票市场向公众投资者发行企业的股票来募集资金的融资方式,例如我们常说的企业上市、上市企业的增发和配股。绝大多数股票市场对于申请发行股票的企业都有一定的条件要求。

通过公开市场发售的方式来进行融资是大多数民营企业梦寐以求的融资方式,企业上市一方面会为企业募集到巨额的资金,另一方面,资本市场将给企业一个市场化的定价,使民营企业的价值为市场所认可,为民营企业的股东带来巨额财富。与其他融资方式相比,企业通过上市来募集资金有突出的优点,一是数量较大,二是原股东的股权和控制权稀释得较少,三是有利于提高企业的知名度,四是有利于利用资本市场进行后续融资。但由于公开市场发售要求的门槛较高,只有发展到一定阶段,有了较大规模和较好盈利的民营企业才有可能考虑这种方式。

民企与国企在资本市场融资实际操作上有一定的不同。与银行贷款类似,虽然在相关的法律和法规中找不到限制民营企业上市的规定,但在实际中,上市的机会绝大多数都给了国有企业,很多民营企业只能通过借壳上市或买壳上市的方式绕过直接上市的限制进入资本市场,期待通过未来的配股或增发来融资。

二、债权融资

新创企业融资的第二类是债权融资。债权融资主要包括民间借贷、国内银行贷款、外国银行贷款、融资租赁、发行债券等方式;其中对新创企业较为常见的,有民间借贷、银行贷款、融资租赁等。

(一)民间借贷

民间借贷是指新创企业不通过金融机构而私下向老百姓进行借贷的行为。民间借贷的资金来源通常是亲朋好友。民间借贷的优点有:迅捷方便,且贷方不参与经营,对实际经营限制较小。民间借贷的缺点为:成本高,期限短而且到期还本付息,对实际经营压力太大,经常会迫使经营者做出冒险行为。

民间借贷是一种原始的直接信贷形式,国内学者陈晓红和刘剑 2003 年的调查数据显示,国内中小企业主要资金来源中,来自民间借贷的占比约为 20%。国内有人常把处于灰色或黑色地带的高利贷行为归为民间借贷,这是绝对错误的;对于任何一个企业而言,向高利贷进行借款是绝对不能考虑的。对于民间借贷,企业要防范法律风险,避免非法集资。

(二)银行贷款

银行贷款可以分为国内银行贷款和国外银行贷款。

---

① 资料来源:深创投 http://www.szvc.com.cn.

1. 国内银行贷款

国内银行贷款是指国内银行将一定额度资金出借给新创企业，企业在约定的期限按事先确定的利率还本付息的行为。贷款手续较简单，融资速度较快，融资成本较低，贷款利息可计入企业成本。但国内银行贷款的缺点为：①对资金的使用限制非常多，还本期限要求也极为严格；②银行通常要求企业提供相应的担保，担保方式有不动产抵押、动产和货权质押、权利质押、外汇抵押、专业担保公司担保、票据贴现等，因此对于没有多少有形资产的中小企业而言，获得贷款非常困难。但随着政策开始向小微企业倾斜，创业企业可以尝试向有政策支持的银行申请贷款。在未来的改革中，国内银行贷款对于新创企业而言，或有望逐渐成为一个可以考虑的选项。

2. 国外银行贷款

国外银行贷款是指新创企业向在中国经营的国外银行进行贷款。2006 年后，我国允许在国内经营的外国银行开展人民币业务，所以新创企业可以向在国内经营的外国银行申请贷款。向外国商业银行贷款的特点是：①外国商业银行通常不限贷款用途，不限贷款金额，不限贷款的币种；②外国商业银行贷款利率通常稍高；③外国商业银行贷款通常更看重借款人信誉。如果新创企业经营国际业务，是"天生的全球化企业"，设立与国际标准相契合，有符合国际标准的公司治理构架，有良好的信用记录，这种融资方式也值得尝试。

（三）融资租赁

融资租赁又叫设备租赁或现代租赁，是指出租人（通常是融资租赁公司）根据承租人（即融资人）提出的对租赁物件的特定要求来选择特定的供货人，出资向供货人购买事先选定的租赁物件后出租给承租人使用，承租人在租赁期限内分期向出租人支付租金并拥有租赁物件的使用权，租赁物件在租赁期期满后所有权归承租人的一种融资方式。融资租赁和传统经营租赁的本质区别是，传统经营租赁以承租人使用租赁物件的时间计算租金，而融资租赁以承租人占用融资成本的时间计算租金。

融资租赁是 20 世纪 50 年代产生于美国的一种新型融资方式，在 20 世纪六七十年代迅速在全世界发展起来。如果新创企业经营中非常依赖于某项大型设备，那么融资租赁也是可以考虑的融资方式之一。

第三节　财税激励

在初创型企业的设立和发展中，政府的财政政策起着十分重要的作用。党的十八大以来，随着中国特色社会主义进入新时代，全面深化改革进程不断推进，除了中央提出的"大众创业、万众创新"战略，各地也不断推行针对创新创业的财政税收激励政策。

当前我国经济正在从劳动力、资本要素驱动向科技要素驱动转型，在经济高质量发展的大背景下，财政政策向创新创业倾斜，是推动经济要素驱动转换、发展新动能的重要举措。

一、财税激励政策的背景

当前阶段，切实践行财税激励政策，企业开展创新创业活动十分必要。首先，当前人口红利正逐渐消失。中国劳动力人口在 2012 年已经出现峰值，依靠劳动力无限供给，提升资本回报率和经济潜在增长率的办法已难以继续实施。同时企业面临着地方政府债务预算软约束问题,在地方债务的无节制扩张下,面临着财政收入下滑、支出刚性增长和政府债务如何处理的问题。当前阶段,财政支出增速已高于GDP增速,还有数十万亿的地方政府存量债务①。而从2021年上半年财政收支情况看,仅上海市出现"财政盈余",其余30个省区市均存在收不抵支的问题。从税收收入占一般公共预算收入的比重看,各省区市均超过六成。浙江、北京、江苏、广西、陕西、海南、湖北等7省区市税收占比超过80%,其中浙江财政收入质量最高(85.6%)。贵州和河北税收收入占比较低,仅为61%。财税政策对企业开展进一步创新创业活动具有明显的支持作用,因此如何合理地运用财政资金,将"好钢用在刀刃上",支持创新创业活动,就十分必要。

二、当前的财税激励政策

(一)自主创业方面

1. 个体经营

自主创业的形式之一是个体经营,这种形式自由灵活,投资管理成本较低,非常适合"白手起家",比如开设个体餐饮店、文化创意店等。为支持高校毕业生等群体自主创业从事个体经营,国家出台了涵盖增值税、个人所得税等多个税种的税收优惠政策。

根据《财政部、税务总局、人力资源社会保障部、国务院扶贫办关于进一步支持和促进重点群体创业就业有关税收政策的通知》(财税〔2019〕22号)的规定,包括毕业年度内高校毕业生在内的重点群体,持"就业创业证"(注明"自主创业税收政策"或"毕业年度内自主创业税收政策")或"就业失业登记证"(注明"自主创业税收政策")的人员,从事个体经营的,自办理个体工商户登记当月起,在3年(36个月)内以每户每年12000元为限额,依次扣减其当年实际应缴纳的增值税、城市维护建设税、教育费附加、地方教育附加和个人所得税。各省、自治区、直辖市人民政府还可根据本地区实际情况,在上述限额标准的基础上,最高可在上浮20%幅度内确定具体限额标准。比如,江苏省执行上浮20%的顶格标准,每户每年可扣减限额为14400元。

根据《财政部、税务总局关于明确增值税小规模纳税人减免增值税等政策的公告》(财政部 税务总局公告2023年第1号)的规定,自2023年1月1日至2023年12月31日,对月销售额10万元以下(含本数)的增值税小规模纳税人,免征增值税。

此外,根据《财政部、税务总局关于小微企业和个体工商户所得税优惠政策的公告》(财政部 税务总局公告2023年第6号)(以下简称《6号公告》)的规定,个体工商户自2023年1月1日至2024年12月31日,年应纳税所得额不超过100万元的部分,在现行优惠政策基础上,减半征收个人所得税。也就是说,在上述扣减、优惠等政策基础上,个体工商户还可以叠加享受减半征收个税的优惠政策。

2. 小微企业

创业的另一种更普遍的形式是创办小微企业。小微企业是依法设立的独立核算的经济组

---

① 参考何代欣《驱动结构性改革:支撑创业创新的财政政策研究》一文。

织,相较个体工商户,其在经营管理上更加组织化和系统化。近年来,我国出台了一系列很有力度的支持小微企业发展的税收优惠政策。倘若高校毕业生创办小微企业,可以通过享受相关优惠减轻税收负担。

在增值税方面,与个体工商户一样,自2023年1月1日至2023年12月31日,月销售额10万元以下(含本数)的符合条件的小微企业,免征增值税。

在企业所得税方面,根据《6号公告》等政策规定,自2023年1月1日至2024年12月31日,对小型微利企业年应纳税所得额不超过100万元的部分,减按25%计入应纳税所得额,按20%的税率缴纳企业所得税。

此外,根据《财政部、税务总局关于实施小微企业普惠性税收减免政策的通知》(财税〔2019〕13号)规定,各地可对增值税小规模纳税人在50%的税额幅度内减征资源税、城市维护建设税、房产税、城镇土地使用税、印花税(不含证券交易印花税)、耕地占用税和教育费附加、地方教育附加。

3. 注意事项

对于在校生而言,在使用文件过程中,一方面要把握好毕业年度内"高校毕业生"的范围。"高校毕业生"具体指的是实施高等学历教育的普通高等学校、成人高等学校应届毕业的学生;毕业年度是指毕业所在自然年,即1月1日至12月31日。另一方面,相关高校毕业生在实操上要注意准确把握扣减顺序。此外,符合条件的相关高校毕业生自行申报即可享受创业优惠,不过应当注意妥善保存"就业创业证"备查。

在小微企业方面需要注意的是,目前小微企业的认定标准包括年度应纳税所得额不超过300万元、从业人数不超过300人、资产总额不超过5000万元三个条件,小微企业的企业所得税统一实行按季度预缴。符合条件的小微企业在季度预缴和年度汇算清缴时,均可自行申报享受《6号公告》规定的减半优惠,无须备案。倘若创办的企业发展速度非常快,在预缴企业所得税时已经享受相关减免优惠,而在进行汇算清缴时不再符合小微企业条件的,应当按照规定补缴税款。

(二)重点群体方面

1. 返乡农民工

对符合条件的返乡入乡创业农民工,按规定给予税费减免、创业补贴、创业担保贷款及贴息等创业扶持政策,对其中首次创业且正常经营1年以上的,按规定给予一次性创业补贴,正常经营6个月以上的可先行申领补贴资金的50%。

政府投资开发的孵化基地等创业载体可安排一定比例的场地,免费向返乡入乡创业农民工提供,支持高质量建设一批返乡入乡创业园(基地)、集聚区,吸引农民工等就地就近创业就业。

对返乡入乡创业企业招用建档立卡贫困人口、登记失业人员,符合条件的,按规定落实税收优惠等政策。对入驻返乡入乡创业示范基地等场所或租用各类园区标准化厂房生产的返乡入乡创业企业,各地可对厂房租金、卫生费、管理费等给予一定额度减免。

此外,国家还支持城市商业银行、农村商业银行、农村信用社业务中县域吸收的存款优先用于返乡入乡创业,并支持相关银行对暂时存在流动资金贷款偿还困难且符合相关条件的返乡入乡创业企业给予展期。

2. 登记失业人员

小微企业当年新招用登记失业人员等符合创业担保贷款申请条件的人数达到在职职工人数15%（超过100人的企业达到8%），并与其签订1年以上劳动合同，且无拖欠职工工资、欠缴社会保险费等严重违法违规信用记录的，可申请创业担保贷款，贷款额度不超过300万元，贷款期限不超过2年。还款积极、带动就业能力强、创业项目好的小微企业，还可继续享受创业担保贷款贴息，但累计次数不得超过3次。

登记失业人员自主创业（个体经营），还可享受创业担保贷款及贴息、税费减免、行政事业性收费减免政策。如果登记失业人员自主创业或合伙创业，除助学贷款、扶贫贷款、住房贷款、购车贷款、5万元以下小额消费贷款（含信用卡消费）以外，本人及其配偶没有其他贷款的，可申请创业担保贷款，贷款额度不超过20万元，贷款期限不超过3年。合伙创业的，可根据合伙创业人数适当提高贷款额度，最高不超过符合条件个人贷款总额度的10%。还款积极、带动就业能力强、创业项目好的借款个人，还可继续享受创业担保贷款贴息，但累计次数不得超过3次。

（三）新兴产业方面

1. 互联网产业

通过网络平台开展经营活动的经营者，可使用网络经营场所登记个体工商户。

引导互联网平台企业降低个体经营者使用互联网平台交易涉及的服务费，吸引更多个体经营者线上经营创业。

鼓励"副业创新"。着力激发各类主体的创新动力和创造活力，打造兼职就业、副业创业等多种形式蓬勃发展格局。

支持微商电商、网络直播等多样化的自主就业、分时就业。

鼓励发展基于知识传播、经验分享的创新平台。

支持线上多样化社交、短视频平台有序发展，鼓励微创新、微应用、微产品、微电影等万众创新。

引导"宅经济"合理发展，促进线上直播等服务新方式规范健康发展。

2. 高新技术产业

在一个纳税年度内，符合条件的居民企业技术转让所得不超过500万元的部分，免征企业所得税；超过500万元的部分，减半征收企业所得税。

在企业所得税方面，根据《中华人民共和国企业所得税法》第二十八条规定，国家需要重点扶持的高新技术企业，减按15%的税率征收企业所得税；对经济特区和上海浦东新区内在2008年1月1日（含）之后完成登记注册的国家需要重点扶持的高新技术企业（以下简称新设高新技术企业），在经济特区和上海浦东新区内的所得，自取得第一笔生产经营收入所属纳税年度起，第一年至第二年免征企业所得税，第三年至第五年按照25%的法定税率减半征收企业所得税。此外，在产品研发方面，根据《中华人民共和国企业所得税法》，开发新技术、新产品、新工艺发生的研究开发费用可以在计算应纳税所得额时加计扣除。在创业投资方面，创业投资企业从事国家需要重点扶持和鼓励的创业投资,可以按投资额的一定比例抵扣应纳税所得额。

自2018年1月1日起,当年具备高新技术企业或科技型中小企业资格的企业,其具备资格年度之前5个年度发生的尚未弥补完的亏损,准予结转以后年度弥补,最长结转年限由5年延长至10年。

(四)其他财税支持政策

在创新创业的其他环节方面,还有重要的财税激励政策,具体如下:

(1)环境保护与资源利用方面。根据《中华人民共和国企业所得税法》第二十七条和三十三条等规定,从事符合条件的环境保护、节能节水项目的所得,可以免征、减征企业所得税;企业综合利用资源,生产符合国家产业政策规定的产品所取得的收入,可以在计算应纳税所得额时减计收入。

(2)政策性搬迁。因城市实施规划、国家建设需要而搬迁,由纳税人自行转让的房地产免征土地增值税。企业在搬迁期间发生的搬迁收入和搬迁支出,可以暂不计入当期应纳税所得额,而在完成搬迁的年度,对搬迁收入和支出进行汇总清算。企业应在搬迁完成年度,将搬迁所得计入当年度企业应纳税所得额计算纳税。

因城市实施规划、国家建设需要依法征用、收回的房地产免征土地增值税。

三、财税激励政策的重要意义

(一)解决重点群体就业,支持创业

劳动者素质的提升是经济社会发展的动力源泉。新中国成立后我国人民知识文化素养迅速提升。自1999年开始的高等学校扩招,迅速提升了劳动人口的文化水平,高等教育的规模扩张带来了大学生毕业人数的急剧增加。2000年大学毕业生(普通高校预计毕业生)数量不足百万,2022年已达到了1076万,而研究生毕业人数从2004年的15.08万上升至2022年的86.2万。与一般劳动力的就业不同,大学生具有创新热情和创业能力,鼓励他们进行创新创业,不仅有利于推动新技术、新点子的产生,还有利于创造新的就业岗位。

(二)促进就业困难人群就业创业

财政肩负着保障特殊人群就业的责任。2013—2015年中国年均就业困难人员约170万,城镇登记失业人员维持在950万~970万。提供就业帮助成为财政工作的一项内容。同时在去产能的大背景下,旧的岗位被淘汰,新的岗位被创造出来,合理引导这些人群走向新的就业岗位也是一个很重要的课题。

(三)化解失业问题

在过剩产能淘汰过程中,往往伴随经济转型过程中的失业和再就业,如国企改制后企业职工的转岗分流。而越是低端的产业,劳动力密集程度越高,劳动力的再就业越困难。中国再次站在经济转型升级的节点上,依然面临新企业崛起和老企业退出的局面。合理科学的财政政策对如何兜底新一轮的"下岗分流",降低改革带来的成本将起到重要作用。

第四节 法律保障

在创新创业过程中,企业从研发、生产、营销等方面会面临各式各样的法律风险。创业者是创新创业的主要法律主体,既是法律权利的主张者和享有者,也是法律义务的承担者和履行者。因此在创新创业过程中必然会面对诸多的法律难题,如何应对这些法律难题,创业者在创业中如何一方面履行义务、规避法律风险,另一方面行使权利、维护自身权益就成为了一个值得探究的课题。

一、法律保障的必要性

(一)科技成果转化层面

当前创业者因为法律意识较为淡薄,同时受到法治进程、企业知识产权保护等诸多因素的影响,因而在创业中面临各式各样的法律困境,具体包括以下几个方面。

(1)不懂如何依法有为。企事业单位及高校的科技成果转化当前正处于"无法可依"向"有法可依"的过渡阶段。2015年以前,国家关于科技成果转化的法律规章制度较为薄弱,高校科技成果转化基本采用的是备案审批制。2015年后,各项法律规章制度逐渐完善,如全国人民代表大会常务委员会于2015年8月修订出台《中华人民共和国促进科技成果转化法》、2021年12月修订出台《中华人民共和国科学技术进步法》等各类法律,以及教育部、科技部于2016年8月发布《关于加强高等学校科技成果转移转化工作的若干意见》、2020年5月发布《关于进一步推进高等学校专业化技术转移机构建设发展的实施意见》等配套政策措施等,在一定程度上解决了科技成果转化过程中的三权下放、成果评估处理方法、风险防控机制建立等关键性法律问题。但是,大部分企事业单位及高校仍处于学习这些新的法律法规或制定相应配套实施条例阶段,无法真正做到依据新的法律法规推进科技成果转化工作。例如,使用、处置、收益的三权下放得不到落实,科研人员的激励机制得不到落实,科技成果作价评估方法得不到落实,等等。科技成果转化工作亟待依据新法有所作为。

(2)因为不懂现行法律而保持观望,无所作为。在我国,尤其是高校科技成果及其知识产权产出的数量排在世界前列,然而质量和转化率却不容乐观。这主要体现在三个方面:①不懂作为。相当一部分科研人员不了解《中华人民共和国促进科技成果转化法》相关法律法规,不懂得如何把科技成果用于转化,如何提前布局,该走什么程序,有哪些注意事项,只是把获得知识产权授权当作最终成果,并没有将科技成果转化的意向或投入社会实用的意识。②不想作为。有部分科研人员不相信现有的法律体制和政策体系,出于谨慎,害怕自己的科研成果在转化过程中丧失其应有的价值,不想将其投入市场,只想独占自己的研究成果。③不敢作为。由于科技成果转化法律风险防控机制不够健全,现实中科技成果转化的处置程序也相当烦琐,各部门为了免于承担转化的风险,不敢随意处置属于职务发明的科技成果,在处置过程中特意设置了各种审批手续,转化过程中走完整个流程都得耗掉大量的时间和精力,而且就算是经历了千辛万苦,科技成果好不容易进入了市场,也几乎不可能通过市场交易直接确定其价值,更不用说满足权利人对自身产权的心理价位。因此知识产权转化率低,是现实存在的难题和制约我国科技进步的发展瓶颈。

(3)越权越界,违法违规现象突出。按照我国现有的法律体系,有权从事科技成果转化的法律主体主要是企事业单位、高校和科研人员。科技成果转化过程中,事业单位、高校和个人既被赋予很大的法律权利,也受到相应的法律约束。然而由于法律没有明确高校科技成果转化的服务机构、程序和机制,我国负责科技成果管理和转化的机构各式各样,服务水平也是参差不齐。如全国高校中科技成果转化的服务机构主要有科技处、科技开发部、大学科技园、协同创新研究院、资产处、资产经营公司等,这些部门都不把科技成果保护和转化当作唯一性和专业化的服务业务,因此在转化过程中必然会出现越权越界、权力寻租、违规操作、损害科研人员利益等问题。同时,科研人员也有可能因为失信现有的转化机制,而无视或逃避科技成果法律属性的相关约束,通过自己单方面的行为随意处置科研成果,如依靠科研成果创办企业或私自转让买卖科研成果,最终侵犯了所属高校企事业单位的利益并导致国有资产流失。

(二)创新创业行为层面

(1)产权归属不知如何明晰。创业者的创新创业常常涉及科研成果的转化,在成果转化过程中创办或入股公司。许多现实情况是,创业者无法确定自己所用的科研成果产权归属,或是不知何时处理科研成果产权的归属问题较为合适,甚至根本就忽略了科研成果产权的归属问题。这种法律困境不仅会引发一系列法律纠纷,从长远角度考虑,必将制约创业企业的发展壮大。此外,股权分配问题也是创业者创业过程中的老难题。在创新创业初期,合作伙伴们可能都是凭着一股热情和激情,团结一致奔向同一个目标,不谈股权,只顾付出。但是当企业发展到一定规模的时候,必定会涉及如何分配股权才能保证企业健康稳定地发展。如高校内的师生共创企业在这方面经常会陷入困境,由于创业初期碍于师生情谊没有明确股权分配,等到必须进行股权分配之时,往往发生不可避免的法律纠纷。

(2)权利义务不知如何界定。创业者在创新创业的过程中都以独立的法律人格存在,难免会接触到各类法律合同,即法律行为过程中权利义务的界定。然而,事实上创业者在创新创业的过程中并没有意识到法律合同有何重要性,不知如何签订法律合同,不知如何通过法律合同进行维权,等等。比如:科研工作者在创新研究的过程中,往往只注重课题的申报或职称的评定,而忽略了与技术研发相关利益主体签订相应的法律合同,或者无任何法律合同保障的情况下进行技术创新的法律行为,从而导致技术秘密泄露、技术成果无法认定、技术成果交易困难等难题;创业者在创业创办公司的过程中,会涉及股权分配协议书、孵化协议书、各类业务委托合同等,如何签订这些合同才能确保相关权益不受损害,对初创企业来说确实具有很大的挑战性。尤其是在相关权益受到损害时,如何把法律合同当作法律武器,认真研究其中的权利和义务,适时应用于法律权益的维护和侵权反诉,以求自己的合法权益受到保护以及最大化地实现。

(3)法律意识不知如何确立。随着我国法治社会的进程不断推进,树立应有的法律意识是每位公民的义务,创新创业更需要有超前的法律意识。可是树立法律意识有何益处?如何树立法律意识?树立怎样的法律意识?这些问题一直困扰着创新创业过程中的创业者们。创业者在创新创业过程中,缺乏法律权利意识,有可能无法维护和实现自己的正当权益;缺乏法律程序意识,有可能使创新创业事倍功半;缺乏法律规范意识,有可能使自己陷入不必要的法律纠纷;缺乏法律责任意识,有可能使自己的创新创业成果功亏一篑。从创新创业法律行为的启动、过程、协调直至终结,都需要有前置的法律意识。

二、创新创业活动中的法律风险

法律意识贯穿创新创业全局,基于此,本章将对创新创业活动中的法律风险、法律问题及法律保障机制进行详细介绍。下述为创新创业活动中可能涉及的有关法律风险,创业者应当认真了解,认真学习,除参考本书内容外,还应当树立法律意识,必要时应当及时寻求专业的法律援助。创业组织的设立、运营以及注销阶段,都会碰到不同类型的法律风险。在创业组织的设立前期面临的的法律风险包括组织形式选择的法律风险和设立过程中的法律风险。

(一)创业组织设立的法律风险

创新创业选择组织形式时存在一定风险。在开展创业活动时,首先应当根据投资、行业要求、合作伙伴等情况成立创业组织并进行工商登记,这就需要进行创业组织形式的选择。一般而言,创业可以选择的组织形式包括个体工商户、个人独资企业、合伙企业、有限责任公司等。不同组织形式存在的法律风险各有不同,一般区别如下:

(1)创业者承担债务的法律责任不同。在选择创业组织形式时,如果选择个体工商户、个人独资企业等,则应当做好用个人全部财产承担无限责任的风险预测,尽量控制负债;如果选择合伙企业,则应当选择志同道合的合伙人,并通过较为完备的合伙协议、规章制度等控制和规避法律风险;如果选择有限责任公司,那么对债务承担有限责任,可以大幅降低法律风险。

(2)经营管理的法律风险不同。个体工商户、个人独资企业形式灵活,便于控制;合伙企业基于合伙基础,和有限责任公司相比相对容易控制,运营效率相对较高,相应地,有限责任公司虽容易发展壮大,但其对制度设定、科学管理的要求较高,受法律约束较多,管控难度较大,经营成本较高。

同时,我们必须看到合伙企业、有限责任公司等组织形式存在着人合性质;合伙人之间、股东之间容易产生经营理念和利益分配等冲突,处理不慎就会陷入危机。因此,在具有人合性质的创业组织形式中,选择志同道合的合作伙伴尤为重要。

(二)创业组织设立过程中的法律风险

在确定了创业组织形式的前提下,基于设立流程、行业要求、从业资质等因素,创业组织的设立过程中仍然存在法律风险。

首先,对设立流程、行业要求、从业资质等不了解。如一些创业者盲目性较大,既不对创业行业进行认真调研,也不清楚创业过程中的相关法律规定,在创业组织设立之初即埋下隐患。比如不了解创业组织设立的基本流程和注意事项,不清楚创业组织的注册资金、验资要求、经营场所等设立条件,不知道一些特定行业(如餐饮、烟酒、教育培训等)所需要的经营资质,等等。

其次,对合伙协议、公司章程等关键组织文件的漠视。合伙协议明确了合伙人之间的权利义务,能够有效解决纷争,规范合伙企业的经营管理,因此制定靠谱完备的合伙协议是共同管理和发展合伙企业的基础。部分创业者没有认真地制定合伙协议,就为以后企业的发展埋下了隐患。公司章程,是规定公司组织及活动的基本规则的书面文件,是股东共同意思表示的体现。创业者在制定公司章程时,必须全盘考虑,明确规章制度和权利义务,为公司设立及规范运行提供基础保障。部分创业者对公司章程的法律地位没有正确认识,以完成工商登记为目的而草率制定公司章程,这也会给公司的经营管理埋下隐患。

(三)创业组织经营过程中的法律风险

创业组织经营过程中的法律风险涉及面广,情况复杂,不仅涉及公司内部治理,还涉及合同、知识产权、人事管理、行政管理、刑事法律风险等方面。

1. 合同方面的法律风险

企业经营中不可避免要签订各式各样的合同,比如租赁合同、买卖合同、运输合同等;合同法律风险是大学生创业的主要风险之一。大学生在订立合同时,特别容易忽视审查对方的主体资格、法定资质、资信情况、履行合同能力等事项,不重视合同的内容表述,不能从法律角度斟酌事关双方权利义务的重要条款。许多大学生创业者没有规范的合同管理制度。不少企业为了提高工作效率,把合同章交给业务人员随身携带,签订合同不做审查,也无合同备案管理制度。许多创业大学生怠于主张合同权利,不注意保管应收账款的证据材料,当主张权利时已经超过了诉讼时效。据调查显示,有70%以上的企业对合同的签订、审核、履约等环节缺乏严格管理,可能导致合同权利不能实现的法律风险。

2. 知识产权方面的法律风险

知识产权是蕴涵创造力和智慧结晶的成果,包括著作权、商标权、专利权等。自主创新和知识产权是企业存在和发展的关键。现实中,由于缺乏知识产权法律知识,对自身知识产权主动保护的积极性较差,很多创业者没有形成一套有效的知识产权管理制度,往往被动地等待纠纷出现才疲于应付;或者未采取有效措施保护商业秘密,核心员工频繁跳槽,导致商业秘密外泄;或者不尊重他人知识产权,肆意侵犯他人合法权利,面临各种知识产权纠纷。一旦自身知识产权遭到侵害或者侵犯了他人知识产权,都可能导致创业失败。

3. 人事管理方面的法律风险

创业需要充分发挥团队作用,进行有效的人事管理。从员工招聘、录用、签订劳动合同,到福利待遇、日常管理,直至员工离职等一系列流程,都受到《中华人民共和国劳动法》《中华人民共和国劳动合同法》等劳动法律法规的约束。而创业过程中往往侧重于生产经营和市场开发,忽视了组织内部的人事管理。不少大学生创业者未能建立起合法完备的考勤、保密、考核等一系列规章制度,预防和处理劳动纠纷的能力较弱;或者缺乏劳动法律知识,不签订书面劳动合同,不依法履行劳动合同,不缴或少缴社会保险,随意解除劳动关系等。这些都隐藏着巨大的法律风险,可能使企业陷入无休止的劳动纠纷之中。

4. 行政管理方面的法律风险

市场经济是法治经济。在企业设立和年检、广告发布、消费者权益保护等方面,企业要受到市场监管部门监管;依法纳税、发票管理等方面要受到税务部门监管;此外,在食品卫生、产品质量、安全生产、环境保护等方面要接受卫生、市场监管、环保、公安等行政主管部门的监督和管理。大学生创业中,如果不熟悉所从事行业的法律法规,不遵从职能部门的监管,将面临政府行政管理的法律风险,可能会遭受不同程度的行政处罚。

5. 刑事处罚方面的法律风险

刑罚是最严重的惩罚。少数创业者渴望成功,为了追求经济利益,不惜铤而走险,甚至走上犯罪道路。如:在企业设立中虚报注册资本、虚假出资、抽逃出资等行为;在生产经营中生产、销售普通伪劣商品以及诈骗、合同诈骗等行为;在知识产权中假冒注册商标、假冒专利、侵犯著作权、侵犯商业秘密等行为;在行政管理中偷税漏税,虚开、非法出售增值税专用发票等行为。这些行为都有可能触犯刑律,构成犯罪。

非法获取、提供公民个人信息是近些年来企业及员工经常触犯的、风险非常大的一种行为。当前我国愈发重视对个人信息的保护,企业通过购买他人信息,然后地毯式地进行信息轰炸,或者一些 App 非法收集用户数据,就会触碰法网。所以一定要注意合规,特别是对于公民个人信息的收集要恰当、合法、合理,避免触犯法律。

6. 创业组织终止的法律风险

创业组织终止是指创业组织主体资格的消灭。创业组织终止的法律风险主要包括:①未妥善处理存续期间的纠纷带来的法律风险。②创业组织已终止而未及时办理工商注销登记导致创业组织被不法分子冒用带来的法律风险。③创业组织本身存在的法律风险。如前所述,个体工商户、个人独资企业和合伙等形式中投资者承担的是无限责任,不会因创业组织消灭而免除投资者的责任。

创业公司注销之后,投资者承担的责任有时候不会因创业组织消灭而免除。作为股东的创业者要按照约定积极偿还创业公司存续期间所产生的债务,以免使自己陷入无休止的诉讼之中。

三、创新创业的法律保障

创业公司常遇到的法律问题主要围绕公司创办、企业管理、企业融资等三个方面。企业应当在不同的创业阶段参照下述的法律,注意认真学习相关法律条文,做到学法、知法、用法,保障自身权益。

(一)公司创办

根据组织形式的不同,公司所涉及的相关法律的规定也不同。常用的有《中华人民共和国公司法》《中华人民共和国合伙企业法》《中华人民共和国个人独资企业法》等。

1.《中华人民共和国公司法》

《中华人民共和国公司法》包括有限责任公司和股份有限公司两种类型。《中华人民共和国公司法》第三条的规定:"公司是企业法人,有独立的法人财产,享有法人财产权。公司以其全部财产对公司的债务承担责任。"

2.《中华人民共和国个人独资企业法》

《中华人民共和国个人独资企业法》规定的独资企业,是指依照该法在中国境内设立,由一个自然人投资,财产为投资人个人所有,投资人以其个人财产对企业债务承担无限责任的经营实体。

3.《中华人民共和国合伙企业法》

《中华人民共和国合伙企业法》规定的合伙企业,是指自然人、法人和其他组织依照该法在中国境内设立的普通合伙企业和有限合伙企业。合伙企业具有生命有限、责任无限、相互代理、财产共有、利益共享 5 个特征。

(二)企业管理

企业在管理过程中,首先会涉及一系列关于员工管理的法律法规,而当企业的产品生产出来之后,又可能会涉及知识产权,这对企业品牌的打造至关重要。

1. 员工管理

开办企业需要聘用员工,这就涉及劳动合同以及社会保险等问题。因此,需要以《中华人民共和国劳动法》为核心,并辅以《中华人民共和国就业促进法》《中华人民共和国劳动合同法》《中华人民共和国个人所得税法》《中华人民共和国安全生产法》《中华人民共和国职业病防治法》《中华人民共和国职业教育法》《中华人民共和国社会保险法》《中华人民共和国劳动争议调解仲裁法》等相关法律,以及《国务院关于职工工作时间的规定》《全国年节及纪念日放假办法》《关于工资总额组成的规定》《工资支付暂行规定》《女职工劳动保护特别规定》《未成年工特殊保护规定》《住房公积金管理条例》等相关规定办法,进行学习了解,从而更好保障相关权益。

2. 知识产权

知识产权是人们对于自己的智力活动创造的成果和经营管理活动中的标记、信誉依法享有的专有权力。因此,创业者需要了解学习《中华人民共和国著作权法》《中华人民共和国商标法》《中华人民共和国专利法》《中华人民共和国反不正当竞争法》等与知识产权相关的法律体系,更好地以法律手段维护自身知识产权,为创业过程保驾护航。

(三)企业融资

企业融资有债权融资、股权融资、知识产权融资、商业模式融资、票据融资等。在创业企业融资过程中,涉及投资条款清单、过桥贷款以及正式文件的签订,创业者有必要对企业融资的方式进行了解。

1. 投资条款清单

估值调整条款、防稀释条款、对等协议、股份回购权、融资额、(优先)分红权、控制权、优先清算权等是投资条款清单的重点条款。

2. 过桥贷款

过桥贷款是一种短期资金的融通,4~6个月为贷款期限,1~3个月为还款期限。企业需要提供法人及公司基本资料、相关信用资料、相关财务资料、房地产证、设备清单、相关银行资料、相关项目审批资料等。

3. 正式文件

正式文件的内容和投资条款清单基本一致但会更加详细。股权融资主要有清算优先权、成熟条款、股权锁定条款、优先增资、竞业禁止、强制随售、回购权、对赌条款、否决权9种主要限制条款。

简而言之,成立公司开展创新创业,需要了解如《中华人民共和国公司法》《中华人民共和国市场主体登记管理条例》等法律法规、部门规章。成立合伙公司则需了解《中华人民共和国合伙企业法》等。根据企业从事行业的不同,需要了解与行业相关的法律法规,如从事餐饮业必须了解《中华人民共和国食品安全法》《中华人民共和国食品安全法实施条例》等。成立公司后,雇佣员工的,需要了解《中华人民共和国劳动法》《中华人民共和国劳动合同法》等。而在业务上,需要了解《中华人民共和国民法典》及相关法律法规。以上是基本的法律,其他创业过程中可能涉及如《中华人民共和国专利法》《中华人民共和国商标法》等,由于专业性较强,建议委托法律专业人员处理。

四、如何进一步建立法律保障机制

完善的法律保障机制能使创业者更好地开展创新创业活动,为创业者保驾护航。下一步需要建立起更为有效的法律保障机制。

(1)应当确保法律政策的完整性,对创新创业活动实现全过程覆盖。在法律层面,要不断

完善相关法律规定,使创业者放下创新创业的包袱,激发他们创新创造的正能量。如在民事法律方面,《中华人民共和国促进科技成果转化法》围绕优化科技成果转化机制提出了一系列具体措施,提倡一定要大力加强产学研合作,全面提升知识产权水平,尤其是高校知识产权质量、运用效益、管理水平和服务能力,推动核心科技创新和科技成果转化,不断激发创业者的创新创业活力。在行政法规方面,《财政部关于修改〈事业单位国有资产管理暂行办法〉的决定》(财政部令〔2019〕第100号)指出,职务科技成果在转让和作价入股时财政部不再强制要求第三方评估,该文件将决定是否需要评估的权力下放给高校,高校权力更大了,责任也更大,各高校亟须建立相应的无形资产评估管理体系,保护高校创业企业的合法权益。在政策制定方面,需要从上层建筑层面统筹规划,确保各地政策的统一性和稳定性,而不是各地的创新创业扶持政策天差地别、各自为政,更不能出现政策朝夕令改的情况,让创业者能够安心地创新创业,并使扶持政策能够真正地落实到位。

(2)应当全面树立法律意识,不断加强创业主体和执法部门的法律意识。法律意识的树立是一项全面系统的工作,仅依靠某个主体或某部分主体,或者某个程序环节,是解决不了问题的。因此,创业者创新创业过程中强调树立法律意识必须通盘考虑,全面落实。法律主体层面,强调所有的参与主体和利益相关主体自觉树立法律意识。首先,创业者作为参与者必须树立有关创新创业的法律意识;其次,创新创业过程中涉及的技术合作伙伴、企业员工、企业股东和业务合作单位等利益相关主体,需要树立法律权利保护意识和法律义务承担意识。此外,法律程序层面,注重全过程的法律意识普及,在科技成果的创新过程、申报管理、创业孵化、企业化运作、市场准入退出等环节都要注意在法律规定的程序范围内进行。尤其是从技术创新起始就要树立产权保护意识,并在规定的法律程序中提前进行专利挖掘、布局和管理,直至产业化发展。另外,在法律风险防控层面,要有确立法律风险预警机制的意识,如企业信息分析预警机制、财务运营监测预警机制、政策导向预警机制、法律文书规范预警机制等。提前建立法律风险防控体系,从员工法律意识的树立、法律规章制度的制定、法律纠纷的申诉等方面搭建法律风险防控体系。

(3)要保证规范机制的科学性,建立健全有效的创新服务协同机制。首先,要尽可能设立有独立专业化的双创服务部门或服务团队,确保涉及创新创业服务业务的各机关部处既不互相推诿责任,也不相互邀功抢活,拟定一套一个部门总负责、其他部门配合的协调机制,规范双创服务工作。从社会外部环境来说,创业者、企业和市场的各自需求缺乏协调机制。市场化是西方发达国家创业者创新创业活跃最为显著的宝贵经验,其中包含产权的界定、利益的分配、风险评估、维权机制等一系列程序。整个过程涉及多方面利益主体,包括高校、科研人员、企业等。如何将各方主体的权益需求统一在一个稳定的交流平台上,是确保创业者创新创业的产出实用性和高效性的决定性因素。发达国家的中介服务机构在这方面充当着极其重要的角色,一般通过专门的服务机构和团队,以非常专业化和系统化的知识、技巧和技术帮助创业者创新创业主体与市场零距离对接。我们也必须全链式考虑,从技术创新、项目申报、企业创办、企业孵化,到产业化壮大,建立起能够黏合多方主体的协调机制,让各方利益主体的诉求都能够通过这种协调机制得以实现或平衡,进而使整个创新创业体系逐渐进入良性循环轨道,为创业者提供更好的法律保障。

第二篇

创新实践篇

第九章 技术创新

第一节 技术创新理论与发展

一、技术创新理论的提出

技术创新理论首次由熊彼特在《经济发展理论》中系统地提出。"创新"就是"一种新的生产函数的建立,即实现生产要素和生产条件的一种从未有过的新结合,并将其引入生产体系"。技术创新一般包含五个方面的内容。①制造新的产品:制造出尚未为消费者所知晓的新产品;②采用新的生产方法:采用在该产业部门实际上尚未知晓的生产方法;③开辟新的市场:开辟国家和那些特定的产业部门尚未进入过的市场;④获得新的供应商:获得原材料或半成品的新的供应来源;⑤形成新的组织形式:创造或者打破原有垄断的新组织形式。

技术创新并不仅仅是某项单纯的技术或工艺发明,而是一种不停运转的机制,只有引入生产实际中的发现与发明,并对原有生产体系产生震荡效应,才是技术创新。技术创新是企业家抓住市场潜在的盈利机会,重新组合生产要素,以获得最大商业利润的过程。技术创新的实质就是给生产经营系统引入新的技术要素,以获得更多的利润。技术创新的关键不是研究与开发,而是研究与开发成果的商业化。技术创新的主体是企业家,只有企业家才能抓住战略机会、辨别市场潜在的盈利前景。

二、技术创新理论的发展

由于西方经济学家认为熊彼特的学说具有社会主义倾向,同时受到同时期的"凯恩斯革命"的理论影响,因此在相当长的时期中,创新经济学理论一直受到西方国家的冷遇,未能引起理论界的关注。20世纪50年代以后,随着以微电子技术为核心的世界新一轮科技革命的兴起,许多国家的经济出现了长达近20年的高速增长"黄金期",这一现象已不能用传统经济学理论中资本、劳动力等要素简单地加以解释。由此,西方经济学理论界重新对熊彼特的创新经济学理论进行研究,开始对技术进步与经济增长的关系产生了兴趣,从而使技术创新理论得以发展。

目前,西方国家对技术创新理论的研究和发展已经形成了新古典学派、新熊彼特学派、制度创新学派和国家创新系统学派等四大理论学派。

(一)技术创新的新古典学派

技术创新的新古典学派关于技术创新的研究建立在"市场失灵"的基础上。这一学派主要围绕两个方面进行研究:一方面是分解技术创新对于现代经济增长的贡献率,另一方面是将技术创新纳入经济增长模型。它们的共同特点是都把技术创新视为同资本、劳动力和自然资源一样的经济增长要素。此学派以索洛(Solow)等人为代表,认为技术创新是经济增长的内生变量,是经济增长的基本因素,并建立了著名的技术进步索洛模型,专门用于测度技术进步对经济增长的贡献率。索洛在其1957年发表的《技术进步与总量增长函数》一文中,对美国1909—1949年间的非农业部门的劳动生产率发展情况进行了实证分析,结果发现,此期间劳动生产率提高的主要贡献来自技术进步。在继续深入研究技术进步对经济增长作用的同时,新古典学派还开展了技术创新中政府干预作用的研究,提出当市场对技术创新的供给、需求等方面出现失效时,或技术创新的资源配置不能满足经济社会发展要求时,政府应当采取金融、税收、法律,以及政府采购等间接调控手段,对技术创新活动进行干预,以提高技术进步在经济发展中的促进和带动作用。

(二)技术创新的新熊彼特学派

20世纪50年代和60年代的创新研究在相当大的程度上受到熊彼特的影响,集中讨论企业规模、市场结构和创新的关系,以及科技进步与经济结合的方式、途径、机制、影响因素等,有些学者把这些研究称为"新熊彼特主义"。技术创新的新熊彼特学派坚持熊彼特创新理论的传统,强调技术创新和技术进步在经济发展中的核心作用,认为企业家是推动创新的主体,侧重研究企业的组织行为、市场结构等因素对技术创新的影响,提出了技术创新扩散、企业家创新和创新周期等模型。

1. 企业规模与技术创新

1965年,谢勒(Scherer)对1955年《幸福》杂志中500家大企业的创新情况进行了分析,结果表明专利发明(创新)并不与企业规模的增长成正比。他的研究结果也得到了其他更大规模实证研究的支持。实践表明,不同规模的企业在技术创新上均有上乘的表现,只不过在不同时期、不同行业或不同产业,因企业大小不同而自身具有的一些不同特点影响和约束着企业创新的绩效而已,从而客观上形成适合不同规模企业创新的领域与行业。

2. 市场结构与技术创新

20世纪70年代,经济学家阿罗(Arrow)、卡米恩(Kamien)、施瓦茨(Schwartz)等人从垄断与竞争的角度对技术创新的过程进行了研究,探讨了技术创新与市场结构的关系,提出了最有利于技术创新的市场结构类型。阿罗在1970年发表的《经济福利和发明的资源配置》一文中,比较了完全垄断和完全竞争两种不同的市场结构对发明(创新)的影响,他的结论是:完全竞争比完全垄断更有利于发明(创新),但两种市场结构都低于社会期望的最优状态。

卡米恩、施瓦茨认为,最有利于创新活动开展的乃是垄断竞争型的市场结构。因为在完全竞争市场条件下,企业规模一般较小,缺少足以保障技术创新的持久收益所需的推动力量;难以筹集技术创新所需的各类要素,同时也难以开拓技术创新所需的广阔市场,因此难以引起较大的技术创新动机。而在垄断统治的条件下,由于缺乏竞争对手的威胁,难以激发出企业重大创新的活力,所以,介于垄断和完全竞争之间的垄断竞争型的市场结构,既避免了上述两种极端市场结构的缺陷,又兼有二者之优点。因此,垄断竞争型的市场结构是最适宜于技术创新的市场结构。

(三)技术创新的制度创新学派

技术创新的制度创新学派以兰斯·戴维斯和道格拉斯·诺斯等人为代表,该学派利用新古典经济学理论中的一般静态均衡和比较静态均衡方法,对技术创新的外部环境进行制度分析,认为:"由于技术创新活动存在个人收益与社会收益的巨大差距,改进技术的持续努力只有通过建立一个能持续创新的产权制度,以提高个人收益才会出现。"制度创新决定技术创新,好的制度选择会促进技术创新,不好的制度设计将扼制技术创新或阻碍创新效率的提高。兰斯·戴维斯和道格拉斯·诺斯认为,促进制度创新的主要因素有:①规模经济性。市场规模扩大,商品交易额增加,促进制度变革,降低经营管理成本,获取更多经济利益。②技术经济性。生产技术和工业化的发展,城市人口的增加,企业规模的扩大,促使人们去进行制度创新,以获取新的潜在经济利益。③预期收益刚性。社会集团力量为防止自己预期收益下降而会采取制度变革措施。例如在通货膨胀持续增长的情况下,工资、利息等固定收入者就要求实行收入指数化制度,以保障自己的实际收入不因通货膨胀而下降或不至于下降得过快过多。

兰斯·戴维斯和道格拉斯·诺斯进一步把制度创新的全过程划分为五个阶段:①形成"第一行动集团"阶段。所谓"第一行动集团"是指那些能预见到潜在市场经济利益,并认识到只要进行制度创新就能获得这种潜在利益的人。他们是制度创新的决策者、首创者和推动人,他们中至少有一个成员是熊彼特所说的那种敢于冒风险的、有锐敏观察力和组织能力的"企业家"。②"第一行动集团"提出制度创新方案的阶段。先提出制度创新方案,再进入下一阶段的创新活动。③"第一行动集团"对已提出的各种创新方案进行比较和选择的阶段。方案的比较和选择,必须符合能获得最大利益之经济原则。④形成"第二行动集团"阶段。所谓"第二行动集团"是指在制度创新过程中帮助"第一行动集团"获得经济利益的组织和个人。这个集团可以是政府机构,也可以是民间组织和个人。⑤"第一行动集团"和"第二行动集团"协作努力,实施制度创新并将制度创新变成现实的阶段。

制度创新学派在充分肯定制度创新对技术创新的决定性作用的基础上,也并不否定技术创新对改变制度安排的收益和成本的普遍影响,认为技术创新不仅可以增加制度安排改变的收益,并且可以降低某些制度安排的交易成本,从而使建立更为复杂的经济组织和股份公司变得有利可图。制度创新的具体形式包括股份公司、社会保障制度、工会体系以及国有企业制度等。制度创新往往是通过组织或管理形式方面的创新来体现的。

(四)技术创新的国家创新系统学派

技术创新的国家创新系统学派以英国学者克里斯托夫·弗里曼(Christopher Freeman)和美国学者理查德·纳尔逊(Richard Nelson)等人为代表。该学派通过对日本、美国等国家或地区创新活动特征进行实证分析后,认为技术创新不仅仅是企业家的功劳,也不是企业的孤立行为,而是由国家创新系统推动的。国家创新系统是参与和影响创新资源的配置及其利用效率的行为主体、关系网络和运行机制的综合体系。在这个系统中,企业和其他组织等创新主体,通过国家制度的安排及其相互作用,推动知识的创新、引进、扩散和应用,使整个国家的技术创新取得更好绩效。国家创新系统理论侧重分析技术创新与国家经济发展实绩的关系,强调国家专有因素对技术创新的影响,并认为国家创新体系是政府、企业、大学研究机构、中介机构等为寻求一系列共同的社会经济目标而建立起来的,将创新作为国家变革和发展的关键动力系统。由此，弗里曼提出了技术创新的国家创新系统理论，将创新主体的激励机制与外部环境条件有机地结合起来，并相继发展了区域创新、产业集群创新等概念和分支理论。

三、技术创新未来发展趋势

1. 技术创新成为世界规模强大的潮流

在全球范围内，科学技术在各个领域中的巨大作用已被证实，技术创新成为一切文明、进步的源泉。人类为了更好地生存和发展，在现有的知识资源和物质资源基础上，大力推进技术创新已形成世界性潮流。

2. 知识资源成为技术创新第一要素

知识经济正在兴起，知识的创造和发展大大降低了社会对自然资源的依附，传统的生产要素（劳动力、土地、资本）已逐渐失去主导地位，知识资源成为技术创新的战略性首要因素。

3. 前沿科技成为创新竞争主要焦点

高新技术的前沿科技是世界瞩目的制高点。在当前一代和未来几代人之间的科技发展链中蕴含着大量的机遇，一些国家和跨国公司正把主攻方向瞄准微电子—光电子—生物电子、细胞工程—基因技术—生命科学、核能氢能—太阳能、高磁材料—超导材料—纳米材料、空间提纯—微重力成形—太空基站、海水淡化—海洋油气开发—深海采掘等前沿领域，攻占这些科技高地的竞争已成为创新的主要焦点。

4. 科技集成成为创新常用形式

现有的科技成果和技术体系已相当丰富，当前面临的许多科技问题总是在很大程度上可以集成现有的技术加以解决。创新特点鲜明的计算机网络是当代计算机技术、微电子技术和通信技术的集成。

5. 研究—发展—生产成为创新链必需环节

长期以来，"研究"与"发展"活动被公认为创新，其后的"生产"，即产业过程往往被忽视。在日益讲求创新绩效的今天，创新的终端目标是市场回报，若不通过生产环节就无法实现全部创新目标，完整的创新过程应包括研究、发展、生产三大环节。

6. 技术协调成为重大创新必要前提

具有规模性的重大技术创新项目，在开发前期必须对技术体制、技术标准和规范管理进行广泛协调，避免形成多种制式、多种标准、多种规范之间的壁垒，防止因缺乏协调使创新开发和成果应用的成本增高。全球运行的通信协议在技术协调上堪称范例，而HDTV（高清晰度电视）开发前期未能充分协调技术体制和标准，导致一些国家和公司严重失误。

7. 可持续发展成为创新基本使命

历史上许多创新成果都是以牺牲生态环境和过度消耗自然资源为代价的。全球的人口剧增和自然资源枯竭，要求新的创新活动及其成果应用，必须以不损害人类和自然的可持续发展为原则，切实保证地球文明的高度民主发展和人类发展的可持续性。创造美好未来已成为一切技术创新的基本使命。

8. 公司并购成为重组创新有效途径

众多的创新主体（公司或创新机构）在激烈的竞争中，对人才和技术的争夺特别重视。一些实力强大的公司为了保持和扩大其创新优势地位，不惜用重金收购相关公司的全部有形资产和无形资产。公司并购已成为一国范围内或国际范围内重组创新能力的有效途径。

9.风险资金成为支撑创新金融支柱

技术创新需要资金投入。这些投入要面对技术风险、经济风险、市场风险等,特别是大型项目、高难度项目所承受的风险压力更大。与高风险相对应的是高回报,民间的风险投资和政府的风险基金获得了发展,它们担负着风险投入的重要角色。在当代技术创新活动中,风险资金已成为不可或缺的因素。

10.创新战略成为引导国家发展重要指针

一个企业、一个地区、一个国家的创新活动及其成果直接反映该企业、该地区、该国家的科技与经济能力及水平。重视全球科技进展,研究制定创新战略、策略是不可忽视的大事,许多国家都在不断制定和完善国家创新战略,以创新战略作为引导国家发展的重要指针。

【阅读资料9-1】 2020年全球十大新兴技术

总部设在瑞士日内瓦的"世界经济论坛"(WEF),发布了全球2020年十大新兴技术。

1.用于无痛注射和测试的微针

这些细小的针头不超过一张纸的深度和一根头发的宽度,可以为人们带来无痛的注射和血液检测。"微针"可以穿透皮肤而不会扰乱潜在的神经末梢,并且可以附着在注射器或贴剂上,甚至可以混入乳膏中。人们可以在家中进行血液检查,然后将血液样本送到实验室或在现场进行分析。由于不需要昂贵的设备和进行大量培训,因此可以在服务不足的地区进行测试和治疗,从而使护理更加容易获得。

2.太阳能化学

这种新的方法有望通过利用阳光将废二氧化碳转化为有用的化学物质,从而减少污染物的排放。此过程所需的阳光活化催化剂的最新进展是朝着创建"太阳能"精炼厂的方向迈出的重要一步,精炼厂可从废气中生产有用的化合物,废气可转化为从药物、洗涤剂到化肥和纺织品的所有物品。

3.虚拟病人

这一发明将使人体器官的高分辨率图像获取的数据,被快速输入控制该器官功能的机制的复杂数学模型中,然后计算机算法解析所得方程,生成类似于人类真实的虚拟器官,这样的虚拟器官或人体系统可以在药物和治疗的初始评估中代替人类,从而使该诊疗过程更快、更安全且更便宜。

4.空间计算

这是一种将虚拟现实(VR)和增强现实(AR)应用程序整合在一起的物理和数字世界的下一步,与VR和AR一样,它可以对通过云连接的对象进行数字化处理,允许传感器和电机相互反应,并创建真实世界的数字表示形式,它甚至可增加空间映射,该技术将为工业、医疗保健、运输和家庭中的人机交互方式带来新的发展。

5.数字医学

数字医学不会很快取代医生,但是监视病情或管理疗法的应用程序可以增强他们的护理水平,并为获得医疗服务机会有限的患者提供支持。

6.电动航空

电动推进将使航空旅行减少碳排放,削减燃料成本并大幅度降低噪声,全球大约已有170架电动飞机项目正在开发中,主要用于私人、公司和通勤旅行的航空器。空中客车公司表示,它可能有100架电动飞机准备在2030年起飞。

7. 低碳水泥

全球每年生产约 40 亿吨水泥,而这一过程产生的二氧化碳排放量约占全球二氧化碳排放量的 8%。随着未来 30 年城市化进程的加快,这一数字将增至 50 亿吨。研究人员和初创企业正在研究低碳方法,包括调整过程中使用的成分的平衡,采用碳捕获和存储技术以消除排放物以及将水泥从混凝土中全部清除,新的方法将大大减少每年全球生产 40 亿吨水泥所需要燃烧的化石燃料。

8. 量子感应

量子传感器是基于量子力学规律、利用各类量子效应、高灵敏度地检测外界环境的物理装置。由于电磁场、温度、压力等外界环境能够直接与电子、光子、声子等体系发生相互作用并改变它们的量子状态,因此人们能够通过检测变化后的量子态来实现对外界环境的高灵敏度测量。当前,传感器自身的发展有微型化、量子化趋势,各种量子传感器将在量子控制、状态检测等方面得到广泛应用。

9. 绿色氢

氢燃烧时唯一的副产品是水。有人预测,到 2050 年,全球绿色氢市场将达到 12 万亿美元,因为它可以通过帮助降低运输和制造业等部门的碳含量,而在能源转型中发挥关键作用,这些部门需要高能燃料但难以电气化。

10. 全基因组合成

它将被引入微生物的遗传序列研究创新,从而使人类有可能印刷越来越多的遗传材料并更广泛地改变基因组,帮助人们深入了解病毒如何传播或帮助生产疫苗。将来该技术还可以帮助从生物质或废气中可持续地生产化学品、燃料或建筑材料。

第二节 技术创新类型

技术创新的分类有很多种,本书就主要几种分类方法进行介绍。

一、按照创新对象分类

根据技术创新中创新对象的不同,技术创新可以分为产品创新和过程创新。

(一)产品创新

产品创新是指技术上有变化的产品的商业化。按照技术变化量的大小,产品创新可分成重大(全新)的产品创新和渐近(改进)的产品创新。

重大(全新)创新是指产品用途及其应用原理有显著变化的创新,往往与技术上的重大突破有关。例如,美国贝尔公司发明的电话和半导体晶体管、美国无线电公司生产的电视机、德州仪器公司首先推出的集成电路、斯佩里兰德公司开发的电子计算机等,一步步地将人类带进了信息社会,对人类的生产和生活产生了重大影响。又如杜邦公司和法本公司首创的人造橡胶、杜邦公司推出的尼龙和帝国化学工业公司生产出的聚乙烯,这三项创新奠定了三大合成材料的基础;波音公司推出的喷气式发动机创造了高速客车上天的奇迹。

渐进(改进)的产品创新是指在技术原理没有重大变化的情况下,基于市场需要对现有产品所做的功能上的扩展和技术上的改进。如由火柴盒、包装箱发展起来的集装箱,由收音机发展起来的组合音响等。像索尼公司每年上市近千种新产品,其中大部分是对原有产品的功能做了某些微小的变动或者不同产品功能的新组合,如品种繁多的耳机就是这样开发出来的。我们不能轻视渐进或改进式的创新,正是这类创新,不断地吸引大量的顾客,为企业产品开辟了广阔的市场前景。

(二)过程创新

过程创新,也称工艺创新,是指产品的生产技术变革,包括新工艺、新设备和新的组织管理方式。

过程(工艺)创新同样也有重大和渐进之分。如炼钢用的氧气顶吹转炉、钢铁生产中的连铸系统、早期福特公司采用的流水作业生产方式以及现代的计算机集成制造系统等,都是重大的过程创新。这些过程创新往往伴有重大的技术变化,它与采用新的技术原理相联系。另外,也有很多渐进式的过程(工艺)创新,如对产品生产工艺的某些改进、提高生产效率的一些措施,或导致生产成本降低的一些方法等。过程(工艺)创新与提高产品质量、降低原材料和能源的消耗、提高生产效率有着密切的关系,是技术创新中不可忽视的内容。

技术创新的经济意义往往取决于它的应用范围,而不完全取决于是产品创新还是过程(工艺)创新。例如,前面讲的集装箱这一产品的创新,可以说没有丝毫的新技术,但是它变散装运输为大箱集装运输,减少了船只在码头的停留时间,使海洋运输效率提高了好多倍。可以毫不夸张地讲,没有集装箱就没有现代海运事业,同时亦不可能有快速发展的世界贸易。再如,美国明尼苏达矿业及机器制造公司(3M公司)开发生产的一种小型不干胶便笺,既可贴于书页上,又可不留痕迹地拆下来。就这样的小黄纸片,每年可给3M公司带来3亿美元以上的销售收入。

二、按照创新程度分类

按照创新程度分类,技术创新可以分为渐进性创新和根本性创新。二者的比较见表9-1。

表9-1 渐进性创新与根本性创新比较

比较项目	渐进性创新	根本性创新
创新目标	维护和加强现有市场地位	改变游戏规则,实现跨越
重点	原有产品成本和性能的提高	开发新产业、产品或工艺
技术	现有技术的开发利用	研究探索新技术
不确定性	低	高
技术轨道	线性的、连续的	发散的、不连续的
发生时期	在前一创新末期产生	偶发于整个时期
资源配置	标准的资源配置	创造性获取资源与能力
主要参与者	正式的交叉功能团队	非正式网络

(一)渐进性创新

渐进性创新(或称改进型创新)是指对现有技术进行改进从而引起渐进的、连续的创新。在技术原理上,它并没有发生重大变化,只是根据市场需求,对现有的产品或者生产工艺进行功能改进或者拓展。这种模式下,技术创新是从无数的小创新开始的,虽然单个创新所带来的变化是很小的,但它的重要性不可低估。当大量的小创新逐渐积累效果,达到一定程度时就会形成质变的大创新。例如,iPhone 的诞生。看 iPod 的演化史,你会发现每一个版本 iPod 的进化:屏幕大了,机身更纤薄了,性能和容量变化了,还可以声控了。这些渐进式的创新一步步发生,终于有一天,当秘密研发 iPod 的工程师把多点触摸技术也准备好之后,乔布斯一拍大腿说:"为什么不做个手机呢?"于是 iPhone 诞生了。

(二)根本性创新

根本性创新(或称重大创新)是指技术有重大突破的技术创新。它常常伴随着一系列渐进性的产品创新和工艺创新,并在一段时间内引起产业结构的变化。根本性产品创新是包括全新的产品或者采用与原产品技术根本不相同的产品;根本性工艺创新是指以全新的方式生产产品和提供服务。

三、按照技术创新源分类

按照创新源的不同,技术创新可以分为原始创新和模仿创新。

(一)原始创新

原始创新是指前所未有的重大科学发现、技术发明、原理性主导技术等创新成果。原始性创新意味着在研究开发方面,特别是在基础研究和高技术研究领域取得独有的发现或发明。原始性创新是最根本的创新,难度最大,需要大量的投入、雄厚的技术基础,同时面临较高的风险,最能体现智慧的创新,是对人类文明进步做出贡献的重要体现。

(二)模仿创新

模仿创新是指人们通过学习模仿率先创新者的创新思路、创新行为,吸取经验和教训,在引进核心技术的基础上,通过学习、分析、借鉴实现再创新,对技术加以完善。模仿创新具有技术上的跟随性、研究开发和竞争对手的针对性、资源投入的集聚性等特点。模仿创新投资少,风险小,见效快。模仿创新以现有先进产品和工艺为对象,避免了研究开发的大量投入和风险。引进、模仿、创新、传播、再引进、再模仿、再创新、再传播,是发展中国家技术进步的基本规律,是缩小差距、实现现代化的必由之路。

【阅读资料 9-2】　　　　我国医药行业从"跟踪仿制"走向"模仿式创新"

随着我国经济和科技实力的增强,新药研究和医药产业发展必须向更高的目标奋进,实现新的历史转变。从发展进程上看,我国药物研究和产业发展已经从"跟踪仿制"走向"模仿创新"阶段,当前正在向"原始创新"的新阶段迈进。

具体而言,20 世纪 50—90 年代,我国制药行业主要是跟踪仿制,虽然也有诸如青蒿素类抗疟药这样的创新成果,但数量很少。总体而言,新药研究零星、分散,技术比较陈旧落后。

20 世纪 90 年代到目前,我国初步建立了自主创新体系的框架,进入 fast-follow(快速跟进)的模仿创新阶段,主要着眼于开发 me-too、me-better 类的国产创新药。

从对全球创新药物研究的贡献角度看,世界著名咨询机构麦肯锡 2016 年报告显示,中国位居医药创新第三梯队。第一梯队是美国,对全球新药研发贡献超过 50%,第二梯队包括日本、英国、德国、瑞士等发达国家,各自对全球新药研发的贡献为 5%~12%;第三梯队是中国、韩国、以色列、印度等国家,各自对世界新药的研发贡献为 1%~5%。

不过,2016 年以来,在政策、科技发展、资本市场等多方推动下,我国生物医药行业迅速发展,创新生态系统发生巨变,本土医药创新活力得到激发,上市新药数量快速增长。到2018年,麦肯锡报告显示,中国对全球新药研发的贡献明显上升,已经跨入第二梯队。

尤其可喜可贺的是,一直相对落后的生物技术药领域,这几年的新药获批数量呈现快速增长态势,涌现出一批PD-1单抗新药。2019年可以说是中国生物类似药的"元年",利妥昔单抗、阿达木单抗和贝伐珠单抗等相继获批。

据一些机构统计,2019年国内批准新药数量共有56个,创造了一个"里程碑"——中国的新药获批数量首次超越了美国。当然,这里必须指出:我们不能由此误解,以为中国的新药研发能力比美国还强,事实并非如此,因为中国批准的新药中包括首仿药,也包括国外到中国申请上市的新药。

四、按照技术变动方式分类

技术变动的方式有两类:结构性变动和模式性变动。结构性变动指技术(产品或工艺)要素结构或者链接方式的变动,如通信技术中从有线电话到无线电话就是结构性变动;模式性变动就是指技术原理的变动,如从模拟通信技术到数字通信技术就是模式性变动。

根据技术变动方式的不同,可以将技术创新分为四类,如图9-1所示。

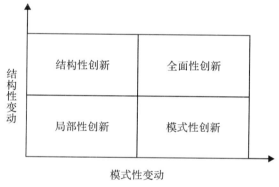

图9-1 技术变动方式

(一)局部性创新

局部性创新,又称渐进性创新,是指在技术结构和模式均未变动的条件下进行局部技术改进所形成的创新。例如,台式电话机由拨号式转变为按键式就是局部性创新。

(二)模式性创新

模式性创新是指在技术原理变动的基础上形成的技术创新。例如,通信技术由模拟交换转变为数字交换就是模式性创新。

(三)结构性创新

结构性创新是指技术结构变动形成的技术创新。例如,有线电话到数字无线电话的转变,就是结构性创新。

(四)全面性创新

全面性创新是指技术结构和模式都发生变动所形成的技术创新。例如,胶片相机逐渐被数码相机取代。

五、按照技术创新规模分类

按照创新规模不同,技术创新可以分为企业创新和产业创新。

(一)企业创新

企业创新是指一个企业内部引入新的生产方式,对其产品、工艺过程、组织结构等方面开展的创新活动和取得的创新成果。新的生产方式具体是指企业从投入品到产出品的整个物质生产过程中发生的突变。这种突变既包括原材料、能源、设备、产品等硬件创新,也包括工艺程序设计、操作方法改进等软件创新。

(二)产业创新

产业创新是指某一项技术创新或形成一个新的产业,或对某一产业进行彻底改造。产业技术创新有两种表现:一是技术的规模化和集群化形成一个新型的产业;二是某种创新技术对旧产业结构进行创造性破坏,使得产业形成突变,整体实现高效化。企业创新活动是产业创新活动的基础和主体,但产业创新不是某些企业的创新行为或者结果的简单叠加,而是企业创新行为和结果的有机结合和扩散。

六、按照技术创新本身的经济价值分类

按照本身经济价值的不同,技术创新可以分为基础性创新和增值性创新。

(一)基础性创新

基础性创新本身不要求有重大的技术开发成果或技术层面上的重大突破,而是能够在某一方面满足新的社会需求,或更好地满足现有的社会需求。

(二)增值性创新

增值性创新不要求有重大的技术开发成果或技术层面上的重大突破,而是能够大幅提升效益。

七、按照技术创新的最终效益分类

按照最终效益的不同,技术创新可以分为资本节约型创新、劳动节约型创新、中性技术创新。

(一)资本节约型创新

资本节约型创新是指能够使某一行业或者领域的资本有机构成中的物化劳动部分减少的技术创新。

(二)劳动节约型创新

劳动节约型创新是指能够使某一行业或领域内的商品价值构成中的活劳动形成的价值比重减少,物化劳动转移价值比重增大的技术创新。在这种情况下,商品生产向资本密集型靠拢。

(三)中性技术创新

中性技术创新是指能够提高劳动生产效率,大幅降低商品活劳动和物化劳动消耗(两者的比重不发生明显变动)的技术创新。

第三节 技术创新战略

企业是技术创新的主体,提高技术创新能力必须充分发挥企业主体作用。而技术创新战略决定和统率企业创新的具体行为。企业能否正确选择并贯彻实施良好的创新战略,是其能否顺利推进技术创新、赢得创新利益的先决条件。在当代激烈的市场竞争中不创新的企业必将走向衰亡,但创新战略选择失误所导致的不良创新反过来可能会加速企业衰亡的进程。因此如何选择正确的创新战略是当代企业面临的重大问题,是涉及企业生存和发展的根本前提。

一、技术创新战略的概念和特点

(一)技术创新战略的概念

技术创新战略是企业在正确地分析自身的内部条件和外部环境的基础上所做出的企业技术创新总体目标部署,以及为实现创新目标而做出的谋划和根本对策。技术创新战略主要解决企业技术创新的基本原则、根本目标和主要规划等企业技术创新经济活动中所面临的重大的、带有全局性的问题。随着社会经济的发展,技术创新战略逐渐成为企业经营战略的核心内容。

(二)技术创新战略的特点

企业技术创新战略具有以下特点。

1. 全局性

企业技术创新战略是企业技术发展全局性的安排。企业在发展战略中选择和实施主导型技术,不仅直接影响技术、生产等部门,而且对其他部门以及企业整体规划和发展都会产生重要影响,对企业的竞争力、发展前途起决定性的作用。

2. 长期性

企业技术创新战略不仅影响企业的近期经济效益,而且会对企业的长期竞争力、发展方向和长期经济效益产生深远的影响。

3. 层次性

企业技术创新战略不仅要从指导思想、基本框架方面做总体性策划,而且要对构成技术创新战略的各个方面和各职能部门(如技术开发、生产、营销等)做出策划,即企业技术创新战略不仅包括企业总体的技术发展策划,还必须包括与技术创新相关的具体规划。

4. 风险性

技术创新战略的长期性、技术发展和未来市场的不确定性等特点,决定了技术创新战略面临的环境是变化的,这就导致了技术创新战略不可避免地具有风险性的特征。而技术创新战略的全局性特点则会使战略失误的损失放大,因此技术创新战略存在较大的风险性。

5. 依从性

企业技术创新战略归属于企业总体发展战略,因此企业技术创新战略必须符合企业总体发展战略,服务于企业总体发展战略,支撑企业总体发展战略。

二、技术创新战略的内容框架

企业技术创新战略主要从宏观上解决以下三类问题:①技术创新面向市场竞争应采取何

种姿态,是进攻型还是防卫型;②研究开发何种技术;③采用何种方式进行技术的研究和开发。由于技术创新战略是按照企业的实际情况制定的,各企业的情况千差万别,技术创新战略也各不相同,因此不存在普遍适用的企业技术创新战略。下面仅对一般企业技术创新战略给出一个参考规范,各企业应根据自身情况进行取舍和补充。

(一)企业外部环境和内部条件分析

企业内外部环境、条件分析是制定技术创新战略的前提。在制定技术创新战略之前,要预测和分析技术发展、经济和社会发展趋势及机遇、挑战,竞争者的情况和竞争压力,企业总体战略对技术创新战略提出的要求,企业的技术能力,等等。

1. 理性地分析外部环境

企业的技术创新行为首先要确认企业可能获得收益的机会和企业应当回避的威胁,要对外部环境进行分析,企业对市场、消费品和服务需求的预测在很大程度上是在对外部因素变化分析的基础上得出的。外部环境分析的因素主要如下。

(1)市场。该因素主要分析市场给企业提供的机会以及市场需求的变化,比如尚未被开发的市场,如早年的数字电视;由于经济发展带来的某行业新的需求,如环保冰箱;薄弱市场,如农村彩电市场;等等。对行业而言,市场的不断成熟,生产能力的不断过剩,从卖方市场向买方市场的过渡,竞争会更加激烈,平均利润会下降。行业内部竞争也会由价格和质量竞争转向价格、质量、性能、品牌、服务的全方位的竞争,从而使技术创新成为竞争的突出特色。企业的战略重点也应该由生产导向转为营销导向、技术创新导向。

(2)顾客。该因素有以下几种情况:①顾客现在哪些需求还未得到满足,受以前或目前生产条件的限制,在产品数量、质量、花色、品种等各方面是否存在顾客长期以来都未得到满足的产品。如改革开放之初,我国存在大量的对家电产品的需求。②随着社会的发展,收入的提高,顾客对已有产品的需求也会提高。如20世纪80年代末90年代初我国对彩电的需求就是在原来黑白电视需求基础上的提高。③顾客未来的潜在需求,这需要预测、挖掘和创造。

(3)竞争。竞争的强弱对企业的技术创新活动有很大影响。竞争激烈时,就会激发企业技术创新的动力,否则企业技术创新的动力就不会很强劲。在计划经济和市场经济条件下我国企业的技术创新动力水平就有很大不同。当然,如果企业能够及早意识到未来的激烈竞争,先于竞争对手进行技术创新活动,就会获得比竞争对手更强的优势。

(4)技术。企业必须考虑现有的技术水平能否满足社会需求,同时关注技术发展方面的问题,如:技术在哪些方面、什么时间可能获得突破?哪些技术是关键的?哪些技术是非关键的?技术发展将对顾客需求产生怎样的影响?

(5)社会。社会是否提供了技术创新的大背景。

(6)经济。经济发展水平的高低直接影响着技术创新。经济发展水平越高,就越能为技术创新提供资金、人才等物质基础;而经济发展水平较低时,则无法提供相应要素去促进技术创新。

(7)法律。当地法律能否有效保护技术创新。如果能,企业技术创新后的利益就会有保证,企业就有技术创新的积极性;否则,企业的技术创新活动就会受到抑制。

(8)政策。当地政府是否给积极从事技术创新的企业提供了鼓励、保护措施,是否给予一定的税、费减免政策等。

企业外部的这些趋势与变化对企业的产品、服务目标、范围、市场等方面都有重要的影响,直接影响着被开发产品的类型、技术的采用、市场定位和细分战略的性质、所提供服务类型的选择等创新过程。对外部环境的正确认识是企业制定技术创新战略的基础之一,也是制定技术创新战略首先要考虑的一项内容。

2. 理性地分析内部环境

企业制定技术创新战略之前,在分析外部环境的同时也必须分析自己的内部环境,这样才能做到"知己知彼,百战不殆",也就是必须做以下分析。

(1)明确企业具有的知识、经验,以及这些知识、经验与行业内部的企业相比,本企业所拥有的技术创新活动的优势及劣势。对自身能力的评价是企业制定技术创新战略的基础。

(2)资源、能力,尤其是核心能力的分析。不同类型的企业对技术创新活动能力的要求也不同。例如对制造业而言,企业不仅要考虑制造能力,还要考虑管理能力、确定市场机会的能力、获取外来技术的能力、研究和开发能力、测试能力,等等。

(3)可能受到的约束以及企业相对的缺陷。

(4)企业技术发展的趋势、倾向。明确企业以后可能具有的技术创新能力,从而明确企业以后可能进行的技术创新活动。

换言之,企业要根据外部环境提供的机会明确它能做什么,不能做什么,即:在哪些方面能够创新,哪些方面不能创新,哪些方面可以独立创新,哪些方面需要模仿创新,哪些方面的创新不能被对手模仿,哪些创新能力是企业已拥有的,哪些创新能力是企业可拥有的。企业遇到不能拥有的创新能力时应该怎么做?是从外面获取资源还是放弃机会?企业还要明确可获取资源的数量、质量以及可能性。理性地分析企业的内部环境是企业制定技术创新战略的另一个基础。

(二)战略目标

企业考虑技术创新战略时,要根据对外部和内部环境的分析,弄清问题,发现机会,恰当地确定自己的创新目标,选择正确的创新方向和途径,并确定切实可行的实施计划。

(1)确定企业希望的市场态势,即创新产品在市场上体现竞争优势的方式。一般有四种可能的形态:①开拓型态势,即通过产品创新创造新的市场机会;②发展型态势,通过产品创新扩大市场占有率;③用创新产品替代即将退出的产品,保持市场份额;④放弃部分已有市场份额,通过产品创新巩固其余市场。

(2)其他目标。如改善产品工艺,提高生产率,降低生产成本,提高产品差异,使产品结构更合理化、产品更多样化,取得满意的投资回报率,维持和改善企业形象等。

以前,企业对目标的确定主要偏爱具体的数字目标,比如市场占有率、产值利润率、投资回报率、产值、多样化产品的品种数等。这种数字化的目标为企业提供了明确的努力方向,目标是看得见摸得着的。但也有很大的缺陷,就是容易被具体目标所误导。例如企业为了达到产值的某个目标,有可能忽略企业的核心能力,导致目标多样化。例如三九集团的核心产品是"三九胃泰",该公司后来又大量斥资进行食品、烟酒等行业的开发,结果不但这些行业未取得成功,连"三九胃泰"这一核心产品的研发和生产也受到影响。后来研究发现,一味追求数量化的目标并非一定正确。相反,一些模糊化的、愿景化的或者带有意图性质的战略目标对于企业来说可能更重要。

(三)战略方案

战略方案是指在战略目标导向下的行动方案。其主要内容包括:

(1)战略模式选择。分析比较可能的战略模式,选择可行性高的模式。

(2)战略技术选择。定位和选择企业的主导性、基础性技术。

(3)技术能力建设。从技术能力获取、培养、运用等方面进行技术能力方案设计。

(4)技术支撑体系建设。设计实现战略目标所需要的技术支撑体系。

(四)战略实施要点

战略实施要点是指实施战略要抓住的关键和重点。企业技术创新战略的实施通常包括以下要点:

(1)战略时机把握。对出现的技术机会、产业机会、市场机会等重大机会进行分析,做出对策。

(2)资源配置。对实施战略所需要的资金、设备仪器、人力等做出规划,确定其基本来源和供给方式。

(3)人力资源开发。对人才引进、培养、使用等做出基本安排。

(4)运行机制设计。对技术研究开发机构内部、相关部门之间和技术活动环节之间的基本运行模式、激励方式等进行设计。

(5)技术创新活动的组织。对技术研究开发部门内部、技术部门与相关部门关联的组织方式做出设计。

三、技术创新战略的分类

(一)按技术来源分类

按照技术来源不同,企业技术创新战略可划分为自主创新战略、模仿创新战略和合作创新战略,见表9-2。

表9-2 按技术来源划分的各技术创新策略的比较

战略类型	优势	劣势	适用范围
自主创新战略	有利于建立自己的核心能力	研发投资高,周期长,风险大	技术开发能力强、经济实力雄厚的企业
模仿创新战略	风险小,周期短,投资少	技术上处于被动地位,竞争力弱	与先进技术有差距,技术、经济实力较弱,但有一定开发能力的企业
合作创新战略	减少开发投资,缩短开发周期,分散风险	不能独占技术,合作方有时会成为竞争对手	开发难度大、投资额大、风险大的技术领域,合作条件好的企业

1. 自主创新战略

自主创新战略是指企业通过自身的努力和探索实现技术突破,攻破技术难关,并在此基础上依靠自己的能力推动创新的后续环节,实现技术商业化,获取商业利润,实现预期目标。企业的技术来源主要是自主开发,但并不排斥引进技术及联合开发技术。该战略要求企业具有较强的研发实力和一定的投资能力,能实现从基础研究向应用研究的转化。企业需要独自承担风险,而一旦成功,也能独享其创新成果,获得超额利润。

自主创新战略具有以下特点:

(1)技术突破的内生性。自主创新所需的核心技术是企业内部的技术突破,是企业依靠自身力量,通过独立的研究开发活动而获得的。这样不仅有助于企业形成较强的技术壁垒,而且很可能会导致一系列的技术创新,形成创新的集群现象,推动新兴产业的发展。

(2)技术与市场的率先性。要发挥自主创新的优势,只有在技术与市场方面都具有领先的优势,因此率先性是自主创新的目标。这种率先性不仅有利于积累生产技术和管理方面的经验,获得产品成本和质量控制等方面的竞争优势,取得超额利润,而且企业所制定的产品标准和技术规范可演变为本行业或相关行业统一认定的标准,增强企业的知名度和市场竞争力。

(3)知识和能力支持的内生性。创新与知识和能力之间具有相辅相成的关系。知识和能力支持是创新成功的内在基础和必要条件,技术创新的主体工作及主要过程都是通过企业自身知识与能力支持实现的;自主创新过程本身也为企业提供了独特的知识与能力积累的良好环境。

(4)高投入和高风险性。企业为保证始终有占据市场优势地位的创新产品,必须能够持续进行创新的研究与开发活动,将创新贯穿于企业整个的生产经营活动,这就要求企业必须有较高的资金和强大的人力投入。同时,由于新技术领域的探索具有较高的复杂性和不确定性,资金投入具有很强的外溢效应和较强的迟滞性,所以进行自主创新的企业必须承受巨大的风险。

2. 模仿创新战略

模仿创新战略是指企业通过学习模仿率先创新者的创新思路和创新行为,吸取率先创新者的成功经验和失败教训,引进、购买或破译率先创新者的核心技术和技术秘密,并进行适当的改进和创新。企业技术主要通过模仿他人已有的技术获得。这种战略的制定必须基于以下两个前提:一是引进者拥有技术引进的能力,即能从长远、全局、全方位、战略的角度出发引进技术;二是引进者自身拥有良好的研发能力,在引进后要加以消化、吸收与创新,不能单纯地停留在使用技术层面,否则,企业就会陷入恶性循环而无法具备竞争力。该战略往往是技术后进企业的创新途径。

模仿创新战略具有以下特点:

(1)模仿的跟随性。企业最大程度地吸取率先成功者的经验与失败的教训,吸收、继承与发展率先创新者的成果。当然这种战略不是简单模仿,而是巧妙利用跟随和延迟所带来的优势,化被动为主动,变不利为有利的一种战略。

(2)研究开发的针对性。模仿创新的研究开发不仅仅是对率先者技术的模仿,更是对率先者技术的完善或进一步开发。该战略的研究开发活动主要偏于破译无法获得的关键技术、技术秘密以及对产品的功能与生产工艺的发展和改进。

(3)资源投入的中间聚积性。集中力量在创新链的重要环节投入较多的人力物力,也就是在产品设计、工艺制造、装备等方面投入大量的人力物力,使得创新链上的资源分布聚积于中部。

(4)被动性。这主要是指竞争的被动性,包括技术积累、营销渠道和实施效果等方面的被动,这是由模仿创新者只做先进技术的跟进者来决定的。

3. 合作创新战略

合作创新战略是指两个或两个以上的企业合作进行研发,共享技术创新的成果,以达到节约研发投资、缩短开发周期或进入新市场的目的。合作创新通常以合作伙伴的共同利益为基础,以资源共享或优势互补为前提,有明确的合作目标、合作期限和合作规则,合作各方在创新的全过程或某些环节共同投入,共同参与,共享成果,共担风险。合作的方式很多,可以是制造商、供应商、用户之间的合作,也可以是企业之间或企业与科研院所的横向合作,如同制造商(竞争者)之间的合作、产学研合作。

合作创新战略具有以下特点:

(1)合作主体间资源共享,优势互补。随着全球性技术竞争的不断加剧,企业技术创新活动中面对的技术问题越来越复杂,技术的综合性和集群性越来越强。因此以企业间合作的方式进行重大技术创新,通过外部技术资源的内部化,实现资源共享和优势互补,成为新形势下企业技术创新的必然趋势。

(2)创新时间缩短,企业竞争地位增强。合作创新可以缩短收集资料、信息的时间,提高信息质量,降低信息费用;可以使创新自愿组合趋于优化,使创新的各个环节能有一个比较好的接口环境和接口条件,从而缩短创新过程所需的时间;合作创新可以通过合作各方技术经验和教训的交流,减少创新过程中因判断失误造成的时间损失和资源浪费;合作创新的成功能够为参与合作的企业赢得市场,提高企业在市场竞争中的地位。

(3)降低创新成本,分散创新风险。合作创新对分摊创新成本和分散创新风险的作用与合作创新的规模和内容有关,一般来说,创新项目越大,内容越复杂,成本越高,风险越大,合作创新分散风险的作用也就越显著。

(二)按技术竞争态势分类

按照企业所期望的技术竞争态势的不同,企业技术创新战略可划分为技术领先战略与技术跟随和模仿战略(见表9-3)。

表9-3 按技术竞争势态划分的各技术创新策略的比较

维度	技术领先战略	技术跟随和模仿战略
技术来源	以自主开发为主,技术突破是其最基本的特征	以模仿、引进为主,核心技术一般不自行开发
技术开发重点	对产品基本原理、功能的开发,侧重于技术链的前端	产品功能的改善、质量的提高与稳定、工艺的改进,侧重于技术链的后端
市场开发	率先开发市场	在已有市场中开发细分市场或挤占他人市场
投资重点	随技术开发的进展而移动	重点置于生产、销售环节,研发环节相对较少

1. 技术领先战略

技术领先战略是指率先开发和引进最新技术成果,占据市场领导地位的一种技术创新战略。技术领先战略致力于在同行竞争中处于技术领先地位。

技术领先战略具有以下优势:

(1)优先占据市场地位。增加市场进入成本,消费者对领先者的产品产生依赖,形成转换成本。

(2)确定标准。迫使后来者采用标准,巩固自己的领先地位。

(3)法规便利。领先者率先进入市场,在早期可能没有过多的法规限制。

(4)早期利润。率先进入可以抢占市场,获得早期利润。

(5)信誉。建立自己的品牌,提高顾客忠诚度。

技术领先战略存在以下劣势:

(1)开拓成本。开发的各种投入、市场培育等成本较高。

(2)需求的不确定性。消费者需求具有不确定性,率先进入需要承担相应风险。

(3)连续投资。率先进入,需要持续投资以维持后续经营。

2.技术跟随和模仿战略

技术跟随和模仿战略不图率先开发、采用新技术,而是在新技术被开发、采用后即行跟上或进行模仿。采用跟随战略,往往是对率先采用的新技术进行改进后推向市场,甚至只利用率先技术的原理而开发独特的技术。竞争的模仿战略与前述技术来源的模仿战略有相同之处,也有区别。相同之处在于技术来源于模仿;不同之处在于竞争模仿不仅模仿技术,而且常常模仿技术推向市场的过程、市场目标和行为。

技术跟随和模仿战略具有以下优势:

(1)能够发现现成的需求信号、技术路线和商业模式,避免不确定性。

(2)避免需求判断失误、技术路线失误、商业模式失误带来的成本。

技术跟随和模仿战略存在以下劣势:丧失了进入市场的先机,面临较高的进入壁垒和转换成本。

(三)按市场竞争策略分类

按照企业市场竞争策略的不同,企业技术创新战略可划分为市场最大化战略、市场细分化战略和成本最小化战略(见表9-4)。

表9-4 按市场竞争策略划分的各技术创新策略的比较

战略类型	优势	劣势	适用范围
市场最大化战略	市场占有率高,一般利润高,长期发展空间大	对技术及其他资源需求高,竞争对手多,容易受到攻击	技术实力强、配套资源雄厚的企业或新兴技术领域中领先的企业
市场细分战略	避开与优势企业的正面冲突,可获得一定竞争地位	机会相对较少,市场规模较小	掌握一定技术、具有柔性制造能力的后进入市场的企业
成本最小化战略	可取得价格竞争优势,产品研发费用较低	对成本系统的技术和管理系统水平要求较高,当原材料成本比重较大时总成本难以控制	生产制造工艺先进、技术能力强、管理水平高的企业

1.市场最大化战略

市场最大化战略追求最大的市场占有率。其在技术上体现为:以领先的技术抢先占领市场,巩固和扩大市场阵地;以优势的技术辅以优势的配套资源,开拓和扩大市场份额。

2.市场细分化战略

在主要市场已被占领的情况下,新进入企业往往采取这种战略。这种战略强调应用基本技术服务于特别应用的小块需求。因此,这种战略常表现为一种"填空"策略,其在技术上的体现是制造技术有较高的柔性,有较强的工程设计能力。

3.成本最小化战略

这种战略利用规模经济和制造技术的优势,大力降低成本以取得价格竞争优势。其技术上的体现是优化产品设计,在生产系统中采用优势制造技术,实现专业化,并降低管理费用。

(四)按行为方式分类

按照企业所谋求的行为方式不同,企业技术创新战略可划分为进攻型战略、防御型战略和游击型战略(见表 9-5)。

表 9-5 按行为方式划分的各技术创新战略的比较

战略类型	优势	劣势	适用范围
进攻型战略	处于竞争的主动地位,可能争取新的市场	成本高、风险大	掌握了某种技术优势、具备向拟占领的技术和市场领域进攻能力的企业
防御型战略	风险小、代价小	通常处于竞争的被动地位	技术、市场地位往往较高且稳固的企业
游击型战略	有时可以出奇制胜	不确定性大,具有冒险性	技术、市场领域已经被占领,后进入者机会较少,但又出现了某种机会或者优势时

1. 进攻型战略

采取这种战略的企业在市场竞争中采取进攻姿态,向同行企业市场和技术领域发动进攻,以进入或扩大技术领域或市场阵地。

2. 防御型战略

采取这种战略的企业在市场竞争中采取防御姿态,固守本企业的技术和市场阵地。为此,要采取一系列措施建立和加固进入壁垒,当被攻击时能进行有力的反击。

3. 游击型战略

采取这种战略的往往是处于技术和市场劣势的企业,为了打破现有的技术和市场地位格局,推出一种新的技术以取代占统治地位的现有技术,打乱优势企业的阵脚,以求重新瓜分市场。这种战略一旦成功,就要转变为其他战略。

以上几种战略类型是企业技术创新战略的基本形式。在具体实践中,企业往往会根据不同的发展阶段选择不同的创新战略。

【阅读资料 9-3】 华为的创新实践

如果一个企业能够十几年如一日地持续发展,其中必有一种根本性的因素在发挥作用。在华为,这种根本性的因素就是自主创新,华为的巨大成功,就是自主创新的巨大成功。正如管理大师彼得·德鲁克指出:"创新的成功不取决于它的新颖度、科学内涵和灵巧性,而取决于它在市场上的成功。"华为以其在市场上的巨大成功,证明了其自主创新战略的成功。

1. 技术创新

华为在欧洲等发达国家市场的成功,得益于两大架构式的颠覆性产品创新,一个叫分布式基站,一个叫 SingleRAN。SingleRAN 的设计原理,是指在一个机柜内实现 2G、3G、4G 三种无线通信制式的融合功能,理论上可以为客户节约 50% 的建设成本,也很环保。SingleRAN 解决方案采用统一平台架构和软件可定义的设计模式,提供了动态网络容量灵活调整和扩展的能力,实现了 GSM/UMTS/LTE 等不同制式网络间协同和集中调度,有效提升了网络资源效率,为用户提供了无处不在的宽带业务体验。华为的竞争对手也企图对此进行模仿创新,但至今未有实质性突破,因为这种多制式的技术融合,背后有着复杂无比的数学运算,并非简单的"积木"拼装。

正是这样一个革命性、颠覆性的产品,在过去几年里给华为带来了欧洲和全球市场的重大斩获。

2. 以客户为中心的微创新

无论在国内还是国外,运营商都在进行轰轰烈烈的宽带提速,而光进铜退是宽带提速的主要手段。但由于光与铜截然不同的物理特性,光进与铜退并不能简单替换。

统计数据显示,通常运营商超过30%的光纤由于标识混乱、无法辨识造成资源沉淀无法使用,只能重新投资铺设,造成大量资源浪费。除了资源沉淀外,运营商还面临着光纤网络业务开通和管理的难题。比如,运维部门接到订单,派出施工人员到远端进行施工,但到现场才发现光纤已经分配完了;对于局端是否需要扩容,运营商也只能采取定期巡查的模式,耗费了大量人力物力。

华为在帮助海外运营商实施FTTH(光纤到户)网络部署的过程中注意到这一问题,于是2007年立项研发,2009年发布了iODN解决方案样机,实现了对无源光网络的可视化管理。对于运营商来说,实施简单、价格可接受是华为iODN受青睐的重要原因。

四、技术创新战略模式的选择

(一)机会、目标及竞争态势识别

1. 鉴别机会

鉴别机会指在调查和掌握充分信息的基础上,对技术机会、产业机会和市场机会进行鉴别。

2. 预测

预测技术发展前景、市场规模大小、竞争者动向,估计本企业可能的活动空间。

3. 确定目标,制定规划

明确本企业的发展目标和总体规划以及对技术发展的要求。

(二)能力评价

能力评价指对本企业的技术能力及资源调动、运用的能力进行评价,并与潜在竞争者进行比较,鉴别本企业的优势与劣势。

(三)机会、目标与能力的匹配分析

技术、市场、产业机会是否能够被企业利用,技术能否达到企业总体目标的要求,取决于企业技术能力与将机会和要求变为现实的需求之间的匹配。例如,企业的技术能力能否解决关键技术问题等。企业要对这些匹配关系进行恰当的分析与判断。

(四)基本战略的选择

在对机会、目标和能力深入分析的基础上,企业对拟采取的基本技术战略做出选择。这是关键步骤,也是一项复杂而重大的决策。决策者要在错综复杂、众多、往往是相互矛盾和相互牵制的因素中进行权衡。企业要根据自身的经济实力、技术能力、在市场中的地位和创新目标等决定创新方式和创新技术变化的程度,决定是进行根本性创新还是渐进性创新,是核心技术

创新还是应用技术创新,是自主创新还是合作创新,是率先创新还是模仿创新,是开拓性创新还是技术引进再创新。

(五)主要战略部署的决策

企业在基本战略选定后,还要就实施战略的一些关键问题做出决策,主要包括:

(1)技术、市场、产业定位。技术定位即选择技术发展方向,市场定位即选择企业目标市场,产业定位即选择进入的产业。

(2)技术创新与进步的跨度选择。选择或确定技术创新的合理程度,不能因过于激进或保守而导致达不到既定目标。

(3)时机选择。选择技术开发、生产、进入市场的时机。

(4)配套的组织与制度安排。合理安排技术创新的组织架构,并设计相应的激励、保障等制度。

第十章 管理创新

第一节 企业管理创新价值

一、管理创新概述

(一)管理创新的含义

管理创新是指组织形成一创造性思想并将其转换为有用的产品、服务或作业方法的过程，即富有创造力的组织能够不断地将创造性思维转变为某种有用的结果；亦指在特定的时空条件下，通过计划、组织、指挥、协调、控制、反馈等手段，对系统所拥有的生物、非生物、资本、信息、能量等资源要素进行再优化配置，并创造出新的活动的过程。

(二)管理创新与创新的关系

创新和管理创新之间存在如下关系：创新的类型包括思维创新、产品创新、技术创新、管理创新等，创新的使用是为了人们更好地适应社会，更好地适应工作。而管理创新是创新实践的具体化形式之一，管理创新是指企业把新的管理要素（如新的管理方法、新的管理手段、新的管理模式等）或要素组合引入企业管理系统以更有效地实现组织目标的活动。

(三)管理创新的特点

1. 创造性

一般认为创造性是指个体具有产生新奇独特的、蕴含社会价值的产品的能力或特性，故也称为创造力。创造性以创造性思维为核心，创造性思维又以发散思维为核心。创造性有两种表现形式：一是发明，二是发现。创造性是将已有的管理思想、方法和理论作为基础依据，并进一步结合实际环境和特点，吸收其他思想观念，创造出新的管理思想、方法和理论。其重点在于突破原有的思维定式和框架，创造出具有新属性的、增值的东西。

2. 长期性

在现实中，创新是一步步慢慢积累起来的，在持续不断的积累中，最终才会由量变转化为质变。管理创新亦是如此，它是一项长期的、持续的、动态的工作过程。一蹴而就并不能实现管理创新，需将其融入日常生活和工作之中，只有通过不间断的坚持，才能使之成为长期性的工作，最终真正实现管理创新。

3. 风险性

风险是无形的，同样也是无处不在的。管理创新并不总能获得成功，其包含许多不可控的可变因素、不可预期的因素，甚至是不可改变的因素。这种不确定、不可控性使得创新必定存

在着许多风险,这也就是创新的代价。但是存在风险并不意味着要一味地冒险,我们要充分了解并认识到不确定性的因素,用理性的方式看待风险,不做没必要的牺牲,尽最大的可能规避风险,减小成本,提高成功率。

4. 效益性

创新的目的是提高效益和效率,改善原有的组织结构和管理方式,更好地实现公司或组织的目标。通过管理创新可以改善旧的管理制度,建立新的更有效的管理制度,从而形成一种新的管理模式,并将所有的资源进一步整合,创建出更有效的、更有益于企业效益增长的机制体系。通过管理创新可以提高企业的整体能力和竞争力,减少运营成本,提升运营效率,增加企业利润。

5. 复杂性

管理创新的特性,在创新的过程中可能会改变人们以往的观念、认知和经验,同样也会改变原有的组织目标、组织结构、组织制度等。这种改变会涉及各个方面的利益,并要求人们要尽快适应新的组织方式、管理方式并接受新的思想观念。因而从管理创新设计到管理创新实施,这一过程必定会遇到很多麻烦,整个过程也会十分复杂。

二、为什么要进行管理创新

创新是组织生命力的源泉。知识经济时代要求现代企业必须不断完善和创新管理理念。管理创新即要把创新渗透于管理的整个过程之中,不断进行观念创新、制度创新、市场创新,进而实现组织价值和管理效能的最大化。那么为什么要进行管理创新呢?

随着中国经济进入新的发展阶段,必然伴随着生产技术的不断深化、生产规模的不断扩大,企业管理也会变得更加复杂。一个好的管理不但能够推动企业的生产力,激发员工的工作能力和创新能力,还能提升企业的市场竞争力,降低企业的运行成本。近年来,不少中国企业参考和模仿西方发达国家的现代企业管理思想,推动了企业的飞速发展。然而还有部分企业面对变幻莫测的市场环境,依旧沿用过去传统的、落后的管理模式,逐渐没落在历史的洪流中。不同的行业都会存在持续发展的障碍,特别是管理层面会遇到困境,因而管理创新将会对企业的可持续发展起到决定性作用。

(一)管理创新的必要性

1. 知识经济时代需要管理创新

当前,我国正由工业经济转向知识经济。知识经济是与农业经济、工业经济相对应的一个概念,是以知识为基础、以脑力劳动为主体的经济。工业化、信息化和知识化是现代化发展的三个阶段。教育和研究开发是知识经济的主要部门,高素质的人力资源是重要的资源。因此,企业要通过管理创新提升企业人员的素质,将企业建成一个高质量人才汇聚和知识密集的综合体,从而更好地适应时代的发展。

2. 现代化企业管理需要管理创新

创新是未来现代企业管理理念的主旋律。一方面,传统的管理观念已由单纯生产型的管理转为生产经营型的管理。另一方面,传统的管理理念过多地强调组织内部环境的控制,忽视了组织与环境之间的互动,结果制约了组织的应变力和竞争力的提高。为了适应现代化企业管理的发展需求,企业要跳出之前的管理思想,要敢于创新、勇于创新,建立新的管理制度、管理体系与管理方法。

3. 全球经济一体化需要管理创新

随着科学技术的进步和生产力的发展,没有哪一个国家能够拥有发展本国经济所必需的全部资源、资金和技术,也没有哪一个国家能够生产自己所需要的一切产品,因此必须进行交流和相互合作。世界各国均参与到经济合作之中,任何一国经济领域的变动均会引起世界经济整体的变动。在这个过程中,各个企业也需要进一步调整自身的管理方式和组织结构,要通过管理创新将自身建设成为一个在组织内部进行国际化分工的企业。

【案例 10-1】 星巴克

中国有自己的本土品牌猫屎咖啡,也有之前因为资金问题闹得沸沸扬扬的瑞幸咖啡,还有很多外来咖啡品牌,比如 Costa(咖世家)等。但无论是哪一家咖啡品牌,都无法超越星巴克(Starbucks)在中国的影响力。这是为什么呢?

首先,我们先来了解一下星巴克的发展史。星巴克成立于1971年,截至2020年,星巴克在全球拥有82个市场,超过32000家门店,是世界上首屈一指的专业咖啡烘焙商和零售商。自1999年进入中国以来,星巴克已经在中国内地200多个城市开设了4800多家门店。星巴克旗下零售产品包括30多款全球顶级的咖啡豆、手工制作的浓缩咖啡和多款咖啡冷热饮料、新鲜美味的各式糕点食品以及丰富多样的咖啡机、咖啡杯等商品。

星巴克是如何做到经久不衰的呢?长期以来,星巴克一直致力于向顾客提供最优质的咖啡和服务,营造其独特的"星巴克体验"。星巴克在管理模式上致力于紧跟时代前进的步伐,不断创新。星巴克不断融入各地不同的文化,再结合当地风土民情,进行管理创新,以适应各地的风情从而吸引更多的消费者。值得令人称道的是,星巴克还营造出一种名为"第三空间"的文化(休闲购物的场所),利用优美流畅的音乐、精致舒适的欧式家具等配套设施来给消费者创造出一种"轻奢、时尚"的文化氛围,让人们可以感受到喝咖啡其实是一种生活体验。

【案例 10-2】 泡面餐厅

从2017年到2018年,一年的时间里,泡面小食堂在全国的门店从1家快速发展为5000家,不管是一线大城市还是小县城里,全国遍地开花。当初所有人都认为泡面小食堂能够一直火爆下去,甚至很多专家说:"泡面小食堂的崛起代表着中国的中产阶级,走上了一条新的饮食道路。"

很多商家在刚开始开店的时候确实门庭若市,尤其是开在一些城市白领工作单位附近,很多年轻人因为跟风和好奇的心理,都愿意去消费。可是这种繁华的景象只持续了几个月,在2018年底,已有新闻报道:广州、厦门、敦煌、成都等地已开始出现泡面餐厅倒闭现象,随后又被爆出有几百家门店宣布关闭。而顾客们对餐厅的评价也是一边倒,从"众人追捧"到"众人唾弃"。这其中的原因是什么?

首先,从市场的角度来看,起初市场条件特别好,但是缺乏统一的管理标准。除了简约小清新的 ins 风装潢,从外观到店内陈设都透着文艺范,高颜值的美食以及各种各样的日韩方便面品牌令人目不暇接。然而泡面小食堂在管理方式上与传统大多数餐饮门店一样,并没有其独特的管理模式,相比其他网红店也没有自己的特色。其次,泡面小食堂没有自己独特的核心价值,经营门槛较低,只要会煮面就能开店,更没有开发出该有的独一无二的味道,在价格上也很不亲民。

(二)管理创新的价值

在新的经济形势下,一个企业要想持续不断地发展,需要自身拥有一套科学完善的管理体系和适合时代、适合自身的完整的管理机制。在这种基础之上,企业才可以更好地提升自身的发展质量,发掘自身的发展潜力,更好地提升企业自身的竞争力。而这一切都离不开管理创新,因此企业需要了解管理创新的重要价值所在。管理创新的价值主要有以下几点。

1.有利于拓宽企业市场

市场是企业生存和发展的根本,也是企业经营活动的重要开展地。企业要有长远的眼光,要清晰地认识到不只有国内市场,还有国际大市场;同时也不能仅仅满足于已有的市场,还要用发展的眼光发掘出潜在市场,并要做到具体问题具体分析,需要根据不同的市场类型采取不同的管理方法。通过充分发展国际市场并挖掘潜在市场,不仅能提高企业、产品的国际声誉,还能化解国内产能过剩,为企业赢得更大的发展空间。

比如,雅典比雷埃夫斯港口(以下简称比港)能够在国际金融危机和希腊债务危机的不利影响下,重回世界航运枢纽之巅,位列全球第十,背后离不开中国企业的参与运营。2016年,中远海运集团收购比港港务局67%的股权,同年8月开始接手港务局经营。这是中国企业首次在海外接管整个港口。自中远海运集团参与比港经营后,对比港基础设施进行了一系列升级。中希合作经营的比雷埃夫斯港集装箱码头公司,凭借出色的管理和运营能力,让该港口的集装箱吞吐量连年攀升。

正是由于管理创新,让企业能不断完善自身的管理体系,促进生产能力提升,不断开发潜在市场并迈进国际市场的行列之中,使其能够不断吸纳新的动力和新的人才,进而形成良性循环,不断拓宽市场。

2.降低企业的交易成本

传统的管理方式会造成职位责任的重叠,员工对自身应承担的职责并不清晰,致使在工作过程中会有很多磨洋工的现象发生。这样就会导致企业在交易过程中浪费掉许多人力、物力和财力,因此在管理方面创新将会减少中间环节,优化机制。较少交易的中间环节、合理的交易机制会极大地提升交易效率,降低交易成本。

同时,互联网的出现使得消费者可以通过网络与厂家直接联系,获得感兴趣的信息,而企业也可以更快、更准确、更全面地获取消费者的相关信息,因此企业在对客户需求研究方面的优势就显现出来。企业可以将分销商的部分研究职能承担过来,电子商务的出现使得企业在促销、接洽和谈判方面的职能不断增强,同时也加快了对消费者意见的反馈速度。这样,传统渠道成员的信息功能就被极大地削弱甚至完全摒弃,这同样会导致渠道成员的数目和层级减少,有利于降低企业的交易成本。

3.提高企业的经济效益

管理创新能力是一个企业的灵魂所在,高水平的管理创新能力有助于提高企业的经济效益。

在企业的管理创新中,创新公司管理制度也是公司提高经济效益的重要手段。若企业的管理制度不规范,便不利于企业的人才发展,不利于企业保留人才,这样下去企业的人才会不断流失,员工没有能力只会守旧而不去创新,那么这个企业也将逐渐没落。市场环境一直处在不断的变化中,面对越来越多的同行业竞争,如果企业没有优秀人才,经济效益必然会越来越差。许多企业在管理创新中,秉持着因循守旧的生产管理方式,盲目自大,导致企业生产效率越来越低,经济效益越来越差。

4. 实现企业的自身变革

企业在快速发展的过程中,需要充分依赖自身科学系统的管理结构以及组织体系,这是企业不断发展的重要根基。在新形势下,企业积极进行自我完善和自我优化已经是发展必然,部分企业已完成了组织结构的更新换代,部分企业已实现了自身的调整转变。但企业内部结构的调整和完善,需要同步进行管理创新,只有这样才能够不断整合内部发展优势,提升企业的内生增长力。

企业只有依托于管理创新,才能够积极推动自身的变革和发展,不断提升自身的发展质量。特别是在新形势下,企业在管理实践中,既要创新管理机制和管理方法,同时也要提升管理人员的综合素养,只有这样才能够更好地提升管理创新的质量与成效,实现企业的自身改革。

5. 推动企业的快速发展

每一个企业都具有自己的发展周期,每个企业都需要经历从小到大的发展过程,只有注重管理创新,才能切实提升企业的经营发展成效,也才能够不断推动企业发展壮大。在市场经济快速发展、金融体制日益完善的今天,企业在发展过程中,只有依托于丰厚的发展资金以及广阔的发展机遇,才能够实现全面持续发展,不断实现自身的发展壮大。

在企业不断发展壮大的过程中,传统的管理模式凸显了非常严重的弊端,这在很大程度上制约着企业的发展成效,也难以匹配企业的发展规模以及发展方向。为此,在企业不断发展壮大的进程中,必须充分结合企业现阶段的发展特点等,科学全面地实现管理模式的创新。企业管理是企业发展的引航者以及把关者,只有推动管理创新,才能够不断整合企业的发展资源,不断推动企业的长效快速发展。

第二节　企业管理发展趋势

一、企业管理的发展历程

企业的管理活动历史悠久,人类进行有效的管理活动也有数千年的历史。然而,若想在实践中总结出一套较为完整的管理理论,还需要经历一段漫长的时间积累。回顾管理学的形成和发展历史,了解管理先驱对管理理论和实践所做的贡献,以及管理活动的演变和历史,对每个学习的人来说都是必不可少的。企业管理理论的形成和发展主要经历了以下四个阶段。

(一)18世纪末到20世纪末的传统管理阶段

企业管理学发展的传统管理阶段从18世纪末到20世纪初,经历了一百多年。在18世纪80年代的产业革命后,资本主义各国开始了工业化进程,工厂的大机器生产开始逐渐代替手工作坊生产。这一阶段出现了管理职能同体力劳动的分离,管理工作由资本家个人执行,其特点是一切凭个人经验办事。此时期的主要理论和代表人物有:

亚当·斯密(Adam Smith,1723—1790)是英国古典政治经济学的主要代表人物之一,其所著的《国民财富的性质和原因的研究》,不仅是经济学说史上的不朽巨著,而且是管理学上宝贵的思想遗产。他认为劳动是国民财富的源泉,一国财富的多寡,取决于两个因素:一是该国从事有用劳动的居民在总人口中所占的比重;二是这些人的劳动熟练程度、劳动技巧和判断力的高低。

罗伯特·欧文(Robert Owen,1771—1858)是空想社会主义者,他是19世纪初期最有成就的实业家之一,是一位杰出的管理先驱。欧文认为,人是环境的产物,只有处在适宜的物质和道德环境下,人才能培养出好的品德。为了吸引其他实业家也来关心工人工作条件和生活条件的改善,欧文正确地指出了人的因素在工业生产中的重要作用,工厂应该致力于人力资源的开放和投资,要重视工厂管理工作中人的因素。

查尔斯·巴贝奇(Charles Babbage,1791—1871)是英国的一位数学家和机械学家。他一生中始终对经济问题和管理问题有浓厚的兴趣。1832年,他出版了《论机器与制造业的经济》一书。在这本书中,巴贝奇继续了亚当·斯密关于劳动分工的研究,指出劳动分工不仅可以提高工作效率,还可以为资本家带来减少工资支出的好处。

(二)20世纪20—40年代的科学管理阶段

这一阶段出现了资本家同管理人员的分离,管理人员总结管理经验,使之系统化并加以发展,逐步形成了一套科学的管理理论。科学管理理论阶段是管理理论最初形成阶段,在这一阶段,侧重于从管理职能、组织方式等方面研究企业的效率问题,对人的心理因素考虑得很少或根本不去考虑。其间,在美国、法国、德国分别活跃着具有奠基人地位的管理大师,分别如下。

科学管理之父弗雷德里克·泰勒(Frederick. W. Taylor,1856—1915)是美国著名管理学家、经济学家,其代表作为《科学管理原理》。泰勒在该书中提出了通过对工作方法的科学研究来提高工人劳动效率的基本理论与方法。该书提出的理论奠定了科学管理的理论基础,该书的出版标志着科学管理思想的正式形成,是企业管理从经验向科学过渡的标志。

管理理论之父法约尔(H. Fayol,1841—1925)是管理过程学派的创始人,其著作为《工业管理与一般管理》。他的理论又被称作一般管理理论,其主要的贡献是把管理理论的重要性同普遍性紧密结合在一起;较为重视人的因素和由人组成的社会有机体,把社会有机体中的每个成员看作是一个细胞;为建立科学的管理理论体系打下了基础。

组织理论之父马克斯·韦伯(Max Weber,1864—1920)对西方古典管理理论的确立做出了杰出贡献,是公认的现代社会学和公共行政学最重要的创始人之一,被后世称为"组织理论之父",其代表作有《新教伦理与资本主义精神》《古犹太教》等。

(三)20世纪50年代以后的现代管理阶段

现代管理理论阶段主要指行为科学学派及管理理论丛林阶段。行为科学学派阶段主要研究个体行为、团体行为与组织行为,重视研究人的心理、行为等对高效率地实现组织目标的影响作用。这一阶段的特点是:从经济的定性概念发展为定量分析,采用数理决策方法,并在各项管理中广泛采用电子计算机进行控制。现代管理理论阶段行为科学的主要成果如下。

梅奥(Mayol,1880—1949)是行为科学的创始人,他的代表作为《工业文明中人的问题》。梅奥学派注重人的因素,研究人的个体行为和群体行为,强调满足职工的社会需求,创立了早期的行为科学——人际关系学说,而这些结论的重要依据来自著名的霍桑实验。

道格拉斯·麦格雷戈(Douglas McGregor,1906—1964)是美国著名的行为科学家。其著作《企业的人性方面》提出了著名的"X理论-Y理论"。X理论认为一般人的本性是懒惰的,工作越少越好,可能的话会逃避工作。Y理论认为人们在工作上体力和脑力的投入就跟在娱乐和休闲上的投入一样,工作是很自然的事,大部分人并不抗拒工作。麦格雷戈认为,有关人的性质和人的行为的假设对于决定管理人员的工作方式来讲是极为重要的。各种管理人员以他们对人的性质的假设为依据,采用不同的方式来组织、控制和激励人们。

库尔特·卢因(Kurt Lewin,1890—1947)是德裔美国心理学家场论的创始人,社会心理学的先驱,传播学研究中"守门人理论"的创立者,以研究人类动机和团体动力学而著名。他的主要著作有《人格的动力理论》《拓扑心理学原理》《对心理学理论的贡献》《解决社会冲突》《社会科学中的场论》等。

(四)现代管理理论阶段

20世纪40年代以后的现代管理阶段的特点是:从经济的定性概念发展为定量分析,采用数理决策方法,并在各项管理中广泛采用电子计算机进行控制。这个时期主要理论和代表人物有:

赫伯特·西蒙(Herbert A.Simon)是经济组织决策管理大师、第十届诺贝尔经济学奖获奖者。1978年瑞典皇家科学院贺辞说,其科学成就远超过他所教的任何一门学科——政治学、管理学、心理学和信息科学。他的主要著作有《管理行为》《经济学和行为科学中的决策理论》《管理决策的新科学》《人工科学》《人类问题解决》《思维模型》等。

弗雷德·卢桑斯(Fred Luthans)是权变学派的主要代表人物。他的著作《管理导论:一种权变学说》系统地介绍了权变管理理论,提出了用权变理论可以统一各种管理理论的观点。

彼得·德鲁克(Peter Drucker)是现代管理学之父。其代表作有《德鲁克论管理》《21世纪的管理挑战》《九十年代的管理》等。

二、企业管理的现状

目前不同地区间的经济发展水平存在较大的差距,不同企业的管理水平也存在很大的差距,存在最先进的管理方式与最原始的管理方式共存的现象。即使一部分小型企业在不断的摸索中建立了一些属于自己的管理方式,然而由于管理的内容不全面、管理方式不完善,实际工作中成本管理、资金管理随意性很大,质量管理标准不高,管理层多凭经验指挥,许多问题靠"一把手"拍板,这些企业基本上仍处于经验管理阶段;部分优秀企业在计划、组织、领导、控制等各方面都有成套科学、规范的制度和程序,企业像一部高效运转的机器,信息传递、各项工作实现了程序化,人才、资金、物资、时间等资源的利用实现了科学化,这些企业已进入了科学管理阶段;而一些跨国公司和极少数优秀企业在建立健全规章制度的同时,更注重企业文化,提倡文化管理,这些企业已进入了现代管理阶段。在研究中发现我国企业目前的管理现状主要如下:

(一)管理方式仍不规范

许多中国企业的管理体制不健全,也没有一套规范系统的管理制度,大多数企业均是被动面对市场变化带来的挑战。随着新问题的出现,经营者制定新的措施时没有进行深入的研究,或者随着其他企业新管理制度的采用而加以仿效,却很少顾及新制度与原有制度之间的逻辑关系及新制度是否适应本企业的实际情况等。其结果或是管理制度之间的系统性不强,或是由于淮桔北枳,只是东施效颦而已。这一点,在许多中国企业推行ISO900标准时便暴露得非常明显。

（二）企业缺乏长远的战略目标

许多中国企业忽略了企业家持续经营的最终目标，一味追求短期效益或者仅仅是利润最大化、规模的增长；也有的企业虽然制定了战略目标，但由于战略目标不切实际，很容易变成一纸空文，或者造成企业为实现这个战略目标而陷入多元化经营的陷阱。已经有一些企业经营者开始反思企业的战略目标，力争克服头脑发热或目光短浅的问题，逐步延长中国企业的平均生命周期，不单纯追求规模，而是在市场竞争中塑造强者的形象。不仅仅是做大，还要图强；我们需要的是长期发展，不是短期效益。

（三）企业以我为主的思维方式

一些中国企业已经开始以市场的变化、顾客的需求作为企业经营策略的指南针，但大多数企业仍按照自己的想法进行新产品的开发和市场的开拓。这种企业导向的直接结果是以我为主的思维方式，而这种思维方式不一定能够保证生产出的产品满足顾客的需要，而不能满足顾客需要的产品也无法转化为企业创造的价值。按照彼得·德鲁克的观点，企业的存在就是为了创造顾客需求，那些不断跟踪顾客需求变化的企业已经在市场竞争中尝到了甜头，畅销的产品不仅为企业直接创造了价值，还建立了最宝贵的顾客品牌忠诚度。

（四）企业的文化建设仍有欠缺

中国许多优秀企业非常关注企业文化的建设，也投入了相当大的人力、物力和财力，但在企业文化建设过程中却存在着一些误区。例如，重视企业文化的物质层建设，忽略了企业核心价值观（核心竞争力）的作用；重视策划人员的创意，忽视企业的实际情况，致使企业文化只是花瓶，无法获得员工的认同；企业文化千篇一律，缺乏个性，重视文字的工整，忽略企业特性的表达；等等。

（五）缺乏行之有效的激励机制

大多数企业已经初步建立起一套内部激励机制，但激励效果并不理想。很多企业在确定薪酬水平和结构之前，没有进行科学的论证和分析，没有确定岗位的真正价值，从而导致在评价员工对企业的贡献时，没有科学公平的依据，很多不公平的现象也由此产生。

三、企业管理的发展趋势

人类的发展是一个不断进步的过程，我们身处与时俱进的时代，企业管理也要不断改进，追随时代的变化。伴随着新的知识经济时代的到来，企业管理有了很多新的发展趋势。

（一）管理更加科学化

企业运行效率的提升、整体竞争力的提升以及发展离不开科学的管理方式。科学的管理方式能够明确确立企业的经营目标和运行机制，并能够充分合理地运用企业的人、财、物，使之取得更好的效益。那么，如何才能使得企业管理更加科学化呢？

1. 企业所有权与经营权分离

在对国有企业进行改革时，我们提出了产权清晰、权责明确、政企分开、管理科学的方向，这便是科学化管理的过程。为什么要进行分权管理呢？最主要的原因便是企业的所有权拥有者不一定具备良好的企业管理能力。因此，分权管理才能使企业的利益更加长远。那么如何进行分权管理呢？在进行分权管理的时候，要明确两权分离的基本原则：当投资人既是股东又是经营管理者时，必须从本质上把他们按这两种角色加以严格区别，以实现所有权与经营权的分离。股东参加企业的工作,不论是管理者还是被管理者都应该等同于企业的一般员工,没有任何特权。要按照个人能力来安排职位或者岗位,承担应该承担的责任,履行应该履行的义务,获得应该获得的报酬。

2.加大先进技术的参与成分

伴随着科学技术的不断进步,使用计算机来实现部分自动化的管理和服务,要比传统的人力管理方式更加快速有效。同时,充分利用科技也能更加准确地对管理方式进行调整,对企业整体的管理水平都会有一个质的提升。在互联网技术发达的社会,充分利用现代化技术,例如云计算、人工智能和大数据等进行日常管理工作和服务,能够有效提升企业的管理水平和管理效率。这样可以推动企业的发展,为企业进一步升值和进步创造良好的条件。

(二)管理制度更健全

企业管理是企业发展的基础条件。企业管理制度化和管理科学化密切相关,要应对复杂多变的竞争环境,就必须不断完善企业的管理制度。"十四五"时期,在新的战略规划下,企业更要根据五年战略规划进行相应的调整,进一步完善企业的管理制度以更好适应时代的发展。

1.更注重企业战略规划

企业的五年规划属于宏观性、全局性、综合性、引领性的中长期规划,既是年度规划和专项规划的依据,又是实现长远目标和长期规划的基础和阶梯,具有十分重要的地位和作用。在"十四五"规划下,企业更要制定新的企业发展的战略规划,在应对不断变化的市场时,要快速及时调整自身的策略,及时做出应对策略。特别是要厘清与竞争对手之间的优劣势关系,研究科技创新发展变化及产业格局情况,审慎研究确定发展战略及目标,制定科学的短期、中期、长期发展规划,有效防范经营风险,促进自身可持续发展。

2.建立严密的管理体系

企业的管理需要严格遵循国家的法律法规,在合理、合法的范围内调整本公司的战略目标和组织结构,建立严密的国有企业运营管理体系。在公司的组织结构方面,国有企业要不断简化过于臃肿的部门结构,同时对拥有关键性技术的部门加强控制与管理,实行放管结合的管理模式,从整体上提高国有企业的运营效率。在国有企业内部和外部关系协调方面,国有企业应加强人力资源管理,由内而外实施改革,对外部树立一个凝聚力极高的国有企业形象,有利于吸引外资,扩大国有企业的发展规模。

(三)管理更加民主化

"人本管理"是与"以物为中心"的管理相对应的概念,它要求理解人、尊重人、充分发挥人的主动性和积极性。

1.以人为本

"以人为本"是中国传统文化的精髓,也是现代企业管理的核心。大多数企业或者部门的管理者都知道要"以人为本",知道人在企业中的重要性,但是却并没有真正落到实处。"以人为本"并不是简单的口号,其包含了三方面的思想:首先要确立人在管理中的主要地位;其次要尊重他人;最后要重视人才。有人说"世界上最好的办公室绝对非谷歌的办公室莫属"。谷歌办公室的快乐场景和有趣设计早已闻名全球,这种设计体验蔓延至全球每个公司。通过抽象的主题,将多元文化包容,给员工提供一个以人为本的高效办公环境,这正是谷歌公司"以人为本"的一种具体体现。

2. 合理组织

很多老板都想把企业做大,但人多就一定力量大吗?古代两军对垒,看起来千军万马,实际上对阵厮杀的只是最前面的一两排士兵,所以古人带兵最重军阵,要求"令行禁止",用旗语指挥军队去打仗。不然,各自为战的话,人再多也不过是一盘散沙。企业管理也是一样的道理,如果中间层级太多、工作流程太烦琐,这样的"人治"组织必然会不断增加企业的成本、耗损企业的竞争力。因此,合理的组织尤为重要,不仅能使得企业事半功倍,还能提升企业员工的凝聚力。

3. 全员参与

美国通用电气公司原总裁杰克·韦尔奇曾经在公司全面开展了一项名为群策群力的活动,就是发动全体员工动脑筋、想办法、提建议,以此来改进工作效率。这种群策群力讨论会不仅带来了显著的经济效益,而且能让职工广泛参与管理,从而大大提高了职工的工作热情。在管理的过程中,团队力量远比单个领导者的力量强大得多,当领导者做出决策后,全员参与其中,从上到下统一思想,才能最大程度地发挥团队力量。

(四)更注重知识管理

知识会伴随着企业的竞争、科技的进步和时代的发展越来越重要。未来企业之间的竞争将会是人才、科技、知识的竞争,其中个人的知识储备、企业的人才储备会变得很重要,然而目前国内的人才资源并不是十分乐观,因此知识管理就显得更加重要。

1. 重视人才培养

重视人才培养,要正确认识人才培养的方式,无论是培养高素质的员工还是培训低素质的员工,都是提高人力资本投资回报率的过程。注重培训,还要规划和设计一套与企业实际情况和发展战略相适应的培训体系,无论是培训科目的设计、培训计划的拟订和实施,还是培训效果的考核和评估,都要注重企业目标的实现。

2. 注重终身学习

终身学习是指社会每个成员为适应社会发展和实现个体发展的需要,贯穿于人的一生的、持续的学习过程,即我们所常说的"活到老学到老"或者"学无止境"。学习型组织,是未来企业竞争环境中最具有竞争优势的因素,原因不仅在于通过学习掌握了先进的科学技术,更重要是在于保持一种学习的能力,而只有具备了这种终身学习的能力才可能适应不断变化的外部竞争环境,才可能使企业和员工永远保持不败。

3. 塑造企业文化

企业文化的建设,在于提高企业的凝聚力。通过企业文化的塑造,使员工的价值观与企业的核心价值观趋同,从而保证了企业战略的实施具有充分的执行基础。企业文化的培养,应该重实质而不拘泥于形式,应该获得企业上下的认同,应该表现企业日常活动的行为模式并充分反映企业的经营理念。

(五)更注重创新管理

管理创新是提高企业竞争力的主要途径,同样也是企业创新的重要内容。

1. 培养创新管理的理念

管理观念是企业从事经营管理活动的指导思想,体现为企业的思维方式,是企业进行管理创新的灵魂,企业要想在复杂多变的市场竞争中生存和发展,就必须在管理观念上不断创新。

而要更新观念,管理者必须打破现有的心智模式的束缚,有针对性地进行系统思维、逆向思维、开放式和发散式思维的训练,并通过综合现有的知识、管理技术等,改进和突破原有的管理理论和方法。管理者只有勇于创新,敢于追求新事物,乐于解决新问题,才能使管理活动成为一种乐趣,其产生的社会效益和经济效益是难以用价值衡量的。而这一局面的创造,其最根本的在于管理者和管理组织的观念创新。

2. 建立有效的激励机制

实践表明,无论什么样的企业想发展都离不开人的创造力和积极性。激励的目的是提高员工的积极性。影响工作积极性的主要因素有工作性质、领导行为、个人发展、人际关系、薪酬福利和工作环境等。这些因素对于不同文化的企业所产生的影响也不同。在制定激励制度时要体现科学性,企业必须系统地收集、分析与激励有关的信息,全面了解员工的需求,不断根据情况变化制定出相应的政策。

第三节 管理创新策略

一、古典管理理论与现代管理理论的区别

要想制定好符合现代社会管理创新的策略,首先要了解古典管理理论和现代管理理论的区别。

首先,古典管理理论只关注经济人,在人性方面没有做出更深一步的研究,而现代管理理论中,人是主要的研究课题之一,因而相比古典管理理论,现代管理理论更加完善和丰富。其次,古典管理理论只是将管理的对象看成一个客观的存在现象,仅仅停留在物体的表面,没有将其提升到系统层面来看待。相比之下,现代管理理论的基础就是将所研究的对象看成是一个系统。再次,古典管理理论的着眼点落在了研究对象的内部,即各生产部门的内部,而现代管理理论是把企业赖以生存的市场作为研究对象,把消费者作为研究重点。最后,古典管理理论很少考虑企业的发展环境,但是现代管理理论却认为环境和企业密不可分。

二、新形势下的企业管理创新策略

(一)企业管理观念创新策略

企业的思想基础及各种行为活动的先导便是企业的管理观念。因此,企业管理观念的创新是企业管理创新的基础要求。那么企业的管理观念如何创新?首先,企业管理者需要有清晰的认知,能清楚地认识到目前企业所处的形势,准确掌握企业观念创新的时机。企业管理观念的创新是连续不断的、与时俱进的,应由企业的管理者主动进行,并需要不断强化整个企业内部各层级员工管理观念创新的意识,为之后的创新活动奠定坚实的基础。

企业管理观念的创新策略是如何形成的呢?首先,管理者需要持续不断地关注各种最新的企业管理观念,并依据企业自身的特点,引入符合自身企业发展需要的管理观念。其次,企业需要通过类似培训的方式将新的思想观念灌输给企业的各层管理员工,以此来更新企业的管理观念。再次,在制定企业的管理方案、目标时,需要形成一套科学的、统一的、创新的、完整的企业管理观念体系。最后,由于直接参与企业各种实际管理活动的人员为企业的中下层管理者,因此企业的高层管理人员需要学会倾听中下层管理者的意见,并采用各种激励措施来鼓

励他们集思广益,不断整合规划,对企业的管理观念进行创新。

当企业的管理观念创新策略制定完成之后,在实施时又需要注意哪些方面呢?首先,企业要善于吸收各种新兴的企业管理观念,不要太过于依靠过去成功的经验,因为目前国内外经济环境瞬息万变,竞争已处于白热化,过去成功的经验放在现在很有可能是行不通的。另外,还要注意不要急于求成,因为观念的改变并不是一朝一夕就能完成的。从企业寻求新的管理观念,到企业自上而下完成管理观念的创新,需要一定的时间和方法,像过去的创新激情和冒险精神在当今已不再适用。

(二)企业管理制度创新策略

企业管理制度创新是一个企业进行管理创新活动的基础活动,它为企业提供了管理制度保障、企业管理方向和方法。企业管理制度创新主要体现在两个方面:人才培养制度创新和企业分配制度创新。

为什么要在人才培养制度上进行创新呢?人是一个企业的核心因素,传统的人才奖励模式已不再适应员工不断进步的要求,因此需要在人才引进、人才培养、人才保留等方面进行创新。在人才引进方面,由于企业的部门众多而需要广泛吸收人才,在吸收人才时不能仅仅局限于某个专业的人才,而是要求吸收的人才具有高水平的综合素养和全面的知识框架。在人才培养方面,企业应有计划、有目的地培养员工,可以适当与高校或研究所合作,培育企业所需要的人才,做好人才储备。在人才保留方面,企业应大胆尝试"老板+职业经理人"的高层管理者方式,对于企业的普通员工,应适当给予激励,培养员工主人翁意识。

企业的分配制度是企业员工通过个人对企业的贡献所得报酬的衡量标准。一个好的分配制度能够提升员工的工作积极性并提高企业的核心竞争力,因此企业的分配制度十分重要,分配制度的创新主要体现在企业根据员工的贡献付酬,使两者更加合理、科学。因此,企业分配制度创新的策略主要是"刚柔并济",通过定量和定性的方法对每个员工的贡献进行衡量,然后确定报酬,充分发挥每个员工的作用和潜能。

(三)企业战略创新策略

企业战略是战略在企业这一特定领域的具体应用。企业战略是指企业为了实现长期的生存和发展,在综合分析企业内部条件和外部环境的基础上做出的一系列带有全局性和长远性的谋划,以达到提高企业核心竞争力的目的。企业战略应该是具有稀缺性、价值性,在短期内不能被完全替代和模仿的资源。它包括企业的技术战略、营销战略和服务战略等各个方面,对企业拥有的人、财、物等资源进行优化配置,提高企业的经济效益。

企业战略创新,可通过技术创新、营销创新和服务创新等方法手段来实现。在技术创新方面,可综合其他企业的技术创新并对其做出进一步的研究和改进来进行科技创新。另外,除了传统的以企业为主导的技术创新外,还可以切实地考虑客户的感受,根据客户的需求进行创新。在营销创新方面,可以改变传统意义上的一个推销员推销一种产品的营销方式,通过团队的力量及时应对瞬息万变的市场,制定出最为合适的营销策略,扩大营销范围。在服务方面,可以通过改革服务的方式和手段来进行创新。通过提高企业的信息化水平,采用先进的、专业化的软件和系统,从而丰富企业服务的手段和方式。

(四)企业组织结构创新策略

企业组织结构是企业采用的按不同任务或职位来划分和调配劳动力的方法,即企业在职、责、权方面的动态结构体系,其本质是为实现企业战略目标而采取的一种分工协作体系。它决定了企业对市场信息和国家政策的反应敏锐度和速度。组织结构通过管理行为实现共同目标,因而科学的组织结构对战略的有效实施起着关键作用。

从历史上来看,企业的组织结构创新主要经过了三个阶段:从简单结构向U型结构和H型结构的转变;从U型结构和H型结构向M型结构的转变;从M型结构向网络型结构的转变。企业组织结构创新是企业创新活动顺利进行的保证,它的主要创新策略就是从组织的正式框架、分配系统和沟通系统三个方面进行创新。在创新前,首先要明确不同组织类型,比如直线型、矩阵型以及网络型等的特征以及适应的环境条件,然后通过科学的指标来分析现存组织结构存在的问题,从企业短期、中期和长期的发展目标规划来创新企业的组织结构。

(五) 企业文化创新策略

企业文化是一个企业在长期经营的过程中形成的带有企业自身特点的价值观念、企业精神、发展目标及道德规范的综合。企业文化代表了一个企业的核心价值观念,同时也是企业员工的价值观念。一个优秀的企业文化能将企业中的人、财、物等各种资源有机结合,可以将整个企业的员工拧成一股绳,在一个行业、一个领域、一个地方一起使劲,为企业创造出巨大的经济价值,发挥企业最大的效益。

同时企业文化具有与时俱进的特点,所以企业文化也要不断进行创新。在实施企业文化创新策略的过程中,首先,企业领导者要加强自身修养,将企业文化创新与人才开发战略相结合,为企业注入新鲜血液,建立学习型组织,在不断的学习中与时俱进,不断更新企业文化。其次,在企业文化创新过程中,可以采取潜移默化、慢慢渗透的策略,将新的文化不断注入企业中,并逐渐形成企业的特色。需要注意的是,企业文化创新应该是根据企业特色来创新的,照搬其他企业文化创新可能并不符合本企业的发展目标。最后,企业在进行文化创新时要注意吸收企业内部各种小团体的文化,提升整个企业的凝聚力。

【案例10-3】 **宜家家居(IKEA)**

宜家家居(IKEA)于1943年创建于瑞典,"为大多数人创造更加美好的日常生活"是宜家公司自创立以来一直努力的方向。截至2020年8月31日,宜家当年的全球445家门店及电商总销售额达到396亿欧元。宜家在中国的采购量已占到全球总量的25%,在采购国中排名第一。为什么宜家这么受欢迎呢?接下来将带领大家从管理策略上分析宜家"火"的原因,主要有以下几点:

1. 企业文化理念强烈

为了给员工强调与顾客结盟的理念,1976年,坎普拉德写下了《一个家具商的信仰》,由此成为宜家圣经。宜家在保持自己企业文化的同时,不断加大向全球发展的步伐。

2. 成本化的管理策略

宜家主要致力于家具设计,家具大多设计为板式组装。在全球进行采购,宜家委托当地工厂加工,能够提供无人化、专业化的物流及售后服务。这样的管理方式,极大地减少了制造和经营成本。此外,宜家在内部装饰上采用仓储式的方式,显得有条不紊又不奢侈。加上全球性的规模化供应,尽可能降低成本,形成了价格优势。

3. 标准化的管理策略

宜家的家私一贯采用标准化的组合方式,标准化产品便于大规模工业化生产。宜家的服务、经营模式、对外形象等也是标准化的。走进宜家商城,每个地方都分成两层,顾客必须顺着箭头指引的方向,先逛楼上一层的家私,把所有的东西都看一遍,然后再到楼下把所有的家居用品看一遍,最后再到仓库区,把购买的标准化家私装上推车。标准化的经营模式既可以创造品牌价值,又能进一步缩减经营成本和提升经济效益。

4. 信息化的管理策略

宜家采用自助式服务管理,产品都有电脑编号,小件东西顺手拿放在推车上,大件家私可以通过把电脑编号抄下来,再到仓库区提取。所有商品都通过 ERP 系统管理,大大减少了人力,提高了效率,方便了客户。这样先进的信息化管理便于结算,便于统计库存,便于及时调配,也较少出差错。广泛推广会员服务,注册会员时填报信息,建立数据库,便于统计客户的消费趋向和进行市场分析,对客户进行定向推广和跟踪服务。

5. 人性化的管理策略

宜家产品的设计和服务讲究人性化。家居用品本身就是非常人性化的东西,不仅体现在大件的家私上,连很小的东西,例如家装内衣内裤的挂袋、各类食品的塑料小盒、各种各样的台灯和落地灯、各种装饰干花等,处处体现了人性化设计。在服务方面,配备了自助餐厅、休息室,使客户一走进商城,就可以消费一个上午甚至一整天时间而不感到无聊和疲倦。另外,购货之后两周内无条件退货的政策,使客户放心,完全照顾了客户的利益。

【案例 10-4】 小米

小米科技有限责任公司成立于 2010 年 3 月 3 日,"为发烧而生"是小米的产品概念,"让每个人都能享受科技的乐趣"是小米公司的愿景。小米公司自创办以来,保持了令世界惊讶的增长速度。按市场份额,自 2018 年以来,连续高居世界第四。

为什么小米能这么成功呢?小米的成功离不开其完善的管理策略。2019 年 10 月 21 日,小米集团创始人、董事长及首席执行官雷军分享了小米的管理经验,并荣获"复旦企业管理杰出贡献奖"。小米的管理模式的特点主要体现在以下三个方面:

1. 去管理

去管理并非不管理,去管理是简化管理的意思。"去"是去除掉重复不必要的过度的管理。雷军表示在创业首年,他们 80% 的时间都是在面试,将大量的时间花费在招聘和面试上,甚至为了争取到一个核心的技术人员,团队能与之进行数十次的谈话,只为招到自己想要的人,即"不需要管理"的人。于此同时,也大大降低了小米集团的人员流失率。

什么样的人不需要管理呢?一是要有能力,众所周知一个人的能力十分重要。二是要有自主能动性,能够实现自我管理、自我驱动,与公司有共同的理想。三是要有高度的责任感,这一点能够确保在没有外部激励下员工依旧能将每一个动作执行到位。

2. 去 KPI

为用户提高价值是企业业务的本质,但是重复执行简单机械的关键绩效指标(KPI)制度,将会掉入过度管理的陷阱之中。真正的 KPI 应该和企业的使命和价值观紧密相连。小米的核心 KPI 就是超越用户预期,和用户成为朋友,当所有人的工作都围绕这一点开展时,原有的很多流程、层级、审批都消失了,使得小米具备了非常高效、扁平化的管理。

为了"和客户成为朋友",赢得消费者毫无保留的信任,小米甚至做了一个可怕的决定:今生今世小米经营的硬件综合净利润率永远不超过5%。由此,做"感动人心、价格厚道的好产品"不是一句空话,而是有法律约束的信念。小米依靠用户口口相传,为进入全球各个市场奠定了雄厚的品牌基础。

3. 去title

小米公司创业初期,在很长一段时间内是没有级别概念之分的,即使小米公司拥有一两万员工,但是只有十三、四个副总裁以上的管理者。在实行去title型管理方式的初期,小米取得了十分了不起的成绩,因为去title会营造一个相对平等的环境,在这个氛围之下,每个员工都具备十分强的主动性。当然这是在以前,雷军也提出随着公司的上市他们在思考如何使公司变得更平稳、更可控、更安全、更具备创新和增长性,小米有必要进行全面的管理提升。

从形式上来看,雷军提出的"去管理、去KPI、去title"与传统的"抓管理、重考核"的理念相违背,甚至和一些创业者的管理认知大相径庭。但是从根本上来看,这两者的管理理念并不矛盾。没有哪一套完美的管理理论能适应所有的企业,也没有哪一套完美的管理模式能一直使用下去。管理是一种手段,只有确定好企业的战略目标并结合企业的实际情况,不断借鉴他人的成功经验,并在此基础上不断创新发展,才能够创造出一套属于自己的管理模式,给整个公司创造出最大的价值。

第十一章 营销创新

第一节 营销创新发展

营销创新是企业在竞争中生存和发展的必要手段,更是推动经济高质量发展的重要保障。无论是消费者从需求到行为的巨大改变,还是品牌价值塑造目标的创新升级,抑或是去中心化媒体环境下受众注意力稀缺的现实挑战,都显示出现有的市场环境已经发生巨大变革。作为提高企业市场竞争力最根本、最有效的途径,营销创新逐渐成为企业在市场角逐中克敌制胜的重要法宝。

营销创新是根据营销环境的实际变化情况,企业依靠自身的经营实力,不断整合资源,组织创造新颖的产品和营销程序,寻求营销要素在某一方面或某一系列突破和变革的过程。值得注意的是,营销创新并不苛求在产品方面具有颠覆性的改变,只要在符合现行法律、法规和通行惯例的前提条件下,显露出具有市场新颖性与满足顾客潜在需求的价值,那么这种营销创新就是成功的。

一、营销创新的背景

(一)经济背景

随着经济的繁荣发展,尤其是经济全球化的进程不断加深,各国企业逐渐与国际环境接轨,企业通过"营销竞争"向消费者传达自身的价值理念,体现企业的独特品质。在此过程中,企业的营销理念随着外部环境的变化不断更新换代,也涌现出一大批营销创新成果。尤其是部分企业在与国际知名大企业的竞争角逐中,面对对手强大的经营实力和高超的营销手段而不知所措,依旧使用传统的营销手段在艰难地挣扎,从而处于竞争劣势。

(二)技术背景

近年来移动互联网与社交网络的兴起几乎完全改变了消费者接收、处理信息的方式,企业营销也面临着新变化与新趋势,其管理也面临着新挑战。以2020年新冠疫情爆发为例,人工智能、5G、自动驾驶、虚拟现实等人体机能增强技术大规模成熟应用,疫情虽然阻隔了以往许多重视线下渠道建设的企业所熟悉且擅长的消费者触达手段,但是直接助推了直播电商、直播营销的爆发。较为典型的就是,购车、购房等消费决策周期相对较长的领域也加入了直播营销大军。

毫无疑问,企业在新的技术渠道上开发出一种好的模式,如在移动终端设备上开发出某种应用或其他更好的沟通方式,往往能实现令人满意的营销效果,技术变革同样也是营销创新的重要来源之一。

(三)消费者需求偏好的变化

由马斯洛的需求层次理论可知,当经济和技术发展到能够满足消费者的基本生存需要与安全需要后,消费者在选择产品时的依据不再是基本的功能性效用。面对多样化的"悬崖",他们通过消费选择来表达自己的价值观念,因而愿意选择那些他们认为与自己价值观念、审美观相近的消费品。

现有的消费市场分崩离析,消费者呈现多样态,消费者群体越来越细碎,消费行为快速变化,给企业认知和触达消费者带来困难。企业的营销创新也逐渐从消费者的浅层次分析,转向消费者的行为特征、真实状态、精神内核。在全方位、多层次地洞察消费者变化的过程中,营销创新也逐步深化,如图11-1所示。

图 11-1 消费者标签体系变化

二、营销创新的主体

(一)营销管理者

营销管理者是指在企业中负责对市场营销活动进行计划、组织、实施与控制的人。营销环节的进一步细分,催生出诸如营销行政经理、营销调研经理、新产品经理、广告促销经理、推销经理等一系列营销管理岗位。一方面,营销模式的创新和营销理论的发展息息相关。另一方面,具体的营销实践活动也成了创新的重要来源。因此,营销管理者在日常工作中,不仅接触到营销理论的发展前沿,还在对外部环境、市场变革、产品竞争、消费者需求变化等营销情况的分析与研究中,获得营销创新的灵感,进而成为营销创新的主体。

(二)企业家

作为营销创新主体的企业家具有两方面的特征:一方面,根据熊彼特的创新理论,企业家自身所具备的企业家精神与企业家才能是创新的重要来源,从事"创造性破坏"的企业家往往对市场环境与消费者需求变化有着深刻的洞察与把握,成了营销创新的提出者。正是由于企业家关注到了某种关于营销创新的稀缺性知识或信息,才会基于创意对资源进行创造性配置,进而通过系统化的组织实施将其转化为利润,真正实现营销创新的价值。另一方面,企业家作为企业的高层管理者,对企业资源享有最大支配权和最终决策权,他们对营销创新的具体实施有着最重大的影响和推动作用,营销创新目标的具体提出、营销创新活动的规划和引导、营销创新成果的实施等过程始终离不开企业家的参与。

(三)企业

企业是天生的"营销者"的特性决定其成为营销创新行为的主体。企业创新涉及研发、生产、销售等多个环节和领域,营销创新只是企业创新的一部分。由于现阶段中小企业受到同质化竞争加剧、成本居高不下、资金短缺的限制,很难做出颠覆式的技术创新、产品创新,因此越来越多的企业转向到营销模式的创新,催生出一大批营销创新成果,迎来了营销模式致胜的经营时代。

除了以上的营销创新行为主体,还有一些人或集团也参与了营销创新活动并可能起到较为重要的影响和作用,尽管他们并不在主体的范畴:企业中的其他职能人员在工作过程中可能会产生某些初始的或不连续的创新想法,他们为营销创新主体创意的形成起到了帮助作用,而他们的工作配合也为营销创新创意的实施起到了辅助作用;营销理论家提出的科学的创新见解和理论对主体的创新行为起到了指导作用;企业外部的市场营销咨询、策划机构为营销创新活动的创意提出和创新的初步实施起到了促进作用;顾客作为营销的对象不断"拉动"着营销创新并为营销创新的创意评估与筛选提供了检验条件。

三、营销创新的分类

(一)渐进性创新与根本性创新

根据营销创新过程中营销活动变化强度的不同,营销创新可分为渐进性创新与根本性创新。渐进性创新或称改进型创新,是对现有营销活动进行改进所引起的渐进的、连续的创新。根本性创新或称重大创新,是指重大突破的营销创新,它常常伴随着一系列渐进性的产品创新与过程创新,并在一段时间内引起产业结构的变化。

(二)理念层创新、技术层创新与应用层创新

根据创新对象的不同,营销创新可分为理念层创新、技术层创新与应用层创新。理念层创新是在营销观念和思想方面的创新,属于这个层面的创新思想可以包括全球营销、一对一营销、绿色营销、知识营销、关系营销等。技术层创新主要指的是主动应用帮助营销运作的相关新技术,比如网络营销、数据库营销等。另外,文化营销和精准营销方式等也可以归入这一层面中。应用层又可称为实践应用层,应用层创新是指如何创新开展营销工作的方法,比如事件营销、零库存营销、无缺陷营销、营销策略创新等。

(三)自主创新、合作创新与模仿创新

根据创新来源的不同,营销创新可分为自主创新、合作创新与模仿创新。自主创新是指企业以自身的研究开发为基础,实现营销能力的提升以及营销模式的创新。合作创新是指以两个或两个以上合作伙伴的共同利益为基础,以资源共享或优势互补为前提,合作各方在营销创新的全过程或某些环节共同投入,以获得最大的市场营销效果的创新。模仿创新是指企业通过学习模仿率先创新者的营销创新思路和方法,吸取其成功营销经验和失败的营销教训,并在此基础上改进和完善,进一步研发更适合企业本身的营销模式,以达到追求最大市场营销效果目的的创新。

四、营销创新的未来发展趋势

随着技术的发展,深入了解异质个体消费者、更准确地预测消费者需求以及怎样满足个体消费者需求势必成为营销创新在微观层面的发展趋势。营销创新也将继续致力于建立企业与个人之间的稳定联系,达成更深的消费者介入程度——使得消费者基于其内在需要、价值观和兴趣而感知到与产品或服务之间的深度关联。为了达成这一目标,企业需要建立与消费者价值观相同的形象,使用恰当的沟通路径达成目标。

总而言之,营销创新的本质是信息传递效率与效能的创新。企业要善于在必经的各类周期性变化中,洞悉一些细微的趋势,指引我们在未来充满不确定性的商业范式里,找到实现创

新、保持长效竞争力的确定性因素。一方面,营销的创新不仅仅是技术上的,更重要的是"市场价值"的创造,这种市场价值,乃是经过市场而来,真正的考验在于满足消费者的能力,以及消费者是否会用实际的购买行动展现其支持的决心。另一方面,如何通过有效的媒介将产品的信息传递给潜在的消费者,从而提高市场占有率。

【案例 11-1】　　　　　　　　　2020 年营销创新七大趋势

趋势一:情境体验强化——将消费者置于具体情境中,借新技术提供与环境相匹配的体验

生活中用车,加油是刚需,是高频、高客单价的场景之一,是智能场景消费的重要阵地。加油在经历了油票、现金、银行卡、油卡、移动支付等支付方式之后,支付方式不断迭代和进化。前五种支付方式有的需要下车支付,有的需要输入密码,有的需要排队开票,或多或少存在一些消费痛点。斑马智行"智慧加油"通过场景判断、油机互联等技术,让汽车屏变身油站收银台。斑马车辆进入合作加油站后,会自动弹出服务页面,车主在车机上点选订单信息,加油金额实时同步至车机,通过支付宝免密代扣一键支付,快速离场,让车主体验不下车的"刷车加油"新模式。

趋势二:媒介边界拓展——媒介融合得到深度拓展,AIoT 软硬件生态强化购买便利

技术的迅速普及,让企业的数字营销环境变得无比复杂,日益碎片化的消费者信息触点,让广告环境变得越来越不可控。如何实现跨媒介的全渠道触达、线上线下全域互动、在消费者心理关联和购买便利性上得到充分满足,成为日益迫切的挑战。必胜客携手小米,以"多人聚餐"的订餐场景作为切入点,依托小米"AI+OTT+IoT"的技术能力打造大屏智能语音点餐服务,通过万物智联开启家庭订餐、分享欢乐的新玩法。应用 AI 技术优化订餐服务;不用解锁手机,不用手指触屏,只要对电视大屏说"我要吃必胜客"就能完成订餐与送餐服务,语音交互的订餐方式成功吸引消费者。

趋势三:AI 成为新基建——盲目技术崇拜消退,AI 等新技术应用不再是噱头

随着技术日趋成熟,AI 在营销领域逐渐"隐退",日益从单纯作为吸引消费者的卖点转换身份,成为营销实践中的重要生产要素。在精华产品市场,由于精华产品的单价较高,把"价格敏感性用户"逼向免税店和海淘等渠道。而其余对价格不敏感的用户,又会选择专柜进行购买,这样直接导致丝芙兰在精华护肤领域份额降低。由于价格原因以及精华产品的试用效果不明显,也使丝芙兰的最大特点"试用"变得不那么有力。营销人员抓住复合使用精华产品的趋势,提出"分早晚""分部位""分季节"三分复合使用精华产品的全新概念,结合智能 AI 检测技术,通过摄像头对用户的肤质进行检测,并结合问答数据分析,得出用户定制化的肌肤报告。利用行业"美力大师"的专业指导,给出对应精华产品推荐理由,给予更有力的专业背书。最后鼓励用户口碑分享与裂变,邀请更多好友了解自身护肤状况,联通丝芙兰线上商城,完成销售购买闭环。

趋势四:营销科学普惠——用科学方法洞察消费者,建立强大利益相关

为了能融入更多年轻消费者,欧莱雅的消费者与市场洞察部门希望通过天猫新品创新中心(TMIC)平台,基于消费者共创,提炼精准的营销方案,与消费者一起打造一款具有爆品潜力且针对年轻消费者的抗衰老面霜产品,既切合用户需要,又与竞品形成差异化。欧莱雅的成功之处在于借助数据、技术,科学、精细地管理消费者注意力,从需求与欲望出发,可追踪、可量化、可优化地建立品牌与消费者的强大利益相关,用深刻、鲜活的消费者洞察,激发品牌创造力,激活消费者购买欲。

趋势五：营销信息重构——短视频解构剧情，成为剧集、综艺传播新标配

基于短视频天然的高卷入特性，综艺、剧集宣发团队可以从目标受众的兴趣出发，利用符合移动设备展示形态的短视频，解构作品，提炼最跌宕起伏的剧情、最动人心弦的人物关系，多元化地进行呈现，有助于激发目标受众的兴趣，引导大规模的二次传播。《陈情令》选择和项目受众相匹配、大众化、传播速度快且日活超3.2亿的抖音作为新型传播媒介，以小视频的形式从大众角度分解剧情亮点，紧密贴合大众追剧的强烈情绪，建立官方阵地作为独家物料出口，以多维度互动方式，来解锁"国风新玩法"。通过抖音发布"剧集解说"剪辑228个短视频，根据受众心理挑选剧中情绪感较强的剧情点放大，如蓝忘机魏无羡同奏、温宁与魏无羡告别等剧情深受观众喜爱，自主进行点赞与转发，使得该剧在播出期间，抖音App一度被《陈情令》刷屏。

趋势六：话语权力更迭——UGC内容二次加工，官方玩梗更易建立深度心理关联

随着当今社交媒体UGC(用户生成内容)概念的提出，让以"我"为中心的信息传播成为主流趋势。消费者可以依据自身情感需要、兴趣需求与他人交互沟通。所有的讯息在社交网络中形成了一条个人—群体—个人的社会性传播通路。让社交媒体中消费者的每一次点击、每一次转发都能成为数据分析的依据，成为一种用户需求方向的体现。世界图书日当天，亚马逊发起"方便图书馆"主题活动，官方玩梗，推出"Kindle泡面礼盒"，限量500套。限量版礼盒之外，推出泡面套装长期售卖，承接话题长尾流量。社媒同步搭配预热话题——"吃什么面配什么书"，并推出定制手绘款泡面套装，引爆社会舆论话题，蝉联微博、豆瓣等平台TOP排行榜前列。虎嗅、好奇心日报、爱范儿、SocialBeta、案例营销精选等多家媒体主动跟进报道，累计曝光量超过3亿。话题商品有效承接销售，品类销量排名第一，泡面礼盒套装开售2分钟爆卖100套。

趋势七：媒介即讯息2.0——新内容互动激活古旧IP，重构消费者记忆结构

要充分理解互联网媒介的所有特性，尤其需要重视其前所未有的交互体验。这种强交互性有利于我们建立、刷新或加强顾客对品牌的记忆结构，基于社会心理学中的"可得性启发"，使品牌在未来的某种购买场景中更容易被这些顾客注意到或联想到，从而让顾客在未来产生购买倾向。全民K歌和Next Idea腾讯创新大赛，携手中国九大"中央地方共建国家级博物馆"，共同发起以"给我一个古的IDEA"为主题的文物创意解说与朗诵大赛，邀你用声音探索中华文化瑰宝的独特魅力，为中国文物配解说词，让"古的"智慧焕发出"GOOD IDEA"。最终，"给我一个古的IDEA"传播总量达2.5亿次，互动量达134万条，其中，"火箭少女101打call"视频累计播放量达1300万次；微博单话题阅读量达2亿人次，微博指数环比增长峰值达4666%；高权重媒体新华网等发布报道及转载达50多篇；H5解说词页面累计PV量达到761万次。

第二节 数字化营销

随着数字经济时代的到来，人们花在互联网的时间越来越多，逐步挤占了观看、收听和阅读传统的电视、广播、报纸等媒体的时间，导致传统媒体逐渐式微。一方面，消费者对电视广告的依赖度越来越低，购买平台也逐渐从门店转向线上，能否抢占线上宣传先机也就成为企业营销的首要问题。另一方面，互联网与大数据的发展也为企业提供了全方位洞察消费者的可能，手机以及各种社交媒体、电商平台记录了消费者的大量数据，这些数据真实地体现着消费者的行为和态度。由此，数字化营销逐步占据了营销的主战场，凭借其快捷、便利、不受时空限制的非凡魅力，成为企业、商家开拓销售市场的新手段。

数字化营销是指企业利用数字化的媒体、工具和目标人群进行互动,向其推广品牌或产品信息,从而激发目标人群的购买兴趣,并将购买兴趣转化为企业销售的过程。大数据算法等技术使企业对用户的精准定位得以实现,品牌方能更好地洞察消费者的实时需求,进而达成营销传播的精准到达与营销效果的准确评估。其中目标人群是数字化营销的原点,越了解目标人群,越能够传递精准的信息,提高营销效率。

一、数字化营销概述

1960年杰尔姆·麦卡锡在《基础营销学》中提出了著名的4P营销理论,即价格(price)、渠道(place)、产品(product)、促销(promotion)。该理论指出,在以企业和产品为中心的工业化大生产阶段,用户处于被教育和被动传播的地位,其获知产品信息的主要途径是传统媒体。随着传播技术的更新迭代,以及伴随的产能过剩与消费意识觉醒,以企业和产品为中心的营销理论愈发体现出应用上的局限性。不注重消费者的个性化需求及营销环境的变化,而只关心产品在传统媒体上的营销推广,致使许多企业的产品和品牌被消费者遗忘。

1990年罗伯特·劳特朋在《4P退休 4C登场》中提出了4C理论,分别是消费者(consumer)、成本(cost)、沟通(communication)、便捷(convenience)。相较于4P理论,4C理论更聚焦于消费者的需求,强调以消费者为中心来确定营销传播的重心和构建营销传播的路径,主张营销的互动性、可获得性与可接受性。这与移动互联网、智能手机的迅速普及和全球贸易互联互通的时代背景紧密相关。

在以用户为中心、体验为王的时代,互联网广告、移动手机广告、社交媒体广告、短视频广告、影视娱乐植入广告等新兴数字媒体广告逐渐取代了传统营销手段的主导地位,互联网技术成为重新定义产品营销与传播的核心推动力。如何利用数字媒体,聚焦用户需求和用户体验,重塑产品品牌,用数字营销的手段为产品价值传播注入新的动力,成为每一个企业亟须解决的重大问题。数字化营销也成了企业实施营销创新和变革的主要方向之一。

在数字化营销理论的发展过程中,埃里克·格林伯格、亚历山大·凯茨在《数字营销战略》中提出的数字化营销模型受到学界的普遍关注,他们认为消费者接收品牌和产品信息时,存在极大的信息弥散现象,导致营销效果并不理想,想要更好地聚焦信息互动的传播,需在传统的营销模式上添加一个"数字化透镜"。其数字化营销模型如图11-2所示。

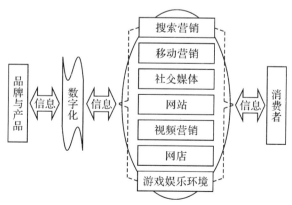

图11-2 数字化营销战略框架图

科特勒咨询集团出版的《数字时代的营销战略》在 4P 理论和 4C 理论的基础上进一步提出了 4R 理论,即消费者数字画像与识别(recognize)、数字化覆盖与到达(reach)、建立持续关系的基础(relationship)、实现交易与回报(return)。如甲骨文(Oracle)、领英(LinkedIn)、腾讯、新浪等企业也是基于 4R 理论,利用大数据技术与人工智能等分析技术对客户进行精准画像和精准送达,并根据用户的独特属性定制个性化的传播内容,再利用在线支付技术迅速转化成销售业绩,从而构建客户分析、客户画像、精准投放、销售转化、客户管理于一体的全新数字媒体营销解决方案。其主要模式如图 11-3 所示。

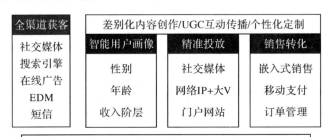

图 11-3 基于大数据和人工智能的数字化营销模型

二、数字化营销的主要形式

(一)电子邮件营销

电子邮件营销是利用电子邮件向目标客户传递营销信息的一种营销手段。成功的电子邮件营销包含 5 个要素:明确电邮营销的目标,使用合适的沟通策略,明确目标客户,设计有吸引力的电子邮件,根据营销效果不断改进。电子邮件营销凭借其成本低、操作简单、精准度强、应用范围广等优势,成了早期数字化营销的主要形式之一。

(二)网站营销

网站营销是以互联网技术为基础,通过在网站上为目标客户提供所需要的品牌或产品信息来实现营销目标的营销模式。好的营销网站应该符合 7C 要素组合,即情境(context)、内容(content)、社区(community)、定制化(customization)、传播(communication)、连接(connection)、商务(commerce)。消费者会根据营销网站所提供的信息对自身决策进行调整,以求获得最大的效用。因此,网站营销也就成为数字化营销的重要阵地。

(三)搜索引擎营销

搜索引擎营销是数字化营销的普遍形式之一,其他数字化营销形式更多是通过消费者被动接收营销信息,而搜索引擎营销更强调消费者主动搜寻品牌或产品信息,从而保证了营销的精准度。搜索引擎营销主要包括两种模式:一是点击付费广告。搜索引擎会根据消费者提供的关键词,判断消费者的购买兴趣或潜在需求,此时搜索结果旁边就会出现相应的付费广告,实现相应的营销目标。二是搜索引擎优化。根据搜索引擎和排名机制的变化来优化网页,提高搜索排名,增加网页访问量。

(四)社会化媒体营销

社会化媒体营销是指通过社交媒体来传播和发布产品资讯或服务信息,利用社交媒体网络上的粉丝关注效用和社群效应,大大增加企业的产品与服务信息在社交网络上的曝光量。常见的社会化媒体营销渠道包括微博、微信、论坛、博客、SNS社交网站、自媒体平台等,其中以微信公众号营销和微博营销最具有代表性,微信偏向于强关系,微博则更偏向于弱关系。

(五)移动营销

据统计,截至2018年4月底,我国市场上监测到的移动应用为414万款,第三方应用商店分发累计数量超过1.25万亿次。截至2019年6月,我国手机网民规模达8.47亿,网民使用手机上网的比例达99.1%。随着智能手机和平板电脑等移动设备的普及,营销者可以将满足消费者个性化需求的营销信息定向准确地输送到移动终端设备上,通过与消费者的信息互动达到市场营销的目标。移动营销的具体过程可以通过4I模型来概括:分众识别(individual identification)能够解决消费者是谁、在哪里等问题,即时信息(instant message)强调移动营销传递信息的即时性,互动沟通(interactive communication)突出移动营销"一对一"的互动特性,我的个性化(I)聚焦消费者需求的个性化色彩。

(六)大数据营销

大数据营销基于多平台的海量数据,利用大数据技术卓越的分析与预测能力,能将互联网广告精准有效地投放给目标客户。其核心在于让互联网广告通过合适的载体,以合适的方式,在合适的时间,投放给合适的目标群体。大数据营销的特点主要包括:一是数据多平台采集,数据来源多元化使对网民行为的刻画更加全面准确;二是时效性强,在网民需求点最高的时刻投放广告;三是精准度强,以受众为导向强调个性化营销。

(七)新型分享型App营销

新型分享型App营销是在用户原创内容和互联网技术的基础上发展而来,将营销信息添加在用户原创内容中,通过互联网平台进行展示或提供给目标客户的一种新型营销模式。区别于以往的营销模式,新型分享型App营销代表了Web3.0的发展方向,营销主体通过这类App上的"网红"将产品推介给粉丝群体,引来爆炸式的关注与追随,形成"病毒"式传播效果,从而极大地提高了营销效果。随着普通用户对数据及原创内容价值的逐渐认识,以智能推荐、机器学习和区块链技术为底层技术基础的新型分享型App营销也成为数字化营销的新热点之一。

三、数字化营销的特点

数字化营销主要体现出以下四个特点:一是移动化。随着移动通信技术与互联网技术的迅猛发展,智能移动终端设备与相应的应用程序得到了广泛应用。营销者可借此快速洞悉消费者的行为特征,进行客户群体细分并定向投放广告等营销活动。二是互动化。通信技术打破了时间和空间方面的限制,大大降低了消费者与营销者之间的沟通交流成本,一改以往消费者被动接收营销信息的局面。互联网增强企业与消费者之间的互动性,让消费者能够更多参与到生产、设计、产品选择、运输方式选择等过程中来。双方信息不对称程度的逐渐减弱,驱使最终成单的机会有了大幅提高。三是精准化。数字化营销所依凭的大数据技术能够掌握消费者的偏好变化与潜在需求,可以更加准确地为消费者制订精准化的营销方案,达到"量体裁衣"的目标。四是智能化。先进的技术使得消费者个性化、碎片化的需求得到了最大满足,智能化技术设备也让体验、场景、感知、美学等消费者主观认知有了内容载体。

可以看出,数字化营销既面临着经济全球化和信息一体化所带来的巨大挑战,又收获了数字经济和互联网技术快速发展对其的强劲赋能,两者的角逐使其逐渐成为符合未来发展趋势的营销手段。在传统营销的基础上,数字化营销的先进性体现如下:

一是营销渠道数字化。传统营销主要通过广告、电视、邮件、线下活动展开,不仅面临着高昂的成本费用,而且由于用户的关注度逐渐发生从线下到线上的转移,营销成效不够理想。而数字化营销的推送手段要高明许多,它将消费者的线上行为进行记录并建立数据库,每个消费者都有了个性化的标签,因此广告推送也更加精准。

二是营销模式互动化。传统营销的实施主要以企业为主,忽视了消费者的参与度与体验感。而在数字化营销模式下,企业与消费者共同成为营销的主体,企业通过收集消费者数据和意见,对产品或服务的设计进行完善更新,从而拉近了两者之间的距离。面对碎片化、场景化、多元化的营销环境,营销模式互动化是最能勾起消费者关注、最大限度吸引消费者的营销手段之一。

三是营销效果可量化。传统营销由于缺乏完备的数据统计工具,只能通过销售量来单一评判营销活动的效果,并且很难根据现有效果指导后续营销活动的改进。而数字化营销可以观测到用户的浏览时间、浏览次数、滑屏次数、转换等行为,因此可以直接评价每次营销活动的投资回报率,供决策者及时调整营销组合。

四、数字化营销实施策略

(一)树立数字化营销思维

观念的转变是开展数字化营销行动的重要前提,只有企业上下对开展数字化营销的必要性与紧迫感达成有效共识,并且思维也从以往的传统的营销模式向数字化转变,才能保证转型见效。在开展数字化营销时,企业应该具备以下三种思维:

首先是系统思维。数字化营销并非单纯利用互联网技术来生产和传播营销信息,或者将营销渠道从线下转移到线上,它包括数字化营销理念、数字化营销平台、数字化营销行动等理念层面和行为层面的全方位构建。在搭建完整的数字化营销系统时,切忌将单一的活动方式与沟通方式数字化转变看作整个系统的全部内容。

其次是整体思维。数字化营销是企业自我推介的重要手段,也是高质量发展的必由之路,需要企业各部门的密切配合。值得注意的是,数字化营销并不只是营销部门的事情,还需要其他如研发、设计、生产等部门的协同配合。如果其他部门的运营管理与营销数字化的方向相背离,就无法起到事半功倍的效果。比如为了迎合消费者个性化的需求,一些企业开展了产品在线个性化定制业务,此时就需要设计部、生产部等相关部门的协同配合,方能完成这场数字化营销行动。

最后是全链路数据驱动思维。随着5G与新零售时代的到来,品牌将与消费者产生更为密切的连接和更多直接沟通的机会,基于多终端的不同场景、时点、行为习惯、内容偏好等开展匹配用户行为的营销已成为现实。基于企业人员行业经验与能力的传统营销在用户数据收集和分析上具有天然不足,为了提高营销运营的质量,企业必须树立全链路数据驱动思维,构建庞大的数据标签与大数据营销体系,通过数据收集、数据分析、数据决策和数据反馈开展全链路数据化管理,以数据为基础,整合全链路业务,真正覆盖从精细化行业到精细化用户的个性化触达。

(二)科学构建数字化营销系统

数字化营销系统的构建包括原则、核心、形态、方式四个方面的内容。

以消费者为中心是数字化营销系统的构建原则。不难看出,企业的营销竞争导致产品和渠道的趋同现象日益明显,如何突出"人"的核心地位成为企业赢得竞争首先要解决的问题。从传统营销时代消费者被动接收营销信息,到现代营销时代消费者逐渐成为营销主体,主动生成原创内容。如何更好地在营销活动中关注消费者偏好变化,满足消费者个性化需求,成为企业走向高质量发展的一大难题。以往企业更多的是在产品设计和渠道布局上做工作、下功夫,经过精心规划后,完成与消费者沟通、获取消费交易的目的。但是营销的社会化大趋势要求企业必须走出原有轨道,去思考消费者在哪里、消费者如何消费产品与服务、消费者如何认知品牌、消费者的社交轨迹如何影响品牌成长等一系列问题,这对企业的数字化追踪能力和分析能力造成了极大的挑战。企业必须清晰地认识到紧靠习惯性开展营销活动是行不通、走不远的,只有根据消费者行为和发展趋势展开研判,将逻辑起点落在以人为核心的数字化营销系统的构建原则上才不会误入歧途。

品牌价值观是数字化营销系统构建的核心。良好的企业价值观不仅可以展现出企业背后的观念、道德意识、理想等无形资产,而且可以对营销活动的成功开展提供深远有力的支撑。比如2021年鸿星尔克、贵人鸟等企业对郑州水患的大力捐赠,在人道互助的基础上,既宣扬了企业的爱国情怀,又不啻是对企业产品的一次重磅宣传,引起了消费者的购买狂潮。而瑞幸咖啡的数字化营销系统虽然支撑了企业的爆炸式成长,但由于企业价值观偏离了企业运营最朴素的理念坚守,从而受到了市场的重罚。所以,企业必须仔细审视自己的价值观是否积极向上,并以此来构建数字化营销系统,赢得消费者对品牌的共鸣和忠诚。

数字化营销技术平台是数字化营销系统构建的形态。技术平台的搭建也是将原则与核心落在实处的关键步骤,同样也是企业实现营销资源横向与纵向的多维整合和数据打通,将公域流量逐渐转化为私域流量,从而建立起全链路的数字化核心资产的主要抓手。值得注意的是,此处的数字化营销技术平台涵盖了从销售到传播、从消费者到企业的全方位内容,而不是单一营销模式的智能辅助。

激进式和渐进式是数字化营销系统构建的两种方式。激进式强调自上而下的企业行为逻辑,企业可以通过自主研发或委托第三方机构搭建数字化营销平台。这种方式可以提高平台的构建速度,但是对企业资源和风险承担能力要求较高。渐进式强调自下而上的企业行为逻辑,企业可以借用第三方服务平台搭建各类营销模块,通过营销实践倒逼营销系统变革,在探索中逐渐搭建起匹配自身特征的数字化营销系统。这种方式虽然花费的时间较长,但对组织的震动较弱。

【案例11-2】 **2020年数字化营销十大案例**

案例一:优衣库、迅销——LifeWear服适人生的"掌上优衣库,一键随心购"

优衣库通过社交媒体融合电商——掌上优衣库,一键随心购,打造不断进化的新零售购物体验。创意视频融入LifeWear品牌及商品价值,启发人们健康且充满活力的生活方式:以生动有趣的内容形式和高参与度的互动机制,将产品融入创意,在生活场景中自然展现商品价值,引发消费者互动。充分利用粉丝效应,明星、达人分享带动全民种草,每天发布最新时尚潮流穿搭内容,开启时尚活力生活:结合当下全民种草爆款的习惯,以"优衣库爆款日记"为话题,邀请时尚穿搭达人种草,启发创意穿搭及活力时尚的生活方式。与此同时,用官方自媒体强化品牌与粉丝沟通和生活互动,从 PGC(专业生产内容)到 UGC:生活达人素材二次利用,发起各品类爆款产品的穿搭秀以及不同风格爆款的投票,迅速吸引广大粉丝积极参与,打造声量的同时,拉近粉丝与品牌的距离。

案例二:各主要车企、汽车之家——打造"818 全球超级车展",探索"后疫情时代"消费新常态

为响应政府号召,汽车之家举办了"818 全球超级车展",刺激汽车消费,促进行业复苏,并以官方补贴的形式为用户派送 30 亿红包福利,挖掘农村和低线城市下沉市场潜力。为了提升用户的逛展体验,主办方依托 4 亿海量汽车用户以及全球领先的"AI+大数据+云计算"智能生态系统,采用 3D 虚拟展馆技术,打造聚合式体验、个性化推荐、多视角引导、多场景互动,全面颠覆用户的视听体验。网上车展观展人数 1.98 亿。"818 晚会"为汽车行业开创了新的营销入口,通过宣发破圈,娱乐升级,大小屏联动,线上线下互动,为汽车电商模式提供了多样化思路,车晚播放量突破 2.6 亿,当天收视率创下了六网第一。"818 全球超级车展"不仅提振了行业,实现了品效合一,在变局中开新局,同时成功打造了汽车产业新 IP,创造了汽车产业发展新契机。

案例三:腾讯公益、华扬联众——"伴"奏计划

华扬联众将音乐陪伴项目数字化,打造互动 H5"伴"奏计划,邀请独立音乐人为项目打造 5 首温暖动听的歌曲,通感更多音乐听众,影响更多人加入音乐陪伴项目。在 H5 互动中引入 2019 年夏天最火的乐队概念,5 个乐队主唱声音共计 31 种音乐组合,能让每个互动用户体验到音乐制作的乐趣,并深刻理解自己的捐赠行为对孩子们健康快乐成长有多大影响。

投放平台主要集中在能引发社交分享的微信朋友圈及音乐听众平台 QQ 音乐进行精准投放,用"音乐共鸣社交圈+公益共情音乐听众"的媒介组合打出了漂亮的投放效果。项目获得"我是创意人"大赛特别奖,为项目争取更多投放预算,让更多人知道数字伴奏计划及公益捐款,捐款额月环比增长 108%。

案例四:长安马自达、新意互动——长安马自达 CX-30 上市公关整合营销

新冠疫情下,新车集中上市,为此,长安马自达 CX-30 上市面临营销高压。上市前在社媒征集产品 IP 形象引发关注,打造专属于 CX-30 的超级符号,用小红椒昵称与用户互动,在上市前迅速拉近与用户距离。为持续引爆用户关注,新意互动打造了车企直播勒芒赛"长马 12 时",通过携手车圈多位媒体大佬、核心用户、企业高层、技术团队多维度产品直播讲解、体验,最后实现与消费者高频互动,建立产品好感。借助抖音大 V 在"520"当天打造最大盲盒甜蜜告白为背景,这波秀恩爱在社会化渠道引起关注,被称为"最暖心车企"。上市发布"3+1 全域营销思维",联动势能,引爆全网。最终整个新车上市传播实现广告价值 2.31 亿,覆盖人次达到 3.65 亿,获得业界高度认可。

案例五:必胜客、杰尔鹏泰——必胜客宅急送《牛排专家,享受到家 & 牛排自由》

必胜客宅急送认定"牛排专家"的新形象,回归产品本身,抓住高品质牛排的关键要素,以《牛排专家,享受到家》的广告片,给了真正的"五星牛排"一个清晰的定义。

明星代言的广告片高举高打,完成了消费者对必胜客宅急送五星牛排产品的迅速认知和认可。为走近年轻人的现实生活,品牌在社交媒体上展开了一波有态度的宣言式传播,传达品牌价值观,同时借助几个不同领域的 KOL(关键意见领袖)共创多种风格的消费场景。在社会化传播的第二阶段,针对牛排消费场景的多样化,必胜客宅急送又联合了 5 位不同领域的达人在各自的生活场景下去解读牛排自由的内涵：亲子生活旅游达人"爱旅行的奶爸 KIM"享受亲子时光，歌手演员"高娅媛 SEVEN"讲述相亲奇遇，时尚生活博主"Kimmy 大姐姐"宣扬时尚态度，东方卫视主持人"SMG 李灏哲"追寻随性生活，知名时尚博主"陈小怪是小怪兽"分享生活的美好。5 个趣味生动的短片，演绎出各种牛排自由的可能，使得"牛排自由"的概念更加丰满和立体，实现消费者知晓度和牛排销量的双双提升。

案例六：百事、氪氪——2020 百事盖念店传播战役

在百事盖念店 4.0 的时代，品牌就如何面对 Gen-Z 一代，在坚持传递潮流文化的品牌理念下，挖掘更符合当下年轻人的品位。①融合地域特色，打造文化爆品。"百事文房四宝""百事京韵火锅""百事对弈象棋""百事甲骨文地毯""百事乾坤折扇"……一系列融合赛博科技视觉风的文化单品引爆年轻潮流圈。②深入兴趣圈层，跨界潮流赋能。以跨界赋能品牌破圈力，将文化热爱精神渗透到各个领域。联手大疆教育，一同呈现其 Robo Master 机甲大师等系列赛事，为科技注入文化温度。联合 Kappa、自然堂、Feng Chen Wang Arts Project，推出一系列跨界潮品，继续为消费者展现共创新生的魅力。③重拾文化初心，保护传统文化。百事携手环保潮流品牌——抱朴再生（BOTTLOOP），将废弃饮料瓶安全再生为潮流单品，鼓励年轻人践行可持续生活方式，守护自然循环。携手中国妇女发展基金会"妈妈制造"项目，继续保护非遗文化，焕发非遗生命力，激发新生代热爱。④网媒体曝光，构建文化圈层。杨洋、周冬雨加盟百事盖念店，演绎穿越赛博朋克潮流大片，引爆全网流量。王嘉尔 social 平台助力，为百事盖念店爆款商品打 call。赵露思、明日之子学员等纷纷接力，联动全网流量，构建传播生态。层层对接引爆，最终实现了 2020 百事盖念店传播战役的胜利。

案例七：吉利汽车、美通互动——吉利 ICON 新车上市整合营销

因计划变动，吉利 ICON 改为线上发布。为实现新车上市信息全面辐射（微博 9700 万汽车兴趣用户）、车型卖点信息多维告知（吉利品牌/车型 222 万兴趣用户）、车型 ICON 理念全面传递（微博全网 5 亿＋月度活跃用户）三大目标，与美通互动达成合作。

通过数据洞察发现，当用户提及"ICON"关键词时，明星偶像占比较多，也发现网友们的"ICON"认知变化较大。因此选择剖析明星 ICON、时代 ICON、行业 ICON 三大维度，讲述各自认知的 ICON 精神，让网友软性、自然接受吉利 ICON 露出的同时将车型与"ICON"理念深度捆绑。最终通过"短视频定制＋定制话题策划＋上市明星直播"三大维度，依托微博平台影响力触达目标受众，提升新车上市声量。

案例八：茗标、珍岛集团——以数字驱动营销，为茗标专注茶叶审评营销力赋能

由于茶企行业数据占比较小，故茶叶审评行业获客较难。传统的审评多以同行介绍为主，是单纯的线下交易模式。茗标以数字驱动营销，基于更多触点的客户数据采集及数据打通，将颠覆传统行业模式。茶叶审评行业企业期望在茶企审评前，基于客户数据进行个性化营销、推荐、产品意向预测、个性化服务、提升客户快速过审体验等。

珍岛集团帮助茗标（清友堂）企业提供全方位推广服务，利用网站营造企业形象，打造线上标杆；利用做推广功能达到全网霸屏效果，进一步累计数据流量，洞悉客户搜索习惯；基于企业形象和推广流量，利用促转化功能提高企业行业口碑，进一步提升业务的转化率；基于客户产品功能推荐及营销等，最终在收益评级、官网关键词、推广关键词、流量统计、企业口碑等多个维度都有显著效果。

案例九：菲仕兰食品、妈妈网——美素佳儿"美妈创造营"全域口碑跨界营销

美素佳儿将目光瞄准了妈妈网平台，利用积分等级制任务分级管理＋互动任务化任务积分制＋积分兑换制礼品分阶制，打造美素佳儿粉丝聚拢孵化器，构建长期品牌/产品教育主阵地，助力美素佳儿有效截留、聚合粉丝。同时建立粉丝进阶生态：①构建真正属于美素佳儿的粉丝社群，通过社群运营将消费群体转化为品牌"团粉"。②品牌"团粉"经过高频互动，认知深化成为品牌"忠粉"。③充分发挥单体超级用户最大价值，将品牌产品卖点经过场景化、生活化、理解化之后转换成为真正具有共情力的优质口碑，并扩散至其他用户的每个媒体触点当中，实现全域跨界突破。此外，还开启了新粉—新会员—新客全链路管理模式，通过分级、升级管理模式、任务和积分福利等激励制度养成品牌忠诚粉丝，并且挖掘粉丝价值，最终构建从新粉到新会员到新客，再从老客带新客的良性循环生态。

实现效果：品牌吸纳忠诚粉丝 8.3 万＋；新增新会员 5.7 万＋；品牌传播次数 37 万次＋，其中站外达 21 万次＋；优质口碑广泛扩散站内外全域平台，通过社交链的传播影响更多用户的选品决策。

案例十：长虹草莓台——4008 小姐姐账号售前—售中—售后全流程快手企业号

2020 年 6 月底，长虹草莓台在快手开启账号，经过 5 个月的运营，已达快手全网覆盖售前、售中、售后全周期服务生活家电垂类账号目标，在每周两更的较低更新频率下，单个视频平均播放量超过 2 万，单条平均点赞数大于 600，并创新企业快手账号新的运营模式。首次快益点家电清洗服务带货超 1000 件，直播在线人数近 7 万人；与四川东原物业实现"好物常新"跨界直播，做家电与物业换新知识分享；客服服务剧情短视频《当客服遇到需要讲英文》播放量近 50 万，获 8000＋点赞量。

第三节 体验营销

新冠疫情期间，仍然有非常多的企业实现了高速增长。这些企业有一个共同特点：以体验为主要认知模式。从农业社会开始，体验以及基于体验的口碑，就是认知的主要模式。而到了工业社会，体验出现了边缘化的式微危险。得益于自媒体的快速发展，爱彼迎、瑞幸等商业经济体通过体验认知获得巨大成功，体验营销也逐渐成为营销创新的起手式。

体验营销是指企业通过采用让目标顾客观摩、聆听、尝试、试用等方法，使其亲身体验企业提供的产品或服务，让顾客实际感知产品或服务的品质或性能，从而促使顾客认知、喜好并购买的一种营销方式。这种方式以满足消费者体验需求为目标，以服务产品为平台，以有形产品为载体，拉近企业和消费者之间的距离。虽然体验式营销逐步成为企业获得竞争优势的新武器，但并不适合于所有行业和所有产品，产品只有具备不可察知性，其品质必须通过使用才能断定的特性，才可以运用这种方式。

一、体验营销概述

（一）体验营销的兴起

美国学者阿尔文·托夫勒在 20 世纪 70 年代首先提出了体验经济的概念，并大胆预言体验经济将逐渐作为继农业经济、工业经济和服务经济之后的一种经济形态，是最新的发展浪潮。

随着经济的繁荣发展和消费环境的巨变,消费的层次与结构也悄然变化,集中表现为三个方面:一是消费者情感需求增加,消费的个性化与多元化特征日益显现;二是消费者行为呈现出主动参与性与互动性的特征,体验所带来的感觉、感情、认知和关系价值能够给消费者带来更大的效用满足;三是消费者愈加注重生活风格的追求和精神上的归属,对消费者而言消费带来的感觉、内心和思想的触动更为重要。与此同时,科技的发展带来了越来越多的可能性,使得体验消费越来越受到人们的喜欢。

(二)体验营销的发展

早在1959年,社会学家欧文·戈夫曼在《日常生活中自我的呈现》一书中提出将戏剧的原理应用到工作和社会场景中,这可以看作是将体验运用到实践的初探。1970年,阿尔文·托夫勒在其著作《未来的冲击》一书中曾预言:"服务经济的下一步是走向体验经济,人们会创造越来越多的跟体验有关的经济活动,商家将靠提供体验服务取胜。"

1996年初,B.约瑟夫·派恩二世发表了文章《在英国航空公司航班上的顾客服务》,第一次提出体验是独特经济提供物的概念。1999年,派恩和吉尔摩在《体验经济》中将经济价值演进分为四个阶段:体验、服务、货物和商品。他们也给体验经济下了定义:"在生产行为上以提升服务为首,以商品为道具,消费行为上追求感性与情景的诉求,创造出值得消费者回忆的活动,并重视与商品互动的经济。"

1999年,哥伦比亚大学教授伯德·施密特在他的著作《体验式营销》中第一个给体验式营销下了定义:"那是一种为体验所驱动的营销模式,很快将取代传统的营销和经营方法。"马克·戈贝指出:"传统的特色与功效营销将被体验式营销所取代。"斯科特·麦克凯恩在其著作《商业秀:体验经济时代企业经营的感情原则》中也明确提出了一个观点:企业要成功,就要与顾客建立感情上的某种联系,创造一种令客户认为难以抗拒的感情体验。

施密特的《体验式营销》首次系统地从战略角度区分了体验营销与传统营销,指出体验营销适应的领域,认为体验战术工具由交流、信誉、产品、品牌、环境、网络和人组成。同时,阿西姆·安萨利教授提出了战略体验模块,将体验分为感觉体验、情感体验、创造性认知体验、身体体验和全部生活方式以及社会特性体验五个分支。

2004年施密特的《顾客体验管理——实施体验经济的工具》进一步为战略性和创造性地管理顾客体验提供了有力的工具。该书阐述了直接管理顾客体验的五个步骤:获得客户内心深处的想法,发展体验战略的平台,创造独特生动的品牌体验,与客户进行良性互动,不断创新以提高客户的满意度。

如今,体验消费和体验式营销的基本理论渐已成熟,虽然不完全统一,但是其营销意义深深吸引着广大企业,体验式营销也悄悄被应用于市场竞争中。

二、体验营销体系

(一)战略体验模块

施密特在《体验式营销》一书中揭示了体验在审美、直觉等方面的特征,基于大脑模块提出了战略体验模块,对体验媒介和体验矩阵进行了研究,建立了体验营销学说体系。

战略体验模块是指不同类型的体验,主要包括感觉、感受、思维、行动、关联五个方面。由此也产生了五种体验营销方式:一是感觉营销,主要通过视觉、听觉、味觉、嗅觉和触觉建立感官体验,为消费者创造美的享受或兴奋的心情,适用于激发顾客和增加产品的价值。二是感受营销,主要为了触动顾客的内心情感,诉求顾客的感情与情绪,创造情感体验。三是思维营销,其诉求是智力,是通过惊奇、计谋和诱惑等创意方式引起顾客的兴趣,对问题进行思考和产生统一或各异的想法,使消费者获得体验。四是行动营销,指企业为了增加消费者的体验,丰富其生活,而在营销活动中对身体的有形体验、生活型态与相互作用进行影响。五是关联营销,主要指涉及有感官、情感、思考与行动营销,不仅包含个体的私人感情、感受及被认知的事物、行为,更主要的是在超越私有感受基础上实现个人与理想自我、他人和文化相关联,与品牌所反映的社会背景和文化背景相关联,进而实现消费者对品牌的偏好。

(二)体验媒介与体验矩阵

施密特在对战略体验模块进行研究时认为这些模块的执行需要提供者来完成,并将这些创造体验的提供者称为体验媒介,主要包括交流、视觉与口头识别、产品外观、联合品牌宣传、空间环境、电子媒介与网站、人员。

施密特认为实施体验营销过程仅仅考虑战略体验模块和体验媒介还是不够的,要想充分实施体验营销就要将战略体验模块与体验媒介结合起来,构建一个体验矩阵。通过对施密特研究的整理,可以总结出下列体验营销的战略搭配(见表11-1)。

表 11-1 体验矩阵

维度		体验媒介						
		交流	视觉与口头识别	产品外观	联合品牌宣传	空间环境	电子媒介与网站	人员
战略体验模块	感觉	√	√					√
	感受	√						√
	思维				√		√	
	行动			√			√	
	关联					√	√	√

(三)体验营销基本模式

体验营销有五种基本模式:一是情感体验,指通过心理沟通和情感交流,赢得消费者的信赖和偏爱,进而扩大市场份额,取得竞争优势的一种体验营销模式;或指个人和集体通过创造情感产品并利用情感化的促销手段进行交换来满足对方物质和情感需要的一种过程。

二是审美体验,是指以迎合顾客审美情趣为目标的体验营销,通过知觉刺激让顾客感受到美的愉悦、兴奋和满足,从而有效地实现营销的目的。

三是情景体验,又称氛围体验,指营销活动中,商家根据消费者的不同心理诉求,通过各种手段为顾客创造一个全新的、心情得以充分释放的情景或氛围,从而获取超值效应的体验营销模式。

四是过程体验,指出于不同的消费心理,越来越多的人对消费过程的体验产生了浓厚的兴趣。他们渴望体验产品的生产、加工、再加工过程,有的甚至想参与产品的设计过程,使产品体现出自己的个性与思想。

五是文化认知体验,指针对企业的产品特点和顾客的心理诉求,在营销活动中运用文化造势,建立起一种新的"产品—文化"需求联系。

三、体验营销的特点

体验营销具有以下五大特点:

一是参与性。在传统营销中,消费者一般只作为"观众",没有完全主动地参与企业的营销活动。而在体验营销中,消费者摇身一变,成了营销舞台上的"演员",在完成产品或服务的生产和消费过程中成了"主角"。这样一个主动参与的过程,是体验营销的根本所在,也是获得美好体验、创造顾客满意的关键所在。

二是互动性。在企业与消费者进行信息和情感交流的基础上,达到行为的相互配合、关系的相互促进,在实现双赢的同时形成良性的双向互动关系。体验作为一种属于消费者的内部化的感受,是企业看不见、摸不着的。所以在进行体验营销时,企业必须努力与消费者进行互动沟通,及时了解消费者的感受、意见,并做出相应调整,这样才能保证消费者达到美好的体验效果。

三是多元化。一般的营销模式,卖方凭借自身产品的特色与功效等方面的优势制定销售策略,营销行为实际上往往是以产品优势为导向的。体验营销是真正以顾客为中心的营销,销策略是以消费者需求和喜好为导向的。因此,营销策略的多元化的使用方法不能是适用于所有顾客的标准模式,要力求满足不同消费者的个性需求。

四是情感性。随着经济的发展,消费者的收入水平不断提高,消费者渐渐从关注产品的质量到更加注重消费带来的情感的愉悦和满足。而这正是体验营销所要做的,满足消费者的情感需求。消费者情感需求的满足,会直接导致双方交易的实现和交易关系的持续。

体验营销与传统营销的区别见表 11-2。

表 11-2 体验营销与传统营销对比

维度	传统营销	体验营销
产品	汇聚产品功能,满足消费者物质需求	顾客对体验的感知与认同
价格	产品/服务性价比	顾客价值体验
渠道	销售渠道网络建立	互动场所的提供
促销	产品/服务认知与传播	口碑传播效果的体现

四、体验营销实施策略

(一)产品体验营销策略

体验经济学认为,一个企业要想在体验经济时代获得竞争优势,就必须关注顾客在使用产品时的体验。产品体验营销的目的就是利用产品塑造体验并传递给顾客使顾客感到满意,同时吸引顾客参与品牌互动,实现对品牌的认同和忠诚。

从广义上看,产品应该是核心产品、形式产品和附加产品三部分的总和。根据产品的定义,产品体验策略可以分为以下三种策略。

一是直接提供策略。企业可以根据体验的种类,直接提供体验的营销策略,如企业可以直接提供感官的体验、情感的体验或者是特定情境的体验。直接提供体验策略要求企业首先选择一个体验主题,如返古体验、虚拟现实体验、真实参与体验、梦幻未来体验、生存挑战体验等体验主题,然后围绕这一主题开展一系列营销活动。

二是在形式产品中附加体验策略。将体验附加到形式产品中,能对产品起到"画龙点睛"的作用,可以增加产品的灵性,强化产品的特征,提高产品品质的认知度和品牌知名度、美誉度。从形式产品所包含的内容来说,在形式产品中附加体验的策略包括:在产品的功能特征中附加体验,在产品的包装中附加体验,在产品质量中传递体验,在产品的外形设计中传递体验。

三是附加产品中传递体验策略。附加产品是对产品实施体验营销绝好的工具,其中特别是销售服务。企业以顾客价值视角运用产品体验策略时,需要考虑顾客对价值的体验是按层次逐级上升的。

(二)服务体验营销策略

通过服务可以使企业的产品从众多产品中脱颖而出,吸引新的顾客。同时服务也是顾客价值传递的重要载体。企业具体实施服务体验营销策略时,要注意以下几点:一是体验即是一种服务。从某种程度上来说,体验就是一种服务。二是着眼于顾客需求,注重心灵沟通。三是正确运用体验情境。四是满足个性化服务要求。

(三)人员体验营销策略

实施正确的人员体验营销策略,对体验的成功传递有重要意义。因为顾客在消费过程中或多或少都需要与企业人员展开互动,而这种互动过程必然也会对顾客的心理产生一定的影响,从而对顾客价值的感知产生影响。

人员在体验营销的过程中起着以下几点作用:一是传授知识的功能,即通过人员把参与体验事件所需要具备的知识和技能知识都传授给体验顾客。二是危机管理的功能,即设立专门的危机处理人员,降低体验过程中大量参与者带来的不可预测性,有利于保证体验过程的顺利进行。三是角色扮演的功能,即企业人员通过扮演角色成为顾客感受体验活动的一部分,而不是简单地提供服务。四是控制进程的功能,即保证体验活动按预先设计的过程逐步展开、顺利完成。企业实施人员体验营销策略时,要针对不同的顾客体验层次,分别发挥好人员的功能。

(四)品牌体验营销策略

品牌,并非仅仅是产品间相互区别的标志,更应该是顾客价值的载体,是对人们心理和精神上的表达。品牌体验营销需要注意以下几点:一是企业应在多方面给顾客带来体验,让品牌融入顾客日常生活,认识到品牌名称是最好的体验,品牌的标志和色彩会形成体验的巨大冲击,品牌文化、价值观是品牌体验的核心。二是企业积极为顾客提供参与体验品牌的机会。三是企业将品牌寓于娱乐与时尚之中。

【案例 11-3】　　　　　西安赛格——逆风飞扬,将体验做到极致

作为西安首个双地铁交汇的商圈,小寨商圈称得上是西安商业最有活力的区域,以赛格国际购物中心(后文简称"赛格")、MOMOPARK 艺术购物中心、银泰百货小寨店、小寨百盛、小寨海港城、凯德广场为代表的数个商业项目纷纷落地于此,构成了繁华的区域商圈,成为西安这个城市年轻消费群体的聚集地。而赛格则是其中的佼佼者。在实体商业受到网络营销巨大冲击的背景下,赛格始终以创新思辨的方式,在看似已经发展成熟的商业地产行业里找寻改变,以消费者为核心,最大限度地方便消费者,从单纯的商场购物变成一场"感官、服务、沟通、出行"上的体验式消费。

1. 感官体验营销

感官体验营销的目的是通过视觉、听觉、味觉、嗅觉以及触觉来提升消费者的知觉体验,进而提升产品的附加价值令消费者产生购买行为。

视觉上,赛格国际配有亚洲室内第一长扶梯、大型的室内景观瀑布和绿植花卉,从设计风格、店内布局、光线和色彩等方面满足了顾客的审美体验,给予其视觉上的冲击。进入赛格,由中科院、上海世博会中国馆水景创作原班人马打造的全球最大室内景观瀑布呈现在眼前,瀑布长度108米,以百余种睡莲造型、超长波浪水道、三级跌水瀑布营造出完美水景。

为了打破传统商业密闭空间的沉闷气氛,赛格以考究的设计将建筑艺术与人文体验相融合,用圆形艺术穹顶营造出独具魅力的空间体验。同时,在每层都铺设有景观、绿植、花卉区域,用真花真树打造低碳、环保、安全、健康的环境,时刻保持纯净、多氧的购物氛围,天、水、花、树有机结合,使消费者始终处于灵动空间。赛格国际购物中心7层餐饮地处高层,与东西两处穹顶紧密结合,阳光直射,是园林式的美食街区。街区各个角落都分布有流水景观、茂密的植被,还有各式鲜花,顾客如走入花园一般,在人流穿梭的空间中开启一扇让人身心愉悦的窗口。

听觉上,柔和的背景音乐也为顾客营造出一个更好的体验环境。在进行品牌入驻筛选时,赛格严格把控,服务员的良好服务态度也会带来良好的购物体验。

嗅觉味觉上,让赛格声名鹊起的,是其开业之初设在6层的人气爆棚的特色餐饮区。其良好的餐饮环境与众多优质的餐饮品牌借助网络迅速传播,打造了众多"网红"餐厅。为了升级改造,满足更多人的消费需求,赛格又加扩一层招来更具特色和体验感的餐饮品牌延续其创造的餐饮神话,甚至被顾客戏称为"赛格国际美食广场",一时成为西安商业地产界研究的一种现象。

触觉上,顶级的恒温恒湿空调系统,让消费者置身于优美、便捷、舒心的场所,使购物变为环境享受,让顾客可以不付出金钱的成本而在商场里就可以呼吸到森林级的空气。

2. 一站式服务体验营销

在实体产业面对冲击的背景下,"体验式"已经成为购物中心抗衡电商冲击、同质化竞争的武器,如何将"体验"做到极致成为商业地产新的课题。赛格坚持其"以消费者为核心"的经营理念,将"一站式服务体验"做到极致,并成功将这种良好的服务体验转化为顾客的购买行为。

当你走进赛格的那一瞬间,你就会开始感受到它的与众不同。赛格首创的"五个首层"结构,让你可以从B2层(地铁直达)、1层(传统首层)、2层(天桥直通)、6层(天梯直达)、7层(停车场直达)进出商场,无论你采用了哪一种交通方式,赛格都会满足你的需求,让进出更加方便,完全避免了普通商场迷宫式的入口,同时也避免了所有人都从一楼进入而导致的人流布局不均,让每一层都有机会得到消费者的关注。

也许此刻进入商场的你,并不想去购物,而是想直奔餐饮区大快朵颐。相比于其他商场迂回曲折的动线布局,赛格没有以简单粗暴的方式来增加消费者的停留时间,而是满足消费者的一切要求,用一座"亚洲第一梯"将你直接送入美食的海洋中,这也体现了赛格一贯倡导的"以消费者为核心"。

吃完饭之后,免不了在商场溜达一圈"消消食",虽然赛格最为出名的是聚集了一批网红餐厅、特色餐厅的餐饮区,但它的购物区也是群英荟萃,全馆742个品牌任人挑选,同时赛格也是全国女装品牌数量最全的购物中心。当你选好自己心仪的宝贝准备去结账时,就又能发现赛格的不同之处了。普通商场为了方便财务统计,会设置一个集中的结账处,这就意味着,你还要"千里迢迢"地奔赴结账中心,才能带走自己心爱的商品,而在赛格,为了方便消费者,每一家店都有独立的结账柜台,即买即走,再也不用担心为了找结账中心而在商场里迷路了。

回到家后,你发现自己买的衣服尺码不对,但是纸质小票早就丢了,没关系!打开赛格的微会员系统,里面就有你每次购买的电子小票,售后服务零障碍,同时还能查到你所有的消费记录,让每次消费透明化,更让人惊喜的是购物点评模块,凭借点评信息商场可以建立推荐机制,为消费者推荐更多的好品牌。

从开始到最后,赛格用心做好每一项服务,让消费者的购物体验更美好、更舒心、更便捷。

3. 多维沟通体验营销

从体验营销角度,企业要想实现体验信息更好的传播,就务必要进一步促进企业与顾客之间的沟通和交流。就拿购物中心的企业来说,在进行体验信息的传播时,一方面要利用购物中心的产品以及体验氛围等因素,另一方面还要善于对包括媒体以及广告等在内的渠道和工具加以利用,将企业关于体验营销的思想传播出去让社会大众知道。在具体实际情况中,赛格一方面建立了与顾客及时沟通的"赛格模式",另一方面运用广告以及网络等工具对企业特有文化魅力进行宣传。

独创"赛格模式"确保沟通体验。赛格十分注重与消费者的及时沟通,坚持以服务顾客为导向,下设的保障中心尽最大努力为消费者提供全面保障,其人数占据公司员工总数的70%。员工工作原则均要以顾客为导向,创造了独具特色的"赛格模式",即公司高层为中层服务、中层为一线员工服务、一线员工为商户和顾客服务的管理模式,保证消费者意见能够第一时间得到反馈。

利用广告传播沟通体验。为了让顾客有一个难忘的、别具一格的休闲购物经历,购物中心增加产品种类,营造舒适快乐的氛围,同时打造充满人性化并且有富有个性的购物服务。通过沟通体验手段,可以吸引更多的顾客前来购物中心。借助一些色彩画面还有音乐融入顾客的情感中,并且设置一些情景让顾客产生某种联想,然后通过以顾客喜闻乐见的广告传递给广大消费者,这些都可以在消费者头脑里树立起购物中心的美好形象,并从而得到顾客的青睐,这些可以通过具有体验式的植入式广告来实现。

赛格根据自身"轻奢、时尚、潮流"的产品定位,推出一系列独具特色的广告以迎合爱好潮流、热爱分享的新型消费群体。赛格在2018年举办了"2018Cabbeen潮YOUNG中文馆全国巡展西安站",邀请时下年轻人喜欢的乐华四子惊喜现身赛格,将潮流文化与西安十三朝古都的自身特色巧妙结合,探索中国文化与新生代潮流的结合与传承,通过创新的广告模式吸引年轻人前来体验,进一步点燃了赛格在年轻消费群体中的热度。

利用网络拓展沟通体验。随着互联网的普及,网络营销已经在各个行业和企业普遍兴起。购物中心同样不能无视网络给人们生活带来的巨大变化,也应该积极变革。在网络方面,赛格利用时下热门的微博、抖音等平台,结合"互联网+"技术,帮助那些没有机会前来亲身进行营销体验的顾客参与到更多的交流和沟通中去,宣传旗下的"网红"餐饮品牌,实现进一步的引流。

基于移动社交终端,赛格自主打造了"微会员"系统。一方面,赛格与微信平台推出联名无门槛会员卡,实现查询消费记录、意见反馈、领取优惠券、品牌导览等多种服务功能;另一方面,"微会员"系统与赛格停车场数据库贯通,向所有"微会员"提供自主寻车、自主缴纳停车费、积分抵扣停车费等服务,这不仅降低了企业的运营成本,同时更减少了消费者的等待时间,进一步实现了和消费者的及时交流和沟通。

4. 便利"出行"体验营销

在传统零售行业的大环境受到冲击的背景下,赛格率先意识到"互联网十"的能量,打通线上线下为消费者提供网上购物平台,通过微信小程序、网上商城等多种方式打通线上消费渠道,与当前迅速发展的"新零售业"相结合,开创线上线下结合体验式消费。线上线下的密切结合一方面给许多年轻消费群体提供了更方便快捷的方式;另一方面,通过消费者行为数据生成消费者画像,既可实现对消费者需求的实时预测,又可以长期监测消费者的偏好,由此深度挖掘和引导客户需求,提高消费者渗透率,从而有针对性地满足消费者需求,把赛格的体验营销进一步专业化、精细化。

消费者的到达率、消费率是衡量购物中心是否成功的一个重要依据。赛格始终基于适应消费者体验要求的目的设计购物中心。不同于传统商场的电梯都是绕来绕去,尽可能多地延长顾客在商场的时间,赛格管理层认为,"买不买是顾客的自由,如果人家不想买不想逛,那只能说明自己做得不够好"。赛格的逻辑是:与人方便、提升自己。于是我们不仅看到了"亚洲第一梯",还看到78部扶梯、17部直梯共同构建的方便快捷的购物动线。

出行方面,许多消费者在出发前总会发愁停车问题,与传统商场不同,赛格改变了传统地下停车场模式,总共四层停车场,两千多个车位解决了"停车难"的问题。赛格认为"一个好的停车场应该是想来就来,想走就走,想找就找得到",将停车场与会员体系结合起来,实行智慧化停车服务,消费者可以在微信完成快速入场、无感寻车、自动缴费等功能,购物结束后可以快速寻车,节省了过去寻车问路的时间,而方便的停车模式也让消费者更愿意来西安赛格购物,提升会员活跃度。

从进入赛格到驾车离开,甚至坐于家中足不出户,赛格都能通过体验营销精准地满足消费者的每一步需求,真正做到了"以消费者为核心"的经营理念,从而摆脱了传统零售业的困局,迎难而上,逆风飞扬。

在实体商业面临着困惑的时代,赛格在西安用其自己的方式定义着体验式商业营销。它不是墨守成规,也不是跟风效仿,做O2O平台就在建筑装修时考虑到设备的排布,做互动活动将新媒体导入更多创意和新意,在招商时将目光投向更具体验感和独特风格的品牌。西安赛格国际购物中心的成功,不仅依靠其自身的科技优势,还有对消费者购物行为及心理的深入理解,找准痛点准确出击,为购物提供便利的服务,从而塑造出独特的体验模式,成为一座现象级的体验型购物中心。

第四节　跨界营销

曾经的"土味"老干妈一脚踏进时尚圈;泸州老窖开始以芬芳示人;周黑鸭走进了女孩子们的化妆包;六神花露水不满足于占领肌肤,还跟 RIO 一起占领你的味蕾……近几年来,随着市场竞争的不断加剧,许多品牌开始扩展边界,玩起了"跨界营销"。一个合作,一串文案,就可以把两个没有直接联系的事物顺理成章地拢在一起。或许是最先"试水"的品牌抓住了跨界营销的红利,越来越多的品牌开启了一系列跨界营销动作,凭借着原始积累的品牌好感度加上极富创意的跨界联名,逐渐在大 IP 时代的冲击中站稳脚跟。

"跨界"(crossover)一词有"交叉""跨越"之意,最先来自篮球领域,本意指"胯下交叉运球"。随着时代发展和应用深入,"跨界"逐渐被指代为两种不同类事物的混合与交融,这一概念后被引入营销传播领域并得到广泛运用。作为营销创新的典型代表之一,跨界营销是指根据不同行业、不同产品、不同消费者之间所拥有的共性和联系,把一些原本毫不相干的元素进行融合,互相渗透,进而彰显出一种新锐的生活态度与审美方式,并赢得目标消费者的好感,使得跨界合作的品牌都能够得到最大化的营销。尤其是对一些老字号品牌而言,跨界营销在推出新产品、新包装、新周边,刷出存在感的同时,还能巩固品牌记忆,逐渐走出"中年危机",成功触达购买力极强的Z时代消费者。

一、跨界营销背景

审视跨界营销现象的发生,不难发现,跨界的深层次原因在于,当一个文化符号还无法诠释一种生活方式或者再现一种综合消费体验时,就需要几种文化符号联合起来进行诠释和再现,而这些文化符号的载体,就是不同的品牌。作为一种新型的营销模式,跨界营销兴起的原因包括以下几个方面:一是经济全球化促使市场发生率从原来的单一竞争到当前竞合皆备的转变。涉足单一行业的企业竞争压力大。同业竞争的加剧促使企业拓展新的领域,延伸已有业务和经营范围,同时全球化促进了产业间的交流融合,产业之间的边界也逐渐模糊,企业间由竞争关系变为竞合关系,跨界营销成为创新的营销方式。

二是市场发展背后,新型消费群体的崛起。他们的消费需求已经扩散到越来越多的领域,对任何一款产品的需求不再仅仅要求满足功能上基本的需求,而是渴望体现一种生活方式或个人价值的体现或自身的品位,而此时跨界营销所创造的立体感和纵深感恰好满足了消费者的需求。

三是市场营销过程中,企业对消费群体细分的改变。市场竞争的背后是产品的同质化、市场行为的模仿化和竞争的无序化等,迫使企业由过去关注自身更多转向关注消费者,因而对于整体市场和消费者的细分方式走出传统的按年龄、收入或地域特征进行划分的营销行为,改变为按照生活方式、学历、教育程度、个人品位、身份等深层次更精准化的指标来定义和解释消费者。

四是现代市场环境下,品牌间的较量资本决定实力。一个企业、一个品牌、一个产品单打独斗的时代早已结束,因为任何一个优秀的品牌,特征单一,受"外部性"的影响多,尤其是当出现具有替代性的竞争品牌时,受到的干扰就更大了,企业所付出的成本也将会大幅增加。

基于以上原因,跨界营销通过行业与行业之间的相互渗透和相互融合,品牌与品牌之间的相互映衬和相互诠释,实现了品牌从平面到立体,由表层进入纵深,从被动接受转为主动认可,由视觉、听觉的实践体验到联想的转变,使企业整体品牌形象和品牌联想更具张力,对合作双方均有裨益,让各自品牌在目标消费群体中得到一致认可,从而改变了传统营销模式下品牌单兵作战易受外界竞争品牌影响而削弱品牌穿透力、影响力的弊端,从而成为企业营销创新的主要形式之一。

二、跨界营销类型

(一)产品跨界

为了迎合多样化的社会需求,企业必须对产品进行不断的更新迭代,这也导致了产品跨界现象越发普遍。总体来看,产品跨界分为两种类型:一是企业不断探索新市场,丰富原有的产品品类定位。比如著名的痔疮膏生产商马应龙依托其具备的大型医疗产业链,突破式地进军口红领域。凭借其早期积累的顾客忠诚度,马应龙的口红产品吸引了一大批年轻群体,取得了很大的成功,也为品牌建设注入了新的活力。二是不同企业合作研发新产品。比如 2019 年"大白兔"品牌与气味图书馆在前者成立 60 周年之际联手推出了"快乐童年香氛"系列产品,包含奶糖味香水、香氛、沐浴乳、身体乳等 6 大跨界产品,利用"情怀经济"进一步带动国货复苏浪潮,有力缓解了"大白兔"近些年的品牌老化问题。

(二)IP 跨界

IP 是近年来最流行的现象级词汇,意为"知识产权"。随着营销体系的不断成熟,用户脱敏和审美疲劳现象也日益凸显,此时 IP 跨界联合无疑也成为品牌抱团营销的有效方式,不仅能够降低成本及风险,还能整合多方资源集中发力,为品牌带来立体感与新鲜感。

2019 年奥利奥推出了"权利的游戏"主题饼干,使用了 2750 块奥利奥饼干,搭建层层叠起的饼干城堡,加上夹心铺展成的雪地,再搭配上原著经典片头曲 Main Titles,高度还原了《权利的游戏》中片头开始的维斯特洛大陆场景,吸引了一大批"权游粉"的购买热潮,进一步提升了品牌美誉度。人民日报+奈雪的茶、网易云音乐+海底捞、网红雪糕"钟薛高"+泸州老窖等跨界合作都表明了 IP 跨界营销战略的成功。

(三)文化跨界

品牌在"走出去"的过程中最重要的是获得消费者对其文化的认同。一方面,品牌需要不断挖掘自身文化的内涵与外延,并能够精准地输送给消费者。另一方面,品牌更要学会借助外力,与文化承载者进行跨界合作,增加品牌的内涵与价值。而后者也逐渐成为企业选择文化跨界的主要方式。

比如,在 2019 年"天猫超级品牌日"来临之际,奥利奥携手故宫发起了一场"启饼皇上,共赴茶会"的营销战役。奥利奥发挥强大的玩味基因,融合 600 年故宫文化,推出极具地域特色的"故宫食品联名御点"系列,真正使品牌、产品、文化串联在一起。通过对消费者猎奇心理和民族文化认同的洞悉,奥利奥借势故宫,玩出了跨界营销的新高度。

(四)渠道跨界

渠道是消费者了解品牌文化、感知品牌价值的重要途径,也是品牌能否充分变现的关键。在日常的营销活动中,企业容易受常规销售渠道的思维限制,致使营销效果逐渐降低。随着跨界营销的理念逐渐深入人心,企业开始尝试跨越到不同渠道进行市场营销,抑或是双方相互借助对方的优势渠道开展营销推广活动。

比如,2019 年瑞幸咖啡和网易云音乐联合开设了以音乐为主题的"乐岛"咖啡店,在饮品开发、主题设计、店址选择等方面都有鲜明的网易云音乐元素。每一个"岛"上有独立的感应音罩,播放不同的音乐,店内还有一个特殊的互动区域和机制——"让乐评上墙",进店的用户可以留下想说的话,并有机会被投射到"乐岛"的乐评墙上。通过渠道跨界,使一直处于线上的音乐有了落地的场景,咖啡文化也依托音乐找到了新的表达形式。

三、跨界营销实施原则

在现实的实施过程中,很多企业采取跨界营销并没有达到企业所预想的结果,这其中存在的原因主要表现在两个方面:一是将跨界营销简单地理解为联合促销,单纯地认为任何两个不同行业品牌联合采取互助的促销就是跨界营销。二是在实施的过程中忽视了双方各自品牌、产品、消费群体、资源等方面的研究,使跨界营销在实施的过程中无法实现预期的想法。因此对于企业来讲,实施跨界营销需要在对跨界营销有正确的认识前提下,遵循以下原则:

一是资源相匹配原则。资源相匹配指的是两个不同品牌的企业在进行跨界营销时,两个企业在品牌、实力、营销思路和能力、企业战略、消费群体、市场地位等方面应该有的共性和对等性。只有具备这种共性和对等性跨界营销才能发挥协同效应。

二是消费者群体相匹配原则。每个品牌都有一定的消费群体,每个品牌都在准确定位目标消费群体的特征,作为跨界营销的实施品牌或合作企业由于所处行业不同、品牌不同、产品不同,要想使跨界营销得以实施,就要求双方企业或者品牌必须具备一致或者重复消费群体。

三是品牌非竞争性原则。跨界营销的目的在于通过合作丰富各自产品或品牌的内涵,实现双方在品牌或在产品销售上的提升,达到双赢的结果,即参与跨界营销的企业或品牌应是互惠互利、互相借势增长的共生关系而不是此消彼长的竞争关系,因此这就需要进行合作的企业在品牌上不具备竞争性,只有具备不竞争性。不同企业才有合作的可能,否则跨界营销就成为行业联盟。

四是非产品功能互补原则。跨界相互合作的企业,在产品属性上两者要具备相对独立性,合作不是对各自产品功能进行相互补充,如相机和胶卷、复印机与耗材,而是产品能够本身相互独立存在,各取所需,是基于一种共性和共同的特质,基于产品本身以外的互补,如渠道、品牌内涵、产品人气或者消费群体。

五是用户体验性原则。现代营销的工作中心出现了一个巨大的转变,企业的一切营销行为都从过去围绕企业和企业产品为中心向以消费者为中心的转变,从过去关注自身向关注消费者转移,解决销售只是一种手段,而关注消费者需求、提供消费所需才是企业真正的目的,企业更多强调消费者的体验和感受,因此对于跨界营销来讲,只有将所有的工作基于这一点才会发挥其作用。

六是品牌理念一致性原则。品牌作为一种文化载体,其代表特定的消费群体,体现着消费群体的文化等诸多方面的特征,品牌理念的一致性就是指双方的品牌在内涵上有着一致或者相似的诉求点或代表相同的消费群体、特征,只有品牌理念保持一致性,才能在跨界营销的实施过程中产生由 A 品牌联想到 B 品牌的作用,实现两个品牌的关联或者两个品牌之间在特定时间画上等号。

四、跨界营销未来发展趋势

(一)以用户体验为引领的零售端重构

随着新零售时代的到来,单纯以销售产品为生的传统商业逐渐被以消费者体验为中心的新零售模式所替代。新零售正在慢慢地改变着我们的生活和观念,边喝咖啡边选衣服的是"优衣库",边吃零食边逛家居的是"宜家",边吃火锅边唱K的吃饭方式重庆人民已经开始做了,书店里卖甜品,金华书城已在朋友圈里疯传……近年来兴起的跨界"生活馆"同样广受好评,例如"传统书店+咖啡厅"书吧、"书店+服装"的集合店等,可以看出细分跨界混搭、多业态融合已经成为新零售时代的主要模式,"1+1>2"的协同效应也成为新零售未来发展的方向。

(二)媒介多元化基础上的传播跨界

在互联网时代,信息传播速度更快,内容更加透明,之前的传统媒体,除了电视作为最权威的媒体没有受到太大冲击之外,其他传统媒体如广播、杂志、报纸等都遭到了前所未有的冲击。想要取得跨界营销的成功,关键是要选择合适的传播媒介。比如,抖音、快手等短视频平台已经成为直播带货的主阵地,其原因是消费者习惯在碎片化网络环境中利用最少的时间来获取产品信息。企业在策划跨界营销前期要注重将传统媒体和网络媒体融合在一起,通过传统媒体进行专业性报道,又利用网络媒体迅速扩大影响范围,让有不同媒介接触习惯的消费群体在最舒适的场景中以最适合的方式获取品牌信息。

(三)基于消费者认同的文化跨界

随着消费者对产品和品牌的个性化需求日益突出,没有文化底蕴和个性的品牌日渐式微,文化与品牌的比拼是目前竞争的关键因素。通过对产品进行文化借势嫁接而激活产品,提升产品品牌价值,成为众多品牌跨界营销的选择方向。文化跨界的关键在于找到双方品牌文化中的特色与目标消费群体需求的交界点,通过共性需求与文化个性的结合对品牌进行文化传播。值得注意的是,文化跨界不仅仅是不同领域文化的"混搭",在其背后,有一条营销理念的精髓始终贯彻其中——精准的市场定位和对产品价值的真正理解。

(四)"互联网+泛娱乐"的 IP 跨界

随着"互联网+泛娱乐"时代的到来,IP 跨界成为拨动用户情感神经、占领用户心智、创造用户情感共鸣的利器。在品牌 IP 化的发展趋势下,跨界营销也必须抓住文化娱乐发展的风向标,深度围绕 IP 本身的情节和人物进行个性化定制,通过 IP 主体和产品间的某种通感,进一步加深产品卖点,赋予产品新的意义,真正让用户为其买单,策划独具创意的跨界营销内容和方式,强化品牌与用户之间的情感连接,形成泛娱乐性产业链,进一步探索和利用其价值,实现更好的营销效果。

【案例 11-4】　　　　　　　　　2020 年十大跨界营销案例

案例一:相同元素激发品牌跨界——喜茶+多芬

2020 年,喜茶和多芬的联名泡泡浴产品如期而至。这款跨界产品灵感来源于喜茶网红饮品"芝芝桃桃",因此整体颜值颇高。其颜色为"芝芝桃桃"粉嫩的桃色,绵密泡泡中还有一层"奶盖"。不仅外观与"芝芝桃桃"如出一辙,就像真地喝到芝芝桃桃一样,喜茶还提醒消费者在使用这款泡泡浴时记得要浴前摇匀。

随着喜茶周边产品的不断完善和联名队伍的不断壮大,喜茶早已突破了在消费者意识中的固有印象。通过多元化的产品作为载体,喜茶将自己的品牌文化传递给了消费者。作为日常快消品的多芬,品牌竞争激烈,需要依靠推出产品来加强消费者的关注,与喜茶跨界则会吸引到更多年轻消费者购买。

案例二:助攻传统品牌年轻化——同仁堂知嘛健康

提起同仁堂大概没有人不会知道,这个兴建于 1669 年的中药老字号,一直努力保持着药材的品质,守护着消费者的健康。2020 年这个百年老字号却变了,跨界开起了"同仁堂知嘛健康"网红店,卖起了奶茶和咖啡,一下子变得"年轻"了起来。店铺首层以"食"为主题,设立了中式开敞厨房,分为日常五谷杂粮、药用膳食的餐食体验区,其中还包含了休闲咖啡区、烘焙厨房以及茶吧。咖啡区最受欢迎,消费者迫不及待想尝尝出自同仁堂的咖啡味道,同仁堂也没有让人们失望,供应了枸杞拿铁、罗汉果美式、肉桂卡布奇诺、益母草玫瑰拿铁这样中西合璧的特调咖啡。除了草本咖啡之外,还有调理面包、24 节气食疗等食品。

同仁堂开网红店,这不仅是跨界营销的尝试,也体现了老字号与新零售的结合。此次的改变,作为传统品牌的同仁堂充分发挥了自己的中药优势,无论是产品还是体验服务都十分贴合品牌自身,让消费者在体验的同时感受到了创新的价值。老字号的焕新之路并不容易,通过跨界奶茶、咖啡饮品领域保持品牌本真是年轻化的核心。

案例三:强势出圈抢占营销C位——五菱螺蛳粉

2020年,螺蛳粉这款食品受欢迎度极高,因消费者的喜爱纷纷脱销。因此跨界推出螺蛳粉,自然是品牌强势出圈抢占营销C位的不二选择。"人民需要什么,五菱就造什么。"这句对于五菱汽车的评价在2020年得到了多次验证。在螺蛳粉断货严重时期,五菱汽车在自己的官微公布了"五菱螺蛳粉"的诞生,并配文"见过沙漠下暴雨,见过五菱牌口罩,但我肯定你没见过这个——五菱限量款螺蛳粉"。没错,在螺蛳粉一包难求的情况下,五菱汽车解消费者之馋,生产起了螺蛳粉。这款限量版螺蛳粉外观精美,外包装由祖母绿搭配香槟金。为了凸显仪式感,五菱汽车还为其提供了精美的餐具一套。据网友爆料,五菱螺蛳粉会有三个口味,分别为"宏光侠金汤"味、"车神鲜香"味和"秋名山麻辣"味,其包装也并非此次限量版奢华。当然五菱汽车是否真的会推出这些口味还要等官方宣布。

从口罩到地摊"神车"再到螺蛳粉,五菱汽车一直跟随消费者的需求与喜好进行产品更新。虽然此次跨界推出螺蛳粉略有幽默色彩,但也改变了五菱汽车在人们心中固有的形象。跨界推出当下的热门产品,在不为销量发愁的前提下还使品牌获得了曝光。

案例四:用跨界突出品牌属性——饿了么+必胜客

在30岁到来之际,必胜客决定联手饿了么彻底笼络年轻人,围绕"可以吃的潮牌"为主题,推出了纪念T恤和盲盒。纪念T恤通过与Athief、Beaster等30个国潮品牌联名完成,T恤上融入了必胜客的经典食物元素以及饿了么的logo,共30款。盲盒形象则以饿了么的吉祥物柴犬身穿30周年纪念T恤为基础,变换不同的服饰搭配和表情。产品上线后,双方还在微博中发起了"男朋友衣柜是什么味的"话题讨论,以此为自己的纪念款T恤宣传。

必胜客和饿了么的此次联合跨界,火力全开地瞄准了年轻人消费群体。无论是潮牌还是盲盒都是抓住当下年轻人的利器。而作为品牌方,二者也利用这次跨界合作充分强调了自己年轻的品牌属性。

案例五:跨界也需要"天时"——六神+肯德基

为了让"六神"的味道在2020年的夏天彻底被记住,肯德基携手"六神"共同推出了两款跨界产品——六神味咖啡和咖啡味六神。肯德基将六神味咖啡命名"六神清柠气泡冰咖啡",仅从名字就可以感受到这款咖啡的冰凉程度相当于在高温难耐时喷了一下"六神"般舒适。这款六神味咖啡并无特殊味道,除本身的味道外,极具清凉之感。根据"六神"的介绍,咖啡味"六神"分前、中、后三调。前调是咖啡、黑巧牛奶,中调是宝珠茉莉,尾调是香草、榛子。

"六神"品牌往往在夏季更受消费者的欢迎,因此肯德基选择在夏天来临之际与"六神"合作,借"天时"之力。而作为传统品牌的"六神",与肯德基的结合使之迈出了年轻化的第一步,正式加入了国潮队伍。二者的跨界合作是中式与西式、餐饮与快消、传统与现代的三重结合。

案例六:借势热点事半功倍——荣耀+《5.3》

对于"荣耀"而言,推出新品自然不足为奇,但这次推出新品却让诸多消费者感到不安。该款产品是"荣耀"联手《5年高考3年模拟》共同推出,名为"橙名"礼盒。"橙名"与"成名"同音,在临近高考时推出自然也期许着与"成名"同意。每个人的学生时代大概都有几年被《5年高考3年模拟》支配的日子,"荣耀"与其此次联名自然也少不了《5年高考3年模拟》的经典封面,在礼盒中《5年高考3年模拟》被制成了"辛苦手机"附加的手机壳。虽然被《5年高考3年模拟》支配的日子并不好过,但每一个学生都知道它对学习很有帮助。"荣耀"也希望通过此次联名,表达出自己的新品也如同《5年高考3年模拟》一般超能。

提起高考,大家自然就会联想到《5年高考3年模拟》。"荣耀"此次的联名从时间和寓意上都策划得恰到好处。在复习迎接高考期间强势借《5年高考3年模拟》的热度,再借《5年高考3年模拟》常年的产品形象暗喻了自身产品的功能和特性。

案例七:意料之中情理之外——999感冒灵眼影

作为跨界营销的老手,999感冒灵继推出口红后又开发出了新的美妆产品。这次的美妆产品是"小九致爱系列眼影",眼影共分为三个系列——落日橘、樱花粉和小九绿。据悉,这三款眼影色系的灵感源于999小儿感冒灵发起的"我的妈妈"主题绘画比赛中,色系是从孩子们的优秀作品中提取的色彩。在宣传海报中,999感冒灵为不同颜色的眼影配上了形容妈妈眼神的不同文案。比如:不想感冒,那就看妈妈的"眼色"行事,乱脱外套,眼神警告;每个妈妈的视野范围内,都是"挑食禁区",逃避蔬菜,难逃"法眼"。这三款眼影的获得方式也十分走心,和当初999感冒灵口红获得方式一样,只需用家里过期的感冒药即可换到。

999感冒灵品牌一向以"温暖"为品牌核心,虽然这次的眼影不同于以往的"催泪弹",但却侧面体现了999感冒灵对于母亲和孩子的细心洞察。用过期产品换跨界产品的举动,既从侧面了解了消费者的产品需求,也解决了过期产品处理问题,同样体现了品牌的暖心。

案例八:放大品牌特性——"娃哈哈"+"周大福"

一向用"水"打动人心的娃哈哈在2020年竟然联合"周大福"跨界推出了铂金镶钻耳饰和定制礼盒。这款耳饰由八角星加中间镶钻构成,外观精致闪亮。为了让更多用户感受到这款耳饰的美和灵感,"周大福"在微博上发起了"灵感嬗变"活动,用户可以用八角星耳饰作为基础随意创作,点赞最高的前7位用户将获得联名奖品。除了这款耳饰外,"娃哈哈"和"周大福"定制礼盒还包含了加湿器、晶钻水、收纳袋等产品,以便为用户带来不一样的纯粹体验。

"娃哈哈"与"周大福"的跨界合作着实让人意想不到。虽然这款跨界产品没有掀起很大的购买风潮,但也依旧凸显了"娃哈哈"一贯纯净、纯粹的品牌特点,作为一种大胆的跨界合作尝试也未尝不可。

案例九:破圈打造影响力——青岛啤酒+Karl Lagerfeld

青岛啤酒联合Karl Lagerfeld推出了"夜猫子"MUSE系列产品。该系列产品对"夜猫子啤酒"进行了全新的包装升级,并在潮物App"得物"上进行了周边盲盒的首发。经过包装升级,现在的"夜猫子"系列加上了Karl Lagerfeld品牌条纹元素,并印上了Karl Lagerfeld和爱猫Choupette Lagerfeld的经典图案。在致敬"老佛爷"和经典时尚的同时也为跨界潮流时尚界带来了不一样的灵感。

本次联名推出的盲盒为"夜猫"子MUSE盘和"夜猫子"MUSE小啤包,MUSE小啤包配有口红包、卡包、耳机包及开瓶器。MUSE盘则是陶瓷质地的轻奢盘,可以盛放美食或者首饰,其中包含一个由品牌代言人及"老佛爷"爱猫Choupette Lagerfeld共同准备的隐藏款,既神秘又潮流。

显然,青岛啤酒已经深谙当下年轻消费群体的喜好,无论在跨界内容还是方式上都得以体现。联合由时尚鼻祖Karl Lagerfeld创建的品牌,自然会赢得时尚人士的喜爱与追捧。选择了深受年轻人喜爱的潮流购物App与盲盒形式相结合,在精准找到受众群体的同时吊足了人们胃口,增加了消费者对于盲盒的渴望。

案例十:基于洞察满足消费者需求——果壳+联邦走马

想必不少年轻人都经历过来自长辈"这两种食品一起吃致癌""使用这种方法感冒远离你"这样谣言提示。当我们面对谣言时,最好的方法就是粉碎谣言,说出真理。针对此洞察,果壳与联邦走马艺术机构联手打造出了"谣言粉碎历"。果壳将365条最具代表性的谣言放进了日历当中。装置日历的机身被设计成了复古打字机的样式。根据每天的日期,消费者按下旋转机身按钮就能粉碎掉谣言纸条并打出写着科学内容的纸条。如果日历使用完毕,此款粉碎机依旧可以保留,消费者可以将日常不好的信息或者不想再看到的日记、文件放进粉碎机中粉碎,为自己留下美好的心情。

第十二章 服务创新

第一节 服务创新概述

一、服务创新的必要性

21世纪信息技术飞速发展,使得产品技术和功能的同质化水平越来越高,通过提高产品质量、降低产品生产成本来竞争的空间越来越狭窄,因而服务成为企业进行市场竞争的重要武器。"十三五"期间,服务业占我国GDP比重不断提高,2015年首次超过了50%,2019年达到了53.9%,中国经济的持续健康发展则是服务业快速发展的底气所在。超大规模的市场优势和内需潜力,世界最大规模的中等收入群体,世界规模最大、门类最全、配套最完备的制造业体系,以及世界上最多的市场经济主体,这些都为我国服务业的发展提供了深厚的土壤。随着制造业专业化程度的提高和社会分工的日益深化,生产性服务需求不断衍生;随着人们收入水平的提高,生活性服务业的发展规模、种类和服务能力不断提升。创新是引领发展的第一动力,实现服务业在规模扩大基础上的质量提升,就需要我们不断加大服务创新力度,增强企业综合实力,从而实现服务业的高质量发展。

二、服务创新的概念

服务创新主要是指在服务过程中应用新思想和新技术来改善和变革现有的服务流程和服务产品,提高现有的服务质量和服务效率,扩大服务范围,更新服务内容,增加新的服务项目,为顾客创造新的价值,最终形成企业的竞争优势。

服务创新是由企业和顾客之间的互动产生的,主要通过提高服务质量、提供信赖值高且迅速有效的服务,为顾客带来价值的提升从而获得竞争优势。这种企业和顾客的互动关系是一个双向交互的过程:作为企业,要主动进行沟通了解,明确顾客需求,不断挖掘潜在的市场,从而持续为创新增添新的内容;作为顾客,要积极进行反馈,督促企业提高服务质量,指明服务创新的方向,为创新提供新的着力点。

服务创新的模式相对于制造业更加灵活,其形式与特定的服务行业特征具有较强的联系。例如以互联网技术为主的通信、金融等行业,其创新的主要表现形式为技术创新;注重与顾客之间联系的批发零售业,其创新的主要表现形式为营销创新;还有几乎涉及各个行业的企业组织架构内部的管理创新。

但无论是技术创新、营销创新还是管理创新,其源泉都离不开一个字——人。在飞速发展的信息时代,最新、最有用的知识永远存在于人的头脑中,因为无论多么先进的技术或科学合理的

组织结构都不会思考和创新,而具有创造力和创新精神的人力资本,是企业的核心战略资源。

服务创新的来源主要可以分为内部来源和外部来源。内部来源主要包括研发、生产、销售、售后等,其中最为重要的是销售及售后环节,即企业直接与顾客接触的环节。通过销售可以直接收集顾客信息,同时也能摸清市场情况,并将其整合进服务系统。售后服务可使顾客参与到服务的改善和创新过程中。

相比较于内部来源,服务创新的外部来源通常情况下要更为广泛,而且更容易受到重视。外部信息最主要的来源是顾客和供应商,顾客信息可通过企业的销售及售后环节获取,供应商信息则要求企业与供应商保持紧密的联系,有必要把与供应商之间的关系提高到企业战略的角度来考虑,从而保证供应链的稳定,实现合作双赢。除此之外,来自竞争者、行业组织、科研机构、咨询公司、公共部门等的外部信息对于企业来说也有重要的影响,企业应根据这些信息在企业战略中的重要性进行选择和有机组合。

三、发展服务创新的阻碍

服务创新的实现并不是一帆风顺的,在创新思想的产生、创新行为的出现、创新方案的实施过程中,不可避免地会出现各种各样的阻力,阻碍创新进程,使其失败率上升,甚至使得整个企业的创新氛围受到打击。对服务创新产生阻力的主要因素包括费用与回报不匹配、员工抵制行为、反馈传导机制不畅通。

经济原因常被认为是阻碍企业创新最为重要的原因,尤其是对于一些经济实力不强的中小企业。而即便是负担得起创新费用的大企业,如果回报与投入不匹配或回报周期太长,企业也不愿将资金投入其中,因为这意味着企业将面临流动性资金不足和资金周转困难的风险。除此之外,企业融资困难、创新投资保险少、风险评估能力差等也通过影响创新费用间接制约着企业的服务创新行为。

来自企业员工的阻力主要是员工由于对创新的恐惧而产生的抵制行为,这可能是员工自身创新能力不足所致,也可能是企业创新氛围不佳造成的。前者相对而言较易改变,可以通过培养员工的创新能力或雇佣创新型人才解决,但创新人才的培养则与其成长的教育环境有关,在短期内是一个难以改变的外部大环境因素。后者即企业创新氛围则会影响整个企业(也包括上述员工),因此企业文化的变革相较于员工创新能力而言更为重要,企业创新文化不仅影响着员工的创新意识和创新行为,更对企业战略、组织架构、企业活动等有着深远的影响。

前面说到,企业通过销售和售后服务直接接触顾客从而获得外部信息,但如果获得的信息无法有效传导至企业的研发和生产部门,那么对产品或服务的创新效果将大打折扣。此外,在获取顾客信息过程中也会存在反馈不及时、不畅通的阻碍,企业若处于被动地位接受来自顾客的反馈而不主动调研市场,那么获得的信息将会是相对片面的,甚至会对决策的制定产生误导。

【案例12-1】　　360度倾听"客户之声"中国人寿财险持续推进服务创新

2023年"3·15"期间,由《中国银行保险报》组织的"2023年中国银行业保险业服务创新峰会"在北京举行,峰会发布了入选"2022年度服务创新案例"名单,中国人寿财险"客户之声"管理工作入选,获得2022年度中国银行业保险业服务创新案例奖。在金融行业"以人民为中心"发展的大背景下,中国人寿财险构建了以360度"客户之声"为支撑的客户体验管理体系,通过业务场景问卷投放、体验官队伍活动、外部专业调研、内部员工体察等方式打通定量、定性的客户之声采集通道，实现客户评价和客户需求的洞悉、响应，不断提升客户满意度。具体来看，中国人寿财险的"客户之声"服务项目的创新之处主要在于三个方面。

一是立足客户视角，全面洞察公司服务。随着各行各业的数字化转型发展，保险业在服务方面对数字化的应用也迈上新台阶。中国人寿财险以客户体验管理为切入点，以客户倾听者、代言者、守护者的视角，积极深化客户思维。早在2020年，公司便完成了基于NPS（客户净推荐值）的客户体验管理体系构建。以客户视角，全面梳理客户旅程，探索破解公司业务流程与客户体验实际不匹配的难题，形成了涵盖产品知晓、咨询、投保、理赔、增值服务、续保等460个触点的121条客户旅程，并基于客户实际体验效果，逐步迭代形成了150余个体验评价指标，构建客户体验评价体系。

二是坚持科技赋能，快速响应客户诉求。近年来，金融监管机构不断强化消费者权益保护工作。治理客户投诉焦点问题，是监管、保险公司和广大保险消费者的共同诉求。中国人寿财险在不断完善投诉管理体系、推动溯源治理的同时，进一步强化客户体验管理，探索助力消费者权益保护的新视角。为此，中国人寿财险引入NPS+AI大数据智能技术，借助国产深度学习框架，对客户评价的打分、选项和留言等主观反馈内容进行自然语言识别和客户情感量化建模。在客户反馈的结构化和非结构化数据中定位客户体验热点问题、量化计算客户情感，并自动触发负面情绪客户的跟进服务。通过系统化的即时联系、跟进、处理，化解客户不满情绪，有效防范了潜在投诉的产生。目前，情感识别模型准确率已经超过95%，所有客户反馈可以实现秒级识别、触发和响应。截至2022年底，中国人寿财险全国范围已及时响应体验诉求4000余件，处理化解率达到100%。

三是注重悉心倾听，不断提升服务温度。以开发宠物保险相关产品为例，通过NPS客户体验管理系统对客户需求开展调研收到的部分反馈。将产品设计与NPS客户之声有机融合，中国人寿财险真正做到了将客户需求放在第一位。通过调研形成了翔实的专项分析报告，从13个方面洞察了客户对于该产品的实际需求，有效协助公司产品研发人员全面地掌握市场需求，并最终在产品方案、投保条件、投保流程、保险销售等方面落地应用，全方位贴合客户需求，助力客户经营和产品升级。除了从更科学的角度做好调研服务，中国人寿财险还建立了一支客户体验官队伍，通过聘任问题与需求发现者、亮点与优势挖掘者、品牌与文化传播者成为体验官，组织各类线上线下专属活动，发挥"第三只眼"的作用深挖客户之声，既是对系统化调研的有力补充，也让360度评价体系愈发立体。

资料来源：中国发展网. 360度倾听"客户之声"中国人寿财险为消费者权益保护提供新视角[EB/OL]. (2023-03-17)[2023-04-20]. https://baijiahao.baidu.com/s?id=1760595251800404209&wfr=spider&for=pc.

第二节 服务创新的四维度模型

一、四维度模型的形成

"生产"一项服务的本质是什么？加德雷（Gadrey）指出："生产一项服务就是寻求一个问题的解决办法（一项措施，一个运作过程），它并不提供实物产品，而是将很多不同能力（人力、技术、组织等）集中起来以获取针对顾客和组织问题的解决方案，而这种解决办法的准确度会在很大的范围内变化。"该定义强调了人力和组织对服务的生产处于和技术同等重要的地位。除此之外,通过区分标准化和顾客化的服务,可以将顾客参与作为服务提供的一个关键因素。

在过去的40多年里,服务创新的研究取得了一定进展,但早期的服务创新研究往往更倾向于技术导向。随着近年研究的深入,服务创新的概念得到了扩展和完善,产生了两个受到普遍认同的观点:首先,非技术要素在服务创新中占有重要地位,服务部门本身就可产生创新。其次,形成一套专门针对服务创新的方法体系十分必要。

后来人们整合前人研究成果,总结出了一个服务创新的整合概念模型,即由比尔德贝克(Bilderbeek)、赫托格(Hertog)、马克隆德(Marklund)、迈尔斯(Miles)在1998年提出的服务创新的四维度模型。该模型也是一个适用于服务部门和其他部门的一般创新模型,能让我们从更为一般的角度对服务创新包含的维度进行分析和讨论。四维度模型虽然只是一个概念模型,但能较为全面地描绘服务创新并指导实际的创新活动,因此了解四维度模型对于希望进行服务创新的企业具有重要意义。

二、四维度模型的框架

比尔德贝克等人提出的经典服务创新四维度模型如图12-1所示。四个维度分别为新服务概念、新顾客界面、新传递系统和技术。

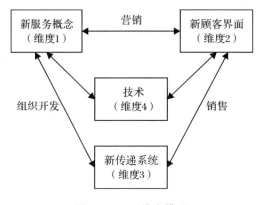

图12-1 四维度模型

(一)新服务概念(new service concept)

与制造业创新相比,服务业创新的结果往往是无形的,是以一种"概念化创新"的形式出现的,这种创新可能来自其他市场已有的创新,也可能是本市场新产生的创新。"新服务概念"是市场驱动型的,它要求企业不仅关注自身提供的服务,也要关注竞争者提供的服务;不仅关注已有的服务,更要关注新服务;不仅关注自身服务提供能力,更要关注顾客服务需求。通过对"新服务概念"的理解,服务企业能根据顾客需求、市场信息、竞争者行为的变化而改进原有服务甚至开发新服务。"新服务概念"这一维度与其他三个维度联系密切,这种创新或来自接受服务的对象——顾客,或来自服务生产和传递的过程,当然也可能来自新技术。

(二)新顾客界面(new client interface)

现在的产品和服务提供越来越以顾客为导向,顾客已成为服务生产不可缺少的一部分,因此对顾客界面的设计变得越来越重要。顾客界面设计包括服务提供给顾客的方式,与顾客交流、合作的方式,以及有效吸收顾客反馈。顾客界面创新已经成为企业服务创新的重要方式,尤其是在那些产品同质性较强或易被竞争产品替代的服务中,企业与顾客之间的沟通交流便显得更为重要,而实现这种创新的首要条件是获得企业已有顾客和潜在顾客的海量信息,从而进行深刻的用户画像分析,以此作为服务创新的基础。

(三)新传递系统(new delivery system)

"新传递系统"维度的侧重点在于生产和传递新服务的组织,即该维度更注重组织架构、企业员工和日常活动的管理。这一维度的核心思想是通过必要的结构设计和员工培训,使组织架构和企业员工适应新服务的开发,从而更好地进行企业日常活动管理,保证新服务顺利传递至顾客。在对企业员工进行培训过程中,还要注意对员工的授权,通过适当授权可以激发其在专业性服务中的创新积极性,从而提高创新效率。

需要注意的是,"新传递系统"维度作为内部传递的最后一个环节,是将服务提供给顾客,这也是"新顾客界面"维度作为外部传递的第一个环节,因此企业要做好这两个维度之间的转接和交叉管理。

(四)技术(technology)

前面提到,服务创新可以在服务生产和传递的过程中产生,即无须借助技术,因此技术并不是服务创新的必要维度,而是作为一个可选维度存在。但即便如此,技术在众多服务创新中仍扮演着重要的角色,例如以计算机技术为基础的服务创新,可以借助其实现海量用户数据的分析和处理从而提高创新效率。

除了上述适用性较强的计算机技术外,还有许多专业性较强的技术,它们往往是用于特定的部门,如零售业和冷链物流中的冷藏和温度控制技术,"大健康"和健康服务中的医疗卫生技术,环境建设和服务中的监测清洁技术等,都提高了该行业的服务创新效率。

【案例12-2】　　　　　　　　**盒马鲜生的"四维度"服务创新**

盒马鲜生是阿里巴巴旗下以数据和技术驱动的零售平台,是将线上、线下与现代物流完全融合的创新型业态。盒马鲜生主要售卖生鲜食品,消费者既可到线下店铺购物,也可以在盒马鲜生App下单,具有快速配送、高卫生冷藏运输、商品标签电子化等特点。借助线下吸引顾客、线上下单配送的流量模式创新,盒马鲜生持续加强服务创新力度,形成了"概念+界面+组织+技术"的"四维度"服务创新体系,成为阿里新零售模式探索的先锋部队。

从概念创新来看,以百货店、大卖场、超市、便利店为代表的现代零售,经过几十年的发展,其经营技术日臻完善,但零售业面临来客数急剧下滑问题。以商品为中心理念已不适合当前的市场和消费变化。在互联网环境下,人的需求欲望、方式、理念等已经发生改变,在消费者有更多选择的环境下,零售理念需要重构。盒马鲜生创造了新的零售价值观:新鲜每一刻、所想即所得、一站购物、让吃变得快乐、让做饭变成娱乐。盒马鲜生将客户目标定位在80%的80后、90后,新的零售价值观比较准确地把握了目标消费群体的需求。

从界面创新来看,盒马鲜生与用户交互的界面包括盒马鲜生App、线下门店、快速配送。

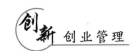

盒马鲜生 App 的线上商品和线下门店商品是完全同一商品、同一品质、同一价格。盒马鲜生能够满足消费者随时随地、在不同场景下的需求，真正实现"所想即所得"。作为一家体验店，盒马鲜生利用线下优势，开展基于粉丝之间的聚餐、拍照分享等互动营销。盒马鲜生在与用户交互上注重便利与快速。货架上摆放的价签都是电子价签，打开盒马鲜生 App 扫一扫，就能在手机上将它加入购物车。2022 年 6 月，阿里旗下盒马鲜生 App 已经完成信息无障碍改造，未来将持续投入、升级标准。配送上，门店 3 公里范围内 30 分钟送达。2023 年 3 月，盒马鲜生正式宣布上线"1 小时达"服务，将为距离门店约 3～5 公里以内的区域，提供最快 1 小时送达的配送服务，配送费及免运费门槛与 3 公里内保持一致。可以看出，盒马鲜生模式非常重视体验，把体验打造成吸引客户的利器。

从组织创新来看，新的服务传递系统是组织的创新、劳动组合的优化。盒马鲜生互联网体验店，线上做流量增长，线下做订单增长及优质服务。2023 年 6 月，盒马鲜生在北京、上海、广州、深圳、杭州、西安、合肥、郑州等地，同时开出 8 家门店。从组织结构上看，盒马鲜生构建线上线下一站式生活服务平台，是一个典型的 O2O 组织模式。与大多数 O2O 不同的是，盒马鲜生实现了线下向线上及线上向线下的双向引流，线上线下高度融合。

从技术创新来看，在服务创新的"四维度模型"中，技术创新并非是必要的维度，但技术的应用可以使服务创新更加高效。盒马鲜生通过悬挂链、电子价签、智能分拨等技术手段，提高商品在线上线下的流转。通过运用大数据、移动互联、智能互联网、自动化等技术及设备，实现了人、货、场三者之间的最优化匹配。在大数据算法驱动之下，不论是调货补货，还是打包配送，人力效率和物流效率都得到了很大程度的提升。为了实现快速配送，盒马鲜生还采用了"全自动物流模式"，运用机器学习训练算法，不断复盘优化流程路线。

资料来源：谢志生. 基于四维度模型的盒马服务创新借鉴［EB/OL］.（2018-11-13）［2023-07-10］. https://mp.weixin.qq.com/s/PM-nt_ojmQ357Bevpq5VZQ.

第三节　服务创新实践

本节将在服务创新四维度模型框架下，介绍以新顾客界面、新传递系统和技术为基础的具体实践方式。本章开篇讲到，21 世纪信息技术飞速发展，产品功能的同质化水平越来越高，通过提高产品质量、降低产品生产成本来竞争的空间越来越狭窄，因而服务成为企业进行市场竞争的重要武器。特别是在以顾客为中心的时代，服务企业的创新压力逐渐演变为满足顾客需求的创新，其中最有效的途径就是顾客参与服务创新。顾客及市场信息向企业逆向流动，企业及服务信息向顾客正向流动，这种存在于顾客和企业之间信息的双向流动环节保持畅通，是顾客参与企业服务创新的保障，这就需要建设畅通的信息交流共享机制。而 21 世纪飞速发展的信息技术，不仅为建设信息交流共享平台提供了技术基础，更催生了以信息技术为载体的数字经济。

一、顾客参与服务创新

"顾客参与"是指服务提供者和目前（或潜在）的顾客合作，学习市场知识并改变组织行为；而"顾客参与服务创新"是指服务提供者与目前（或潜在）的顾客在服务开发的项目层次或计划层次合作，以预测顾客的潜在需求，并开发新服务。理论界对"顾客参与服务创新"

的度量有一个经典的 ALAM 模型,即包括顾客参与目标、顾客参与阶段、顾客参与强度和顾客参与模式四个要素,通过这四个要素的度量对顾客进行用户画像分析,从而制定出合适的服务策略。

顾客参与服务创新具体包括三种实践方式,即合作生产、顾客接触及服务定制。

合作生产(cooperative production)反映了顾客在服务生产过程中付出的投入,包括智力投入、实体投入和情感投入。智力投入是指信息和脑力的投入,例如就医时向医生提供有关个人健康状况信息,或向银行提供个人信用情况信息等。实体投入包括有形物和体力的投入,前者是指包括顾客自己在内的、顾客拥有或管理的物体,后者则指顾客获取服务时支出的体力。而当顾客同一名技能欠佳、态度冷漠的服务人员接触时,需要保持耐心和愉悦,那么该顾客就需要付出情感投入。

顾客以合作生产者的身份参与服务生产时,可被视作企业的一种投入要素。此时顾客的身份发生了变化,顾客本身拥有的知识和技能以及他们学习和参与的能力,将有助于企业进行合作生产和服务创新。顾客参与合作生产的程度越高,越倾向于认为自己的努力会对服务质量提升和自我价值实现做出贡献,尤其是当顾客看到合作生产会为自己带来更大利益时。例如,顾客在接受金融服务时,向银行所传递的服务反馈和需求信息越多,越有利于银行根据顾客知识提供更卓越的服务,从而使顾客看到合作生产为自己带来的收获。因此顾客不都是被动的服务接受者,通常情况下,他们愿意通过参与合作生产获得更佳的服务体验,而企业需要向顾客释放出需要他们参与的信号,从而让顾客参与服务合作生产成为现实。

顾客接触(customer contact)是指顾客与服务生产环节交互的纵深程度。一般来说,企业服务包括与顾客直接接触的前台作业部分和不与顾客直接接触的后台作业部分。前台与后台相互分离又相互协作,前台满足顾客需求,后台支持前台需要。前台作业数量增多则意味着顾客接触程度增大,此时企业的服务流程更多地暴露在顾客可直接感知的范围内,顾客也将据此做出对服务的评价。因此来自顾客接触的压力使得企业必须更加了解顾客,企业必须对服务生产过程中的技术水平和人员技能做出相应的调整以保证生产效率和服务传递系统的有效性。同时与顾客接触程度提高后,也为企业获取更多顾客信息提供了渠道,从而为顾客参与合作生产服务奠定了基础。

服务定制(service customization)是指服务过程中企业根据顾客需求的个性化程度选择为其提供标准化或定制化的服务。标准化模式生产出来的服务尽管可以压低成本从而为顾客提供价格低廉和质量稳定的服务,但也伤害了顾客对个性化服务的需要,顾客参与程度将会下降。定制化服务建立在顾客的个性化需求上,更加强调顾客的感受和互动,从而可以获得较高的顾客参与度和满意度,甚至可以培养出对企业具有较高忠诚度的顾客。在服务经济背景下,顾客需求日益多样化和个性化,企业战略也应从标准化战略转向差异化战略,以满足不同顾客的具体需求。服务定制作为差异化战略的一项主要策略,理应得到企业的重视。

二、畅通信息传导机制

顾客是企业提供服务的核心,在保证顾客满意的基础上继续挖掘其潜在需求,从而进行服务创新,才能提供更高层次的服务体验。顾客信息向企业服务设计部门的传导机制是否畅通,是创新能否产生和实现的决定性因素;顾客获取新服务信息的传导机制是否畅通,则是创新能

否应用并转化为企业经济效益的决定性因素。而畅通这一双向的信息传导机制,可以通过构建信息共享平台的方式实现。

信息共享是指信息资源的所有者基于一定目的,在一定时期和范围内,与利益相关者共同管理特定信息资源的信息交流模式。企业仅仅依靠自身的内部资源无法获得长期的效益,与其他市场参与者开展积极的信息共享,可以帮助其创造出不可替代和模仿的独有资源,而最重要也最容易说服进行合作的市场参与者就是顾客,尤其在外部环境快速变化的市场中,来自顾客的信息和知识将为企业服务创新提供更多空间。因此信息共享是企业服务创新和顾客参与的中介和桥梁。

信息共享平台的建设需要同时考虑线上和线下两个部分。线上信息共享平台依托互联网技术,综合了企业提供的服务的详细信息供顾客获取,同时拥有完善的服务反馈环节供顾客表达,借此来获得海量顾客信息和用户画像,作为线下信息服务和服务创新的基础。线下信息共享则主要依托经验丰富的企业员工和高效有序的组织架构,企业员工根据线上积累的用户画像信息对顾客开展定制化服务,从而获取线上所难以体现的更为个性化的顾客需求,并通过高效有序的组织架构传递至企业的服务设计部门,进行服务创新。

综上,线上信息共享平台、经验丰富的企业员工和高效有序的组织架构是畅通"顾客—企业"信息传导机制的重要举措,企业可根据自身情况进行现实中的调整和建设。

三、数字赋能与数字经济

当前,以数字科技为代表的新一轮科技革命和产业变革方兴未艾,在一些数字科技不断成熟、产业不断转化的同时,不断有新的颠覆性科技创新涌现出来,展现出催生新产品、新模式、新业态、新产业的巨大潜力。"十三五"期间,我国数字经济保持了高速增长态势,成为推动经济增长的重要引擎,数字经济创新创业活跃,新科技、新模式、新业态不断涌现,数字企业蓬勃发展,数字技术与实体经济融合深入推进。特别是面对新冠疫情的冲击,数字科技在密切接触人群确认、加快复工复产等方面发挥了积极作用,成为我国抗疫取得胜利的重要保障。数字科技通用的特征、数字经济的巨大发展潜力、数据以及数字产品和服务与国家安全的紧密关系等因素使得数字经济成为世界各国科技和产业竞争的焦点。此外,我国现已成为全球数字经济中与美国两强并立的一极,对数字经济领域的世界主导权意味着对下一轮世界经济变革的主导,也是对接下来的新的世界格局的主导,重要性不言而喻。

当前数字经济应用的主要产业是以服务业为主的第三产业,因此企业服务创新势必要关注数字赋能和数字经济对自身的影响及应用前景。目前较为常见的发展数字经济的方式包括企业传统服务业务的线上化和开展新的数字服务业态。

传统服务业务线上化意味着从微观企业角度对原有服务从设计、生产、传递、使用、反馈环节逐步实现全链条的线上化,这是因为单个或几个环节的线上化意味着在环节交接时会产生额外的对接成本,这会对企业效益产生负面影响。开展新的数字服务业态意味着从宏观角度推进具有数字化潜力但尚未开始数字化的产业实现数字化,这需要政府的推动,但也鼓励龙头企业主动探索产业数字化方案,充分发挥外溢效应,从而实现全产业的数字化。另外,特定的时代环境和技术发展进程也会催生全新的数字化行业,这需要企业家对当前国际国内发展现状和前景有清晰而长远的预见,从而在风口上抓住机遇,开创历史。

【案例12-3】　　　　　　　**蚂蚁集团——全方位的服务创新**

蚂蚁集团正式成立于2014年10月，是一家旨在为世界带来普惠金融服务的科技企业。蚂蚁集团的前身是浙江阿里巴巴电子商务有限公司旗下的支付宝（2004年成立）和小微金融服务集团（2013年3月以支付宝为主体筹建），以"让信用等于财富"为愿景，以"为世界带来更多平等的机会"为使命，致力于通过科技创新能力，携手金融机构和合作伙伴搭建一个"互联网+"的共享信用体系和开放金融生态系统，为全球个人顾客和小微企业提供安全、便捷的普惠金融服务。蚂蚁集团的行业地位较高，知名度和社会影响力不断上升，其产品与服务成为中国践行普惠金融的重要实践。蚂蚁集团的金融创新和服务质量在金融行业处于较高水平，充分体现了服务主导逻辑思维，为其他互联网金融企业创新发展提供了范式。

蚂蚁集团在互联网金融创新中的突出成就归功于其一直坚持服务主导逻辑。互联网金融企业以服务为主要交换对象，实体商品作为传递服务的载体或附属物；其操作性资源是大数据、云计算等具有高知识背景的技术，通过这些高科技技术获得基础设施的优势，为用户提供相对完善的使用平台。

1. 致力于提供普惠金融服务

在国家大力倡导普惠金融的背景下，蚂蚁集团关注传统金融服务忽视的低净值个人客户和中小微企业客户；同时，作为一家互联网金融企业，天生具有接近全球市场的渠道和便利，蚂蚁集团的创新视野同样放在全球市场。蚂蚁集团提出期盼为世界带来微小而美好的改变，以"为世界带来更多平等的机会"为使命，致力于通过科技创新能力，搭建一个开放、共享的信用体系和金融服务平台，为全球个人顾客和小微企业提供安全、便捷的普惠金融服务。按照企业价值观，蚂蚁集团在成立之初就将全球范围内的个人和小微企业作为服务对象。以支付宝、余额宝、网商银行等产品和服务为基础，运用大数据、云计算等最新技术向顾客提供互联网金融服务，使用户可获得平等的金融服务，大大扩展了普惠金融的惠及范围，提升了服务的效率。蚂蚁集团还积极响应国家精准扶贫政策，与农村小额贷款企业展开农信合作，探索"互联网+精准扶贫"。仅以支付宝为例，截至2017年7月，其在国内的用户已超过4.5亿人次；使用支付宝进行交易服务的企业已逾46万家。

2. 与客户多平台互动

蚂蚁集团借助大智移云等新技术打造了基于"互联网+"的多个金融平台，如支付平台——支付宝、定期理财信息平台——招财宝、智慧理财平台——蚂蚁聚宝、自运营实体平台——财富号、金融信息服务平台——维他命、股权众筹平台——蚂蚁达客等。这些开放性平台将金融企业、金融产品、金融服务、金融信息与金融客户连接在了一起，为企业与顾客的互动提供了更多的机会。平台设置的产品推介、直播频道、问答社区、实时动态等模块，既增加了服务接触的时间又扩展了服务接触的空间，企业与顾客能够直接交流对话，通过便捷性接触实现了有效沟通。随着服务场景的多元化和多样化，蚂蚁集团的平台在升级，顾客的角色在转变，服务体验在不断提升。如在蚂蚁集团的财富号上，问答社区是企业与顾客互动的一个空间，社区会鼓励其他顾客或安排专人来解答问题，回复顾客的留言，以保持问答社区的活跃度。在与平台互动的过程中，顾客不再是单纯的基金购买者，顾客的投资理念和偏好将会影响基金经理对基金产品的设计，成为产品的隐性设计者。当顾客得知基金经理参考自身的投资理念时，将会变得更加活跃，双方不断交换信息，互动体验感增强。支付宝从服务电商交易的支付工具到服务各行业的支付平台，再到移动生活方式代表，支付场景在不断拓展，而且增加了社交元素，为用户提供了极大便利,服务体验得到显著提升。创新活动改变价值传递方向,增强企业与客户、客户与客户之间的交流,并在交流和互动中实现价值的交互。"咻红包,传福气"是支付宝创新央视春晚新玩法,在除夕夜观春晚的过程中,用户利用支付宝 App 就能参与"咻红包"的活动,还可通过支付宝与春晚现场进行实时互动。"咻"到红包的用户,可分享给亲朋好友,将好运与福气传递给更多人。年度支付宝账单清楚地记录了用户过去一年通过支付宝交易的所有账目,还有人性化的消费特性分析,引起大家在社交平台展示个人消费气质评价,刺激了用户极大的兴趣和议论,并纷纷分享转发。这些富有强烈人文关怀的创新,不仅促进了新用户数量增长、增强了老用户的好感和黏性,还提升了企业和顾客的价值获得感。在创新活动中价值并非单向传递,而是实现了价值的交互传递,二者相辅相成,互相促进。

3. 实现各方共同成长

蚂蚁集团在创新发展过程中,不仅关注企业自身利益,也关心其利益相关方的利益,建立征信体系——芝麻信用——是蚂蚁集团关注顾客、商家、金融机构甚至政府利益的重要表现之一。通过云计算、机器学习、大数据等技术支持,芝麻信用客观地记录个人和企业的信用状况,并根据一定标准得出信用分数。从蚂蚁花呗、金融机构信用借贷、融资租赁到婚恋交友、优惠服务、免押金使用共享单车、学生服务、个人物品出售等,芝麻信用随时随地都为商家提供信息支持,同时数亿平台用户也感受到了信用体系带来的便利,节省了企业和顾客选择交易对象的时间和精力,顾客与企业之间的商业关系由于信用体系而变得简单明了。芝麻信用提供信用查询和服务便利,与最高人民法院合作,联合惩戒不讲信用的"老赖"。在蚂蚁集团构建的金融生态系统中,不仅为顾客汇集和整合了金融资源,还为其他利益相关者整合了诸多金融以外的其他信息。"千县万亿"计划旨在为县域经济发展和居民生活服务,利用"互联网+"打造城市服务、生活商圈、创业金融等多个单元,打通蚂蚁集团自身和各地基层政府的大数据,整合社会资源共同参与县域经济升级发展。基于场景化生活,蚂蚁集团建立了城市生活圈,促进资源共享,并以支付宝"口碑模块"为重要信息传输点。支付宝"口碑模块"展示着海量的城市生活信息,与支付宝合作的商家可在支付宝口碑界面展示自己的商品或服务,也可以开通直播功能,向顾客生动展示商品制作流程或工艺。蚂蚁集团作为企业与客户的信息中介平台,促进了信息互换,大大节省了企业与顾客的选择成本。助力小微企业、金融机构及合作伙伴成长一直是蚂蚁集团的愿景。网商银行的成立,为小微企业及个人客户贷款、理财等服务提供便利;联合其他金融及互联网金融企业发出保护消费者金融权益的倡议;实施"互联网推进器计划",与金融机构加大在渠道、技术、数据、征信乃至资本层面的合作,助力金融机构向新金融转型升级;为所有支付宝的用户开通碳账户,以计量用户在生活消费、交通出行等方面的碳减排量,鼓励用户建立低碳的生活方式,大力倡导绿色消费。

第三篇

创业实践篇

第十三章 创意产业

人类文明的进步总伴随着伟大创意的诞生,中国四大发明、蒸气机、电灯、飞机、电脑等极大促进了人类生活质量的跃升。今天,创意终于发展为独立的经济形态。创意产业不仅成为众多国家经济的新增长点,而且成为其他产业的"助推器",带动了经济社会整体的发展。

第一节 创意产业概述

一、创意产业的概念

创意产业的概念最早诞生于英国。1997年,英国成立了文化、媒体和体育部(DCMS),时任部长的克里斯·史密斯(Chris Smith)出版了《创意英国》,标志着文化政策及产业理念的提出。之后英国成立了英国创意产业特别工作小组(CITF),并正式提出了"创意产业"这一概念。此后,众多学者、国家从不同角度对创意产业进行了内容上的界定。

作为一个新兴概念,目前对于创意产业的界定没有统一的答案。通过对相关资料的查阅,发现各个学者及社会各界对创意产业的理解大致分为以下三类:

第一类,侧重知识产权内容的界定,代表人物是被称为"创意产业之父"的约翰·霍金斯。他强调专利授权,将产品在知识产权法保护范围内的行业称为创意产业,主要包括版权、专利、商标、设计四种行业;而创意资本投入,是将所有产业联系在一起的桥梁。美国是这类观点的代表国家,直接将创意产业称为版权产业。

第二类,侧重创意产业的文化属性,代表人物是查理德·凯夫斯。他将创意产业定义为:提供给我们宽泛的文化、艺术或仅仅是娱乐价值相关的产业和服务,并以文化的视角界定了创意产业所蕴含的行业,包括杂志、印刷业、视觉艺术、油画、雕刻、表演艺术、戏剧、歌曲、演唱会、舞蹈、有声唱片、电影、电视节目、时装、玩具、游戏。中国台湾地区直接运用了这类观点,并采用了"文化创意产业"的提法。

第三类,侧重生产功能的角度界定创意产业。如上海市经济委员会给出的定义:以创新思想、技巧和先进技术等知识和智力密集型要素为核心,通过一系列创造活动,引起生产和消费环节的价值增值,为社会创造财富和提供广泛就业机会的产业。英国创意产业特别工作小组所给出的定义认为:创意产业源自个人创意、技巧、才华,通过知识产权的开发和运用,是能够创造财富和就业潜力的行业。

综上所述,对创意及创意产业内容的共识是:创意的本质是基于创造力而产生的想法,知识产权与文化属性是构成创意产业的典型要素。联合国教科文组织将创意产业定义为:结合创意生产和商品化等方式,运用本质为无形的文化内涵,这些内容基本上受著作权保障,形式是物质的商品或非物质的服务。

二、创意产业发展的社会基础

将传统产品与创意产品进行比较，可以发现两者之间存在着替代效应。从供给角度来看，当今社会生产率的极大提高使我们可以创造出比前人创造的总和还要多得多的物质产品，这些物质产品以价值形式来度量，就是社会收入的极大增加。物质产品生产的增加，加之科技进步与人口增长，使社会中相当一部分人可以摆脱单纯的物质生产，转而从事非物质产品的生产，创意生产便是其中之一。于是，创意活动不再是仅限于某个产业或行业内部的从属活动，而是逐渐从原有的经济中分离出来，成为为不同行业提供创意服务的第三方，由此成为一种独立的产业。

从需求角度来看，根据行为科学理论，人的需求有不同的层次。人们的消费按其内容和水平可分为三类：生存性消费、发展性消费和享乐性消费。生存性消费主要指衣食消费，处于最低层次；发展性消费和享乐性消费居于较高层次，包括教育、健身、娱乐、环境等方面的消费，而这些消费正是文化消费的内容。随着社会生产的不断发展，恩格尔系数的逐步下降，人们对文化娱乐的需求越来越大，用于购买文化产品和服务的开支比重增多。同时，现代经济发展和社会进步带来的闲暇时间的增多也有力地开辟了创意产业的消费市场。随着人们闲暇时间的增多，人们对精神文化产品的需求迅速增长，各类体现文化创意的物质产品正拥有越来越多的消费群体就说明了这一点。创意产品的消费满足了人们精神文化需求，将人们的福利实现提升到一个新的发展阶段，创意产业也自此获得了需求基础。

三、创意产业的特征

虽然在实际的政策运用或政府的产业统计中，由于各国和地区的经济社会发展阶段以及文化背景不同，对创意产业内涵与外延的界定存在一定的差异，但总体而言，创意产业具有如下共同特征。

(一)创意产业具有极高的附加值，是一个"引擎"产业

创意产业在技术知识产权、专利制度、金融服务等发展条件的支撑下，以居于价值链高端的地位优于所有产业，这从根本上决定了其较高的附加值。

(二)创意产业具有需求的不确定性

从供给方面来看，由于创意产业更多地具有文化艺术的特性，因而其在风格、基调、艺术特色等方面带有多样性与差异性的特点。因此在创意产品投入生产之前，很难根据以往经济发展形势来判断"消费者将如何评价和对待新的创意产品"，使创意产业在产品需求上呈现出不确定性的特点。

(三)创意产业需要有知识产权法的保护

创意产业是一个智力密集型行业，其核心是人的创造力。广义的创造力存在于技术、经济和文化艺术方面，即技术发明、企业家能力和艺术创造力，技术发明和艺术创造需要有企业家才能变成产品和实现价值，创造力必须有知识产权保护才能创造财富。因此，知识产权保护制度是发展创意产业的有效保障。

(四)创意产业中人的创造型思维至关重要

每个创意工作者都可以在一定范围内将个人对产品的理解和创意冲动倾注于实体产品的质量与形态里。所有技术创新追求、文化创新追求均力求充分地考虑现代社会中那些集体和个体消费者的独特创意,互动、融合、客户、合作和网络是关键。

(五)创意产业具有产业集群的特征

创意产业的发展并不仅仅是个人和单个企业的行为,而是需要集体的互动和企业的地理集聚。随着各种新兴科学技术的出现以及人们对创意产品要求的提升,创意产业内部分工也更趋细化,生产过程日益复杂,往往需要各种硬件和软件的支持,同时需要各个层面、众多创意人才协同配合才能完成。为了获得规模经济和范围经济,集群内不同类型的企业共生互补,不断向产业链的两头延伸,向产业链上的价值高端攀越是创意产业集群的共同现象。

(六)创意产业反映了产业融合的趋势

创意产业包含的专业领域很广,它和高科技产业、内容产业及文化艺术产业等有广泛的联系。正如康纳(J. O. Connor)所言:"可以断言,地方和区域战略的后十年的任务是找到一种可以把文化产业与更广泛的制造业部门联系起来的方式,创造性、风险、创新和信息知识与文化在全球经济中将具有核心作用。"

(七)创意产业具有一定的区位特征

基于创意产业的自身特点,创意产业自兴起之初,就表现出与传统产业的不同。从微观上看,创意产业往往集中在某些特定的区域,比如旧城区。从中观上看,创意产业往往选择某些特定的城市聚集,从而形成比较典型的创意城市。从宏观上看,一些国家和地区的创意产业发展相对迅速。

四、创意产业发展的意义

创意产业处于价值链的高位,是可持续发展的新兴产业。发展创意产业,对于促进产业结构调整、提高人民生活质量、创造崭新社会财富、更好传承传统文化等方面具有重要意义。

(一)促进产业结构调整

发展创意产业,能够激发创业主体的创新能力,筑牢自主创新在企业发展中的主体地位,促进生产方式的变革,发展并完善现代产业体系;同时,由于创意产品替代了部分传统产品市场,蕴含着巨大商机,因此为资源利用效率低、环境污染严重的企业转产提供了可选途径,助力社会整体产业结构的转型升级。

(二)提高人民生活质量

当前,闲暇消费已经越来越成为人们消费的重要内容,消费形式和消费内容也日趋多样化。创意产业的出现扩大了社会消费领域,增加了高质量的闲暇消费,极大提高了人民群众消费的质量和品位,提高了人民群众的获得感和幸福感。

(三)创造崭新社会财富

创意产业以有形的产品承载无形的创意,有机结合了物质财富与精神财富,成为创造社会财富的崭新手段。同时,创意产业的发展也激励更多人从事创意活动,除了创造更加广泛的就业机会外,还能有效促进现有人才从技能型向创新型、创意型转变,打造"创意人"与"创意阶

层",进一步丰富人力资源类型。

(四)更好传承传统文化

创意产业作为新兴产业,包含着许多现代思想文化成果,同时又不难发现其蕴含的传统文化痕迹。当代中国的文化发展正处于一个传统与现代交融的时代,如何利用文化融合的历史机遇,实现对传统文化的传承和对现代精神的塑造是一个崭新又迫切的议题。创意产业由于能够以现代表达的方式承载传统文化的价值观和精神追求,因此很好地回答了这一议题,更好实现了对传统文化的传承。

第二节 创意保护

一、创意保护的意义和必要性

知识经济时代,知识产权愈发受到重视,作为优化知识资源配置、促进技术进步的重要制度,知识产权保护制度与创新驱动发展的国家战略息息相关。制度理论指出,组织行为嵌入于制度环境中,制度规范对企业战略具有重要影响。作为宏观制度规范下的微观主体,新创企业不仅是国家创新体系的重要组成部分,更是助推我国经济高质量发展的活力之源。

(一)创意保护现状

创意是一种通过创新思维意识,从而进一步挖掘和激活资源组合方式进而提升资源价值的方法。但创意本身属于不受著作权法保护的思想观念,由创意而形成的文字、图形、计算机软件以及模型等创意的表达属于著作权法保护的客体。

除了必要的经济和文化基础之外,创意保护是创意产业发展不可缺少的核心要素。在当前我国经济高速发展、网络经济蓬勃发展的背景下,创意保护在现实中存在着程度不等的权利主体保护意识不高、知识产权能力不足、相关法律政策有待完善等问题。

1. 侵权现象时有发生

随着"互联网+"商业模式的日益发展,文化创意产业也日益与互联网融合,并通过互联网实现产业拓展与知识产权转化。然而知识产权与互联网的双重"无形性"的特点,导致文化创意产业的知识产权在互联网环境下容易遭到侵犯。

以著作权为例,影视作品、文学艺术作品、音乐作品的数字化和网络化传播,在给权利人带来经济收益的同时,也使得权利人的复制权更容易遭受侵犯。尤其在网络环境下,以复制权和信息网络传播权为对象的侵权行为明显增加,而这些行为往往难以察觉,难以举证,导致那些设置链接、搜索或进行其他网络服务的行为人的主观过错不易被确定,增加了文化创意产品在网络领域的维权难度。

侵权行为"发现难、举证难、赔偿低"是当前互联网经济下创意保护的新挑战。

2. 权利主体缺乏知识产权保护意识

目前我国很多文化创意产业的规模较小,处于起步阶段。由于创建的时间都比较短,普遍缺乏工作经验,初创企业往往将精力放在产品设计、研发和销售以及企业融资上,过于注重眼前利益导致企业并没有为自己的产品申请著作权、专利和商标,更没有设置专门的知识产权管理人员,这势必会影响其长远发展。

知识产权保护意识薄弱的初创企业,待未来走向成熟阶段后,其知识产权、商标、专利都存在着诸多风险。此时一旦企业知识产权受到侵犯,就很难有效地保护自身的合法权益。

3. 相关法律政策有待完善

伴随着网络技术和数字技术的发展,创意内容得到了极大的丰富。著作权的类型和利用方式得到了拓宽,文学作品、音乐、艺术、电影等传统文化产品,日益向网络游戏、网络文学、网络音乐等新型文化产品发展。而在此过程中,也出现了新的知识产权保护的需求。

目前,知识产权过于注重著作权,导致大量的数字、媒体技术无法及时固定为知识产权,从而丧失了本来可获得的市场竞争优势。传统的单一化知识产权保护策略显然难以适应当前多元化的知识产权保护需求,立体化的知识产权保护体系有待构建。知识产权属于人的智力劳动成果,各种类型的知识产权均有各自的保护客体。对于文化创意产业的产品而言,往往是多重智力活动成果的复合,本身就需要运用多重知识产权保护手段进行协同保护。当前以著作权为核心保护策略的现状,使得文化创意产业多元知识产权保护策略构建不足,同时各知识产权保护策略间的协同程度有待提高。事实上,文化创意产业的知识产权保护是一个综合体,只有综合运用各种知识产权保护手段,相互配合,方能实现理想的保护效果。

4. 政府监管力度不够强

在目前互联网快速发展的背景下,创意保护法律及相关政策的落地也面临着极大的挑战。政府对知识产权侵权的监管力度不够强,缺乏相应的管理经验,也没有建立科学合理的规章制度去对该行业进行规范。与此同时,政府对于社会的文化领域并没有进行很好的监督,监督手段也存在着局限,使得监管工作常常流于形式。

(二)创意保护的必要性

知识经济时代,知识产权愈发受到重视,作为优化知识资源配置、促进技术进步的重要制度,知识产权保护制度与创新驱动发展的国家战略息息相关。

作为21世纪以知识要素为基础的新经济模式支柱,创意产业在拉动地区经济增长,实现循环经济以及树立现代城市国际形象,构建文化"地标"中的重要作用正逐渐为人们所认识和关注。而创意保护是推动创意产业发展的核心,是创意产业发展不可缺少的保障与基础。

1. 创意的极易侵犯性

创意具有非物质性的特征,其价值的体现在于所蕴含的信息,而非外在的形式载体。创意的非物质性使得自身极易受侵犯。阿罗信息悖论说明了创意人在披露创意过程中的两难境地,故而必须通过知识产权法律制度才能实现对创意的保护。

与物质性产物相比,创意由于极易受到侵犯,所以更加需要产权的保护。

2. 创意是创新的基础

从促进创意产业健康、可持续发展的角度来看,创意产业链条一般都包括以下四个鲜明的环节。第一环节是内容创意,即由创意人提出具有独创性的思路、构思、规划或想法。第二环节是生产输入,即将创意内容变成一个完整的产品。第三环节是生产制造,即通过后期制作生产出批量化的产品。第四环节是交易和传播,即将根据创意生产出来的产品推向市场和社会。从上述四个环节可以看出,创意不仅是创意产业发展的逻辑起点和根本保障,而且是创意产业和创意经济取之不尽、用之不竭的活水源头。但现实生活中,侵犯创意、盗窃构思的案件数不胜数,绝大多数创意提供者遭受侵权却无据可循,惨遭败诉。如果创意极易受到侵权,则创意者的积极性会受到明显打击,这会直接性地抑制创新。只有对创意进行知识产权保护,建立创意的知识产权保护体系,充分发挥其在解决矛盾纠纷中的作用,才能推动创意产业健康有序发展,才能永葆创新活力。

3. 创新是高质量发展的核心

我国已经发展为世界第二大经济体,要想从经济大国转变为经济强国,唯一的出路就是提高产品的科技含量,创造自主知识产权品牌和价值,完成从"中国制造"到"中国创造"的"二次升华"。而这其中关键的一环就是创意创新的激发。

(三)创意保护的意义

1. 激发创意者的创作积极性

知识产权保护制度是一种对发明创造和技术创新最有效的激励制度。如果给予创意知识产权保护,就是以法律的形式来保障创意者在一定时期内以排他的独占性权利来禁止他人任意使用自己的创意。权利人以外的任何人想要将该创意投入实施或利用创意生产产品,都要支付创意所有人相应的使用费。如此一来,创意者在创意过程中所付出的时间、精力、成本就能够得到回报,甚至获得高额的利润。这样就可极大地提高创意者的积极性,有助于激励创意者不断创新。如果没有知识产权制度的有力保护,创意者在是否披露创意时就非常为难,一旦创意公开就很容易被别人无偿地模仿,创意者就很难取得报酬,甚至可能遭受损失。那么人们就不会有创新的积极性,也就难以取得创意成果。

2. 推动创意产业发展

对于个体来说,创意保护是从创意活动开始到获得排他性收益的保障。创意得到法律保护就会激发创意者的积极性,从而推动初创企业的形成。初创企业的形成与发展是整个产业发展的基础。有了创意保护,即对于个体、公司来说有了产权的保护,意味着创意产业的利润有了一定的保障,市场上就会有更多的资源会投入创意产业之中,这是推动创意产业发展的原动力。

3. 促进国家经济发展

诺贝尔经济学奖得主道格拉斯·诺斯曾说过:知识产权保护制度的出现和发展,使得发明成果大量涌现,从而启动了工业革命并创造了现代经济增长的奇迹。为了实现高质量的经济发展,国家必须要有源源不断的创新活力。而创意保护将会有力地推动个体、行业投入创新创意实践之中,从而使得整个国家迸发出创新活力,实现高质量发展。

4. 有利于国际贸易

无论是我国企业走出去,还是把国外企业引进来,企业的知识产权都需要予以保护。对于拥有创意、创新并期望以此获得垄断利润的企业,如果创意保护不够完全,那么大量复制品将会快速泛滥,这会导致创意企业无法获得其创意带来的利润。这会明显打击企业的创意走进其他国家市场的积极性,不利于国际投资与国际贸易。

二、创意保护方式

(一)法律制度

1. 知识产权概述

中国已迈入创新驱动发展、经济转型升级提质增效的新阶段,知识产权保护也正在向更高标准迈进。加大知识产权保护力度,是对创新思维的保护,要充分发挥知识产权制度在创新驱动过程中的特殊作用。改革开放以来取得的成果表明,知识产权制度已成为我国在全面实施创新驱动发展过程中始终保持竞争力的支撑。

知识产权在资本形态上表现为无形资产。在管理学中,无形资产属于固定资产的范畴,是不具有实物形态的独占经济资源。无形资产涉及以下三类财产权利。

(1)知识类财产权利。该类财产主要由知识、技术、信息等无形资产利益所构成,可以分为创造性成果与经营性标记,其权利形态包括著作权、商标权、专利权等,是典型的知识产权。

(2)资信类财产权利。该类财产主要是经营领域中商誉、信用、形象等具有经济内容的商业人格利益。就构成而言,其内在因素是主体的经营能力,包括经济状况、生产能力、产品质量、市场占有份额等;其外在因素是社会基于主体的信誉、形象等而给予的评价和信赖。该类财产权利形态包括商誉权、信用权、形象权等,是宽泛意义上的知识产权。

(3)特许类财产权。该类财产由主管机关或社会组织所特别授予的资格、优惠、特权等法律利益构成。该类财产与前述知识类财产、资信类财产不同,它不是基于所有人自己的创造性行为或经营性资信所形成的,而是由某一机关或组织的特别授权所产生的。此类财产的权利形态即为特许经营权。

2. 专利权概述

知识产权中的专利有以下三方面的含义:

(1)指专利权的简称,即依法在一定时期内授予发明创造者或者其权利继受者独占使用其发明创造的权利,以及认为政府授予发明者的专利权是保护发明者的创造性努力,从而激励其制造和商业化的一种权利。专利权具有排他性。

(2)指专利技术,即专利权的客体,是经国家专利主管机关审查确定并在公开的基础上进行法律保护的发明创造本身。这是产生专利权的基础。

(3)指具体的物质文件。专利是一种所有权证书,是国家专利主管机关颁发的确认申请人对其发明创造享有专利权的专利证书或指记载发明创造内容的专利文献。通常人们所说的"查专利"就是指查阅这种专利文献。

3. 商标权概述

信息经济学家认为,商标是一种特殊的能够传递商业信息的载体,是将产品供应和消费两方连接起来的特殊物品。经由此特殊关系,消费者在寻求其所需要的商品时更为快捷,减少了不必要的寻找成本。生产者通过这种由商标构成的连接关系,并利用广告或其他手段将对应商品资讯传递到消费方,依据消费群体真实采购状况调整产量,继而得到更佳收益。所以,随着知识经济的繁荣发展,商标的地位迅速上升,生产者(销售者)对于商标所有权的控制至关重要。一般来讲商标权具有四个属性,分别为独占、时效、地域以及财产特性。

(1)独占性。独占性亦为垄断性(或专有性),即注册(或持有)商标人对所注册(或持有)商标具有独自运用的权利。之所以赋予商标该权利,主要目的是稳固商标与其代表的产品之间的对应关系,从而确保消费者得到的产品源头信息准确、不混淆。换言之,所有没有经过法律准许,在商业背景下的商标运用,均是侵害商标权的行为。

(2)时效性。商标权的时效性是指商标专用权的有效期限。商标专用权只在法律规定的时期内受保护,如果在此期限之外,没有进行续展,该权利将丧失法律保障。诸国现行商标法通常都设定了这一期限,只是期限的长短不同。目前多数国家法律规定商标有效期为 10 年,部分国家设定为7年(最短),甚至20年(最长)。国内现行法律规定所有商标的专有使用权利10年有效;如果期满仍需使用的,可在期满之前(或之后)6个月之内提出续展申请,如果在上述期限之内没有提出申请,将丧失此商标权。每一次续展可以将其专有使用权利延长10年,相应手续完成之后,将给予公告明示。

(3)地域性。地域性即商标专用权只在一定地域内受到法律保护。一般来讲,限制地域为注册国境内,换言之如果某一产品在A国注册,未在B国注册,则当该产品从A国出口到B国之后,不能得到B国法律保护。在国内注册批准的商标如果想要得到别的国家的相关法律保护,就必须在别的国家依法注册,或根据《商标国际注册马德里协定》等其他对应国际公约,提出在成员国境内的权利延伸申请。

(4)财产性。财产性即此专用权应属无形财产权的一种。商标专用权的获得,是一定人力、财力、智力投入的结果,并以智力投入为主。智力投入产出与有形财产不同,此类产品需附着于特定载体,但其所附着的载体自身的经济价值通常较小。譬如"可口可乐""全聚德"商标的载体分别为可乐、烤鸭,两种产品本身的价值较低,但这两个商标价值却极高,前者估值超过700亿美元,后者估值超过100亿元人民币。经由特定机构评估的商标,能够被视作企业无形资产计入投资。

4. 知识产权与企业创新

知识产权保护对企业创新活动具有显著的激励效应,但这种效应在不同所有制和不同竞争状态的企业间存在明显差异。具体来说,知识产权保护对非国有企业的激励效应更大,对竞争激烈行业的企业影响也更大。

相较于高技术密集度行业,技术密集度低的行业对知识产权保护并不敏感,加强知识产权保护对行业技术创新的激励作用是非常有限的,但随着技术密集度的增加,这种促进效应会逐渐凸显;而技术差距对知识产权保护技术创新效应的影响则表现为只有国内外企业的技术差距较小,自主创新成为技术进步的主导模式时,加强知识产权保护才有利于技术创新,而且随着技术差距的缩小,加强知识产权保护对技术创新的贡献度会越大。

(二)知识产权服务

1. 知识产权服务的内涵

知识产权服务体系是以专利、商标、版权等知识产权制度和相关法律法规为基础,以政府部门、中介机构、大学和研究机构、知识产权事务服务中心、行业协会等各类组织为服务载体,以高新技术企业等创新主体的知识产权权利人为主要服务对象,为社会提供代理、评估、质押、风险投资、预警、展示交易、许可、培训、诉讼、维权、信息等服务的各类机构和社会资源的总和。从服务内容来看,知识产权服务体系主要包括知识产权创造、流通(运用)、保护和知识产权人力资源服务四个环节。具体来讲,知识产权服务体系包括知识产权代理服务、知识产权信息咨询服务、知识产权交易服务、知识产权融资服务、知识产权法律服务和知识产权人才培养服务六个方面。

在知识产权服务体系中,服务需求与服务主体互为供求对象,服务功能和服务内容则是服务体系具体职能的延伸。服务主体需根据服务需求中不同类别需求方(双创平台和入驻企业)的需求内容,结合服务功能中服务阶段的要求,提供准确对接的人才团队和服务内容。四个结构模块共同组成知识产权服务体系,并在此体系中形成资源循环和动能再生。

2. 创业平台知识产权服务模式

(1)平台自行服务模式的内涵和特征。平台自行服务模式指平台内部设立知识产权服务部门或将知识产权服务嵌套在其他服务部门,由平台为入驻企业提供知识产权服务的一种模式。从服务需求来看,服务需求方为平台入驻企业;从需求内容来看,平台为入驻企业提供直接解决问题的服务;从服务主体来看,提供知识产权服务的服务人才一般是平台内部的知识产权工作人员或者不定期聘请的知识产权方面的专家;从服务功能来看,平台自行服务一般提供简单的知识产权前端服务,包括知识产权培训、商标注册、软件著作权申请及咨询服务等;从服务内容来看,仅限于信息检索、申请、注册等。

(2)外部服务模式的内涵和特征。外部服务模式是指依托政府公共服务机构和市场机构来提供知识产权服务。从"双创"平台入驻企业的需求角度出发,企业知识产权服务需求不能在园区或平台内得到满足时,可通过平台对接第三方知识产权服务机构,为企业提供服务。从服务需求来看,服务需求方来自平台及其入驻企业;从需求内容来看,平台为入驻企业推荐优质的市场服务资源或政府公共服务资源;从服务主体来看,提供知识产权服务人员是平台外部的知识产权机构的专职知识产权工作人员;从服务功能来看,平台对接的外部资源提供知识产权前端、中端服务;从服务内容来看,可提供包括信息检索分析、申请、注册、评估、交易、托管、经营、管理咨询、培训、诉讼等较全面的服务。

(3)组合服务模式的内涵和特征。组合服务模式指内外部结合提供知识产权服务,即平台内部设立知识产权服务部门提供服务外,部分服务依托于外部的政府公共服务机构和市场服务机构。其中,与市场服务机构的合作形式为签订战略协议,平台入驻企业享受该机构一定比例的价格优惠。组合服务模式特征为将内外部资源整合运用,服务功能各阶段中不同服务内容对接的资源不同。从服务需求来看,服务需求方来自平台及其入驻企业;从需求内容来看,平台自身为入驻企业提供知识产权服务,同时链接优质的市场服务资源或官方的服务资源;从服务主体来看,提供知识产权服务的服务人才包括平台专门的知识产权服务人员,或是外部的知识产权机构的专业知识产权工作人员或者政府知识产权服务人员;从服务功能来看,一般平台提供前端的服务,平台链接的外部资源提供知识产权前端、中端和后端服务;从服务内容来看,也较为全面,包括信息检索分析、申请、注册、评估、交易、托管、经营、管理咨询、培训、诉讼、战略制定等。

【案例13-1】　　　　　　北京启迪"星知汇"模式和服务外包

北京启迪模式及其服务内核特色是"星知汇"一站式服务。北京启迪之星成立于2004年,当前在孵企业超过1000家。目前其知识产权服务模式为:内部知识产权部门+第三方知识产权代理机构。值得注意的是,北京启迪之星内设的知识产权部门于2017年4月转型升级为"星知汇"一站式知识产权服务平台,并聘请了专业知识产权代理机构从业人员供职。"星知汇"提供的服务偏前端,如商标注册,专利、软件著作权的申请等。而外包给市场服务机构的服务则涵盖了前端及中后端服务,包括知识产权的运用转化、诉讼代理、培训咨询和战略布局等。

三、创意保护的建议和对策

(一)创业企业

1. 企业创立阶段

企业创立及登记注册过程中需注意知识产权侵权风险,对拟采用的企业名称、企业章程、经营范围和项目须提交给相关行政主管部门登记或备案;对创业人员以非货币性资产——知识产权出资的,必须符合公司法的相关规定。即企业在创立阶段要留意创立的企业名称以及创业人员以知识产权出资,该知识产权是否为创业人员所有或控制,是否存在侵犯他人知识产权的风险。

(1)对于拟采用的企业名称有可能对其他公司、企业产生侵权的,须在国家企业信用信息公示系统网站做好企业名称检索,做到在企业创设时的合法性、合规性审查,必要时可交由有资质的第三方中介机构代理办理企业工商注册、登记,并进行技术交底和创立阶段文件存档。

(2)创业人员以知识产权出资,该知识产权可以包括工业产权(专利权和商标权)与非专利技术专利。但是对以知识产权出资的,必须注意该项知识产权评估价值、有效期限、资产转移等法律风险,并对知识产权所有人或持有人进行约定,明确投资后知识产权归属、企业投资各方具有保密义务等,从而化解和规避在创立阶段的知识产权风险。

2. 企业经营阶段

企业面对技术创新和产品革新中出现的知识产权风险,应及时加强防范,并采取必要的规避措施和应对策略。

(1)加强对企业经营管理人员、研发设计人员及生产技术相关人员的日常管理工作。约定研发设计过程中合作开发、委托开发成果权利归属,明确职务发明创造成果权利归属。在技术创新、产品革新过程中,对企业经营管理人员、研发设计人员、生产技术人员、知识产权管理人员等接触到或可能接触到涉密信息的企业内部管理人员,进行有效的团队管理。

(2)同研发设计、品牌管理等相关人员签署保密协议,注意防范新产品试产过程中泄露商业秘密的风险。在技术创新和产品革新工作尚未启动前,企业应同参与研发设计、技术创新、产品革新过程中的企业经营管理人员、研发设计人员、生产技术人员、知识产权管理人员等接触到或可能接触到涉密信息的企业人员签署相关保密协议,并对研发设计、产品革新中涉及的技术交底资料、原始数据资料、分析报告材料、性能测试资料等技术资源进行保密。

(3)不定期邀请本行业专家、学者为企业研发设计团队、经营管理人员、生产技术人员进行有效的知识产权培训,不断充实、丰富小微制造企业人员的知识产权意识,充实这部分人员的日常工作内容,提升小微制造企业的整体竞争力。还可以通过问卷、考试、环境模拟等方式对培训对象是否理解培训课程内容进行考核和评价,鼓励参加培训的人员学以致用,为小微制造企业创造更多增值服务。在设计知识产权培训课程内容时,可以将知识产权与知识产权风险的概念、国内知识产权有关的法律法规和制度、与知识产权相关的国际公约,以及在高科技、互联网背景下可能涉及的知识产权热点问题等纳入培训课程体系。

(二)创业平台

(1)加强创业信息集成。大学生创业园为创业人员提供了良好的基础设施,为入园的大学生提供了办公场所、物业管理、财税服务、人才招聘等方面的服务。在创业信息集成方面需要充分利用高校、科研院所、中介组织、行业协会和企业等信息渠道,通过网络平台广泛征集大学生创业项目。建设高校资源与社会资源有效衔接的管理机构,完善项目征集与发布为一体的互动式项目信息库。给入园的创业团队在寻求市场机遇信息、新技术信息等方面提供快捷的信息服务。

(2)鼓励创业要素聚合。聚合政府、行业协会、学校、企业各个主体资源,建立长期的合作关系,建立多种形式的创新创业实践基地,形成以创业园为核心的多层次、全方位、立体式的创业平台。

(3)强化创业过程指导。创业平台在企业创业前期应发挥"双师型"教师和企业兼职老师的作用,开展多种形式的创业培训,完善创业企业的知识结构。在创业孵化期,聘请具有一定生产和管理经验的企业管理人员作为创业导师,参与创业项目的运行管理,对创业团队进行实地指导,及时解决运营过程中的问题。在创业企业进入市场后,联系成功企业家、咨询专家建立创业导师库,对企业进行"一对一"个性化辅导,增强创业指导的针对性和时效性。

(4)推进创业生态构建。创业平台应该建立一个面向学校,通过学校面向社会和企业的开放生态系统,让各种创业实践要素在系统中相互联系、相互作用,形成一个互动发展的有机生态系统。创建良好的创新创业文化氛围,良好的创新创业环境可以培养创业大学生积极向上的心理,通过打造团队的核心文化激发学生的创业激情。创业平台可定期举办创业沙龙,邀请企业家、创业者、创业导师参与活动,就创业活动中的各种困惑进行交流,充分发挥团队的力量解决经营管理过程中的问题。

(三)法律监管

(1)构建知识产权保护体系。继续深入实施知识产权战略,加强知识产权保护,提高知识产权保护对"大众创业、万众创新"活跃程度的支撑和保障作用,构建针对性普法机制、经常性交流机制、灵活性沟通机制和互动性反馈机制"四位一体"的知识产权保护体系。

(2)完善知识产权保护机制。完善知识产权快速维权与维权援助机制,缩短确权审查、侵权处理周期。降低知识产权保护举证门槛,积极推进惩罚性赔偿机制,完善权利人维权机制,合理划分权利人举证责任,完善行政调解等非诉讼纠纷解决途径。

(3)营造知识产权保护氛围。大力实施知识产权战略,普及知识产权文化,营造良好创新氛围,使知识产权保护成为全社会共同的价值追求和行为习惯,充分利用知识产权制度的激励保护功能,激发大众创新创业热情,释放全社会创造活力。

(四)政府

(1)随着垄断和进入壁垒的逐渐清除,政府需加强对侵权行为的惩罚力度。当企业面临更多竞争时,企业的创新投入对知识产权保护更敏感。随着我国改革开放的深入,各行业、各领域的进入壁垒正在逐渐消失,市场竞争将会更加激烈。因此政府应该以更大的力度来打击各种侵权行为,否则企业创新投入会出现大幅下降。

(2)对侵权行为不仅要进行事后打击,也需要在事前进行防范。当侵权行为已经存在时,虽然政府对其打击能够提高企业创新的积极性,但是其产生的负面影响并不能完全消除。因此政府应该双管齐下:一方面对侵权行为进行打击,发现一项查处一项;另一方面,要做好事前防范工作,降低侵权行为发生的可能性。这就要求建立针对侵权行为的全方位的防御与打击机制。值得关注的是,政府部门已经意识到这个问题,并正在向这个方向努力。随着政府部门

和社会各界对知识产权的日益重视,各项知识产权保护政策将日趋完备,企业创新的积极性也将日益得到提高。

【案例13-2】　　首例盲盒盗版侵权案审结,创意包装如何保护?

盲盒,最初以福袋的形式发源于日本,里面通常装的是动漫、影视作品的周边,或者设计师单独设计出来的玩偶。由于消费者在购买时无法通过盒子包装了解购买内容,在不确定性的刺激下,盲盒成为当下年轻人追逐的潮流文化之一。随着盲盒经济不断崛起,与频繁交易相伴的侵权纠纷接踵而来,对于该新兴行业进行知识产权保护的重要性也日益凸显。2020年重庆两江新区(自贸区)法院审理了全国首例涉盲盒著作权侵权纠纷案件,认定被告产品外包装盒的设计侵害了原告著作权,判决被告承担停止销售侵权产品、销毁侵权产品包装盒和赔偿损失的民事责任。

该案原告系广州一家文化创意公司,该公司在1688网站开设店铺并销售盲盒商品。原告将其生产的盲盒产品外包装箱平面展开图申请了著作权登记,取得了"作品登记证书"。盲盒产品的外包装箱整体呈黄色,设计特征主要体现在正面和背面。其中,包装盒的正面设计为黑色白边的"盲の箱"文字占据上中部位置,"の"右上方还有竖行红色条框,框内有黑色"高山谨制"字样。包装盒背面设计为黑色白边的"盲の箱"文字占据上部位置,"の"右上方还有竖行红色条框,框内有黑色"高山谨制"字样。"盲の箱"文字的下方为三排黑字的日文。文字下方为一个大圆盘,圆盘的边缘一圈为白色,圆盘中部有白色圆圈,圆圈内有一个黑底白边的"问号"符号,圆盘被黑色虚线分割成若干等份,每一等份中间均带有黑色文字。圆盘下方还有几排文字。被告是一家经营地址位于小学旁边的个体工商户,被告销售的"盲箱超级豪华组合"商品外包装与原告申请著作权登记的作品极其相似。经比对,著作权登记证书所附图样与涉案产品均为竖行长方体包装盒,正面背面的上方均使用了与涉案作品相同的盲箱文字,原告以被告侵害其美术作品著作权为由起诉至法院。

1.涉案商品外包装是否构成著作权法保护的作品

《中华人民共和国著作权法》未明确规定对商品外包装给予著作权保护,但该法第三条列举了一些受保护的作品种类,包括文字作品、美术作品、摄影作品等;第十三至十七条列举了一些作品类型,如汇编作品、合作作品。《中华人民共和国著作权法实施条例》第二条对著作权法保护的客体做了概括性规定:"著作权法所称作品,是指文学、艺术和科学领域内具有独创性并能以某种有形形式复制的智力成果。"据此可以总结出受著作权法保护的作品具有以下特点:①是文学、艺术和科学领域内的智力成果;②具有独创性;③具有可复制性。其中,独创性是核心,体现了作者独有的、区别于他人的表达方式具有受法律保护的价值。若商品外包装构成独创性的表达,即可成为受著作权法保护的客体。同时,根据《中华人民共和国著作权法实施条例》第四条第(八)款的规定,美术作品是指绘画、书法、雕塑等以线条、色彩或者其他方式构成的有审美意义的平面或者立体的造型艺术作品。若商品外包装为美术设计的载体,能够体现美学价值取向和选择,同时满足艺术性、独创性和可复制性,即可适用于美术作品的规定,受著作权的保护。

法院认为,原告主张著作权的客体为竖行长方体外包装盒的展开图,虽然涉案作品使用的颜色、文字、字符均为常见元素,但外包装盒正面和背面的设计系通过对文字、图形、色彩的选择及编排,整体构成的一种独创性的表达,故原告主张著作权的"盲箱"包装盒展开图构成著作权法保护的汇编作品。

2.被告的销售行为是否侵犯盲盒外包装著作权？

著作权侵权行为的认定在知识产权案件审判活动中至为关键。《中华人民共和国著作权法》对著作权侵权行为方式做了简单列举，在具体认定方面缺乏详细的规范指导。"实质性相似加接触"规则由美国判例创设，是知识产权侵权行为认定的重要规则。在我国相关司法实践中，该项侵权认定规则逐渐得到认可及运用，成为判定著作权侵权行为的核心标准。

本案被告销售的"盲盒"同样为竖行长方体包装盒，在黑底白边的"问号"符号、大圆盘图案等其他主要设计特征上也与涉案作品基本相同，因此，法院认定被告销售的"盲盒"与原告享有著作权的涉案作品在文字、图案、色彩的选择及编排上高度一致，构成实质性相似。涉案产品外包装盒的设计未经原告许可，侵害了原告享有的著作权。被告销售包含上述侵权设计的产品，侵害了原告享有的发行权。

对于被告是否在此前具备了接触原告作品的条件，我们认为，随着信息时代科学技术高速发展，商品的销售渠道、作品的公开方式越来越多元化，大众接触商品及作品的途径和方式也越来越丰富，因此对于大多数通过公开销售渠道进入流通领域的商品而言，只要生产者、销售者将商品投入市场就可视为接触已经产生，被告需要通过证明所使用作品的合法来源等进行抗辩。本案原告是一家长期销售盲盒商品的文化创意公司，其使用的外包装富有创意及设计感，经过长期大量的广告宣传和市场推广，在消费者心中已与原告形成了不可割裂的固定联系，具有广泛的市场知名度并为相关公众所知悉。被告有充分的机会获取原告商品及外包装，应当推定被告已经接触或有接触原告作品的机会。

3.外包装侵权者如何承担侵权责任

在有关外包装侵权的案件中，我国司法裁判通常会将侵权责任指向的对象区分为商品本身以及产品的外包装，对于可与商品分离的商品外包装，法院一般会要求侵权者承担销毁侵权产品的包装和装潢、停止使用侵权的外包装图案、更换产品外包装等法律责任。本案中，法院考虑到盲盒著作权侵权案件的特殊性，判决侵权被告承担停止销售侵权产品、销毁侵权产品包装盒和赔偿损失的民事责任，并未要求被告销毁侵权商品。在传统著作权侵权案件中，如盗版书籍、盗版影像制品等，作品与作品的载体即商品不可分离，对商品保护即可实现对作品的保护。但盲盒盗版的是商品外包装的美术设计，不涉及盲盒内商品的真伪辨识，即该类案件中盗版的美术设计的载体为商品外包装，其与商品本身是分离的。故法院在认定侵权成立、被告承担停止侵权责任时，应销毁侵权商品的外包装，而非侵权商品。

4.商品外包装的其他保护路径

本案侵权纠纷发生于文化创意产业领域，涉案商品外包装具有创意性表达，因此属于著作权法保护范围。而实践中，商品外包装涉及的假冒侵权行为更多的是通过商标法或反不正当竞争法来调整。

根据我国商标法的规定，假如商品的包装装潢具有显著特征，便于识别，符合商标或者立体商标条件，便可以作为商标注册或使用。

《中华人民共和国反不正当竞争法》同样是保护商品外包装的主力军。2019年修订的《中华人民共和国反不正当竞争法》第六条第（一）项就体现了对商品包装装潢等商业标识的保护："经营者不得实施下列混淆行为，引人误认为是他人商品或者与他人存在特定联系：（一）擅自使用与他人有一定影响的商品名称、包装、装潢等相同或者近似的标识。"该项规定源自1993

年《中华人民共和国反不正当竞争法》第五条第(二)项,即经营者不得"擅自使用知名商品特有的名称、包装、装潢,或者使用与知名商品近似的名称、包装、装潢,造成和他人的知名商品相混淆,使购买者误认为是该知名商品"。修订后的条文取消了"知名商品"和"特有"要件,采用了"一定影响"判断标准;进一步扩大了商业标识保护的范围,不仅仅局限于商品名称、包装、装潢;对"混淆和误认"要件进行调整,扩大了混淆可能性的概念范围,降低了混淆可能性的认定标准。这在一定程度上体现了对商品外包装扩大保护范围的趋势,适应了司法实践需要。

此外,2014年修订的《中华人民共和国商标法实施条例》第七十六条规定:"在同一种商品或者类似商品上将与他人注册商标相同或者近似的标志作为商品名称或者商品装潢使用,误导公众的,属于商标法第五十七条第二项规定的侵犯注册商标专用权的行为。"这项规定就注意到商标保护与外包装上的商标名称及装潢之间存在密切的联系,从外包装的整体考虑有无造成商标误认的可能,通过对文字、图形等常见商标权客体的扩展保护,间接地保护商品外包装不被仿冒。

本案中,重庆两江新区(自贸区)法院首次将外包装盒的展开图整体作为著作权作品进行保护,明确了侵权者承担停止侵权责任时,具体责任要求为销毁侵权商品的外包装,而非侵权商品,对日后类似案件的裁判有着重要的启示作用。

案例来源:娱乐法内参 yulefaneican,作者:李玟豫。

第十四章 创业主体

被誉为"全球风险投资之父"的美国风险投资家乔治斯·多里特奥(Georges Doriot)有一句名言:"我更喜欢拥有二流创意的一流创业者和团队,而不是拥有一流创意的二流创业团队。"这个观念如今已成为风险投资界的一个投资原则。实际上,风险投资家在选择投资项目时,首先要评价的就是创业者和创业团队,然后才是技术先进性、产品独特性和市场潜力及盈利前景等。这足以见得创业者和创业团队的重要性。本章将着重对创业主体进行分析。

第一节 创业者

创业过程实际上是整合创业者、创业资源从而达到创造价值这一目的的过程。但需要清楚认识到的是,创业本身是一项具有高风险属性的活动,放眼国内外创新创业活动或项目,创业失败率很高。创业成功与否,都有多种原因可以解释,但与创业者本身的关系不容忽视。创业活动本身就是一项商业"冒险"活动,因此需要创业者具备一定的素质、专业能力等。

一、创业者的含义与类型

(一)创业者的含义

法国经济学家坎蒂隆(Cantillon)首次提出创业者(entrepreneur)一词,认为创业者是承担风险并可能合法拥有其收益的人;杜尔哥(A. R. J. Turgot)认为创业者与资本家存在差异,创业者承担风险,通过获得并组织生产要素来创造价值;萨伊(J. B. Say)将创业者描述为能够把经济资源从生产率较低的区域转移到生产率较高区域的人,并认为创业者是经济活动过程中的代理人;奈特(Knight)认为创业者应该是那些在不确定的环境下承担风险并进行决策的人;熊彼特认为创业者应为创新者,创业者的职能就是创新,创新能够克服自由市场经济的内在矛盾而使之延续;卡森认为创业者是擅长于对稀缺资源的协调利用做出明智决断的人。上述学者关于创业者的定义侧重于创业者在创造性或创新性地组织生产要素、获取相应收益时,承担创造价值过程中的相关风险。

与此同时,一些学者通过概括归纳创业者应该具备的特征、素质等来加以描述创业者。如柯兹纳指出,创业者应具备独特的"敏锐性",能够敏锐地发现市场并获取机会;加特纳认为创业者的个人特征应该包括人格特征、创新性、独特性、开拓新事业和谋求发展等;唐纳德(Donald)等则认为创业者会非常希望企业快速增长,因此具备这一特征才能成为合格的创业者;张世平认为,创业者是一种主导企业的领导人,是一种创业现象,是一种需要具有使命、荣誉、责任能力的人,是一种组织运用服务、技术、器物作业的人,是一种具有思考、推理、判断的人,是一种能使人追随并在追随的过程中获得利益的人,是一种具有完全权利能力和行为能力的人。针对这种归纳创业者应该具备的特征、素质等来加以描述创业者的定义,谢恩指出,创业者具有的特征是一个人成为创业者的必要条件而不是充分条件。这种概念界定虽然不一定能够科学合理地表达创业者含义,但其归纳总结的创业者特征和素质极具借鉴意义。

综上可见,对于创业者概念的界定存在不同的声音。本书倾向于如下定义:创业者是指在创业过程中能够凭借自身独特的特征和素质识别创业机会,整合与利用相关资源(资金、人力和技术等)进行自主创造并获取价值和承担风险的群体。

(二)创业者的类型

进入"大众创业、万众创新"的时代后,创业主体由小众走向大众,创业主体更加多元。我们难以用简洁、准确的语言充分表述不同创业主体的特点,难以通过通俗易懂的语言定义创业主体。因此,有必要对创业者进行分类。

1. 按创业动机的差异分类

根据创业者创业动机的差异进行划分是目前国际上通用的创业者分类方法,该方法将创业者划分为机会型创业者(opportunity-pull entrepreneur)和生存型创业者(necessity-push entrepreneur)。机会型创业者是指那些创业行为的动机为个人抓住现有机会的创业者;生存型创业者是指那些创业行为的动机为别无其他更好的选择,不得不通过创业活动来解决其所面临的困难的创业者,其核心在于该创业活动是一种被动的行为,而不是个人的自愿行为。

2. 按创新与风险的不同组合分类

朗多(Landau)根据创新性和风险承担这两个相互独立的特征因素来划分创业者。他认为可以依据创新性和风险承担两者的高低组合把创业者划分为四类:赌徒型创业者(gambler)、结合型创业者(consolidator)、梦想型创业者(dreamer)和创业型创业者(entrepreneur),如图14-1所示。赌徒型创业者是指创新性较低但承担的风险水平较高的创业者,其创业活动没有重大的创新,但有很大的机会比市场上现有的竞争者能更好地传递价值;结合型创业者主要是指创新性和承担的风险水平都较低的创业者,这种类型在风险较低的同时,其预期收益也较低;梦想型创业者是指试图把低风险和高创新相结合的创业者,所有的创业者都希望自己的创业过程创新性高而风险低,但朗多认为这不可能实现,因为任何创新本身都会产生风险,而且创新性越大,其自身的潜在价值也越大,所应承受的风险也就越大;创业型创业者是指兼具高风险和高创新性特征的创业者,这种类型的创业者应该正确认识到自己必须承担风险,并且要不断了解创新活动以及该项创新为什么吸引市场,继而不断调整策略使风险最小化、收益最大化。

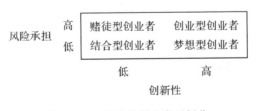

图 14-1 朗多的创业类型划分

3. 按利用技术的类型分类

随着经济社会的发展和科技的不断进步,技术的重要性在许多新兴产业如信息技术产业、生物技术产业等中越来越突出,因而在现代科技企业中,以技术为基础的创业者(technology-based entrepreneur)显得尤其重要,而投资者也往往被科技企业的高成长潜力所吸引。因此,琼斯-埃文斯(Jones-Evans)以创业者的技术和商业经验为依据对这一类创业者进行了更细的划分,主要包括研究型技术创业者、生产型技术创业者、应用型技术创业者以及机会型技术创业者。研究型技术创业者是指以研究环境为孵化器的创业者。其又可分为纯研究型创业者和研究-生产型创业者。纯研究型创业者主要是指那些基于学术研究环境但没有什么商业经验而进行创业的创业者,而研究-生产型创业者则是指虽然处于学术研究或产业研究的环境中,但具备商业经验的创业者。生产型技术创业者是指那些以商业环境决策为孵化器并具备技术发展经验的创业者。应用型技术创业者是指主要以商业经验为基础并具有技术发展知识的创业者,这是由于他们曾受雇于营销或销售部门,或者可能受雇是为了给企业获得某项技术。机会型技术创业者是指没有技术经验但看到了商业机会从而创建企业的创业者。这种类型的创业者通常要求具有一般性的技术知识,并能够敏锐性地观察到一项新技术所具备的市场机会和带来的个人效益。

4. 按年龄与经验特征分类

萧伟森针对中国出现的创业者,根据就业、管理、财务、技术以及战略等方面的因素评估,把创业者划分为五种类型:①老年型创业者(senior citizen),主要是指在退休后仍从事创业活动以保持没有失业的人。这类创业者创建的企业一般比较小,主要是依赖个人专长,私自募集资金而且没有长期的战略抱负。②工作狂型创业者(workaholics),也是针对退休以后创建企业的人,但该类型的创业者对其企业要比老年型创业者表现出更多的抱负和理想,这类人通常拥有一定的管理经验,具有较广泛的技能,创建的企业要大一些,而且战略目标较明显并会让雇员对企业以后的发展进行个人投资。③崇尚时髦型创业者(swingers),是一些较年轻的创业者,其目标是通过交易谋生,他们一般只有有限的产业经验和技术经验,主要依赖于个人的社会网络。该类创业者创建的企业规模适中,一般无长期的战略目标,主要目标还是使短期利润最大化,创建企业的资金主要通过积蓄、家人的赞助以及个人贷款等方式获得。④理想主义型创业者(idealists),也是经营中等规模企业的较年轻的人,但他们创业的动机主要不在于短期利润,而是获得成就感以及经营企业给他们带来的独立感,主要服务于各种终端市场,其企业可能是以高科技产品为基础,融资资金主要来源于保留的利润、家人赞助以及私人投资。⑤展翅高飞型创业者(high-flyers),这类创业者的创业动机与理想主义型创业者很相似,但其企业规模更大,而且提供各种产品,企业目标与战略比理想型创业者创建的企业更加明确,其融资资金来源更广,包括公共团体机构和国际机构等。

5. 按是否具有创新性因素分类

根据创业过程是否融入新技术、新方法或新理念,还可以将创业者分为创新型创业者和机械型创业者两类。创新型创业者是指创业者将创新性生产技术、管理模式、营销手段或服务方式应用于创业过程,以创造性方法创造价值的类型。这部分创业者包括:①部分年轻大学生选择毕业后甚至在校期间就将创业作为职业追求。②留学回国的创业群体也逐渐壮大,这个群体由于接触到国外先进理念、技术,因此是一支实力强劲的创业队伍。③科技人员创业的力量也不可忽视,由于技术人员具有技术专利、先进知识等,具有法律保护、政策支持等方面的创业便利条件。④企业高管的自主创业,企业高管在从事某一行业获得独到的经验后,凭借先进的管理理念或营销方式进行创业。这类创业者面临较大的风险,同时也意味着较高的收益。机械型创业者,与创新型创业者不同,他们更多是受生活所迫进行的自主创业,其创业过程基本不含创新性的技术、理念或模式等,主要是照搬已有的生产技术、经营模式进行生产经营。这类创业者面临的风险较大,收益也在合理范围区间,且难以形成较大规模。

这里有必要区分开创业者与创业团队,从宽泛的概念来看,创业团队中的每个人都属于创业者,但创业团队是一个群体性概念,更加强调创业过程中的分工与合作。而且由于创业人数的不确定性,有创业团队可以认为一定有创业者,而有创业者不一定意味着存在创业团队,这即是个体创业与团队创业之分。

二、创业者素质与能力

无论是创新型创业者还是机械型创业者,他们都是处于创业过程中心的个人或群体。风险与收益并存的商业活动能否成功,最重要的因素在于创业者自身。创业者承担个人财务和声誉风险以开展创业活动,并在促进和引领创业过程中发挥关键作用,包括商机的发现、企业组织的创建、融资、产品创新、资源获取与有效配置和利用,以及市场开拓等。因此在创业过程中,创业者的独特素质和技能极为重要。

(一)国外相关结论

国内外关于创业者素质的研究具有丰富的成果与结论。国外具有代表性的成果是美国一研究部门对千余名企业最高领导人和管理层人员的一项调查,调查结果给出了创业者最重要的20项素质与能力,表14-1按其重要程度进行了排列。

表14-1 创业者素质与能力排序表

排序	内容	排序	内容
1	财务管理经验与能力	11	行业及技术知识
2	交流与人际关系能力	12	领导与管理能力
3	激励下属的能力	13	对下属培养与选择能力
4	远见与洞察能力	14	与重要客户建立关系的能力
5	自我激励与自我突破	15	创造性
6	决策与计划能力	16	组织能力
7	市场营销能力	17	向下级授权能力
8	建立各种关系的能力	18	个人适应能力
9	人事管理的水平	19	工作效率与时间管理水平
10	形成良好企业文化的能力	20	技术发展趋势预测能力

资料来源:田千里.老板论[M].北京:经济科学出版社,2000.

(二)国内相关结论

我国对创业者素质与能力的界定具有代表性的是辛保平提炼的中国成功创业者的十大素质,具体包括欲望、忍耐、眼界、明势、敏感、人脉、谋略、胆量、与他人分享的愿望以及自我反省。

此外,成功的创业者无论最终的创业成果以何种形式呈现,都需要具备一定的创业能力,具体包括领导与决策能力、经营企业的能力、组织管理能力、人际协调能力、善于学习的能力等。

第二节 创业团队

成功的创业与优秀的创业者及其创业团队密不可分。在信息量大、技术迭代迅速的现代社会,创业活动仅仅依靠个人的亮眼表现和努力成果很难取得成功;相反,成功的企业往往与能否发挥团队合作的优势密切相关。对于每一个具有发展潜力的创业公司来说,无论是创业者、创业经理人还是创业企业家,个人才能总是有限的,必须辅以他人的经验和技能。许多调查表明,一个团队创业的成功率远高于个体创业者自己创业的成功率。一般来说,创业模式中的个体创业主体由两部分组成:个体创业者和创业者团队。本节主要介绍创业团队的知识。

一、创业团队的内涵

(一)创业团队的含义

同创业者的内涵相似,创业团队也具有丰富的内涵,不同学者对创业团队的界定存在一定区别。

卡姆(Kamm)、舒曼(Shuman)、西格(Seeger)和纽里克(Nurick)从所有权角度指出,创业团队是两个或两个以上参与公司创立过程并投入同比例资金的个人。但从各国创业实践过程中创业团队出资比例的情况来看,创业团队成员投入同比例资金的条件较为严苛,且实际情况中因团队成员个人的经济条件而异。因此,郭洮村对创业团队的定义进行了修正,他认为创业团队是指两个或两个以上参与公司创立过程并投入资金的特殊群体。

从参与时间的角度,盖伦·钱德勒(Gaylen N. Chandler)和史蒂夫·汉克斯(Steven H. Hanks)指出,创业团队指的是在公司成立之初执掌公司的人或是在公司营运的前两年加盟公司的成员,但不包括没有公司股权的一般雇员。

朱仁宏等综合国外多种创业团队的定义提出,创业团队是由两个或两个以上具有共同愿景和目标,共同创办新企业或参与新企业管理,拥有一定股权且直接参与战略决策的人组成的特别团队。

李时椿等认为创业团队有广义和狭义之分。狭义的创业团队是指由两个以上具有一定利益关系、共同承担创建新企业责任的人组建形成的工作团队。广义的创业团队不仅包含狭义创业团队,还包括与创业过程有关的各种利益相关者,如风险投资商、供应商、专家咨询群体等。

虽然不同的学者对于创业团队的概念界定不同,但多元化的概念有共通之处,即创业团队是指在创业初期(包括企业成立前和成立早期),由一群才能互补、责任共担、愿为共同的创业目标而奋斗的人所组成的社会单元或特殊群体。

(二)团队创业的优劣

创业学家杰弗里·蒂蒙斯认为,创业可能仅仅能够为创始人、几个家人和几个外人提供替代就业的机会,也可能会形成一个具有较高发展潜力的公司,两种不同结果的形成差异在于是否存在一支高质量的创业团队或管理团队。一个喜欢单打独斗的创业者固然可以谋生,然而一个协调性极佳的团队却能够创建出一个组织或公司,从而创造更大的价值,解决更多的就业。因此有必要比较分析个体创业和团队创业的特点。

创业团队具有成员间优势互补、资源共享、拓宽渠道、凝聚智慧、群策群力及降低风险等优势;同时高收益也意味着高风险,创业团队又可能具有成员个性不合、利益分配争议、经营理念不同、目标不一致等劣势。具体来看:

新企业的成功创建是基于创业者具备大量的知识、技能和信息之上的,对于个体创业者而言完全具备这些资源并非易事,因此以团队方式进行创业,组建创业团队,可以集聚不同成员的资源、优势互补。此外,创业团队往往能够产生一种集体效能(collective efficacy),即一种相信团队比个体更强的信念,从而有利于团队企业家精神的发挥。除了以上优势之外,团队方式创业的一个重要功能是可以化解创业者面临的创业风险。创业机会类型参差不齐,大多数机会并不适合开发利用。史蒂文斯(Stevnens)和伯利(Burley)发现,大约3000个机会之中才会产生一个可成功商业化的机会,因此创业者面临机会类型不确定的风险。实现成功创业,要求创业者必须开发那些具有高质量特征的机会。团队创业可化解创业风险,原因是创业者通过组建创业团队,利用团队成员的专业知识对要开发的机会进行评估,获取关于机会特征信息,进而判断出机会的类型,并决定创业活动是终止还是延续,从而降低了创业的风险。

诚然,以团队方式进行创业,也有其不利之处。团队成员间的冲突、团队内的权力斗争等是创业团队内部存在的普遍现象。卢俊义和程刚发现,团队成员个体之间不相容或争端的情感冲突,显示为彼此之间的非难,会对决策和企业绩效带来负面效应;而且一旦团队内部发生为获取私利的斗争,企业内部的信息流动就会大受限制,资源的内部配置效率也会降低。当斗争升级时,管理者将精力过多内耗于内部权力之争,降低了管理能力,这都会严重降低团队决策的有效性,从而影响企业绩效。此外,若处理不好团队成员间经营理念不同、目标不一致等问题,甚至还可能导致创业团队的解散。

【阅读资料14-1】　　德国西门子公司的"员工是企业内部的企业家"

德国西门子公司是德国最大的私人企业,也是世界著名的跨国公司。其作为国际电气界的一颗璀璨明珠,离不开对团队里人才的重视,一整套对人才的选拔、培养方法成为公司整体发展战略的重要组成部分,是西门子公司人才管理的重要特色。

为了让员工成为真正的企业内部的企业家,西门子公司通过"CPD圆桌会议"等方式让员工有充分参与决策、施展才华的机会,内部员工在这个过程中不断交流沟通,更好为公司发展建言献策,形成发展目标的合力,达到"1+1>2"的效果,体现出团队优势;公司还让员工有增加薪酬的机会,这样"有名有利"才能让员工体会到企业家的感觉。这实际上是互利的,即员工的才能得到发挥,受到提升,增加了收入,同时企业也得到了人才,创造了利润。

以个体方式进行创业,则具有与团队方式创业互补的优缺点:一方面由于创业者单独创业,不能识别创业机会的具体类型,因此必将承担机会类型不确定的创业风险;另一方面,由于没有与其他成员组成团队共同创业,创业者避免了为防范机会失窃而需承担的防范成本。

综上所述,不同的创业方式均互有利弊,从持有机会的创业者角度而言,选择以何种方式创业是创业者面临的一项重要而艰难的决策。

二、组建创业团队

如上所述,与个人创业相比,团队创业虽然在资源整合和风险共担等方面具有优势,但内部成员的多样性导致其很难像个体创业者一样,完全充分发挥"1+1>2"的协同效应。所以应尽量考虑以上因素,未雨绸缪,扬长避短,最大限度地维护创业团队的利益。因为创业者的个性、经验、背景和兴趣存在差异,所以很难提出创建创业团队的标准答案或模式。成功的创业者需要具备一定的特质和技能,这就对创业者的素质和技能提出了更高的要求。

(一)创业团队的组成要素

虽然成功成长为大公司或具有发展前景的创业团队内部在态度和理念上存在差异,但仍具有共同点,它们往往由一群团结一致、为同一目标而努力的人组成,相互之间相处愉快,时刻准备好共同奋斗,努力取得高质量的成果。与团队相比,团队成员的角色相辅相成,成员之间的工作在很大程度上是互补的。大量研究表明,共同的目标、成员的技能互补以及创业团队的责任分工非常重要。创业团队往往是少数人的集合,相互交流的障碍较少,比较容易达成一致,也比较容易形成凝聚力、忠诚感和依存感。不过,无论创业团队的人数有多少,创业团队的核心工作是将每个成员不同的"个人专用资产"整合为"整体专用资产"。因此,优秀的创业团队往往具有以下共同点:

(1)成员间具有凝聚力。每个团队成员都必须意识到他们的相互依存关系,只有创业团队成功了,每个人才能从中受益。他们相信,除非每个人都成功,否则没有人可以靠自己成功;相反,如果团队中的一个人输了,那么每个人也都输了。无论企业有多大,奖励、补偿和激励取决于创造商业价值和产生投资回报率。

(2)成员具有较强的合作意识。高潜力创业活动的最大特点,不仅是培养一两个优秀个人的地方,更重要的是整体的团队协作能力。优秀的团队齐心协力,提高整体效率,从而减少个人的工作量。并且优秀的团队会在团队成员间树立榜样和模范,通过高绩效激励等方式鼓励全体成员积极为团队奉献。

(3)成员能够为集体着想。应综合考虑客户、公司的利益以及价值的创造进行艰难的选择和利弊的权衡,而不能以纯粹的功利主义和无道德论为依据,或是狭隘地从个人需求的角度来衡量。团队成员应该具有在保证工作质量或其他相关利益不被侵犯的前提下完成各项任务的信念与承诺。

(4)成员均立足长远目标。一支成功的创业团队,其成员应具有长远眼光,不能苛求创业成果的速成。创业团队应该认识到创业是持续很长时间的艰苦过程,成员在这个过程中应该能够保证乐此不疲、不断奋斗,直至取得最后的胜利。

(5)成员具有收获的观念。创业团队组建的最终目标是收获,这意味着衡量成功的标准是最终的资本收益,而非创业时期每个月的薪酬、办公室的地理位置和规模或配备车辆的舒适度等其他因素,团队成员应有"吃苦在前,享受在后"的信念和行动。

(6)成员致力于价值创造。团队成员都致力于价值创造,努力把蛋糕做到最大,从而使所有人未来都能获利,包括为客户提供更多的价值,帮助供应商也能从团队的成功中分得一杯羹,以及使团队的支持者和持股人获得更大的盈利。

(7)团队能够包容平等中的不平等。在成功的新创企业中,"民主主义"和盲目的平均主义起不到激励作用,团队所关注的应该是如何选定能胜任关键工作的适当人选及其职责所在。而核心创业者是负责制定基本的行动准则和决定组织环境与组织文化的关键人物。因此公司股票在创办人和主要经营者之间往往不是平均分配的。

(8)团队激励具有公正性。对关键成员的奖励以及持股计划的设计应与个人在一段时期内的贡献、工作业绩和工作成果挂钩。由于贡献大小在事前只能做一个大概的估计,而且意外

和不公平的情况往往在所难免,因此必须随时做相应的增减调整。

(9)成员共同分享收获。尽管法律或道德都没有规定创业者在公司收获期要公平公正地分配所有利益,但越来越多的成功创业者都采取这种方式激励所有团队成员。同时将一些盈利留给未来团队中雇佣的员工,将有助于团队吸引高素质的人才。

(二)创业团队的组建原则

组建创业团队应遵循以下原则:

1. 优势互补

创业团队虽小,最好"五脏俱全",团队成员不能是清一色的技术流,也不能全部是搞终端销售的。优秀的创业团队应该是每个成员各有长处,大家结合在一起,正好互补,相得益彰。在一个创业团队中,如果出现两个核心成员优势重复,重要能力完全一样,那么以后必然会产生各种矛盾,甚至导致整个创业团队散伙。

2. 共同的价值观

创业团队的成员应该是一群认可团队价值观的人,团队的目标应该是参加团队的每个成员所认可的共同目标。如果没有共同的价值观和目标,就不是一个创业团队,而是一群乌合之众。

3. 确立好团队主管

创业团队必须确立团队领袖,团队领袖责无旁贷地担当起权威主管的职责,其应当有宽广的胸怀和高尚的品质,有较高的素养和能力来组建、凝聚团队,并在激发团队热情和创造力、维系团队稳定方面起着非常重要的作用。团队领袖在创业过程中要随时做好成员间的沟通、协调与激励,使团队的整体水平不断提高,适应企业成长的需要。创业团队领袖是创业团队的灵魂,是团队力量的协调者和整合者。创业团队领袖应该不仅仅靠出资、技术、专利来决定,也不是谁出了好点子、谁最先提出创意就由谁担任,而应当是在多年共事基础上,在长期创业实践过程中团队成员发自内心认可、拥戴和胜任的带头人。不过创业之初,由于缺乏了解和实践检验,通常由发起人或大股东暂行创业团队主管职责。

(三)创业团队的人员构成

创业团队除了核心的创业者外,广义的创业团队还包括与创业过程有关的各种利益相关者,他们会不断完善团队的资金、知识和各类其他资源。巴林格等认为,创业团队的人员包括以下几个部分:

1. 初始创业者

创业者的知识、技术和经验都是企业所具有的最有价值的资源,这导致人们通过评估企业创建者和最初管理团队来判断企业未来发展的前景。初始创业者的受教育水平、前期创业经验、相关产业经验和社会网络关系都是创业者取得成功的重要保证。

2. 核心员工

一旦决定开始创办新企业,创业者就要开始组建管理团队和招募核心员工。有时候创业者个人要先工作一段时间,直到商业计划完成和企业初具雏形后才会招募员工;而另外一些情况下,创业者需要立即招募员工来完成商业计划。无论在哪个时间点招募员工,创业者都需要广泛地通过人才市场、媒体广告、猎头公司、熟人介绍等渠道来仔细甄选合适的成员,这并不容易。核心员工可以弥补创业或建立企业需要的重要技能,否则招募一个意愿虽很高但不适合某项工作的人员对创业活动极为不利。

3. 董事会

当新创企业组建为一家公司时,就要依法成立董事会,它是由股东选举产生以监督企业管理的小组。董事会一般由内部董事和外部董事构成,内部董事在企业中任职,外部董事则不在企业中工作。董事的基本职责是任命核心管理者、公布红利和监督公司重大事件。如果处理得当,公司董事会可以成为新创企业团队的重要组成部分,它可以为企业提供有效的指导。

4. 专业顾问

专业顾问可以包括顾问委员会以及投资者和贷款方、咨询师等专业人员。

(1)顾问委员会是企业经理在经营过程中向其咨询并能得到建议的专家小组。与董事会不同,顾问委员会不对企业承担法律责任,只提供不具约束性的建议。顾问委员会成员常常分散在各地,他们与企业管理者之间可以采取多种方式交流,例如网络会议。根据公司的情况和需要,一个公司可以建立多个顾问委员会。

(2)投资者和贷款方对所投资的公司的利益追求,往往使他们会全力以赴地帮助所资助的企业。作为新创企业团队的非员工成员,他们能够为新创企业提供指导和资金。除此之外,他们还会积极帮助企业组建管理团队,监督财务状况。

(3)其他专业人员和机构。律师、会计师、企业咨询师都可以为新创企业提供很好的建议和意见,使企业的创业活动更加专业。

三、创业团队的管理

(一)形成核心领导力

核心领导力是团队创业的灵魂。德鲁克基金会认为:领导能力是把握组织的使命及动员人们围绕这个使命奋斗的一种能力;领导力是怎样做人的艺术,而不是怎样做事的艺术,最后决定领导者能力的是个人的品质和个性;领导者是通过其所领导的成员的努力而成功的;领导者的基本任务是建立一个高度自觉的、高产出的工作团队;领导者们要建立沟通之桥。因此,领导力不是为了运用权力、行使权威,而是要引领他人实现目标。和管理者不同的是,领导者着重于管理工作中人际交流的部分,鼓舞他人,提供情绪支持,创造远景和制定战略规划。

【阅读资料14-2】 德国西门子公司的"开发造就优秀的领导人才"

西门子公司人事部经理的日常工作之一是访问高等院校,在那里,他们首先寻找的是"企业家类型的人物"。西门子公司对未来的"企业家们"的基本要求是:良好的考试成绩(体现较强的学习能力)、丰富的语言知识(善于沟通),实习好、工作好。此外,还向他们提出一些更高的要求,比如有好奇心(善于发现市场机会),有改进工作的愿望(追求进步),以及在紧急情况下的冷静沉着和坚毅顽强(鼓舞他人,提供情绪支持的前提)。

公司内部设有"管理人员培训部",它负责对工作人员进行观察,并且定期同他们及其上司谈话,最后提出对工作人员继续使用的建议。在培养管理人才方面,公司针对三种能力(专业技术能力、激发和调动个人及团结力量的人事能力、将内部和外部利益协调统一为企业整体利益的能力)进行培训。前两种主要针对基层和中层管理者,第三种则是专门针对高层管理者。这些培训内容和方法极大地增强和提高了管理干部的素质和能力。

(二) 建立公平运行机制

对公平的感知是创业者所面临的既棘手又关键的问题。根据经济学原理,人们在经济活动中都有自利性倾向。一般说来,人们希望贡献与回报对等,并且希望这种对等对任何人都一样,这样贡献大的人所获得的回报相应地越高,这就称为分配公正。但自利性偏见导致人们在认知上总是夸大自己的贡献,然后认为自己没有被公正地对待。

如果团队成员间感觉到利益分配不公正时,创业团队的冲突就不可避免。一种表现就是消极对待、减少努力或推卸责任,而更具破坏性的反应则是分裂退出,愤愤不平的合作者会选择离开企业,把他们的经验、知识、技术甚至关键性资源带走。如果这些人是团队的核心成员,这可能标志着新创企业开始走向死亡。因此,创业团队必须高度重视和谨慎对待公平感知与利益分配。

【阅读资料14-3】　　　　德国西门子公司的 CPD 圆桌会议

西门子公司的 CPD(comprehensive personnel development)圆桌会议是一个在全年不断持续的交流过程,旨在最大限度地沟通员工与公司发展。CPD 圆桌会议每年举行一次,参加人员是公司管理人员:中高级经理和人力资源管理顾问。圆桌会议上,参与者对公司团队和重点员工的潜能进行预测,回顾过去一年的业绩,提出改进后的与业绩挂钩的薪酬体系,制定具体的管理本地化和全球化有效融合的措施等。西门子公司结合圆桌会议为员工提供发展渠道:充分预测潜能的培育计划,计划包含青年管理项目、技术培训、管理培训以及与之相协调的工作轮调、项目任命、薪酬调整等。

另外一项重要内容是员工对话。员工对话在一年中随时持续进行,由经理人员和员工直接开展,并在年终填写"CPD 员工对话表格"。这些表格经过汇总成为圆桌会议的重要参考。员工对话的内容涉及:员工职能及责任范围,业绩回顾及未达到预期结果的原因分析,潜能预测,未来任务及目标设定,员工完成目前职能要求及未来任务的能力评估,员工本人对职业发展的看法,双方共同商定的发展措施。在 CPD 圆桌会议上对有关员工发展的所有方面(潜能、薪酬、管理学习培训等)做出明确的决定,并保持计划一致性,即不分国界、级别、部门的沟通。

(三) 完善团队进退机制

股权配置是在工作分工之外,对创业利益分配方式的约定,也是维系创业团队凝聚力的基础。早期创业公司的股权分配设计主要牵扯两个本质问题:一个是如何利用一个合理的股权结构保证创始人对公司的控制力,另一个是通过股权分配帮助公司获取更多资源,包括找到有实力的合伙人和投资人。许多创业公司容易出现的一个问题是,在创业早期大家一起埋头拼搏,不会考虑各自占多少股份和怎么获取这些股权,因为这个时候公司的股权就是一张空头支票。等到公司的前景越来越清晰、公司里可以看到的价值越来越大时,早期的创始成员会越来越关心自己能够获取到的股份比例,而如果这个时候再去讨论股权怎么分,很容易导致分配方式不能满足所有人的预期,导致团队出现矛盾,影响公司的发展。因此股权分配规则在团队组建后应该尽早制定。

第三节　创业主体的社会责任

一、创业主体社会责任的内容

创业者要在创造利润、对股东利益负责、自觉规范生产经营、为社会提供优质的商品和服务、依法诚信纳税等方面做好本职工作外,还要承担对员工、消费者、社区和环境的社会责任,包括遵守商业道德、安全生产、保护劳动者的合法权益、保护环境、积极参与社会公益活动、保护弱势群体等。

二、创业主体承担社会责任的原因

美国学者戴维斯就企业为什么以及如何承担社会责任提出了自己的看法,该观点被称为戴维斯模型。

(1)企业的社会责任来源于它的社会权力。由于企业对诸如少数民族平等就业和环境保护等重大社会问题的解决有重大的影响力,因此社会就必然要求企业运用这种影响力来解决这些社会问题。

(2)企业应该是一个双向开放的系统,即开放地接受社会的信息,也要让社会公开地了解它的经营。为了保证整个社会的稳定和进步,企业和社会之间必须保持连续、诚实和公开的信息沟通。

(3)企业的每项活动、产品和服务,都必须在考虑经济效益的同时,考虑社会成本和效益。也就是说,企业的经营决策不能只建立在技术可行性和经济收益上,而要考虑决策对社会的长期和短期的影响。

(4)与每一项活动、产品和服务相联系的社会成本最终应该转移到消费者身上,不能希望企业完全用自己的资金、人力去从事那些只对社会有利的事情。

(5)企业作为法人,应该和其他自然人一样参与解决一些超出自己正常经营范围的社会问题,因为整个社会条件的改善和进步,最终会给社会每一位成员(包括作为法人的企业)带来好处。

张圣兵对"企业为什么应承担社会责任"做出了具有说服力的解释:企业作为社会经济发展的主体,享有社会赋予的相应权利,支配和消耗着属于全社会的资源,并对社会以及自然资源和环境带来负面影响,这些大都不是通过市场交易所能补偿的。因此根据责任和权利对等原则,企业不仅应为社会提供产品和服务、推进社会经济发展,还需承担相应的社会责任。

三、创业主体承担社会责任的做法

(一)树立和强化全员社会责任意识

创业之初,创业团队必须学习和了解社会责任相关知识和内容,树立和强化全员社会责任意识,正确处理好股东、客户、员工及其他利益相关者之间的利益关系,不仅要对股东、员工负责,还要对客户、供应商负责,对自然环境负责,对社会经济的可持续发展负责。明确将承诺和履行社会责任的内容写进公司章程,使之成为团队共识,并落实到每个成员实实在在的自觉行动之中。

(二)承担并履行经济责任

创业团队在为客户、合作伙伴、利益相关者创造价值的同时,应当努力实现企业的价值最大化,诚信经营、确保质量、善待员工,在不断提高员工薪酬和福利待遇的同时,努力实现企业稳定可持续发展。

(三)承担并履行法律责任

目前我国一些企业在创业过程中,大股东侵犯小股东的利益、企业侵害员工基本权益、污染环境、破坏生态、假冒伪劣坑害消费者等问题相当突出。因此企业必须自觉遵纪守法,合法经营,遵守承诺,全面履行合同义务,不断打造企业新的竞争优势。

(四)积极承担社会公益责任

创业企业要像其他自然人或企业一样,在慈善、教育、环保和文化等方面做一些力所能及的事情,因为整个社会环境条件的改善和进步,最终会给社会每一位成员(包括创业团队和创业企业)带来好处。

【阅读资料14-4】　　　　　　西门子中国公司的企业社会责任

1.对自然环境负责

西门子公司宣布于2030年实现净零碳排放的目标,将成为全球首家实现这一目标的工业公司。自2014年至2020年,西门子公司自身价值链的碳足迹减少达54%,超额完成其碳排放量减少一半的中期目标。西门子明确承诺其商业活动着眼于未来,在自身不断发展的同时注重环境保护。

2.着眼于教育

西门子公司与中国教育部签订了新一轮教育合作备忘录,共同培养创新型人才。截至2020财年,西门子公司已先后与中国各高校和职业教育机构合作,在全国建成超过400个实验室,培训参与一线教学的教师4000余名,出版的教材发行超过两百万册。此外,西门子公司发起并独家赞助了第14届"西门子杯"中国智能制造挑战赛,为中国培养和输送了近6万名创新型工程人才。付出必有回报,在优兴咨询中国"最具吸引力雇主"榜单排名中,西门子中国连续7年在工业工程企业中排名第一,其对于教育的重视也为自身储备了大量优秀的后备人才。

第十五章 创业计划

"凡事预则立,不预则废。"在创业之初,制订一个完善可行的创业计划是实现新技术到新产品、新创意到新公司转变的首要环节。除了作为获取风险投资的"金钥匙"外,创业计划也可以帮助创业者分析创业过程中的主要影响因素,成为创业者在创业过程中的行动指南和风险监控手段。但知道"预"的重要性的同时,更要知道如何"预",才能走好创新创业最关键的第一步。本章首先从结构框架介绍创业计划,告诉读者何为优秀的创业计划,再从内容要素维度探究优秀创业计划应具备哪些关键要素,以及如何编写一份优秀的创业计划书。

第一节 创业计划结构

一、创业计划的基本结构

创业计划是创业者理念与未来蓝图的综合体现,它基于自身分析、市场发展与前景预测给出创业公司的发展规划。因此创业计划的构思必须建立在一系列科学的假设基础与逻辑分析基础之上。故制订创业计划必须按照科学的逻辑顺序对许多可变因素进行系统的思考和分析,并得到相应结论。创业计划不是天马行空的想象,而有其基本的结构范式,对创业计划的创新也应建立在这一基本框架之下。一般来说,创业计划的基本结构见表 15-1。

表 15-1 创业计划基本结构

环节	作用与地位
摘要	是创业计划最简练的概括,长度通常以 2~3 页为宜
公司介绍	介绍公司的基本轮廓和基本情况,包括公司的历史、当前状况、战略发展和未来计划等
产品与服务	是创业计划中最重要的部分,是向风险投资者阐明产品的核心环节
行业与市场	基于事实与数据,详细分析公司外部行业和市场中的关键影响因素
营销计划	以市场调研和产品与服务的价值为基础,制订产品、定价、促销、渠道等问题的发展战略和实施计划
生产运营	是创业计划中实际性的关键问题,要围绕运营效率与产品特点展开
公司管理	介绍公司的组织机构图、各部门的功能与职责、各部门主要成员、公司的股东名单、董事会成员、股权分配等
财务计划	主要包括融资需求和财务预测报告,还应考虑风险投资者期望的投资回报率、投资回收方式和股权计划等

续表

环节	作用与地位
风险控制	说明各种潜在风险,并向风险投资者阐述针对各类风险的规避措施
资本退出	设计一种最优资本退出方式,且需要详细说明该退出方式的合理性
附录	正文内容的有力佐证、补充与说明

二、结构设计注意事项

(一)篇幅合适

"需要写多长和注意什么样的细节呢?""多少页才是计划最合适的页面数呢?"这可能是构思计划初期创业者最常问到的问题了。关于最优的页面数,不同的专家有不同的观点,但多数还是建议在三十页左右。一般来说,投资者可能是非常忙碌的人,他们想要看到的是那种能够很容易地找到关键信息的创业计划。如果创业计划篇幅冗杂且重点不突出,不仅会埋没最想表达的关键信息,而且会降低投资者的阅读兴趣与创业期望。

(二)重视观感

创业计划的外表观感十分重要。营造创业计划观感体验的同时,还应传达出创业者认真又专业的态度。同时应注意把握好美观与实用的平衡,过于奢华的计划包装会给人华而不实、本末倒置的印象。采用塑料螺旋镶边装订,以透明的封面和封底来包装计划是一种好选择。写作创业计划时,要科学合理地运用多种设计要素,例如在文字处理中,要做到粗体字、斜体字、字体大小和色彩的清晰区分。同时要注重一些细节的塑造与把握,例如,如果公司有设计精美的徽标,便可以放在创业计划的封面页和每一页的页眉上,并将图表的颜色和徽标相互协调,让整体更美观、更专业,给读者留下深刻印象。

(三)故事思维

创业计划结构设计的重点是所要完成的计划传递必须是一个清晰易懂,以及应当如何计划去达到的故事。要用故事思维提领结构的设计,而不是简单把相关信息没有线索地串联在一起。罗伯特·普赖斯(Robert W. Price)在一部名为《创业——成功的路标》的著作中证实了这种感觉,他指出了两位创业计划方面专家的观察结论。根据美国最大的投资集团 Tech Coast Angels 的前总裁戴维·伯库斯(David Berkus)的观点,撰写创业计划的第一步是,努力使议论点变得有血有肉,并把它们编织成故事。这些故事要简洁准确地表达出你做什么、你想做什么和你需要做什么。

设计电梯式演讲(elevator speech)能够有助于创业者采用故事思维引导出关于创业的简明描述。这种电梯式演讲是简短而精巧的故事陈述,通常只用一两分钟的小故事来提纲挈领地阐述出风险创业的价值,串起创业计划中的各个部分,帮助创业者形成鲜明简洁的企业描述。

【阅读资料15-1】　　　　　　用故事串联结构——电梯式演讲

电梯式演讲是简短的、仔细构思过的表述。它对创业机会价值进行了提纲挈领的归纳。为什么将它称为电梯式演讲呢？如果一位创业者进入25层大楼的电梯内，并且非常幸运地在同一个电梯里偶遇潜在的投资者，在从25层下行的时间里，创业者可以试图让投资者产生兴趣。多数电梯式演讲的时间为一两分钟。

电梯式演讲可能在很多身边的场合发生。例如，许多由高校主办的创业研究中心举行活动，会邀请创业者和投资者参加。通常这些活动会专门设计让企业家与潜在投资者在会面的间歇时间一起讨论投资问题。电梯式演讲需要新创建企业做的另一件事情是，强迫创业者以讲故事的思维设计十分简明、切中要害的创业计划内容。

以下列举的是一份60秒电梯式演讲的提纲。创业者在构思计划结构初期，就应进行模拟练习，用故事串联起自己的思维。

电梯式演讲的步骤：

第一步，阐述机会或可能需要解决的问题(45秒)；

第二步，阐述产品/服务如何满足机会，或如何去解决问题(45秒)；

第三步，阐述你的资质和条件(15秒)；

第四步，阐述你的市场(5秒)；

合计：2分钟。

第二节　创业计划要素

完善的结构在创业计划中起着提纲挈领作用，但在结构的基础上如何丰富创业计划的内容，如何在有限的体量中简明扼要地点出创业计划的要素，形成一份富有逻辑性、科学性、创新性的计划更为关键。本节在上一节结构框架论述的基础上，介绍创业计划正文中必须具备的八大要素，就其主要内容、相关理论基础以及在这一部分应解答哪些关键问题进行论述。

一、公司介绍

(一)主要内容

公司介绍部分旨在让风险投资者对创业公司或者拟建公司有一个初步了解，并且让创业团队自身对自己的内部情况有一个更理性、更深入、更全面的认识。对于已有公司且需要进一步扩大融资规模的企业家来说，这部分首先应介绍公司的基本情况，让风险投资者对公司现状有一个清晰的认知，给他们提供尽可能多的关于自己公司以及所属行业的信息。因此本部分需要阐述的基本内容包括公司概述，公司名称、地址、联系方式，公司的自然业务情况和发展历史，公司未来的发展规划，公司拥有的竞争优势和独特性，公司的类别和从属关系，公司的专利和商标，公司已有的投资者或合伙人等。如果是新创企业，则需主要说明创办新企业的思路、新思想的形成过程以及企业的目标和发展战略。此外，要着重介绍主要创业者的背景、经历、经验和特长等，因为创业者素质与其潜在的企业家精神对创业成功起关键作用。

(二)基本理论——公司的组织形式

对于公司的经营者,特别是拟建立新公司的创业者来说,了解现代企业制度的组织形式是十分必要的,也是创业要考虑的重要问题。目前现代公司组织形式主要包括有限责任公司和股份有限公司两种,两者各有特点。

1.有限责任公司

有限责任公司是指根据公司法规定登记注册,由50个以下股东共同出资,每个股东以其所认缴的出资额对公司承担有限责任,公司以其全部资产对其债务承担责任的经济组织。

有限责任公司包括一人有限责任公司、国有独资公司以及一般有限责任公司。一人有限责任公司是指只有一个自然人股东或者一个法人股东的有限责任公司。国有独资公司是指国家授权的投资机构或者国家授权的部门单独投资设立的有限责任公司。一般有限责任公司是指一人有限责任公司、国有独资公司以外的其他有限责任公司。一般有限责任公司有以下特点:

(1)有限责任公司的股东,仅以其出资额为限对公司负责。有限公司是以股东出资为基础建立起来的法人组织,股东只对公司负以其出资额为限的责任,对公司的债权人不负直接责任。

(2)有限责任公司的股东人数,一般都有最高人数的限制。在我国,有限责任公司的股东人数不超过50人。

(3)有限责任公司不能公开募集股份,不能发行股票。

(4)有限责任公司股东出资的转让也有严格限制。股东出资的转让应由公司量准,并在公司登记。有限公司的股东人数有限,因此,有限责任公司的经营情况,不涉及社会上其他公众利益,其经营状况也没有必要公开。

(5)有限责任公司的设立程序要比股份有限公司简便,程序上也较为简化。有限责任公司的成立可以由一个或几个人发起,股东的出资金额可以在公司成立时缴足或者缓缴。有限责任公司的组织也比较简单,可以由一个或几个董事管理,是否设立监事由公司自行决定,股东会的召集方法及决议方法也简便易行。

2.股份有限公司

股份有限公司是指根据公司法规定登记注册,其全部注册资本由等额股份构成并通过发行股票筹集资本,股东以其认购的股份对公司承担有限责任,公司以其全部资产对其债务承担责任的经济组织。其主要特点如下:

(1)股份有限公司是最典型的法人组织。这不仅是因为现代意义上的完整的公司概念和法人概念始于股份有限公司,更重要的是因为股份有限公司的完备组织机构、完全独立的财产及其责任最充分地表现了法人组织所具有的法律特征。

(2)股份有限公司是最典型的合资公司。股份有限公司的信用基础在于其资本,而不在于股东个人,公司资本不仅是公司赖以经营的基本条件,而且是公司对债权人的基本担保,由此决定了股东只能以现金或实物出资,而不能以信用或劳务出资,同时由于股份有限公司股东个人的人身地位不甚重要,因此股份可以自由转让,任何合法持有股票的人都是公司的股东。

(3)股份有限公司的股东必须达到法定的人数。股东的人数与公司的规模有关,由于股份有限公司的重要作用在于面向社会,广泛集资,兴办较大的企业,因此在人数上应有一定的低限。

(4)股份有限公司的资本划分为均等的股份。资本平均分为股份,每股金额相等,是股份有限公司区别于有限责任公司的重要特征之一。资本股份化不仅适应了股份有限公司公开发行股份、募集社会资金的需要,而且也便于公司的计算和股东权利的确定和行使。

(5)股份有限公司的股东承担有限责任。股份有限公司全体股东对公司的债务,以其所认购的股份金额为限对公司负责,此外对公司及公司债权人不负任何责任,公司不得以章程或决议,随意扩大股东的责任范围。

(三)关键问题

这一部分内容是对公司基本情况的初步介绍,需要创业者对许多问题进行细致说明,让风险投资者能在短时间内对公司有一个初步了解。在这一部分需要关注以下关键问题。

(1)公司的类型、注册地址、商标、宗旨和目标都是什么?

(2)公司的基本业务和发展历史是怎么样的?未来发展规划是如何构思的?

(3)公司关键团队包括哪些人?他们有什么突出的优势?具体可以在创业项目中发挥怎样的作用?

(4)团队成员有哪些经验或能力?团队缺乏什么样的经验和能力?如何弥补这些差距?由哪些外部团队和个人来弥补?

(5)公司的核心竞争力是什么?具有哪些知识产权?如何保护?如何才能体现出公司未来的可持续创新能力?

二、产品与服务

(一)主要内容

产品与服务是创业计划的关键和与核心,旨在展示该公司能提供怎样的产品与服务,以及这些产品与服务能在多大程度上解决现实生活中的问题与满足消费者的需求。对于中间产品来讲,应关注产品与服务为客户带来的经济利益和效用的大小。因此,产品与服务是在制订创业计划时需要理清的首要问题,其他各部分问题也应围绕这一部分展开。一般来说,该部分应包括产品与服务的概念、性能及特性、主要产品与服务介绍、产品与服务的市场竞争力、产品与服务的研究和开发过程、开发新产品与服务的计划和成本分析、产品与服务的市场前景预测、产品与服务的品牌和专利等内容。在该部分,应注意避免叙述过于专业和烦琐,要做到使非专业的投资者也能明白和理解。如果能附上产品与服务的原型、模型、照片或其他具象的介绍,会有更好的介绍效果。

(二)基本理论——创意如何形成产品

优秀的产品诞生于优秀创意,但不是所有的优秀创意都能够实现从而形成产品。一个创意需要具备至少四个要素才能认为它是一个有潜力和可开发的创意,即:明确的客户价值,足够大的市场规模,足够高的创新程度,具有可行性和盈利性。产品推陈出新的创意来源于多种渠道,既有来自客户的,也有来自技术创新的。依赖于企业积极努力的创意来源包括以下几个方面:

(1)客户分析。确定重点顾客群,观察客户选购和使用产品与服务的实际情况,询问不满意顾客的诉求,倾听不具有代表性顾客的意见,让顾客像合作开发者一样参与到新产品的创意获取和开发中来。

(2)竞争对手分析。需要持续关注竞争对手正在推销和开发的新产品,许多公司的产品新创意都是来源于对竞争对手产品的模仿和创新。

(3)沟通对象多元化。多听取科学家和新手的意见,而不是工程师和专家的意见。工程师和专家在创新中总有旧产品的影子,思维方式总有一定的局限性,而科学家和新手能给出超出想象的创意。

(4)知识交叉。经常查阅不同学科文献,引发各种知识交叉和碰撞,能不断启发思路,发现新的创意和想法。

在获取了新的创意后,新产品开发一般都是按阶段进行的。在各个阶段都需要对是否继续下一阶段开发做出评价。大多数产品开发都按照下面模式进行。

①产生创意阶段。需要在不同领域获取产品修改或扩充的创意,或者是获取颠覆现有产品的想法。

②概念开发和测试阶段。首先,需要思考创意如何融入产品,对将开发出的新产品给出理论上的解释和展望。随后,大多数新产品开发都将测试客户对产品概念的反应。这样做的目的是通过客户从多个备选方案中找出最优的那个。此外,还可以对新产品的创业前景做一个初步测试,了解这一概念产品的用户群。

③产品开发和测试阶段。在这一阶段,需要企业生产出新产品样品,并让消费者使用它。从产品测试中我们可以发现产品的缺点,继续评价产品的创业前景,发现产品对各个细分市场的吸引力。此外,还有可能在测试中获取设计营销计划需要的各个关键因素。

④市场测试阶段。在现实中的最后一阶段就是市场测试。该阶段目的是预测推出某种新产品后能得到的销售额和利润。此外,还能在这一阶段不断训练运营团队的营销和生产技能。

⑤做出新产品是否能推向市场的决策。新产品是很多公司的生命和血脉,即使你做过了大量的测试,还是需要从政策、行业、客户等多方面深入思考,最终做出新产品是否能推向市场的决策。

(三)关键问题

在产品与服务部分,叙述要清晰准确,高效回答关键问题,且要做到通俗易懂,使非该领域的风险投资者也能理解。在这一部分需要关注以下关键问题。

(1)公司产品的整体构成是什么?要面对什么样的最终客户?客户能从企业的产品与服务中获得什么样的客户价值?

(2)公司的产品有哪些优缺点?客户为什么会选择本企业的产品?

(3)公司为自己的产品采取了哪些保护措施?企业拥有哪些专利、许可证或者与已申请专利的厂家达成了哪些协议?

(4)公司产品目前可以在哪些方面获取竞争优势?未来发展中还可以通过制订什么计划获取竞争优势?

三、行业与市场

(一)主要内容

行业与市场分析是对创业的外部环境研究,是创业计划能否落实的关键,其主要回答创业计划的可行性与实际操作难度问题。本部分是创业计划执行的现状和环境分析,只有熟悉和把握行业与市场变化,企业才能立于不败之地。

行业是指生产并向特定市场销售同类产品与服务的公司集群,如饮食行业、服装行业、移动互联网行业等;而市场主要是指买卖双方进行产品与服务交易的场所,可以理解为具有相同需求的潜在顾客群,愿意以某种有价值的东西来换取卖主提供的产品与服务,而这些产品与服务是满足需求的方式。行业既可以界定公司的同类企业,也可以界定竞争对手;市场则主要用来确定公司的机会和客户。

行业分析主要介绍公司所归属产业领域的基本情况,以及公司在整个产业中的地位,而市场分析主要介绍公司产品与服务的市场情况,包括目标市场、市场竞争中的位置、竞争对手的情况、未来市场的发展趋势等。因此,这一部分内容应该界定创业公司所处的环境、行业、市场、现在和潜在的购买者和竞争者等。此外,创业计划还应该阐述市场中的关键影响因素、购买决策的制定过程、市场细分情况、目标客户的确定、公司计划拥有的市场份额、预想采用何种防御战略来抵挡竞争等问题。

(二)基本理论——行业分析的利器:波特五力竞争模型

波特五力竞争模型(见图15-1)是对产业内部竞争状况分析的最有力工具,大部分创业计划都会使用该方法进行行业分析。

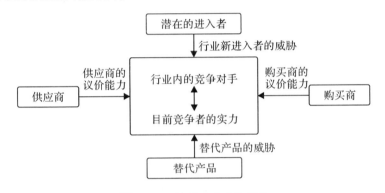

图 15-1 波特五力竞争模型

对产业结构的认识与理解是形成企业竞争战略的基础。迈克尔·波特教授的研究为结构化因素分析提供了分析框架,这些因素制约着产业内的竞争,并给出了一些基本的竞争战略。波特认为产业内部的竞争根植于其基础的经济结构,并且超过了现有竞争者的行为范式。一个产业内部的竞争状况取决于五种基本竞争作用力,即供应商议价能力、购买者议价能力、潜在进入者、替代品威胁和现有企业间竞争,将这五种竞争因素融合到一个模型中,来分析特定产业的竞争情况,简称为波特五力竞争模型。这些作用力汇集起来决定着该产业的竞争强度和产业利润率。而一个企业的竞争战略目标在于使公司在产业内部处于最佳定位,通过抗击和影响这五种竞争作用力来保卫自己。由于五种竞争作用力的合力对于所有竞争者都是显而易见的,因此,战略制定的关键就是要深入表面现象之后分析竞争压力的来源。总之,该模型可以有效地分析公司的竞争环境,对制定企业竞争战略具有重要的影响。

1. 现有企业间竞争

现有企业之间的竞争在五种力量中最为关键。提高市场竞争力是获得更多市场份额和更高利润率的关键。不过这种竞争力在不同行业中作用大小也不同。在价格敏感行业中,价格是核心竞争力;在有些行业中,价格竞争很弱,竞争的核心在于产品与服务的特色、新产品革新、质量、保修、售后服务、品牌形象等。

2. 潜在进入者

潜在进入者是指一个新创企业或者行业新进入者。潜在进入者会带来新的生产能力,并要求取得一定的市场份额。潜在进入者对本行业的威胁取决于本行业的进入壁垒以及进入新行业后原有企业反应的强烈程度。

3. 替代品的威胁

替代品是指能够满足相似需求的产品。如果替代品价格更低廉或有更高的效率时,原有产业可能会遭到来自替代品的打击。一般来说,替代品竞争压力主要来自以下三个方面。

第一,价格是否有吸引力。如果替代品的价格比行业内产品的价格低,那么行业中的竞争厂商就会遭遇降价的竞争压力。

第二,质量、性能等方面的满意度。替代品的出现会刺激客户去比较两种产品的质量、性能和价格,这种压力需要行业中的厂商加强攻势,努力说服消费者相信自己的产品具有更优质的品质和性能。

第三,转换难度和成本。转换成本包括可能的额外价格、可能的设备成本、测试替代品质量及可靠性的时间和成本等。如果转换成本很高,那么替代品在生产和销售上就必须提供某种重要的成本或性能利益,来引导原来行业的消费者脱离老产品。

因此,如果替代品的价格越低,质量和性能越高,转换成本越低,替代品对该产业所带来的竞争压力就越大。

4. 供应商议价能力

供应商和需求者之间的供需平衡是相对的。如果某个行业是买方市场,那么供应商讨价还价的空间是很小的;相反,若产业中供应商地位较高,甚至具有垄断优势时,供应商议价能力便会显著提升。

如果供应商提供的是一种标准产品,那么企业可以通过市场和多个供应商联系,与供应商相关的竞争压力就会很小,可以很容易地从有一定生产能力的供应商那里获得所需的供应。在这种情况下,只有当供应出现紧缺而购买者又急于保证供应时,供应商才会拥有某种市场谈判权力。如果有很好的替代品,而购买者的替代品转换既无难度且代价又不高,那么供应商的谈判地位也会处于劣势。

如果供应商提供的产品占其下游行业产品成本的比例很大,那么供应商将对该行业的产品生产过程起到至关重要的作用,或对该行业产品的质量产生明显的影响,由此供应商就会拥有很大的市场谈判权力。同样地,当购买者转向替代品的难度越大时,供应商的谈判优势就越明显。一旦供应商拥有足够的谈判权,在定价、所供应的产品的质量和性能上有很大优势时,这些供应商就会成为一股强大的竞争力量。

5. 购买者议价能力

市场中购买者会通过比较寻找性价比最高的产品,这种比较会向卖方施加压力,从而形成购买者关键的议价能力。购买者议价能力主要受以下几个要素影响。

第一,转换成本。当产品转换成本低廉时,产品差异化程度会直接影响价格。

第二,大量采购增强购买者优势。比如在买方市场中,供应商往往只能作为被动追随者。

第三,互联网时代增强了购买者议价能力。在互联网时代,购买者能在短时间内见到众多的供应商,从而获得更多的市场消息,且更容易对多家供应商进行更加深入的比较,这导致购买者的议价能力大大增强。

(三)关键问题

本部分内容是创业计划的分析源头和基础,需解决和回答以下关键问题:

(1)该行业发展现状如何?发展趋势怎么样?利润率怎样?决定行业发展的成功因素有哪些?

(2)经济发展和政府是如何影响该行业的?是什么因素决定和驱动着该行业的发展?这种驱动力未来会有何变化?

(3)公司所处的市场结构和竞争情况如何?进入该行业的障碍是什么?企业可以采取哪些竞争策略?

(4)企业所处市场总需求和市场细分情况怎样?目标市场如何决定?公司的价值主张和定位如何?未来是否可以拓展新的市场?

(5)创业者的三个最主要的竞争对手是谁?对比创业者的主要竞争者,企业的发展、市场和地理位置如何?竞争优劣势如何?如果没有直接竞争对手,谁是最有可能提供类似产品的潜在竞争者?

四、营销计划

(一)主要内容

营销计划起着沟通产品与客户桥梁的作用,是产品价值得到体现的关键环节,体现了创业意图的本质与对公司取得成功路径的深度思考。具体来说,营销计划的目的是解释公司在未来如何控制和应对市场环境以获取客户和销售额。

营销和销售有本质的区别,营销的内涵范畴大于销售。营销是一个系统,而销售只是营销的一部分。销售主要是公司以自有产品与服务为基础来吸引和寻找客户,目的是提升产品与服务的销售额,这是一种由内而外的思维方式。营销则是以客户需求为导向,把如何有效创造和满足客户需求作为首要任务,目的是让产品易于销售,这是一种由外至内的思维方式。它们的差异在于,销售是一种战术思考,以销售为中心,注重销售的技巧与方法,关心产品与服务的销售目标实现;而营销是一种战略思考,以创造力为中心,注重建立能持续销售的系统,关心客户的需求和企业的持续发展。营销计划包括市场调研、市场推广、品牌策划、销售计划、客户服务等。

(二)基本理论——营销策略

传统的市场营销策略是由麦卡锡教授提出的,他套用了营销组合理论并将营销组合中的主要因素进行整合,即产品策略、价格策略、渠道策略和促销策略。判断一个营销活动是否能成功,产品是基础和核心,价格是协调工具,分销是通道,促销是推进器,服务是保障,这种营销策略组合被定义为"4P"。这些营销活动的范围和方式需要根据公司所处发展阶段和在市场中的地位变化不断调整。此外,由于产品的同质化日益严重,消费者的个性化、多样化日益发展,以劳特朋为首的一众学者提出了与"4P"理论相对应的"4C"理论,即消费者的需求与欲望、消费者愿意付出的成本、购买和使用商品的便利、沟通。"4P"理论是在研究制造业中消费者的营销活动总结出来的,在指导制造业中消费品的营销活动时较为适用,一旦超出这个领域,指导和应用于其他领域或行业,如零售业、金融业等就显得不太适用。因此,严谨"4P"理论提出的是自上而下的运行原则,重视产品导向而非消费者的导向。"4C"理论是在新的营销环境下产生的,它首先是了解、研究和分析消费者的需求,而不是先考虑企业能生产什么产品,并且考虑到如何在购物过程中给顾客提供方便,和消费者通过互动、沟通等方式,将企业内外营销不断整合,把顾客和企业双方的利益无形地整合在一起。因此,"4C"理论是以"注意消费者"为座右铭,强调消费者为导向。创业计划制作者在分析营销策略时可以根据产品特点和实际需求对以上方法进行选择。

(三)关键问题

创业能否成功的重要标准是能否明确自己提供的产品与服务的市场需求情况,以及如何搭建产品与消费者之间的桥梁——营销方式。这一部分需要注意以下关键问题:

(1)采用什么样的市场调研方式获取信息?如何确定目标市场和人群?

(2)如何根据目标市场设计分销渠道?最终的产品与服务销售价格是多少(预计)?如何得出这一最终销售价格?在这种情况下利润率有多高(预计)?

(3)计划从哪些目标客户群着手进入市场?如何通过这个小立足点扩展大业务?

(4)阐述销售产品与服务的典型流程。在购买过程中,哪些因素会最终影响你的客户进行购买决策?

(5)利用什么方法使你的目标客户注意你的产品与服务?争取一个客户所需投入的时间和资源成本是什么?如何吸引客户进行多次购买?

(6)营销计划制订的总体思路是什么?产品、价格、渠道和促销的发展规划有哪些?

五、生产运营

(一)主要内容

生产运营是创业计划中最为具体和现实的部分,设计可行且高效的生产产品与提供服务流程是创业计划能否落实的关键。其主要包括选择厂址、购买原材料、组织生产、组织待售产品与服务的过程。一般来说,生产运营部分应该包括以下内容:公司生产所需的厂房选址、工艺流程和设备引进情况,生产周期标准的制定以及生产作业计划的编制,物料需求计划及其保证措施,劳动力需求情况,库存管理情况,质量控制方法,等等。但对创意服务类企业来说,由于其运营复杂性较低,且人力资源在运营中有更加关键的作用,因此本部分可以侧重介绍自己的雇员、位置优势和信息优势等。

(二)基本理论——生产运营的关键:质量管理理论

我国正处于发展模式转变的关键时期,采用"大质量观"的思路分析生产运营模式是实现高质量发展的关键。质量管理是指确定质量方针、目标和职责,并通过质量体系中的质量策划、控制、保证和改进来使其实现的全部活动。在经历过质量检验阶段、统计质量控制阶段后,进入全面质量管理阶段。全面质量管理是为了在最经济的水平上,考虑到充分满足顾客质量要求的条件下进行生产和提供服务,并把企业各部门研制质量、维持质量和提高质量的活动构成为一体的有效体系。

创业公司作为一个新创企业,从一开始就需要特别关注企业产品与服务质量的管理。依据生产过程和产品质量的形成流程,全面质量管理的工作内容主要包括设计试制过程中的质量管理、制作过程中的质量管理、辅助生产和生产服务中的质量管理等。

1. 设计试制过程中的质量管理

产品研发包括开发新产品和升级旧产品,其具体过程包括市场调研、实验研究、制订方案、产品设计、工艺设计、设计制造、试制与鉴定等,也就是产品在正式投入量产前的全过程。设计试制过程中的质量管理是为了满足消费者和制造者两方面的需求。一方面,通过大量客户知识获取和识别,确认消费者对新产品的明确需求,准确界定新产品的质量特性,降低市场风险;另一方面,要满足生产制造的基本要求。这些不仅影响产品质量,也会影响到以后的生产秩序和经济效益。因此设计试制过程的质量管理是全面质量管理的起点。

2. 制造过程中的质量管理

制造过程是产品质量的直接形成过程。制造过程的质量管理是为了保证实现设计阶段对质量的控制意图,其目标是建立一个受控制状态下的生产系统,也就是说生产过程能够稳定地、持续地生产符合设计要求的产品。通常来说,制造阶段的质量管理与以下几方面工作相关:第一,严格执行工艺规程,保证工艺质量;第二,组织技术检验,把好工序质量控制;第三,掌握质量动态,加强对不合格品的管理。

3. 辅助生产和生产服务过程中的质量管理

辅助生产过程是为基本生产过程提供辅助产品和劳务,前者如基本生产过程中需要的动力、工具、模具等,后者如设备维修服务等。生产服务过程则为基本生产和辅助生产过程提供各种生产服务活动,例如供应、保管、运输等。这两者既是基本生产过程正常进行的条件,也是基本生产过程质量保证的重要因素。其任务是为制造过程实现优质和高效创造必要条件。

(三)关键问题

本部分主要介绍公司生产运营的相关理论和知识,对于制作创业计划来说,要着重关注和回答以下几个问题:

(1)不同阶段质量管理分别可以采用什么方法?采用哪些评价指标来衡量质量问题?

(2)公司正在计划什么样的生产过程?怎样保证新产品在进入规模生产时的稳定性和可靠性?

(3)设备的引进和安装情况如何?谁是供应商?生产线的设计与产品组装是怎样的?工艺流程的设计需要考虑的因素和方法是什么?生产周期标准的制定以及生产作业计划的编制如何?

(4)公司打算具备多大的产品生产能力和服务提供能力?

(5)物料需求计划如何?公司需要什么样的生产工具?公司需要什么原材料?公司将从供应商手中购买什么原料、部件或服务?

六、公司管理

(一)主要内容

公司管理是创业计划中主观能动力因素较为重要的部分,一定程度上决定了公司经营风险的大小,且公司管理能力的差异往往是决定公司成败的显著因素,高素质的管理人员和良好的组织结构是管理好公司的重要保证。因此,在创业计划中必须对公司管理团队加以重点阐明,不但要介绍团队成员所具备的能力、经历和背景,而且要说明他们在公司中的职务和责任。此外,还需要对公司的组织结构进行介绍。介绍内容包括公司的组织结构图、各部门的功能与职责范围、各部门的负责人及主要成员、公司的报酬体系、公司的股东名单(包括股份份额、认股权、比例和特权)、公司的董事会成员、股权分配等。

(二) 基本理论——创业公司的关键：股权划分

在创业公司成立初期，通常都会采取股份制形式。如何分配股份，特别是如何给各个创业成员分配股份，是一个非常重要并且要认真思考的问题。如果某位重要成员的股份太低，他的主观能动性就无法完全发挥。如果某人的股份太高，那么一旦犯错代价就会很大。在创业公司中，一切关于利益和表决权分配的问题，都是足以影响创业全局的关键问题。公司股份拥有多层含义。从所有权角度来说，持有的股份代表对团队资产的拥有量，通常这个股份是可以交易的。从表决权角度来讲，股份代表说话的分量和比重。从利益分配角度来说，股权代表着所获得的分红比例。创业公司分配股份的目的是把创业者的利益同企业的利益硬性关联起来，由此激发各个成员的主观能动性，促使每个创业者为企业的长期利益考虑，从而使每个创业者的利益长期最大化。

创业公司股份要依照什么样的标准来划分，这是一个很通用但却富有个性的问题。要解决这个问题，除了要掌握一定的共性知识外，还需对公司的实际情况进行深入分析。首先要衡量目前该公司的总体价值是多少，即目前的实物资产与无形资产的总和，前者比较好估算，而后者需要通过专门机构评估或由双方以要约的形式来确定。对于创业公司来说，除有形资产外，还需评估无形资产，这一环节争议和难度最大，需通过各方要约与协商的方面来确定能广泛接受的数字。股份分配的基本原则是：投入的资产越高(资产不仅仅包含实物资产和资金，还应该包括投入的"软资本"，也就是劳动和技术，这就是所谓的资金入股和技术入股)，拥有的股份应当越高；对行业理解越深刻，越能把团队带向正确的方向，拥有的股份也应当越高。

创业公司股份可以分为几块，如融资所占股份、管理层所占股份、技术所占股份、前期投入所占股份等。一般风险投资者在创业公司发展初期不愿意占有太多股份，因为创业公司在初创期风险最大。此外，如果占有股份较多，不利于创业团队发挥主观能动性。在股权分配初期最好设定一个合理的股权池，这对于公司人才的吸引、后期的融资操作、奖励回馈等具有重要作用。

在实际操作上，作为初创企业，尤其要强调小巧、灵活和变通，在股权问题上也不必拘泥于传统。例如，完全可以抛弃股权这个词，转而使用所有权、表决权、分红权来分别确定每个股东的各种权益。

(三) 关键问题

在公司管理部分，创业者需要对拟建创业公司性质及组织模式等相关内容做出详细说明。一般情况下，公司管理体系以及公司构架需要用框架图的形式表示出来。在这一部分需要关注以下关键问题：

(1) 创业公司适用什么公司性质、组织形式，以及选择该性质的公司及该类型的组织形式的优缺点有哪些？

(2) 公司组织结构图是怎样的？公司组织结构中分别包括哪些职位？未来三到五年后的公司组织结构图是怎样的？

(3) 公司各部门的主要负责人及成员情况如何？其人员数量和报酬体系如何？

(4)公司的股权人背景资料和股权如何划分？公司的融资需求量、用途、拟出让股份、投资者权利等有何计划？

七、财务计划

（一）主要内容

财务计划是指创业公司或企业对相关资金使用、经营收支及财务成果等信息整合的书面文件，反映公司预期的业绩。创业计划概括性地提出了未来三到五年创业公司需要完成的工作，而财务计划则是这一过程和预测的价值化表现。因此，一份好的财务计划对评估创业公司所需的资金数量，增加取得风险投资的可能性具有关键作用。如果财务计划准备不好，会给风险投资者留下创业者缺乏经验的印象，会降低创业公司的评估价值，同时会增加创业公司的经营风险。

财务计划需要花费较多的时间来制作和分析。其中包括最重要的三大报表制作和分析，即现金流量表、资产负债表和利润表。流动资金是公司的生命线，因此创业公司在初创或扩张时，对流动资金需要有预先周详的计划和严格控制；利润表反映的是创业公司的盈利状况，它是公司在运作一段时间后的经营结果；资产负债表则反映了创业公司在某一时刻的经营状况，风险投资者可以用资产负债表中的数据得到的比率指标来衡量公司的经营状况以及可能的投资回报率。此外，一些具体的财务数据信息也备受风险投资者的关心，如销售收入、销售成本、管理费用、销售费用、资金支付、债务利率、收入税率、应收账款、应付账款、存货周转和资产利用率等。财务部分除了需要给出3到5年的财务计划外，还需要分析盈亏平衡点、资金的来源和使用等。

（二）基本理论——财务报表分析

财务报表分析主要研究公司利益相关者如何解读报表信息，其概念有广义和狭义之分。从广义上说，财务报表分析包括经营战略分析、会计分析、财务分析和前景分析四个方面。经营战略分析是确定公司主要的利润动因和经营风险，以及定性评估公司的盈利能力的分析，这里包括行业分析和公司竞争战略等；会计分析的目的是评价公司会计反映基本经营现状的程度，包括评价公司会计的灵活度和会计政策的恰当性等；财务分析是运用财务数据来评价公司当前和过去的业绩；前景分析是预测公司的未来状况。财务报表分析的狭义概念是指以会计核算和报表资料为依据，利用多种分析技术和方法，通过对公司过去和现在的筹资、投资、经营和分配活动中偿债能力、营运能力、盈利能力和发展能力进行分析和评价，为利益相关者进行投资决策和经营管理提供重要财务信息的一种活动。其中财务分析对象主要包括资产负债表、利润表和现金流量表。一般在创业计划书中需要给出五年预估的三大报表和财务计划。

（三）关键问题

创业计划中的财务计划应该包括一整套完整的预测财务信息，它涉及基本财务假定、资产负债表、利润表、现金流量表、资金来源与占用表等。针对财务计划部分，需要关注以下问题：

(1)预计的风险投资数额为多少？其中，创业者期望从风险投资者那里获得多少投资？是以贷款、出售债券还是以出售普通股、优先股的形式实现？

(2)产品在每一个期间的生产和售出有多大？什么时候开始产品线扩张？每件产品的生产费用是多少？每件产品的定价是多少？预期的成本和利润是多少？盈亏平衡点是多少？

(3)公司的现金流量发展趋势是怎样的?预计什么时候能达到收支平衡?
(4)基于公司的规划,融资需求有多高?在最差的情况下,需要多少现金?

八、风险控制

(一)主要内容

创业计划的关键是如何尽可能地预测和控制风险,从而产生更大的收益。创业者与普通投资者的主要差别在于创业投资者面对着巨大风险,但有可能获得高额收益。因此即使创业的风险巨大,但依然有许多创业者与投资者热衷于进行创业与风险投资活动。创业风险不是完全无法控制的,其可以通过科学系统的知识、方法和手段加以控制。因此创业计划中有关风险分析的部分,要尽可能地搞清楚创业公司可能会面对的风险种类和程度,以及创业公司将采取何种措施和方案去降低或防范风险,还有在遭到严重风险打击后如何设计资本退出机制以实现损失最小化。

(二)关键问题

创业的高风险与高收益共存,创业者如果可以尽可能地弄清楚其可能面对的风险形式、风险大小、防范风险措施等问题,将对创业过程的抗打击能力与最后的创业收益率产生重要影响。因此,在这一部分需要关注以下关键问题:

(1)创业公司将会面临哪些基本风险?哪类风险是最影响公司生存和发展的?
(2)市场和技术中最大的风险可能分别出在哪里?应如何应对?
(3)面临相关风险,创业公司将会采取哪些措施进行防范?
(4)创业公司有哪几种退出方式?首选退出方式是哪种?
(5)如果选取公司上市作为基本退出方式,创业计划中是否有与公司上市为目标的相关运营计划?

【阅读资料 15-2】 "闪电贴(flash tip)"一次性超薄手机电池系列产品
——第四届挑战杯全国大学生创业计划竞赛金奖作品

一、项目介绍

1. 公司

上海盛旦科技股份有限公司(以下简称"盛旦科技")秉承"Tech application 应用科技"的经营理念,努力将高科技实用化,满足大众需求。公司目前拥有的一次性打印电池技术由复旦大学化学系研究开发,拥有完全的知识产权并已申请专利。

盛旦科技在一次性打印电池技术的基础上首先推出了"闪电贴"一次性超薄手机电池系列产品,填补了一次性手机电池的市场空白。目前手机已经成了人们生活中不可或缺的消费品之一,据统计目前全国已有手机用户 2.5 亿,但手机的不便之处也逐渐暴露,比如关键时刻的电量不足,突然断电的现象常常给人们带来很多尴尬,特别是外出洽谈商务或结伴出游时手机电池的突然断电有时会给人们带来很大的损失。虽然一些大商场提供了临时充电器,但由于充电需等候多时,且只有少数大商场提供此类服务等原因,手机电量的及时补充问题还未得到根本解决。"闪电贴"系列一次性超薄手机电池正是针对这一市场空白推出的最新产品。

2. 市场

"闪电贴"的目标群体主要定位于出差的商务人士、旅游群体以及往来商旅等,一张 1 毫米厚、面积与传统电池板相仿的产品将提供约12小时的电池电量,只需将其贴于现有电池表面即可电力十足,轻便而快捷,既可以作应急使用,尽可能地降低短期断电造成的通信中断损失,也可省却外出携带充电器等不必要的麻烦,作为常用的备用手机电池。当然,由于其较高的性价比,其他普通消费者也可以接受。

在区域市场上,初期以国内市场为主,先大中城市后小城市,同时在适当的时间进入国际市场,利用全球化的市场需求获得规模竞争优势。

3. 生产与营销

盛旦科技准备在上海张江高科技园区设立加工基地,由于有成熟的技术(主体技术为现代喷墨打印技术和纳米材料技术),产品的加工工艺并不复杂,主要设备为打印设备和电池材料配置设备。初期成本为1.2元/贴(大小类似普通手机电池,厚度为1毫米,待机时间12小时),售价5元/贴,随着生产规模扩大成本将不断降低。由于其市场容量巨大而且目前尚处于空白状态,市场前景巨大。

由于"闪电贴"属于快速消费品的范畴,所以在营销上采用大规模铺货的方式,占领便利店、超市、书报亭等主要的销售渠道,方便消费者及时获取。同时,第一年进行大量派送试用,且投入一定资金做前期推广,通过各种媒体广告和各种促销活动提高产品知名度。在市场上采取先立足上海,后逐渐有计划分步骤地推向全国。第一年销售37万片,第二年销售45万片,第三年开始销售额和利润都大幅上升。

4. 投资与财务

公司设立在张江高科技园区,属于国家支持的中小型高科技企业,税收方面享受"两年免征所得税"政策。公司成立初期需资金720万元。其中风险投资520万元,盛旦公司投资(管理层和化学所投资)100万元,流动资金贷款100万元。其中用于固定资产投资155万元,流动资金565万元。

股本规模及结构定为:公司注册资本800万元。其中:外来风险投资入股520万元(占比65%);盛旦专利技术入股180万元(占比22.5%);资金入股100万元(占比12.5%)。

公司从第三年开始盈利,到第四年利润开始大幅增长,内部收益率为50.1%。风险投资可通过分红和整体出让的形式收回投资。

5. 组织与人力资源管理

公司初期成立时采用直线型的组织结构,由总经理直接向董事会负责;三到五年后随着新产品的推出采用事业部型组织结构。公司初期创业团队主要来自复旦大学管理学院,成员各司其职,都具有相关领域的专业知识和运作经验,且优势互补。同时公司拥有复旦大学化学所技术人员作为技术支持。此外,公司还邀请多位复旦大学管理学院教授为经营顾问。

二、创业计划书目录参考

目　录

1. 执行总结 ……………………………………………………………………………
2. 项目背景 ……………………………………………………………………………
3. 市场机会 ……………………………………………………………………………
4. 公司战略 ……………………………………………………………………………
5. 市场营销 ……………………………………………………………………………
6. 生产管理 ……………………………………………………………………………

7. 投资分析 …………………………………………………………………………
8. 财务分析 …………………………………………………………………………
9. 管理体系 …………………………………………………………………………
10. 机遇与风险 ………………………………………………………………………
11. 风险资本的推出 …………………………………………………………………
附录
1. "闪电贴"前期调研报告 …………………………………………………………
2. 超薄打印电池核心技术 …………………………………………………………

第十六章 创业资源

第一节 创业资源概述

创业资源是开展创业活动必不可少的因素,是创业成功的重要保证。在企业建立初期,其面临的主要障碍之一便是资源的约束,新企业必须从环境中寻求所需资源,或者从企业内部积累新资源来破解这一难题。

在"大众创业、万众创新"的新时代,我国为推动创新创业不断推出各项政策措施,其目的便是提高创业资源的可获得性,辅助企业解决资源约束这一难题。现实中一些新企业,创业者通过创业成功取得了骄人业绩,无不是首先通过各种方式获得所需的创业资源(如资金、技术或人才等)。

一、创业资源的定义与分类

(一)创业资源的定义

关于创业资源,不同的学者有着不同的定义。巴尼(Barney)认为,创业资源是指企业在创业的整个过程中先后投入和使用的企业内外各种有形资源和无形资源的总和。吴(Wu)认为创业企业资源包括人力资源(专有知识和运营管理专有知识)、财务资源(资金)、网络资源(个人网络、亲戚网络或战略联盟)和合作方提供的补充性资源。蔡莉和柳青认为,创业资源包括人力资源、物质资源、技术资源、财务资源、市场资源和组织资源。

综上所述,创业资源是指新创企业在创造价值的整个过程中所需要投入和使用的各种要素的总和,包括劳动力、资本、土地、技术、信息等。具体内容见表16-1。

表16-1 创业资源类型

资源类型	定义
人力资源	创业者及其他劳动力的知识、经验、判断力、创新能力、社会网络
物质资源	企业在生产和管理过程中需要使用的实物资产
技术资源	由工艺、系统或实物转化方法组成
财务资源	企业创建和成长所需要的资金
组织资源	组织关系、结构、规章、文化和知识
市场资源	消费者或导向用户所提供的购买订单

(二)创业资源的分类

根据细分程度和划分方式的不同,创业资源有多种分类方式。

1. 按创业资源的内容分类

按创业资源的不同内容,创业资源可以分为人力资源、技术资源、物质资源、财务资源等。

2. 按资源的表现形式分类

按资源的表现形式,创业资源可分为以下三类。

(1)有形资源。有形资源也称实物资源,指能够看得见的并且可以量化的资产。有形资源一般包括企业的实物资源和财务资源。其中,企业的土地、厂房、生产设备、原材料等属于企业的实物资源。财务资源是企业可以用来投资或生产的资金,包括应收账款、有价证券等。

(2)无形资源。无形资源是指那些非物质性的、看不见摸不着的资源,如思想观念、理论知识、科学技术、创新能力等。无形资源是根植于组织历史,伴随组织的成长而积累起来的,以独特的方式存在,并且不易被竞争对手了解和模仿的资产。企业中的管理者和员工所掌握的知识与技能、相互之间的信任程度、交往方式、思想观念、创新能力、领导风格、管理制度、产品或服务的声誉等都可归于无形资源。

(3)人才资源。人才资源是一种特殊的资源,其拥有当前其他资源所没有的素质,即"协调能力、融合能力、判断力和想象力"。人才资源需要经过有效的激励机制才能更好地开发利用,并给企业带来可观的经济价值。

有形资源与无形资源相比,有形资源边际效应递减,无形资源边际效应递增。所以,无形资源更具创造价值的潜力,往往是撬动有形资源的重要杠杆,能够为创业者带来无可比拟的竞争优势。

3. 按资源要素参与方式分类

按资源要素的参与方式,创业资源可分为以下两类。

(1)直接资源。直接资源指直接参与企业战略规划的资源要素,包括资金资源、管理资源和人才资源。

(2)间接资源。间接资源是指对创业成长的影响提供便利和支持,而非直接参与创业战略的制定和执行的资源,包括政策资源、信息资源、科技资源等。

二、创业资源的获取

(一)获取创业资源的基本途径

创业资源的获取伴随整个创业过程,创业者需要有效识别各种创业资源,并且积极获取各类创业资源,为实现创业企业快速成长打下坚实基础。

资源获取有三个主要途径,分别是资源购买、资源吸引和资源积累。资源购买指利用财务资源杠杆获取外部资源,主要包括购买厂房、装置、设备等物质资源,购买专利和技术,聘请有经验的员工,以及通过外部融资获取资金等。资源吸引指发挥无形资源的杠杆作用,利用新创企业的商业计划,通过对创业前景的描述,利用创业团队的声誉获得物质资源、技术资源、资金和吸引人力资源。资源积累指利用现有资源在企业内部培育所形成的资源,主要包括自建企业的厂房、装置、设备,在企业内部开发新技术,通过培训来增加员工的技能和知识,通过企业自我积累获取资金等方式(见表16-2)。

表 16-2　创业资源获取基本途径

途径	具体内容
资源购买	购买厂房、装置、设备
	购买专利或技术
	聘请有经验的员工
	通过外部融资获取资金
资源吸引	利用自己的商业计划、通过对创业愿景的描述、利用创业团队的声誉获得厂房、装置、设备
	利用自己的商业计划、通过对创业前景的描述、利用创业团队的声誉获得专利或技术
	利用自己的商业计划、通过对创业前景的描述、利用创业团队的声誉吸引有经验的员工
	利用自己的商业计划、通过对创业前景的描述、利用创业团队的声誉获得资金
资源内部积累	自建企业的厂房、装置、设备
	在企业内部开发新技术
	通过培训来增加员工的技能和知识
	通过企业自我积累获取资金

(二)影响创业资源获取的因素

1.创业导向

创业导向是创业者在经营、实践和决策过程中所采取的创新、承担风险、抢先行动、主动竞争和追求机会的一种态度或意愿。

创业导向强调如何行动,是创业精神的表现过程。即创业导向的企业能自主行动,具备创新和风险承担的态度,面对竞争对手时积极应战,面临市场机会时超前行动。企业追求机会所表现出的创业导向,驱使企业寻求与整合资源,并创造财富。

2.创业者资源禀赋

创业者资源禀赋是指创业者所具有的与创业相关的自身素质和外在关系的总和,主要包括创业者的经济资本、社会资本和人力资本,它们能够为创业行为和新创企业的生存与成长提供有价值的资源。新时代下所提倡的企业家精神也是创业者资源禀赋中不可或缺的部分,企业家精神是企业家作为一个特殊群体发挥其社会作用所必备的共同特征,是其价值取向、知识体系和素质能力的集中体现。而创业者资源禀赋不仅包括企业家精神,也包含企业家的外在关系的总和。

大量的文献及其他资料强调企业家资源禀赋在创业过程中的重要作用,认为企业家资源禀赋是创业行为过程的关键资源,甚至在一定程度上决定新创企业的资源构成特征。

3.创业者资源整合能力

新创企业资源整合能力是指在创业过程中,以人为载体,在资源整合过程中所表现出的对资源的识别、获取、配置和利用的主体能力。

创业资源在未整合之前大多是零散的、一般性的商业资源,要发挥其最大的效用,使其转化为竞争优势,为企业创造新的价值,就需要新创企业运用科学方法将不同来源、不同效用的资源进行优化配置,使有价值的资源充分整合起来,发挥"1+1>2"的放大效应。资源整合能力在创业的各个阶段发挥着极为重要的作用。

在创业起步阶段,资源整合能力影响并决定了创业者对创业机会的评估、识别与开发,同时帮助创业者摆脱资源约束,取得所需资源;生存与成长阶段新创企业需要筹措更多的资源来满足自身的发展,创业者资源整合能力会对新创企业成长过程的战略决策与运营能力产生重要影响,资源整合的深度与广度将保障组织运作的持续性,进而影响创业绩效。

4. 创业团队

新创企业把创意变成产品/服务,把产品/服务市场化、产业化是一个艰苦的过程,必须组建好一个富有凝聚力和创新精神的创业团队,这是获取各项创业资源的重要前提,也是创业成功的一个基本保障。

借助团队就可能拥有创业所需要的各种知识和经验,例如顾客经验、产品经验、市场经验和创业经验等。同时通过团队,人脉关系网络可以放得更大,能够有效增加创业者社会资本,提高创业成功的概率。因此创业团队本身就是一项极为重要的创业资源。

5. 外部环境条件和政府政策支持

创业活跃程度的一个重要决定因素是创业的环境条件。创业环境与创业活跃程度呈很强的正相关关系。创业企业与创业环境有着密切的关系,而这种关系的核心是创业企业资源的需求和创业环境资源的供给之间的有机联系。

创业水平和创业资源受到外部环境因素的影响极大,尤其政府的法规政策。创业环境好的地方一般会呈现较高的创业活动水平,而政府创业政策作为创业环境的重要内容是直接影响一个国家和地区创业活动水平的重要手段。

第二节　创业资源整合与利用

创业资源的获取和整合伴随着整个创业过程,创业者需要有效识别各种创业资源,积极借助企业内外部力量对创业资源进行组织和整合,实现企业的核心竞争力,促进创业成长。

一、创业资源整合概述

(一) 资源整合的定义

目前我国经济已经进入新的发展阶段,追求高质量发展。高质量的创新创业与高效率的创业资源整合密不可分。资源整合是一个复杂的动态过程,是指企业对不同来源、不同层次、不同结构、不同内容的资源进行选择、汲取、配置、激活和有机融合,使之具有较强的柔性、条理性、系统性和价值性,并对原有的资源体系进行重构,摒弃无价值的资源,以形成新的核心资源体系的过程。

西蒙(Sirmon)认为创业资源整合是企业对内部资源进行整合,企业拥有资源所有权,可以直接进行调配。其旨在揭示新创企业如何对其获取拥有的资源进行整合。蔡莉和尹苗苗从能力角度定义,认为创业资源整合是企业获取所需的资源后,将其进行绑聚形成能力的过程。董保宝、葛宝山和王侃认为创业资源整合是指企业对不同内容的资源进行识取和配置,使之具有较强的系统性和条理性,以形成新的核心资源体系的一个复杂的动态过程。

本书认为，创业资源整合是指企业通过对内外部不同层次的资源进行配置组合并加以转化，进而产生独特的能力，以发挥资源的最大价值。总结来看，资源整合是指企业在获取必要资源后，对资源进行优化配置，使其相互补充、融合，在此过程中获得独特的竞争优势。

(二)资源整合的内容

1. 内部资源与外部资源的整合

一方面，识别、选择、汲取有价值的、与企业内部资源相适应的诸如隐性技术知识等外部稀缺资源，并将这些资源融入企业自身资源体系之中；另一方面，实现外部资源与内部资源之间的衔接融合，激活企业内外资源，从而能够充分发挥内外资源的效率和效能。

2. 个体资源与组织资源的整合

一方面，对零散的个体资源进行系统化、组织化整合，使其不断地融入组织资源之中，从而转化为组织资源；另一方面，组织资源也能够被迅速地融入个体资源的载体之中，能够有效激发个体资源载体的潜能，提高个体资源的价值。

3. 新资源与传统资源的整合

新资源可以提高传统资源的使用效率和效能；反过来，传统资源的合理利用又可激活新资源促进隐性技术知识等新资源的不断涌现。如此循环反复、螺旋上升。

4. 横向资源与纵向资源的整合

横向资源是指某一类资源与其他相关资源的关联程度；纵向资源是指某一门类资源的广度和深度方面的资源。它们的整合对于建立横向资源与纵向资源的立体架构具有十分重要的意义。

二、创业资源整合过程

许多学者提出了创业资源整合的各种过程。布拉什（Brush）等提出了识别、吸引、转化和利用资源开发路径，使得资源整合成为企业本身所具有的竞争优势。蔡莉和柳青从创业资源入手，对新创企业关键资源进行了系统分类，从资源管理的角度，将创业资源整合化分为资源识别、资源获取和资源开发三个顺序过程，强调了新创企业创业资源整合过程模型的动态性。马鸿佳区分了企业的内外部整合行为，将创业资源整合分为资源识取和资源配用两个步骤，其中资源识取是企业搜寻和筛选所需资源的过程，资源配用指配置和部署企业资源的过程。董保宝和葛宝山将创业资源整合分为识别、获取、配置以及利用四个过程。

(一)资源的识取

资源识别与选择应从企业宏观战略及微观战术两个层面综合考虑。其中，资源识别与选择的战略层面涉及企业全局和长远发展，是围绕企业战略目标而选择资源的，主要是对资源选择进行基本定位，包括产业定位、市场定位和产品定位三个方面。其中，产业定位是指选择最适合的资源应用于合适的产业领域，不同的产业需要的资源可能是完全不同的；市场定位是指企业如何在激烈的竞争中选择合适的资源满足某一细分市场的需求；产品定位是指选择合适的资源以更好地满足某一产品的生产需要。资源识别与选择的微观战术层面涉及企业生产经营问题，是围绕企业战术目标而选择资源的，主要是根据资源的层级性与可接受性相匹配原则进行选择。一般而言，资源层级越高，给企业带来的持续竞争优势的时间就越长，但是由于获取层级越高的资源的代价越大，因而随之而来的市场风险也就越大。资源的可接受性是企业应用和汲取某特定资源的可能性,直接决定了特定资源能否发挥作用及发挥作用的程度。而企业对拟采用资源的汲取能力大小,决定于企业现有资源特别是诸如知识、信息等新资源。

(二)资源的配置

企业所整合的资源来自企业内部资源和企业外部资源。企业内部资源是资源选择、汲取的基础;外部资源的汲取与配置是企业快速提升企业能力的有效途径,是指企业将外部资源积极纳入企业内部并能为企业所用的活动。资源汲取的途径不仅包括市场机制下的资源购买,而且包括准内部化的资源联盟以及完全内部化的资源并购等,其核心内容是如何运用这些资源并为企业所能接受。其中,资源购买主要是通过市场购入所需的资源,需要注意的是,诸如知识尤其是隐性知识等新资源很难通过购买获取并为企业所用,这些资源可能附着在非知识资源(如引进的设备等物质资源)之上。资源联盟是指通过联合其他组织,对一些难以或无法通过自己进行开发的资源实行共同开发。这种方式不仅可汲取显性知识资源,还可汲取诸如隐性知识资源。不过要注意的是,资源联盟的前提是联盟双方的资源和能力互补和有共同的利益。资源并购是通过股权收购或资产收购,将企业外部资源内部化的一种交易方式,不过资源并购的前提是并购双方的资源尤其是知识等新资源具有比较高的关联度。而汲取的资源只有合理有效地配置到最能发挥其使用效益的地方,才能体现出这些资源的价值。

(三)资源的利用

资源激活与融合贯穿于企业生产经营整个过程,它是将汲取与配置的资源完全应用于企业研究开发领域、组织和管理领域、产品生产领域以及市场开拓领域的过程,它是最终决定企业资源能否发挥最佳效益的非常重要的环节,其核心是发挥企业资源的最佳使用效率和效果,结果是企业获利能力得到提升。资源不会自动产生效益和效能,只有得到充分激活,才能发挥其使用效益和效能,才有可能产生新的资源。尤其人力资源是活的能动资源,要想挖掘其潜能,就必须采取有效激活的措施和方法以调动其积极性和主动性。而资源融合是按照资源之间相互匹配、互为(性能)补充及相互增强的原则,将已选的外部技术资源与企业内部技术资源进行有机融合,内化于企业。需要注意的是,融合包括配置,但又不仅是配置,因而资源融合并不是单项资源的简单叠加,而是使企业各项资源相互作用、互相影响,从而实现"1+1>2"的放大效应。

【案例 16-1】　　　　　　　创业资源整合——蒙牛乳业的成功之路

作为资源调用的典范,蒙牛乳业(以下简称"蒙牛")的成功之路无疑就是一条创业资源整合成功的星光大道。牛根生与他的创业团队,适时地将市场营销策略与现代化企业资源运用理念带入内蒙古草原,将一个既无奶源,又无工厂,还无市场的"三无企业",通过逐年攀升的年销售额改变为家喻户晓的乳制品巨头企业,同时也书写了牛根生自己的创业之路。在蒙牛成长的道路上,随处可见资源充分整合与资源有效调用的影子。用牛根生的话说,资源调用就是他的"创业军师"。

1999 年创业之初的蒙牛集团受困于两大难题:一是没有足够的资金自建奶源基地与生产工厂;二是乳制品企业自建生产线的周期相对较长。因此在日趋激烈的市场竞争背景之下,企业创业的风险无疑与日俱增。在看似"腹背受敌"的绝境中,蒙牛乳业及创始人牛根生正是巧借其资源调用之策,化劣为优,创造了蒙牛乳业的"创业神话"。蒙牛乳业的十位创始人中有五位来自当时乳制品行业的领军者伊利集团,创始人牛根生更是被伊利开除不久的生产经营副总裁。这便意味着虽然无大笔资金,但蒙牛拥有珍贵的行业领先标准、生产技术与业界认可度。因此管理团队苦思冥想,决定通过"虚拟联合"额度方式(具体以承包、租赁、托管等方式),打造属于自己的乳制品行业传奇故事。

虚拟联合的方式具体为,蒙牛通过派出自己的管理人员,向乳场与生产工厂提出自己的生产要求,培训其管理人员,进而将众多生产能力急需提升的中小乳场、乳制品加工厂进行升级改造。在这一过程中,蒙牛将这些生产厂商间接转变为"自己的生产车间",既解决了资金匮乏、没有生产线的窘境,更为蒙牛的市场开拓赢得了宝贵的时间。而这仅仅是蒙牛有效资源调用、实现逆转之路的第一步。

第二步,蒙牛意识到需要加强自己的核心竞争力,开始自主研发产品。自1999年底蒙牛开始"由虚转实",逐渐培育自己的核心竞争力。而在这一过程中,大量的设备投入是刚刚处于创业萌芽阶段的蒙牛乳业绕不过去的"天堑"——2500余万液态奶设备存在资金缺口。而这一次,资源调用的方式再一次帮助蒙牛成功渡过难关。蒙牛乳业的高管层决计通过融资租赁的方式解决这一难题,即由一家北京的租赁公司先将蒙牛选定的设备购买回后转租给蒙牛,蒙牛集团每年支付租金即可。

蒙牛在市场开拓的过程中,最为高超的手段莫过于调用了其直接竞争对手伊利乳业的资源。处于创业之初的蒙牛,其实力在内蒙古自治区的乳制品企业中难以排入前五名,然而蒙牛通过把标杆定为伊利,并使消费者通过伊利知道蒙牛,而且留下一个印象:蒙牛似乎也很大。1999年4月1日,呼和浩特市的老百姓一觉醒来,呼和浩特市主要街道旁边的300块广告牌全是蒙牛广告:"向伊利学习,为民族工业争气,争创内蒙古乳业第二品牌!"一石能激起千层浪,而300块广告牌同时入市,自然掀起了市场巨浪。"蒙牛"成了内蒙古老百姓热衷谈论的一个话题,人们记住了蒙牛,也记住了蒙牛是内蒙古乳业的第二品牌。蒙牛那时的管理策略是:"公司只做自己擅长的事,其他的就由那些更加有效的外部专家去做。"相较传统的乳制品企业通过传统的企业发展方式一步一步缓慢的规模扩张,蒙牛通过一次次充分调动内外部资源,在创业的道路上早已迈入了"快车道"。

此外,蒙牛成功的路上,还合理整合运用了大量的社会资源,将传统的创业资源由"内部循环"扩展到"外部循环"。蒙牛"不求所有,但求所用"的整合资源、虚拟经营的创业思维,既将内部资源充分发挥,又将自己树立为产业链中的核心企业,带动了整条相关产业链的升级与发展,充分发挥了企业的内部优势与外部优势,提高了资源的利用效率,使得自己在短短数月之内完成了传统乳制品企业创业历程中需要花费数年才能完成的规模。

通过内外部资源有效结合与调配,蒙牛既化解了一次又一次创业路上的危机,并为行业整体的革新进步,甚至其他行业的进步提供了动力。蒙牛乳业后期更是通过资本市场多样化操作,如公开发行股票上市募资、发行美元债券等多样化融资方式盘活其资产,逐步成为能与伊利乳业并肩的国内乳制品龙头企业。

第十七章 创建企业

第一节 企业组织形式

一、企业组织形式的定义与分类

(一)企业组织形式的定义

企业组织形式是指企业存在的形态和类型,它表明一个企业的财产构成、内部分工协作与外部经济联系的方式。

经济稳妥健康和高效运行的重中之重是要具有正确的企业组织结构和组成形式。选择企业组织形式的出发点是追求经济组成的规模,使经济体能够稳定运行。从这点也可以看出企业组织形式的选择在很大程度上受制于制度性质的规定性,还可以得出企业组织形式的发展也集中体现了企业制度的发展这个结论。

(二)企业组织形式的分类

1. 独资企业

独资企业是指个人出资经营、归个人所有和控制、由个人承担经营风险和享有全部经营收益的企业。这是最古老、最简单的一种企业组织形式,主要盛行于零售业、手工业、农业、林业、渔业、服务业和家庭作坊等。其特点为:企业的建立与解散程序简单,经营管理灵活自由,业主对企业的债务负无限责任,企业的规模有限以及企业的存在缺乏可靠性。在现代经济社会中,独资企业发挥着重要作用。

2. 合资企业

合伙企业是由两个以上的自然人订立合伙协议,共同出资、合伙经营、共享收益、共担风险,并对合伙企业债务承担无限连带责任的营利性组织。每个合伙人对企业债务须承担无限、连带责任(如果一个合伙人没有能力偿还其应分担的债务,其他合伙人须承担连带责任)。合伙人转让其所有权时需要取得其他合伙人的同意,有时甚至还需要修改合伙协议,因此其所有权的转让比较困难。

3. 公司企业

公司是指以营利为目的,由众多投资者共同出资组建,股东以其投资额对公司负责,公司以其全部财产对外承担民事责任的企业法人。公司主要包括有限责任公司和股份有限公司。

二、企业组织形式的选择

（一）公司权力配置

代理制度是现在企业制度的一个重要特征，当公司所有者无法对企业进行经营管理时，就需要委托专业的管理团队或者职业经理人对企业进行经营管理，实施具体的经营战略。对于企业所有者来说，把企业的经营权让出去是一件非常痛苦的事情。当然，将经营权交给别人并不是大公司独有的发明创造，各种不同的企业组织形式都可以委托他人管理。委托制度虽然有它的优点，但也有一定的缺点，如企业容易被内部人篡权控制和承担代理成本——邀请非股东人士对公司进行日常经营管理所付出的成本。

（二）税收成本

创办企业，税收是不可避免的考虑因素。美国公司法把这一因素称为关键性因素。在现代社会公司是推动社会经济发展和进步的一股重要力量，国家会在税收方面给予一定的优惠，目的在于扶持公司的发展。每个企业在日常经营活动中都必须向政府缴纳税收。由于企业的目标是追求利润，所以必须考虑税收成本。

（三）公司风险责任

企业在经营过程中必然存在风险。如果发生了对外债务，个人独资企业自负盈亏，完全由其个人承担；合伙企业则首先按照出资时合伙协议的规定承担，如果合伙协议没有规定，则按各自出资比例承担；有限责任公司和股份有限公司由股东以各自投资额为限承担。

第二节 企业注册流程

企业可以起到优化资源配置、推动市场发展和承担社会责任的重要作用。登记注册是企业建立的基本方式，企业注册是创业的第一步。因此要进行创业，首先要了解企业的注册流程。

一、企业注册基本流程

（一）核准名称

企业注册的第一步是到市场监管局或者是线上提交核名申请，常见的公司名称一般有三种形式，分别是"地区＋字号＋行业＋组织形式""字号＋（地区）＋行业＋组织形式""字号＋行业＋（地区）＋组织形式"，注册时任选其一即可。起名时，可以在"国家企业信用信息公示系统"上查询是否已经被注册，核准名称程序一般会在1～3个工作日完成，若失败则需重新核名。

（二）提交材料

核名通过后，首先需要在线提交预申请，确认地址信息、高管信息、经营范围。在线预审通过之后，按照预约时间向市场监管局递交申请材料。申请材料主要包括全体股东签署的公司章程，法人股东资格证明或者自然人股东身份证及其复印件，董事、监事和经理的任职文件及身份证复印件，指定代表或委托代理人证明，代理人身份证及其复印件，住所使用证明等文件。一般在5～15个工作日会收到准予设立登记通知书。

(三)领取执照

申请通过后,于预约当天携带准予设立登记通知书、办理人身份证原件到市场监管局领取营业执照正、副本。

(四)刻章等事项

凭营业执照到公安局指定刻章点办理公司公章、财务章、合同章、法人代表章、发票章。至此,公司注册完成。

二、中国注册登记制度的特点

中国的企业登记注册制度基本上可以代表两大类不同性质的组织生成形式。中国企业注册登记制度的性质是"门坎制",也就是说在企业注册登记时设置许多限制,因此企业组织不能自由生成。企业在注册时会有许多限制,具体包括注册资本、经营范围、经营场地、专职人员等。中国对企业注册和以后的审查非常严格。

(一)审查严格

我国对注册企业的注册资金、经营范围、经营场地、专职人员、名称、发起人数、法人代表资格、公司章程、公司存在期限等有严格的要求。

(二)流程复杂

相较其他国家,我国的企业注册流程包括前置审批、名称核准、提交材料、领取执照、刻章等。我国企业注册流程环节较多,提交的材料量大,注册周期长。

第三节 企业组织结构

一、企业的组织结构概述

(一)组织结构理论历史发展

(1)古典组织理论指出,组织结构本身意味着企业组织的体系化与结构化,具体包括企业组织的稳定、明确的相互关系形式、清晰的职权等。古典组织理论中组织结构的基本形式是职能结构制(包括直线职能制和参谋职能制)。古典组织认为,组织结构是使组织内部不同职能部门间相互关系实现系统化、合理化的有效手段,是保证组织运行整体一致的核心协调机制。组织结构是组织实现既定目标的基本框架。

(2)新古典组织理论侧重于讨论组织中的非正式组织与人际关系的作用,即便人的行为会影响并改变最合理的组织结构和最好的组织计划。新古典组织理论指出,组织本质上是社会性的集合体。正式的组织结构是组织目标的规范结构;非正式组织是组织成员的行动结构,是组织成员行为方向的关键。行动结构取决于非正式组织与人际关系,因此非正式的组织和人际的结构比正式的结构更为重要。

(3)现代组织理论观点,将企业组织视为一个开放的社会技术系统,由众多的子系统构成。作为一个开放的系统,组织实际上可视为是一个转换系统,即组织接受外部环境能源、信息、材料等的投入,经过转换过程,再输送产出于外部环境。

(二)组织结构理论当代发展

(1)组织生态理论。该理论源于达尔文的生物进化论思想。与其他组织理论的研究方法的差异在于,组织生态理论研究的关键问题是组织间的异质性和组织间的替代问题。组织生态理论侧重讨论的不是组织发展的结果,而是组织发展过程的选择。组织生态理论认为,企业组织的发展具有和生物进化过程中类似性特征:多样性、遗传性和自然选择性。

(2)资源基础理论。该理论提出和产生源于彭罗斯(Penosre)在《企业成长理论》中所阐述的企业内在成长思想。彭罗斯指出,企业组织是在一个行政管理框架协调并限定边界的资源集合,企业增长的源泉是企业的内部资源,企业生存、发展的根本是内在性成长。与组织生态理论中组织形式的自然选择性不同,资源基础理论强调的是组织本身的适应性。该理论认为,组织的生存能力可以通过既定组织自身努力提高。组织所拥有资源的重要性、稀缺性决定了这种努力能否成功。

(3)组织经济理论。新制度经济学认为,企业组织出现的原因是它是市场机制的替代物,是节约市场交易费用的产物。该理论重点阐述了共享的规则体系促使组织的行为框架及秩序的形成。在组织经济理论分析中,威廉姆森的交易费用理论系统地分析了组织的经济性质。在他看来,交易是研究经济组织的基本分析单位,对交易费用节约的认识是理解经济组织的关键。

(4)网络组织形式。信息网络和信息产业的发展驱动网络组织形式的形成、发展以及以知识创新为基础的新经济的兴起。当代企业重要组织形式的网络型结构特点是享有高度自治权的、互惠的、自愿的、没有依附关系的企业之间的临时性组织形式。鲍威尔(Powell)认为,网络型结构是一种表现了非市场和非层级制度的特点的独特形式,它代表的是市场与层级制度之间的可行的组织形式。

二、企业组织结构类型

(一)传统组织结构

威廉姆森根据钱德勒的考证将公司内部管理的组织形态分为 U 型(一元结构)、H 型(控股结构)和 M 型(多元结构)三种基本类型(见表 17-1)。

表 17-1 传统组织结构比较

企业组织结构	内涵	优点	缺点
U 型结构	又称"一元结构或职能型结构",权力集中于高层,集权式组织结构	1. 直线指挥,分层授权,便于迅速行动 2. 分工细致,权责明确,效率高 3. 标准统一,关系正式,运行有序	1. 管理程序化,不适应动态多变的环境 2. 管理层次多,信息传递慢 3. 限制了员工的主动性和创造性,不利于部门间的交流与协作
H 型结构	又称"控股型组织结构",是组织内实行分权治理的一种组织结构形式	子公司是独立法人,具有很大的独立性	子公司结构过于松散,战略协调比较困难

续表

企业组织结构	内涵	优点	缺点
M型结构	又称"事业部制",是一种分权式组织结构。它采用"集中决策,分散经营"的模式,是集中指导下的分权管理组织机构形式	1.能更好地适应市场变化和顾客需求 2.有利于促进企业的内部竞争 3.使得职能组织中的外部交易内部化	1.技术、资源被分散、重复使用,效率不高 2.增加了各个部门与组织整体之间的冲突,加大了协调难度

(1)U型结构。U型结构诞生于现代企业发展早期阶段,是现代企业最为基本的组织结构。U型结构适用于市场稳定、产品品种少、需求价格弹性较大的市场环境。随着企业经营规模逐渐扩大,高层领导者负担加重,陷于日常事务,疏于考虑企业长远的发展战略。

(2)H型结构。H型结构又称控股型组织结构,是组织内实行分权治理的一种结构形式。组织通过横向合并形成企业的过程中催生了H型组织结构,这种结构保留了合并后的各子公司较大的独立性。

(3)M型结构。M型结构是一种分权式组织结构,它采用"集中决策、分散经营"的模式,是集中指导下的分权管理形式。随着企业外部环境的不断变化,如原有市场边际利润率下降、新的技术发明不断产生、人口向新地区迁移等,一系列新变化要求企业把活动导向新的领域,并不断扩大自身规模。这种情况下一种新型的多分部或事业部的组织形式便应运而生,称为M型结构。它最早源于美国通用汽车公司。

随着经济发展、技术进步和环境变化,传统组织结构逐步与外部环境脱节,暴露了明显缺陷,主要表现在以下三个方面:①资源配置机制缺陷。企业内部资源分割,层次间和部门间的协调任务重,计划和控制的工作较为复杂,存在着"官僚失灵"和结构僵化,从而无法取得整体工作效益最优。②信息反馈机制缺陷。管理工作效率低下,组织间存在着低效率和沟通壁垒,信息交流不畅且易失真,无法对迅速变化的市场环境做出迅速应对。③决策激励机制缺陷。整个组织决策民主化程度不高,员工自我实现的高层次需求不能得到满足,不能充分发挥员工的自主性和创造性。

(二)企业组织结构变革趋势

1.互联网时代的企业组织管理

互联网的飞速发展将企业带入超竞争环境,在此情景下,企业竞争优势的产生和消逝逐渐成为一个短暂的时间概念。动态能力观的提出揭示了企业在动态环境中获取持续竞争优势的源泉,这对于企业感知环境变化、整合内外部资源并及时创新以建立可持续竞争优势意义重大。与此同时,作为企业动态能力的表现载体,组织结构在互联网时代呈现出来的一系列新现象值得关注。

(1)扁平化、分权化。企业正式结构中组织层级和正式化规则更多,决策中心化程度高,管理范围较小,沟通过程更依赖于纵向沟通;有机的结构组织层级偏向于扁平化,正式规则更少,组织分权化,管理范围较宽泛,沟通模式水平化,信息传递多方向化,在管理关系的灵活性、非正式化、合理授权等方面更具优势。有机式组织结构用扁平化程度、去中心化程度及员工的多职能性三个维度描述。组织结构可以运用分权化和正规化两个维度来衡量。分权化表示企业员工享有决策权的程度,正规化反映组织使用正式的规则和程序来规范员工行为的程度。互联网颠覆了企业传统的组织管理形式,组织结构朝着扁平化、分权化的方向发展。互联网三定律揭示了互联网发展的不可抗拒及不可逆性,其"自下而上"和"去中心化"等特征重新定义了企业与消费者之间的关系,顾客需求驱动企业提供相应的产品和服务。在此前提下,市场需求信息必须简短快捷地在组织内传递以实现各部门的快速协作,因此在组织规模扩大的同时,扩大管理幅度、减少组织层级并赋权基层员工是互联网时代的必然结果。

(2)企业组织动态能力显著提高。企业组织动态能力是指企业以追逐高绩效为目的借以系统地产生和改变运营惯例的,一种稳定的、集体学习的行为模式。从企业技术创新的角度来看,动态能力是企业在技术范式变化条件下,为了创造和抓住新的技术机会,建立新的资源与能力结构的战略与组织管理惯例。也即互联网时代组织结构的扁平化、分权化程度越高,越有助于企业感知能力、整合能力及创新能力的构建。因此企业需要重视动态能力的构建,积极拓展动态能力的深度。首先,企业需要强化预测行业市场需求的变动方向、扫描发现新的市场机会和威胁并迅速做出反应的能力。其次,对外加强行业间合作,与其他企业组建战略联盟,开拓市场,对内采取项目团队组织模式提高团队的快速协同能力,系统性地制订人才培养方案,保证公司能集中目前所拥有的资源对重点项目进行攻坚。最后,在创新能力方面,制定切实有效的员工创新考核办法,鼓励员工进行创新变革活动,肯定创新能力强的员工并制定有助于员工提出创意想法的企业文化。

2.大数据时代的企业组织管理

在现代化经营和管理的过程中,企业的各项经营行为都会不同程度地受到大数据的影响。因此如何充分利用大数据的优势,对企业的组织结构进行创新化设计,提升现代企业在市场经营和管理活动中的竞争能力,成为相关领域工作人员的工作重点之一。大数据时代组织管理需要注意以下几点:

(1)转变组织战略管理思维,规范组织体制,形成科学准确的决策系统。大数据背景下,企业的数据分析和管理方法也都在发生着转变。从企业的发展历程进行分析便可了解到,传统企业在对信息数据的分析过程中主要采用抽样分析的方法。此种方法会在某种程度上受到随机采样环境的影响,因此最终得出的结果会体现出明显的缺陷。在大数据背景下,企业的组织管理思维发生了明显转变。大数据环境中的企业组织管理工作涉及的各项信息数据都是通过对大数据信息资源库中全部信息进行分析得出的。在这一过程中,采样数据中的细微差异不会对最终数据的分析结果产生显著影响。工作人员将数据中的价值充分发掘出来,便能对企业组织结构与管理思维的转变产生积极的推动作用。

(2)深入调研挖掘信息,设计合理有效的管控系统,优化企业结构发展模式。大数据背景下,传统企业中企业领导作为各项经营活动和管理方案直接决策人的身份发生了转变。从企业的实际管理和发展模式进行分析可以得出,企业各项活动的决策者往往会根据自己的管理工作经验进行决策。此种管理模式下,企业领导的素质会对企业的发展水平和经营效率产生直接影响。随着大数据科学技术的全面发展,企业内部的每一位成员都可以参与到企业经营管理活动之中,从而达到优化组织结构发展模式的目的。针对这一特征,我国某地区的企业在大数据背景下,重点关注了高素质人才的吸收和培养等方面的工作,鼓励高素质人才参与到企业的经营管理活动之中,有效地提升了企业各项决策的科学性。比如,当地企业优化设计了大数据应用的基础设施,进一步提高了信息数据的获取、存储、分析以及调用等多个环节的效率。加大幅度聘请大数据深度分析的高素质人才,确保各项数据信息资源都可以得到充分利用。

第四节 新企业发展管理

一、企业成长理论概述

(一)企业外生成长理论

企业外生成长理论认为企业成长是外生性的,强调企业外部因素对企业成长的决定作用,尤其强调市场结构特征对企业成长的决定作用。代表性理论有新古典经济学的企业成长理论、新制度经济学的企业成长理论和波特的企业竞争理论。

新古典经济理论认为企业是一个生产函数,作为一般均衡理论的一个构成要素,企业内部的复杂安排均被抽象化概括,"代表性企业"排除了实际企业之间的各种差别。新制度经济学的企业成长论基于市场交易费用理论,探讨市场与企业组织边界问题,认为企业是市场机制的替代,市场交易费用与企业内部协调管理费用的均衡确定了企业的边界,企业成长的动力是节约市场交易费用。波特提出竞争优势理论,对企业成长理论的主要贡献在于提出了产业结构的规范分析方法,指出企业竞争优势在一定程度上取决于企业所在产业的竞争结构,企业应该在对竞争者、购买者、供应者、替代者、潜在进入者五种力量进行分析的基础上确定企业的竞争战略;企业竞争战略反过来又会对以上五种基本竞争力量产生影响,进一步影响产业结构和竞争规则,提高企业的竞争优势。

(二)企业内生成长理论

企业内生成长理论从企业内部因素角度出发探讨企业的成长问题,认为企业成长是内生性的,企业的内生性因素(资源、能力、知识等)决定了企业成长的程度和范围,是决定企业成长的主导因素。

1. 内生成长理论渊源

亚当·斯密在《国富论》中用分工的规模经济利益解释了企业成长问题,是企业内生成长理论最早的思想来源。马克思详细描述了劳动分工和企业内生成长之间的关系。他考察了劳动分工条件下局部劳动分工对生产效率机制的影响,注意到专业化分工和专用性知识积累的内在联系。马歇尔从企业内部职能部门间的"差异分工"角度提出了企业内部技能和知识的成长理论。他指出企业中的一项职能工作一般情况下都可以拆解为多个新的次级职能单元,不同次级单元将产生一系列不同的专业技能和知识。

2. 内生成长理论发展

彭罗斯发展了马歇尔的企业内部成长理论,集中探讨了单个企业的内生成长过程。她以单个的企业为研究对象,以"不折不扣的理论"分析探讨企业成长的过程,探究了决定企业成长的因素和企业成长的机制,构建了一个企业资源—企业能力—企业成长的分析框架。彭罗斯集中研究了企业新知识促进机制和接下来的企业知识积累机制,认为知识积累是企业内部化的结果,这一过程使得企业稀缺的决策能力资源得以节约,促进了企业成长。

3. 演化论经济学的发展

在彭罗斯之后,演化论经济学持续探讨了企业内生成长。该理论通过引入不确定性对新古典经济学理论基础提出了挑战。不确定性是指经济主体对未来事件的基本性质缺乏完全的知识和预见。阿尔奇安(Alchian)指出,在缺乏完全知识的条件下,企业的预期是不确定的,新古典经济学的利润最大化企业行为假设只是一种理论的抽象,对实践没有任何指导意义。

纳尔逊和温特(Nelson & Winter)在阿尔奇安上述思想的基础上构建了一个完整的解释经济变迁的演化理论,强调了企业在变动的市场环境中的行动是解释经济变迁的基础。他们指出,现实企业是由利润推动的,但绝不是新古典经济学所假设的利润最大化的生产者。在不确定性条件下,企业拥有的知识是不完全的,只是特定时间内具有一定知识、能力和决策规则的生产者。在环境选择机制作用下,企业现有惯例或知识基础决定了企业之间竞争性行为的结果。

二、新创企业成长阶段管理

生命周期理论认为,企业的发展也会经过一系列的发展变化。近年来研究则趋向于以组织演变与变革和企业生命周期阶段性特征为基础,将新创企业的成长阶段划分为三个阶段,即创建、生存和成长阶段。创建阶段的主要目标为提升识别与感知技术机会的能力,识别创业机会,并将其转化为新产品;生存阶段的主要目标为提升创新资源整合能力,将核心技术产品或服务投入目标市场;成长阶段的主要目标为提升组织变革能力,由销售导向转为利润导向,且由单一向多元化核心技术产品或服务发展。

1. 创建阶段

这一阶段新创企业的主要目标是开拓尚未成熟或尚未开发的新市场,建立新企业,而由于受技术逻辑导向影响,新创企业认为消费者或会更偏爱更具有技术优势的产品或服务,然而企业自身技术实力较为薄弱,陷入了窘境。故而,新创企业需要采取一系列微小的技术创新行为对目标客户群体的偏好进行试探,以满足目标市场对新产品或服务的需求,研发出具有自己核心技术的新产品或服务,并提升自身识别与感知技术机会的能力。同时,企业创建者个人禀赋和机会特性在这一阶段对组织制度起到主导作用,而管理制度和组织结构较为单一,且组织规模比较小,因此创业者可能认为组织制度创新对于达成创建阶段的目标作用不大,故不会将过多的注意力集中于组织制度创新。另一方面,技术创新潜力和人力资本价值为新创企业市场价值评判的重要依据,而要提升这两个指标,只有通过采取技术创新行为创造更有价值的创新绩效。并且新创企业存在"资源困境",创业者执意将有限的资源用于组织制度创新可能会使其陷入"流程陷阱",从而无法快速实现产出绩效;当然,也可能会因规模较小而无法实施组织制度创新,造成资源浪费。因此,新创企业在创建阶段可能会采取技术创新行为而不会采取组织制度创新行为。

2. 生存阶段

新创企业的主要目标是将核心技术产品或服务投入目标市场,赢得生存空间。此时,新创企业仍然存在规模小的劣势,生存概率较小,通过采取技术创新,新创企业的生存率可以提升大约23%。新技术方案应用于没有太多成熟企业竞争的非主流市场,形成新创企业的核心技术产品或服务,赢得目标客户群体的信赖,获得生存驱动力。与此同时,基于技术和组织制度共同演化理论,企业在进行技术创新活动时离不开管理制度与组织结构的确立和完善,原有的个人权威式组织制度已不再适宜新创企业生存阶段的发展。而随着组织制度创新行为的开展,新创企业创新资源整合能力将有所提升,有助于技术创新行为的顺利实施。因此,处于生存阶段的新创企业在技术创新的同时,也要进行组织制度创新。从创新绩效的角度来说,技术创新不仅能够为企业赢得生存空间,还可以提升企业的价值,获得更多的风险投资,为创新绩效的提升打下良好的资源基础。此时,组织制度创新行为,实际上是新创企业从家族式的封闭制度转向胜任力式的开放制度的过程,能够获取更高的技术创新产出绩效。如果将主要的资源用于制度创新,用于技术研发的资源就会相对较少,这样可能会造成新创企业无法跟上市场技术革新的速度,其原有的核心技术产品或服务所带来的创新绩效也会随之下降,造成新创企业的破产。故而在这一阶段,新创企业需要采取以技术创新为主、组织制度创新为辅的创新行为。

3. 成长阶段

新创企业的主要目标是稳固提升自己的市场价值以实现持续成长。此时,新创企业从某一方面来说已经拥有自己的核心技术产品或服务和一定的合法性,但顾客对技术的要求是在逐渐增加的,即使新创企业在这一方面的核心技术产品或服务已经达到完美的境界,也需要其他方面技术创新以应对顾客对技术更高标准的偏好。另一方面,虽然新创企业的管理制度和组织结构较初期有所创新,初步建成了管理部门和基本的组织架构,但随着企业进入成长阶段,组织规模日益增大,形成了包括权力分散、效率下降、组织冲突、沟通障碍和变革能力下降等组织制度缺陷,长期下去不利于信息的筛选和传递,增加了企业多元化技术创新的难度。因此这一阶段的新创企业会同时采取技术创新和组织制度创新行为。从创新绩效的角度,新创企业在核心技术产品或服务方面所获得的现金流,会随着产品生命周期逐渐减少,因此需要开展多元化的技术研发活动,使企业保持持续的生命力。首先应完善组织制度。若新创企业在组织制度尚未完善的情况下进行大规模技术创新投入,会一定概率地造成创新项目失败,降低市场价值。盲目进行多元化技术创新而忽视其他创新活动,可能导致新创企业陷入"技术陷阱",不利于其获取更高的收益;相反,如果将这部分资源用于其他创新行为,创新绩效可能会获得更大的提升。新创企业在成长阶段的主要任务是提升组织变革能力,应采取以制度创新为主、技术创新为辅的创新行为,实现组织变革能力与技术研发能力相结合,为多元化技术创新奠定合理的组织制度基础。

三、企业发展与知识管理

(一)知识积累对企业成长的意义

企业内生成长的理论框架逻辑分析起点是把企业看作一个生产性知识的集合,认为知识是企业最基本的构成要素。既然企业的生存和发展决定于企业的知识积累过程,那么企业内生成长的关键在于对企业知识积累内在机制的分析,特别是新创企业在追求新技术时面临的一种独特的外部依赖形式——知识依赖。

(二)知识的转化

企业组织的知识积累和知识创新实际上是双向循环模式,即知识内在化和外在化是一个动态互动过程。一方面,企业的知识积累是外部知识内在化的结果,即正式的显性知识转化为非正式隐性知识的过程。知识的内在化节约了企业稀缺的管理资源,为企业的成长和规模扩张提供了可能。另一方面,企业新知识的产生也可以是非正式的隐性知识转化为正式的显性知识过程。马歇尔强调,隐性知识为基础的复杂工作转化为以正式显性知识为基础的标准化操作程序的过程,是机器替代劳动力的前提。

从隐性知识和显性知识转化的角度看,企业的知识积累过程实际上包括四种基本的转化形式,具体如下:

第一,从隐性到隐性。这是指企业组织成员在"学徒"活动中,有限个体之间传播隐性知识的过程。隐性到隐性知识转化形式存在着很大的的局限性,即组织成员无法领会和掌握习惯性技能背后的科学原理,难以被组织有效综合利用。

第二,从显性到显性。这种转化形式主要表现为局部知识的简单的综合,并没有对企业已有的知识存量进行扩展。

第三,从隐性到显性。这一形式是组织成员学习揭示习惯性技能背后的科学原理,把隐性知识转化为能够被组织所共享的显性知识或共同知识。

第四,从显性到隐性。随着新的显性知识在整个企业内的共享,组织成员个体逐渐内化显性知识,并不断扩展和重构自己的隐性知识体系。

在企业知识积累过程中,这四种知识转化形式是共存的,各自发挥着不同的作用。

四、企业发展与创新管理

在不稳定(volatile)、不确定(uncertain)、复杂(complex)、模糊(ambiguous)的商业环境中,新创企业的成长与发展有了更高的要求。具体而言,环境的不稳定性要求企业不仅能够在已有的技术"轨道"内针对顾客需求开展创新活动,更需要企业能预测和创造顾客需求,在新的技术"轨道"内展开创新活动。环境的不确定性要求企业激活自身战略适应特性,提高自身风险承担性以积极开展实验和创新,从而领先于竞争对手直击顾客"需求痛点"。环境的复杂性要求企业激发自身战略协调特性,提高自身创新效率,以多样化的产品和服务不断挖掘和控制顾客"需求痒点"。环境的模糊性增加了企业认知上的不确定性,极易造成企业认知判断上的"亦是亦非"或"似是而非"。面对以上情形,企业要注重双元创新,即同时追求探索式创新和利用式创新并兼顾平衡两者之间矛盾需求。为了实现双元创新,新企业需要注意以下几点:

(1)注重市场导向和战略柔性的重要作用。市场导向是企业全面收集与顾客现有需求和未来需求相关的信息,并跨部门传播信息以及对市场信息做出响应等行为。战略柔性是指为企业重新调整战略结构以应对外部环境变化的能力,强调战略的弹性、即时性和恰当性。现有研究将战略柔性划分为两个维度,即资源柔性和协调柔性。一方面,二者的增补作用能够降低企业资源的耗费和注意力焦点的模糊,能够帮助企业管理人员将更多资源和注意力灵活高效地分配于更具价值潜力的用途中,从而降低了兼顾探索和利用所造成的资源和注意力的耗竭。另一方面,市场导向和战略柔性的互补作用拓宽了知识和信息的种类与深度,缓解了内部学习的障碍,有助于同时刺激探索和利用,提升渐进式创新和突破式创新的能力。

(2)注重战略、资源、知识、信息价值的时效性。动态变化环境中企业机会的窗口不会一直打开,成功抓住机会离不开对相关构成元素价值的快速高效绑定。因此,企业除了增加资源、信息的来源,优化资源、战略的部署,还需要通过企业内部探索和利用能力促进产品、技术、流程、服务的渐进式更新与突破式创新,从而实现企业战略、知识的市场价值的充分发挥,确保在

机会窗口关闭之前企业已经将战略、知识的价值固定,进而保障价值的传播和获取,促进企业的成长。换言之,战略柔性和市场导向只是为双元创新提供了支持性情境和生产性要素,双元创新在调动具体的结构和流程过程中发挥了价值重整和绑定功能,有助于新创企业及时打开机会的窗口,实现价值创造。因而,企业管理者需要把握好市场导向、战略柔性与双元创新、企业成长的互动关系,进而为新创企业获取持久性竞争优势打下坚实基础。

【阅读资料 17-1】 企业诞生的新土壤——创客文化

什么是创客?创客=Maker+Hacker。"Maker"表示"创客","Hacker"特指那些热爱编程,善于改造计算机的"黑客",而不是在网络上盗取个人信息或者破坏网络的"骇客"。一群出于兴趣与爱好,努力把各种创意转变为现实的人就是创客。而这些"极客"(geek)一天到晚待在一个神奇的地方,这就是创客空间。一个加工车间,一个开放实验室,激光切割机、3D 打印机等杂乱的工具构成一个五脏俱全的小世界。全球第一家真正意义上的创客空间是 1981 年诞生于德国柏林的混沌电脑俱乐部。创客们聚集在一起分享思想、技术,将创意转化为产品。同时他们也是全球著名的黑客组织之一,以揭露重大技术安全漏洞而闻名。除了德国混沌电脑俱乐部,全球知名的创客空间还有美国的 Noisebridge、英国的 Access Space、奥地利的 Metalab 等。

美国的硅谷成为世界瞩目的科技巨擘,早期却是起源于美国车库的创客们。美国的哈雷摩托车和雪佛兰汽车都是美国创客们在私人车库里创造的传奇。"车库文化"最早的发端是汽车发明,汽车普及后就演变为修车和改装,后来则成为 IT 等科技行业的摇篮。去美国硅谷参观,惠普公司是个绕不开的地方,而参观惠普就一定不能错过当年的创业车库。这座私家宅院的车库被誉为"硅谷的诞生地",成为全球创客朝圣之地。1939 年,美国遭遇经济危机,失业率高得惊人,斯坦福大学的毕业生比尔·休利特和戴维·帕卡德这两个穷学生只能凑到 538 美金,只好在加州租了一间车库办起自己的公司。他们的创新火化不断闪现,使惠普公司走出车库成为硅谷的第一家高科技公司。惠普公司从车库创业 37 年后的 1976 年,美国硅谷"家酿电脑俱乐部"的两位青年,又在车库里"家酿"出了一家闻名全球的电脑公司,他们一位叫史蒂夫·乔布斯,另一位叫史蒂夫·沃兹尼亚克。美国微软、谷歌、亚马逊等一大批知名企业大都经历过"车库创业期"。正是那些普普通通的私家车库,不仅成了当今美国 IT 业的摇篮,也成就了美国创客们的创业梦想。中国第一个"创客空间"——新车间——成立于 2010 年 9 月,创始人是来自中国台湾的李大维。他向硬件高手、电子艺术家、设计师、DIY 爱好者和所有喜欢自己动手摸索各种东西的人提供了一个开放式社区。中国创客空间迅速崛起,速度惊人,但中国创客还处于发育期,数量和规模都较小。目前,中国知名的创客空间有北京中关村的创客空间、上海的新车间、深圳的柴火创客空间、杭州的洋葱胶囊等。对于中国创客而言,创业孵化器还不够成熟,创意作为专利转让或被天使投资公司相中投入产品化生产,是最好的归宿。而在欧美,由创意到孵化的体系已比较成熟。创客教父米奇·奥尔特曼(Mitch Altman)经常与中国创客交流,在他的观察中,中国创客空间与国外不同的是,中国创客更倾向于通过在创客空间里工作并成立小公司,这种做法是很好的,它能让人们挣钱养活自己。

近年来,中国陆续推出了旨在扶持高校毕业生等重点群体的就业新举措,在众多政策中,减税免税、税款抵减等优惠政策让高校的创客们享受到了很多优惠。美国波士顿电力公司创始人昂纳路德很看好中国创客前景,她认为,真正意义上的创客都在中国,他们能生存,因为他们在中国能找到厂家为他们批量制造产品。近年来,越来越多的高科技新兴公司在向中国转移,一些外国创客也在中国尝到了甜头。美国哥伦比亚大学的创客说:"在美国三个月只能完成收发各种元器件和测试。在华强,一个项目从采购元器件生产到品牌设计都可一个月完成。"深圳华强北路是中国制造的一个缩影,一大批小公司从元器件商、主板集成商、方案商,再到模具、组装已形成固定流程,任何一个生产环节都能找到适合的合作伙伴,更方便灵活,快速便宜。在中国具备这种生产力的地方还有很多。

中国俨然已经成为创客的理想国。雷军曾说,站在风口上,猪都能飞起来。中国创客眼下正站在这样一个风口上,是乘风而上加入这个冒险家的乐园,还是待在原地观望?这当然取决于"风"有多大,更取决于"猪"的重量。

【阅读资料17-2】　　　　　　　　**奥马的管理**

奥马是我国国内一家专业研发设计、生产制造和销售电冰箱的企业,总部位于广东省中山市南头镇,2002年为国内知名品牌企业生产附属产品,2004年开始成为国际品牌的代工。

奥马2009年至2021年连续13年蝉联中国冰箱出口冠军,2008年至2021年连续14年稳居冰箱出口欧洲第一,2021年营业收入突破百亿大关。奥马现有近万名员工,8家冰箱制造厂和1家配件厂,年产能超过1500万台。

奥马以国内原始设计制造(original desing manufatrure,ODM)起步,向国外ODM发展,完成了技术、制造与管理能力的提升和资源积累。

(1)瞄准利基市场(niche market),借产业转移契机,通过国外ODM实现国际市场的规模化扩展。2002年,奥马登上白色家电的竞技擂台。基于公司创立团队十多年的冰箱行业经验与管理经验和企业实际的资源情况,奥马把自身定位为"中国冰箱界的富士康",初始业务是为国内知名冰箱品牌进行ODM,包括海信、TCL、美的、康佳、小天鹅和美菱等。此战略令其找到利基市场,避开与国内知名冰箱品牌的直接竞争,赢得成长空间。2004—2005年正值冰箱在全球范围内产业转移,国外知名品牌逐步委托中国企业ODM产品。

奥马抓住契机进入产品标准与中国相似的欧洲市场,成为卡迪(Candy)、伊莱克斯(Electrolux)、惠而浦(Whirlpool Corporation)等国际品牌的ODM代工商,实现了国际市场的规模化扩展。

(2)与世界级大公司合作,通过"干中学"提升研发能力。奥马积极参与ODM委托企业的全球采购系统,向国际巨头学习。为了满足惠而浦在产品外观、性能上的需要,奥马根据要求建立了新的质量管理体系,指定配套的零部件,此过程也得到了体系和管理方面的指导。奥马2004年成立了技术中心,大范围应用技术革新,深入研究GEF节能技术和环保技术,凭借达到国际标准来获取全球冰箱竞技场的入场券。

(3)开创性构建通用产品平台,提高设计和制造能力,获取范围经济性与速度经济性。面对来自全球不同国家和地区的委托商及其要求,当时还处于起步阶段的奥马面对因原有的研发体系无法适应不同地区的不同消费需求导致的不同设计开发理念、工艺路线和产品标准的局面,研发人员大胆创新,在对国内外主要市场的需求进行详细调研的基础上最大限度寻找出需求共性,然后在产品设计时将共同因素固定化,形成了一系列的产品设计基本参数和标准,形成了奥马通用设计平台的"基本参数数据库",未来不同的产品开发只是在此基本框架上进行相应调整。为了应对国外订单增长带来的生产规模、业务流程、生产效率上的挑战,奥马打造了同时适应中国和欧洲产品标准的通用制造平台。

第十八章 创业孵化

第一节 创业孵化概述

20世纪80年代中期随着孵化器的广泛兴起,针对创业孵化现象的研究逐渐展开,孵化器发展实践的变化促进了孵化器理论的不断发展。早期学者普遍认为孵化器是一种制造就业岗位的经济发展工具,主要功能是对企业提供共享营运服务,降低创业成本,提高创业成功率。20世纪90年代中后期,创意孵化器的出现引起了学界对孵化器理论的重新思考。

一、创业孵化的概念

创业过程是指创业者发现和捕捉创业机会,进行资源整合的动态过程,其实质是一个构建新价值网络的过程。创业者需要有效构建与相关资源所有者的价值关系网络,成功地实施创业活动。

新企业利用孵化组织构建两者以上主体价值交换的价值网络的行为称为创业孵化。新企业价值网络构建的非有效性促使了新企业孵化组织的诞生。孵化组织是一种专业价值网络,能够事先构建起新企业成长所需的各种资源和能力,组织一系列经济活动,有效链接新企业与孵化网络,最终协助新企业快速构建起新价值网络。进入孵化组织后,新企业得以与孵化团队或外部顾问进行定期或不定期的交流,超越竞争对手,更快地接触客户或战略合作伙伴,同时更容易获得创业资金。孵化组织的出现极大地改变了创业过程,新企业的价值网络构建从创业者拥有的资源及其社会关系网络界向专业群体、组织扩展。

二、创业孵化的过程

哈克特(Hackett)和迪尔茨(Dilts)认为孵化和加速过程的核心要素是孵化企业的选择、监管和协助以及资源注入。虽然大多数孵化器在基础设施和完成孵化政策方面相似,但在筛选方式、商业支持和中介服务方面差异很大。

(一)筛选孵化企业

为了筛选合适的孵化企业,孵化器必须选择符合孵化器标准的企业。营利性孵化器会更加严格审查候选人,采用与风险资本类似的选择标准。除了这些标准之外,企业孵化器还将创业投资组合和母公司之间的战略联盟视为相关的选择标准。伯杰克(Bergek)和诺曼(Norrman)提供了一个矩阵来分类选择策略。首先,他们区分了以创业想法为中心和以创业企业为中心的选择标准,即考虑创业想法的可行性,或者创业企业的特征、经验和技能。其次,他们区分了"挑选赢家"和"适者生存"的选择标准。前者指的是应用相当严格的标准,以便事先确定少数可能成功的企业；而后者指的是应用更灵活的标准，接纳更多的公司，然后让市场来区分输赢。将来自第一维度的选择方法与来自第二维度的选择方法相结合意味着四种可能的选择策略。

创业孵化器还需要考虑由其开发的整个孵化器组合的性质导致的动态情况。专业孵化器的租户往往活跃在同一个市场，因为担心竞争而不愿意相互分享信息和网络联系。此外，如果租户共享类似的知识库，与其他技术或商业领域的交叉交流就不太可能发生。孵化器的孵化目标应该是价值链不同环节的公司或处于不同生命周期阶段的公司的组合。

(二)商业支持

商业支持服务在孵化器的商业模式中日益突出和重要，如今在孵化器中办公空间和设施的提供大多是次要的。商业支持服务涵盖的领域通常包括销售、会计、法律、合同、专利战略、演示技术、广告、媒体和谈判。孵化器的选择影响所提供服务的组合，反之亦然，因为孵化器旨在最大限度地使其服务与新企业的具体需求相匹配。孵化器监控租户公司的表现，并提供反馈，通过防止他们犯错来帮助控制风险。当出现问题时，孵化器可以根据需要提供业务支持。孵化器通过频繁的咨询互动，有效地提供监控性的商业帮助，加强孵化器管理层和孵化器之间的关系。

管理方面，一些孵化器遵循强有力的干预管理，另一些选择自由管理制度。干预管理方式将孵化器置于管理者的角色，通过稳定的"手"引导风险企业完成孵化过程，为孵化企业提供完整的管理团队或进行培训。遵循自由管理制度的孵化器主要是孵化过程的外部推动者，只会提供孵化对象需求的资源和帮助。

(三)中介服务

当孵化器缺乏所需的资源时，例如专业、高深入的技术和知识，它们可以通过网络获得帮助。鲁宾等人基于孵化器的不同知识主体及孵化器间的相互关系知识流动，将孵化器的资源分为技术知识持有者、市场知识持有者和金融资源持有者。

孵化器是一个管理自身外部和内部的组织。在外部，孵化器应该促进孵化企业与外部公司、政府机构和其他商业相关来源之间的商业联系。在内部，孵化器应该促进孵化器的常驻企业和管理人员之间的关系。孵化企业之间不同的网络和合作活动，一定程度上能够促进知识的增长以及公司的发展。因此孵化器的作用是促进知识共享以及合作的企业家之间的主动接近和吸引。

三、创业孵化的模式

由于世界各国经济发展水平不一，不同国家分别处于要素驱动型、效率驱动型、创新驱动型三种状态，这就造就了不同国家的创业文化和资源禀赋，各国创业生态存在一定的差异。

(一)国外创业孵化模式

1. 美国的孵化模式

(1)投资型。投资型模式即使提供导师和服务，但本质是围绕资本的进入和退出获得在孵企业价值增加和孵化盈利。主要运作方式是孵化器一方面向创业团队提供种子资金，换取其6%~10%的股份，同时分配若干创业导师，跟踪指导整个孵化过程。另外孵化器向创业公司提供技术、商业、融资等知识培训，帮助它们完善产品构思、推广产品、介绍下一轮投资者等。例如美国 Y Combinator 和 Tech Stars 等顶级孵化器大部分采取"投资＋导师＋服务"投资型模式。

(2)导师型。导师型即依托高校拥有创业传统、创业课程体系以及优良的创业生态环境,在高校成立孵化机构。

(3)服务型。服务型是指在测试筛选出优秀的创业项目后,孵化机构对其提供相关的一系列服务和资金。

(4)网络型。网络型模式是指孵化器利用网络向孵化企业提供资源服务,这种新的模式适合原地经营但同时需要孵化器远程支持的企业。

【阅读资料18-1】

Idealab 的孵化模式是,首先测试筛选创业想法,为入选的优秀创业项目提供包括办公场地、公司治理结构及发展战略、品牌、资金、产品设计、法律和商业发展支持等全方位服务。Britton Silberman & Cervantez 不仅是创业加速器,同时也是一家律师事务所,主要在孵化期提供免费法律服务。作为服务回报,律师事务所将持有创业团队2%的股份,并且创业企业得到融资后,需要向 Britton Silberman & Cervantez 支付法律服务费。

2.德国的孵化模式

(1)共同投资模式。德国政策性银行专门成立了"技术参与公司"作为国家政策性风险投资公司,由政府与商业性风险投资公司共同投资。

(2)海外孵化模式。德国与东欧的一些国家合作,开展"海外孵化"的孵化新模式。

3.以色列的孵化模式

(1)"筛选+股权激励+服务"模式。这种模式面向处于种子期或前种子期且具有发展前景的技术项目。孵化器首先重点考察创业者的诚信度、项目的技术含量、知识产权清晰度、商业策划书的可操作性等,筛选出优秀的创业孵化项目。由于以色列的内需较小,企业还要求必须开拓国际市场且出口额在5亿美元以上。孵化项目入驻孵化器前,要经历创新理念、项目报告和OCS筛选委员会严格筛选等三关审查,通过率只有5%左右。进入孵化器后,在两年内企业可以获得最低36万美元的资金支持,其中30万美元由政府直接支持,并获得市场、专利、管理及学习能力等多方面的辅导和服务。

(2)海外孵化模式。海外孵化模式是指创业企业与孵化器进行跨国合作的孵化模式。

【阅读资料18-2】

IDC Elevator 是针对以色列早期创业企业的一种"美国-以色列"联合孵化模式,每年两批,一共不超过20家企业,每家企业获得2万美元的现金支持和10万美元价值的服务,占10%的股份。前三个月的以色列孵化期内,提供办公场所及导师服务,提升公司管理水平和团队能力;最后一个月的纽约孵化期内,提供办公场所、住处以及活动安排等,注重资源网络搭建和融资。

(二)国内创业孵化模式

1."综合孵化器+专业孵化器+企业加速器"孵化模式

综合性孵化器侧重提供场地、政策、资源获取、创业辅导等支撑性服务,专业孵化器注重公共技术服务平台、项目支持等增值性服务,企业加速器主要为高成长性企业提供加速成长空间以及市场、投资、金融等个性化服务。典型代表是西安高新区创业园,孵化器根据企业技术领域和不同发展时期的需求形成了分阶段、分领域、网络化的创业孵化。西安高新区创业园围绕当地主导产业,确定了光电子、集成电路设计、生物医药等8个专业方向,形成1个综合孵化器、n个专业孵化器和加速器的"1+n"集群孵化模式。

2. 投资和服务结合模式

该模式与美国的天使投资型孵化器类似,特点是与天使投资或风险投资合作,采取创业导师持股孵化的方式。典型案例是中关村创新型孵化器,其中包括创新工厂、常青藤创业园、亚杰商会、3W咖啡、云基地、石谷轻文化创业基地、中关村国际数字设计中心、厚德创新谷,提供了不同类型的孵化服务,包括投资的属性、形式,以及涉及的企业发展阶段都有所不同,但本质上,都属于此类孵化模式。

3. 大企业和高校衍生模式

一种是企业衍生孵化模式。这种孵化模式多是借助大型集团的科技、信息、市场、资金等资源,为创业企业提供孵化服务。如北京均大高科科技孵化器有限公司依托母公司九州通医药集团在医药行业的信息和市场渠道资源,为入孵的医药企业提供成果转化、产品推广等服务。北京奥宇科技企业孵化器有限责任公司利用北京奥宇模板有限公司的科技条件和资金优势为企业服务。

另外一种是高校衍生孵化模式。孵化器由高校投资建设,通过高校的创业教育体系、导师资源和校友网络,对接创业团队。

四、创业孵化载体

科技创新创业孵化链是以科技创新研究、科技企业活动和科技成果转化为服务对象,以科技企业孵化组织为核心,形成的横向和纵向拓展的链条。其中,科技企业孵化组织具体包括创业苗圃、科技企业孵化器、加速器。科技创新创业载体的内涵和功能如图18-1所示。

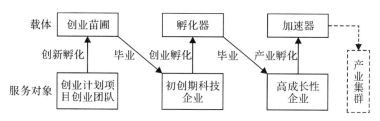

图18-1 科技创新创业载体的内涵和功能

第二节 创业苗圃

一、创业苗圃的内涵

创业苗圃是一种提供专业系统预孵化服务的组织,以科技创新源的各类创业计划项目和创业团队为服务对象,主要任务是开展选苗、育苗工作,使成功的创业苗入驻孵化器。

二、创业苗圃发展现状

创业苗圃自建设以来,不断开展育苗模式创新,目前已形成各具特色的多样化的预孵化服务模式。

1. 综合预孵化体系模式

该模式的核心载体是综合型创业苗圃,依托所在孵化器,以较低门槛引进大学生或青年创业者等创业团队的创业计划项目,注重筛选出与所在孵化器发展定位相契合的创业计划项目,实现项目质量和数量相结合。这种模式的重点是拓宽创业计划项目引进渠道、提高孵化服务平台建设水平以及有效对接社会资源。如上海漕河泾新兴技术开发区创业苗圃,依托所在孵化器,致力于储备优质资源,为扩大创业项目源,引进国际科技苗圃项目,与国外科技企业的技术进行交流与合作。

2. 产业集聚预孵化模式

该模式的核心载体是专业型创业苗圃,依托专业型孵化器,广泛联系相关科研院所、行业协会、政府管理部门、科技中介服务机构等,整合和充分利用所在产业上下游各个环节的优势资源,为具备相同产业特征、位于该产业链不同环节的各类入驻创业项目提供服务。该模式强调专业化和产业化特色,目标是实现从产品到商品、从创业计划项目到拥有工厂化能力,聚焦有效链接产业链各环节及培育新兴优势产业。上海动漫游戏创业苗圃是一个典型案例,其依托上海动漫产业孵化器,搭建围绕网络产业上下游资源的游戏网络产业化平台,筛选和培育具有成长潜力的创业计划项目,优先支持手机动漫、网络动漫等新兴动漫产业领域的创业计划项目,同时对接社会资源,给予项目多元化支持,打造网络游戏产业集群。

3. 技术平台支撑预孵化模式

该模式的核心载体是依托专业型孵化器的专业型创业苗圃,主要整合技术资源,为特定行业、特定领域或技术相关的创业计划项目提供专业的技术平台支撑,包括设备租赁、技术检测、技术咨询等系统化、流程化的服务。如张江药谷创业苗圃,依托所在的生物医药专业孵化器,以公共检测服务平台为主,提供从临床实验方案设计、数据统计分析到医院临床实验 GCP 认证咨询等一系列专业化服务。

4. 天使投资预孵化模式

该模式通过与天使基金、公益基金、风险投资机构等建立合作,为具有发展潜力的产业链前端的创业计划项目寻求投资支持,对接优势资源,提供跟踪支持服务,强化资本运作理念,实现持续发展。杨浦创业投资苗圃与复旦量子基金合作,成立了专业风险投资平台"梦想天地",面向大学生团队(项目、企业)提供投融资服务,搭建平台,创造新模式。

5. 大学科技园预孵化模式

该模式是以在校学生为服务对象,依托高校科研院所创办孵化器,最大限度整合校内创业资源,充分提供的创业服务平台。该模式具有学科优势,同时能够开展创业教育,重点是优化配置校内优势资源,促进高校科研成果产业化。如复旦科技园智慧苗圃及复旦大学科技园科技创新孵化器,建立了完整的"预孵化器—孵化器—加速器—产业化基地"全程孵化模式。

第三节 创业孵化器

一、孵化器的内涵

(一)创业孵化器的定义

早期学界认为,创业孵化器特指处于早期发展阶段的企业,因此孵化器一词不应与科技园或科技园区这两个词互换使用,后者通常旨在支持更成熟的企业。学者们对孵化器的概念并未形成一致,孵化器的定义可分为狭义定义和广义定义:广义的创业孵化器是指以支持新企业的建立或成长为目标的组织。狭义的创业孵化器是指在一个灵活的时期内,提供有形(如空间、共享设备和行政服务)和无形(如知识、网络接入)资源,以支持新企业的建立和成长的组织,其中赞助机构(如政府或公司)对孵化过程提供资金支持,并从孵化器收取租金(或股权)。

(二)孵化器构成要素

孵化器是区域创新的重要载体,其核心目标是是朝着形成一个完整的孵化系统前进,形成一个完整的网络化结构。创业孵化器是一个复杂的资源系统,在不断演化成长的过程中,动态性地由四种要素构成,即孵化对象、孵化团队、孵化资源、孵化服务。这四种要素在孵化器内部互相作用,动态影响着孵化器的形成与发展。孵化对象多为新兴的初创科技企业或项目发展的初级阶段,其作为被孵化的客体要素,需要核心技术产品和技术的团队领导,项目前景广阔。孵化团队是管理运行孵化器的主体,多数情况下由科学技术人员和管理人员组成,为在孵企业的成长提供高效能和必要的孵化资源和服务。

(三)孵化器类型

(1)从营利角度,孵化器可分为营利型孵化器与非营利型孵化器。营利型孵化器所有者关注资金回报;非营利型孵化器具有社会公益性特征,通常以政府补贴作为收入支持。

(2)从主导主体角度,孵化器可分为政府主导、高校主导及企业主导。政府主导型孵化器以事业单位形式存在,依托政治资源,以促进社会整体效益为目的,具有相当强的示范和带动效应。高校主导型孵化器充分依托大学、科研院所的技术、研发能力以及科技条件优势,为入驻企业提供技术咨询、设备支持等相关服务,有利于攻克初创型科技企业在发展过程中遇到的技术难关,为企业壮大提供强大的技术支撑。企业主导型孵化器以市场为导向,整合各方资源,为入驻企业提供市场化服务。

(3)从产业角度,依据是否具有产业定位,孵化器可分为综合型孵化器与专业型孵化器;又可依据不同的产业细分为高新技术孵化器、服务业孵化器、制造业孵化器等。综合型孵化器对入驻企业没有行业限制,为入驻企业提供全方位服务。专业型孵化器对入驻企业有明确的行业限制,孵化器依据自身优势给予入驻企业产业链上的资源支持,或者是此行业技术上的支持等。例如,湾西加速器主要服务以在线教育与智能硬件为发展方向的企业,湾西加速器在这两个领域具有一定优势资源和培育经验,能够提高入驻企业成活率。

二、孵化器对初创企业的作用

(1)孵化器类型差异会影响在孵企业获取创业资源的类别。不同孵化器类型具有不同的资源优势,民营企业建设企业主导型孵化器,能够更快更灵活接触资金市场,为企业提供丰富的风险投资,为企业解决资金问题提供便利;政府建设政府主导型孵化器,能够利用自身政治属性,为企业提供大量优惠政策等相关政治资源;高校建设高校主导型孵化器,能够依托自身科研实力为企业提供一系列研发创新资源。

(2)创业资源能够积极促进企业绩效。各类创业资源的获取能够使企业在创业初期快速成长。风险投资资源与研发创新资源对企业绩效有积极的正向促进作用,政治资源相较于其他两种创业资源对企业绩效的促进作用较弱。

(3)创业导向的调节作用。企业自身具备高创业导向能够使企业在孵化器中更快更好地获取创业资源,从而提升企业绩效。

三、孵化器发展现状

(一)孵化器的数量

相较于创业苗圃,孵化器建设经历了漫长的发展阶段。1988年"上海市科技创业中心"的成立标志着上海第一家孵化器诞生,该阶段孵化器的创办主体主要是上海高新技术产业开发园区,之后进入大学孵化器、专业型孵化器等阶段。根据中研普华产业研究院出具的《2020—2025年孵化器行业市场深度调研及发展策略研究报告》,2019年中国孵化器的运营收入约为533.8亿元,较2018年上涨了15.22%。近几年,孵化器的数量有较大幅度的增长,截至2019年底,国内孵化器数量约为5600家,服务的创业团队规模也有较大的提高,行业增速明显。目前国内创业人群数量较大,孵化器仍无法满足国内的需求,每年约有近千万人选择自主创业,而现有的孵化器只能服务于约300万人的创业团队,市场饱和程度较低,还有较大的提升空间。

根据目前孵化器的数量和国内创业情况,未来孵化器的发展将呈现逐年上升的态势,预计到2025年期间将保持10%以上的增速。

(二)孵化器运行效率

孵化器数量的增多并不意味着质量的提升,因此还需要着重考虑我国孵化器的运行效率。遗憾的是,我国孵化器整体运营效率并不高,各项管理与评价制度还不够完善,孵化资源配置、服务协调能力等还不能适应中国科技发展新形势和政府职能转变的要求。而且不同省份孵化平台资源利用能力的差异也较大,东部地区孵化器平台运营效率最高,其他如中部、西部和东北地区对场地、人员和孵化基金等资源利用均存在不同程度的浪费现象,从而导致孵化器运行效率比较低。此外,不同类型主导的孵化器运行效率也存在差异,总体上,可能由于民营主导型创业孵化器在市场机制下更有效、更灵活,更加能够发挥经济效益方面的市场职能,因此其运行效率整体上优于政府主导型创业孵化器运行效率。

因此,为提高孵化器运行效率,助力在创造新的经济增长点的同时提高技术转移和技术商业化的质量,实现"促进自主创新,建设创新型国家"战略目标,可以从以下几方面入手:

第一,各孵化平台建立入孵筛选机制,严格审查入孵企业条件,评估其未来前景,选择适合孵化平台的项目,配备相应设施与服务内容,避免出现因门槛较低带来的孵化器资源浪费等问题。

第二,在全国范围内合理统筹布局创业孵化器,重点关注中西部和东北地区的创业孵化器建设。同时,建立孵化器运营交流机制,鼓励东部地区向中西部和东北地区外溢管理模式、运营经验等。

第三,坚持市场主导政府引导原则,推动政府主导型孵化器逐步向民营主导型孵化器体制转型。进一步增强孵化器的活力与竞争力,逐步摆脱对政府资源的依赖性,面向市场提高自身的孵化能力和经济效益。

【阅读资料18-3】 天使汇

成立于2011年11月的天使汇(Angel Crunch),是国内首家为天使投资人和创业公司提供天使众筹的平台,致力于发挥互联网高效、透明的优势,聚集最好的投资项目和最有价值的投资人,实现优质创业项目和天使投资人公平、快速对接,"让靠谱的项目找到靠谱的钱"。

1. 筛选标准

天使汇会对创业项目和投资人进行筛选,根据天使投资人的投资风格及关注行业,向投资人推荐和匹配个性化的项目。一方面,天使汇主要面向TMT(以互联网为主)领域项目,筛选出具有尖端技术背景的项目以及传统产业转型升级过程中在技术创新和商业模式具有创新点的项目。天使汇对上述领域的初创企业进行筛选,帮助创业者围绕投资人最关注的点做项目优化,包括项目信息、团队信息、项目大事件、项目优势、资金用途、商业计划书、过往融资经历等。另一方面,为保证融资的安全与质量,天使汇严格筛选投资人,筛选标准包括投资人的职业化水平、过往投资案例和业绩、创业经验、专业素质、风险承受能力、人脉和资金储备等,通过筛查的大多为机构投资人、有投资经验的知名天使投资人和持续创业者。

2. 互联网众筹模式

天使汇通过"快速合投模式"帮助创业项目获得融资,提供一系列投融资服务,例如融资指导、融资对接、宣传推广和后续融资等。"快速合投模式"是指通过天使众筹"快速团购优质创业公司股权"使创业项目获得融资。众筹是互联网金融的一种创新模式,意指创业公司通过网络向多个投资者募集资金的筹资方式,天使众筹即联合多名投资人以合并投资方式,向中小企业进行天使轮和A轮投资的投资形式。天使汇是我国国内首家为天使投资人和创业项目提供天使众筹对接服务的平台,具有方便快捷、分散风险、集体智慧、附加值服务、估值模式、高效个性化服务的优势。系列融资服务包括:第一,融资指导。天使汇内部的专业分析师团队会为创业团队提供商业计划书(BP)撰写指导,撮合创业者和投资人双方约谈,并在过程中给予各方面协助,力求实现快速融资。第二,宣传推广。天使汇会为通过审核的项目提供Tech2IPO专项报道等宣传推广机会,提高创业团队曝光度,助力创业项目快速走向市场。第三,后续融资。天使汇为初创企业提供持续的融资支持(包括A轮及后续融资)。

第四节 加速器

一、加速器的内涵

(一)加速器的定义

费什巴克(Fishback)等最早提出加速器的定义:加速器是由一群有管理和商业经验的人员构成的,为初创企业提供办公空间、指导、辅导、网络、管理服务、知识和经验等服务的组织机构,旨在帮助初创企业快速渡过创业的早期阶段。

加速器的服务对象是从孵化器毕业的具有高成长性的企业,为其提供后续的发展空间及资源与服务支持,包括专业技术、国际合作、上市培育等。加速器的目标是加快培育和推动特色创新创业产业集群的形成和发展,实现产业孵化,促进高新技术产业发展。加速器的主要任务是帮助孵化器毕业企业加速发展,并培育区域经济新增长点和产业新增长级。

加速器与孵化器的区别主要是业务流程不同,加速器的业务具体流程体现为以下五个方面:①提供种子基金投资;②实行导师制;③采用群组模式;④有固定期限;⑤结束于路演日。加速器项目通常有一个固定的时间期限,在这段时间中,参与加速器项目的公司需要与一群导师一起工作,以创建他们的业务模式,并对业务中出现的问题进行解决。此外,两者之间最重要的区别表现在各自的战略重点上:孵化器的建立是为了帮助初创企业生存并成长;加速器则如同投资机构一般,期望初创企业快速成长并从中获得投资收益(见表18-1)。

表18-1 加速器与孵化器比较

维度	加速器	孵化器
战略重点	加速成长	企业存活
筛选程序	竞争激烈	竞争不激烈
盈利模式	通过种子基金投资换取股权在适当的时机推出获得盈利	场地租金、服务费等
导师指导	密集的	普通的
群组模式	有	无
持续时间	3~6个月	1~5年
展示方式	路演日	与投资人的单独约见或临时的行业事件

(二)加速器运行主体及类型

随着加速器模式的成功实践和应用,加速器在全球范围内快速扩张,其已不仅仅是投资机构的"投资工具",政府、大型企业、大学等不同主体也纷纷借鉴加速器的运行模式,以实现企业孵化、优化创业生态系统等目标。根据加速器不同的参与主体,加速器的类型可分为三种:私有资本型加速器、企业型加速器、政府型加速器,分别称为"交易流制造者"(deal-flow maker)、"环境建立者"(ecosystem builder)和"福利刺激器"(welfare stimulator)。

(1) 私有资本型加速器模式的原型即是 Y Combinator 以及 Tech Stars 等最早获得成功的加速器,旨在通过搭建初创企业和投资部门之间的桥梁,填补初创企业的融资缺口,并期望在初创企业的成长过程中实现盈利。私有资本型加速器通常是营利性的,虽然对孵化对象所处的行业没有特殊要求,但此类加速器往往比较青睐更容易吸引资本的初创企业。

(2) 企业型加速器模式类似公司风险投资(corporate venture capital,CVC),目的是为母体企业的客户或利益相关者提供针对性的服务,同时吸引创业人才。企业型加速器的筛选标准,侧重于考察该企业所处特定行业或技术领域的初创企业,一般情况下对初创企业的技术水平有相对较高的要求。企业型加速器的筛选程序涉及客户和利益相关者双方,从企业内部挑选创业导师。微软创投加速器(Microsoft Ventures Accelerator)、金融科技创新实验室(Fintech Innovation Lab)就是企业主导型加速器的代表。

(3) 政府型加速器的目标是在区域内建立一个良好的创业生态系统并促进区域经济的发展,因此政府型加速器的筛选标准着重关注创业企业能否刺激创新创业活动、能否增加就业等宏观指标。

【阅读资料18-4】 长滩加速器(Long Beach Accelerator)

为了更好地汇聚全球科技创新资源,2019年4月18日,长滩市宣布启动首个创新加速器计划,该加速器采用政府与私营资本合作新模式(public-private partnership,PPP),是长滩市政府推出的首家创新加速器。明石管理公司是一家位于长滩的多元化私募投资管理机构,是长滩加速器的唯一企业合作方,将为入驻的初创企业提供办公空间。加州州立大学长滩分校着力培养优秀企业家,为他们提供系统化的创业指导和培训。

二、加速器的现状及发展趋势

(一)发展概况

在中国,加速器被认为是一种独立于企业之外,按市场机制运行,为具有一定规模和成长速度的中小企业提供专门服务的机构或组织。中国加速器的发展,经历了萌芽阶段(2000—2005年),直到今天也一直处于发展阶段。市场上虽然存在不少加速器,创办主体、主打方向及受众人群也各不相同,但是目前还没有出现一家统领天下的加速器。目前没有产生一家加速器一统行业的局面的原因有:

(1) 发展时间较短。任何一个行业的发展都是一个渐进的过程,在正确的商业模式下,根据市场需求不断自我迭代和创新。由于我国加速器发展时间相对较短,绝大多数的加速器还处于摸索阶段,对于加速模式、服务对象、针对的创业领域都处在逐渐清晰的过程中。

(2) 扶持政策的效果需要逐步显现。国家层面对于加速器功能和作用的认识也是逐渐清晰的过程,在之前的过程中国家对于加速器并没有非常明确的政策和资金支持。

(3) 加速器的作用和效果显现需要时间。各类企业在接受加速器的加速服务后,成长为行业独角兽或者明星企业也需要时间和过程,这就决定了加速器加速效果的显现需要历经一定的时间。同时,这也导致社会公众和创业者整体层面对于加速器的认识和了解不够,加速器这一概念在大众的认识中还相对陌生。2006年以来,中国先后在北京、深圳、无锡等地的科技园区创办企业加速器试点。2007年4月,科技部在《国家高新技术产业开发区"十一五"发展规划纲要》中提出:"各国家高新区要根据自身情况,把科技企业加速器的建设与专业孵化器、大学科技园和创新服务体系建设等结合起来,为高速成长企业提供高质量服务。"自2014年"双创"战略提出后,创业加速器在全国的数量激增,但无论是哪种形式的"双创"服务,都在不断摸索更适合自己发展的道路。

(二)空间分布

从企业加速器的地区分布来看,我国东南部、中部、西北部地区皆有兴建。总体分布上,企业加速器在东南部较多,中西部较少。究其原因:首先是因为东南部地区企业资源相对丰富和密集,企业孵化器的数量及从孵化器中毕业的企业数量也相对较多,因此对加速器的需求也相应较大;其次,东南部地区经济发展速度更快,地方政府的财政实力相对雄厚,政府对于加速器的投资程度较高。由于中国自改革开放以来实行了"非均衡"的区域经济发展战略,企业加速器也呈现集群式发展模式,位于珠三角、长三角和中关村的三大加速器集群,其数量在整体加速器数量当中所占比重较高,同时,以上三个加速器集群整体投资规模巨大。

(三)政策配置

在国家层面,中国政府提出了"双创"的国家战略,并对企业加速器的建设和发展愈加重视。2007年4月,科技部在制定的《国家高新技术产业开发区"十一五"发展规划纲要》中提出,将科技企业加速器的建设与专业孵化器、大学科技园和创新服务体系建设等结合起来。2008年5月,科技部发布的《创新型科技园区建设指南》指出,科技园区的重要任务之一是选拔、培育和助推高成长型企业,以有效的方式和途径收获创新价值。扶持高成长型企业发展要着眼于满足高成长企业的空间和配套服务,建设促进高成长型企业发展的加速器。2009年10月,教育部将"企业加速器的运营研究"列为人文社会科学规划项目,首次以基金形式支持企业加速器的专门研究。由2014年"双创"掀起的万众创业,以及2017年7月发布的《国务院关于强化实施创新驱动发展战略 进一步推进大众创业万众创新深入发展的意见》,从某种程度上来说,也为加速器的发展带来了前所未有的政策便利。

(四)发展趋势

从"互联网+"到人工智能,创业潮此起彼伏,现在创业者和投资圈都进入了理性阶段。从创办企业孵化器到加速器,中国创新服务体系不断完善。企业加速器的建设时间不长,但成效却十分明显,由于政府主导和社会参与,中国企业加速器的数量与规模不断扩大,已在世界排名前列。企业加速器的建设与运营,将为中国发展开创新空间,为企业"二次创业"提供新动力。未来中国加速器可能呈现以下几方面的特征:

(1)创办主体多元化,除政府、高新区投资、大学科技园外,企业、社会中介等组织将成为企业加速器发展的主要载体。

(2)发展模式上,各类型垂直领域加速器将日渐增多,随着各类型经济的崛起,加速器将凸显"生态化""产业化"与人本特色,实现加速器与产业、生态相结合。

(3)区域创新网络方面,企业加速器将与企业孵化器耦合,形成创新服务产业上下游关系,实现资源共享、无缝链接和合理分工。

(4)企业加速器运营方面,趋于商业化运作模式,合理定价,体现"专业加速"与"精益服务"的理念,使企业加速器与加速企业成为生命共同体。

(5)企业加速器的服务内容将不断拓展与延伸,更多致力于信息服务、咨询服务、投资服务及创业内容加速软环境等建设。

(6)作为一种灵活、精巧的服务机构,企业加速器的组织结构趋于扁平化、网络化和虚拟化,跨区域、国际化的企业加速器也将日益居多。如 AA 加速器在线下就已经开启了国内多个城市,以及新加坡、美国硅谷等地的跨区域和国际化道路,在线上建立了案例分享平台。

【阅读资料 18-5】 Y Combinator 孵化器

Y Combinator 成立于 2005 年,是美国著名创业孵化器,旨在扶持初创企业并为其提供创业指南。截至 2012 年 7 月,共孵化 380 家创业公司,这些公司累计获得投资额超过 10 亿美元,估值已经 100 亿美元,其中云储存服务提供商 Dropbox 融资 2.57 亿美元,房屋短期租赁网站 Airbnb 融资 1.2 亿美元。其运作模式是与初创公司进行为期三个月的深入合作。在这三个月中,创始人每两周参加一次小组办公,并可以根据需要经常与合作伙伴见面,使其达到最佳状态并向投资者推销产品。每隔三个月周期的演示日,初创公司将邀请投资者或其他听众,对其公司做介绍。Y Combinator 孵化器的原则是保证初创公司的独立性,投资少量资金,提供公司管理建议和独立创新的环境。

为什么优质项目选择 Y Combinator? 首先是渠道和口碑。历届 Y Combinator 投资毕业的优秀项目,都会推荐身边优秀有潜质的创业者和创业项目加入 Y Combinator。这样会形成雪球效应,优秀的项目会吸引其他同样优秀的项目。Y Combinator 所有的项目渠道来源,包括线上的博客网站、实体书出版、播客音频节目、线下品牌活动、自有开发运营的产品,以及历届 Y Combinator 校友项目的推荐。如此众多高质量的渠道,构成了 Y Combinator 所有的项目来源。其次是 Y Combinator 的核心竞争力具有不可替代性。由于 Y Combinator 每轮投资的额度非常小,所以投资可能不是 Y Combinator 最核心的能力。同时,Y Combinator 不给创业团队提供办公场地。因此 Y Combinator 最核心的是自身强大的合伙人团队、背后丰富的导师资源,以及能够将这些人脉资源与其自己投资的项目进行有效对接的中间平台。

参考文献

[1] 熊彼特. 经济发展理论[M]. 郭武军,吕阳,译. 北京:华夏出版社,2015.
[2] 波特. 国家竞争优势:上[M]. 李明轩,邱如美,译. 北京:中信出版社,2011.
[3] 波特. 国家竞争优势:下[M]. 李明轩,邱如美,译. 北京:中信出版社,2012.
[4] 林迎星. 创新的涵义及其类型辨析[J]. 研究与发展管理,2002(4):6-9.
[5] 张凤,何传启. 创新的内涵、外延和经济学意义[J]. 世界科技研究与发展,2002(3):55-62.
[6] 傅家骥. 技术创新学[M]. 北京:清华大学出版社,1998.
[7] 吴贵生. 技术创新管理[M]. 北京:清华大学出版社,2000.
[8] 傅世侠. 创新、创造与原发创造性[J]. 科学技术与辩证法,2002(1):39-42.
[9] 詹泽慧,梅虎,麦子号,等. 创造性思维与创新思维:内涵辨析、联动与展望[J]. 现代远程教育研究,2019(2):40-49.
[10] 张义生. 论创新思维的本质[J]. 中共中央党校学报,2004(4):29-32.
[11] 张东生,刘健钧. 创业投资基金运作机制的制度经济学分析[J]. 经济研究,2000(4):35-40.
[12] 刘志阳. 创业画布:创业者需要跨越的12个陷阱[M]. 北京:机械工业出版社,2018.
[13] SARASVATHY S. The Entrepreneurial Method:How Expert Entrepreneurs Create New Ventures[M]. Viginia:Darden Business Publishing,2006.
[14] PORTER M E. How competitive forces shape strategy[J]. Harvard Business Review,1979,57(2):137-145.
[15] READ S,SARASVATHY S D. Knowing what to do and doing what you know:Effectuation as a form of entrepreneurial expertise[J]. Journal of Private Equity,2005,9(1):45-62.
[16] 张秀娥,赵敏慧. 创新与创业理论研究回顾与展望[J]. 创新与创业管理,2016(2):1-15.
[17] 王语. 市场竞争对企业创新的影响研究[D]. 北京:北京交通大学,2018.
[18] 葛宝山,李明芳,蔡莉,等. 全球化背景下的创新与创业:"2011创新与创业国际会议"观点综述[J]. 中国工业经济,2011(9):36-44.
[19] 田鸣,张阳,唐震. 典型国家创新创业发展模式研究及启示[J]. 科学学与科学技术管理,2016,37(4):3-16.
[20] 李天华. 创业创新创优的内涵及其相互联系[J]. 江南论坛,2005(4):16-17.
[21] 李娜娜,张宝建. 科技创新与创业耦合协调关系研究:来自25个国家的经验证据[J]. 经济问题,2017(12):65-71.
[22] 宋刚. 钱学森开放复杂巨系统理论视角下的科技创新体系:以城市管理科技创新体系构建为例[J]. 科学管理研究,2009,27(6):1-6.
[23] 袁志彬. 以企业为核心的产学研合作模式[J]. 高科技与产业化,2017(6):25-29.
[24] 王树国. 第四次工业革命背景下的高等教育变革与发展[J]. 中国高教研究,2021(1):1-4.

[25]毛钟红,余国扬.高校产学研模式及实践思考[J].科技管理研究,2009,29(7):250-251.

[26]MOWERY D C,ROSENBERG N. Path of Innovation:Technological Change in 20th-Century America[M]. Cambridge:Cambridge University Press,1998.

[27]何代欣.驱动结构性改革:支撑创业创新的财政政策研究[J].地方财政研究,2016(5):9-15.

[28]孙洪义.创新创业基础[M].北京:机械工业出版社,2017.

[29]周苏.创新思维与方法[M].北京:机械工业出版社,2017.

[30]檀润华.TRIZ及应用:技术创新过程与方法[M].北京:高等教育出版社,2010.

[31]李善友.颠覆式创新:移动互联网时代生存法则[M].北京:机械工业出版社,2015.

[32]张汝山.创新与创业思维[M].北京:国家行政学院出版社,2017.

[33]李淑文.创新思维方法论[M].北京:中国传媒大学出版社,2006.

[34]许光明.创新思维简明读本[M].广州:广东教育出版社,2006.

[35]武欣.创新政策:概念、演进与分类研究综述[J].生产力研究,2010(7):249-251.

[36]吴晓波,胡松翠,章威.创新分类研究综述[J].重庆大学学报(社会科学版),2007(5):35-41.

[37]单娟,于顺庆.源自新兴市场的创新类型梳理及其在中国情境下的实践应用[J].科技管理研究,2018,38(5):1-6.

[38]陈佳媛.中小企业微创新类型选择的影响因素研究[J].生产力研究,2018(11):117-124.

[39]王慧敏,孙洁,蒋莉莉,等.文化创意产业研究:理论前沿和热点问题[M].上海:上海社会科学院出版社,2016.

[40]朱桂龙,温敏瑢.从创意产生到创意实施:创意研究评述[J].科学学与科学技术管理,2020,41(5):69-88.

[41]李双金.创意与创意资本化:创新视角的分析[J].上海经济研究,2008(9):52-57.

[42]霍金斯,周一平,杉浦勉.创意产业:新经济源泉[J].经营者(商业管理版),2006(12):55-56.

[43]厉无畏.创意产业导论[M].上海:学林出版社,2006.

[44]霍金斯.新创意经济3.0:如何用想法点石成金[M].王瑞军,王立群,译.北京:北京理工大学出版社,2018.

[45]杨德林.创意开发方法[M].北京:清华大学出版社,2006.

[46]谭贞,薛凡.创新创意基础教程[M].北京:机械工业出版社,2013.

[47]罗玲玲.创意思维训练[M].北京:首都经济贸易大学出版社,2008.

[48]李艳,杨百寅.创意实施:创新研究未来走向[J].心理科学进展,2016,24(4):643-653.

[49]王海山,朱继文.技术创新的宏观经济动力模式及其政策意义[J].科学经济社会,1991(1):26-32.

[50]魏发辰.创新、创造、技术创新和发明概念辨析[J].发明与革新,1991(8):28-29.

[51]胡琪煊.大数据时代下企业管理模式的创新策略[J].智富时代,2019(1):45-45.

[52]韩文龙."技术进步—制度创新—企业家精神"的创新组合及其增长效应[J].社会科学辑刊,2019(3):202-212.

[53]王建华.创新创业、企业家精神与大学转型[J].教育发展研究,2019(11):1-7.

[54] AXTELL C M, HOLMAN D J, UNSWORTH K L, et al. Shopfloor innovation: Facilitating the suggestion and implementation of ideas[J]. Journal of Occupational and Organizational Psychology, 2000, 73(3): 265-285.

[55] BAYUS B L. Crowdsourcing new product ideas over time: An analysis of the Dell Idea Storm community[J]. Management Science, 2013, 59(1): 226-244.

[56] HARVEY S. Creative synthesis: Exploring the process of extraordinary group creativity [J]. Academy of Management Review, 2014, 39(3): 324-343.

[57] SCHROEDER R G, VAN DE VEN A H, SCUDDER G D, et al. The development of innovation ideas [M]//VAN DE VEN A, ANGLE H L, POOLE H L. Research on the management of innovation: The Minnesota studies. New York: Oxford University Press, 1989.

[58] STEVENS G A, BURLEY J. 3000 raw ideas = 1 commercial success[J]. Research Technology Management, 1997, 40(3): 16-27.

[59] SUBRAMAM M, YOUNDT M A. The influence of intellectual capital on the types of innovative capabilities[J]. Academy of Management Journal, 2005 (48): 450-463.

[60] SCHNEIDER S, SPIETH P. Business model innovation: Towards an integrated future research agenda[J]. International Journal of Innovation Management, 2013, 17(1): 1-34.

[61] 孙光磊, 鞠晓峰. 创意扩散的自由碰撞统计模型[J]. 中国软科学, 2011(9): 187-192.

[62] 陈放. 中国创意学[M]. 北京: 中国经济出版社, 2010.

[63] 林崇德, 胡卫平. 创造性人才的成长规律和培养模式[J]. 北京师范大学学报(社会科学版), 2012(1): 36-42.

[64] DORST K, CROSS N. Creativity in the design process: co-evolution of problem-solution[J]. Design studies, 2001, 22(5): 425-437.

[65] BAACK D W, WILSON R T, DESSEL M M V, et al. Advertising to businesses does creativity matter? [J]. Industrial Marketing Management, 2016, (55): 169-177.

[66] 祝帅, 郭嘉. 创意产业与设计产业链接关系的反思[J]. 设计艺术研究, 2011(1): 19-24.

[67] CASSIMAN B, VEUGELERS R. In search of complementarity in innovation strategy: Internal R&D and external knowledge acquisition[J]. Management Science, 2006, 52(1): 68-82.

[68] ANDERSON N, POTOCNIK K, ZHOU J. Innovation and creativity in organizations: A state-of-the-science review, prospective commentary, and guiding framework [J]. Journal of Management, 2014, 40(5), 1297-1333.

[69] FORD C M. A theory of individual creative action in multiple social domains[J]. The Academy of Management Review, 1996, 21(4): 1112-1142.

[70] JANSSEN O. Job demands, perceptions of effort-reward fairness and innovative work behavior [J]. Journal of Occupational and Organizational Psychology, 2000, 73(3): 287-302.

[71] YUSUF S, NABESHIMA K. Creative Industries in East Asia[J]. Cities, 2005, 22(2): 109-122.

[72] 陈劲, 阳银娟. 协同创新的理论基础与内涵[J]. 科学学研究, 2012, 30(02): 161-164.

[73] 王震, 孙健敏. 人-组织匹配与个体创新行为的关系: 三元匹配模式的视角[J]. 经济管理, 2010, 32(10): 74-79.

[74]邱均平,段宇锋.论知识管理与知识创新[J].中国图书馆学报,1999(3):5-11.
[75]简兆权,李垣.战略管理的演进与发展趋势[J].科学管理研究,1999(3):52-55.
[76]杨加陆,方青云.管理创新[M].上海:复旦大学出版社,2003.
[77]诺伊,霍伦贝克,格哈特,等.人力资源管理:赢得竞争优势(第7版)[M].刘昕,译.北京:中国人民大学出版社,2011.
[78]熊彼特.熊彼特:经济发展理论[M].邹建平,译.北京:中国画报出版社,2012.
[79]燕继荣.协同治理:社会管理创新之道:基于国家与社会关系的理论思考[J].中国行政管理,2013(2):58-61.
[80]吕明,胡争光,吕超.现代企业管理[M].北京:国防工业出版社,2014.
[81]任萍,刘国亮.我国企业人力资源管理存在的问题与对策[J].经济纵横,2016(5):34-37.
[82]吴贵生,谢伟.我国技术管理学科发展的战略思考[J].科研管理,2005(6):51-57.
[83]彭靖里,邓艺,李建平.国内外技术创新理论研究的进展及其发展趋势[J].科技与经济,2006(4):13-16.
[84]GRANOVETTER M S. The strength of weak ties[J]. American Journal of Sociology, 1973,78(6):1360-1380.
[85]张罡,王宗水,赵红."互联网+"环境下营销模式创新:价值网络重构视角[J].管理评论,2019,31(3):94-101.
[86]赵红.营销创新:理论·方法·案例[M].北京:高等教育出版社,2015.
[87]益普索,林莹.2020营销创新趋势洞察[J].中国广告,2021(2):48-52.
[88]邓慧兰,赵占波,姚凯.顾客价值视角下拼购小程序营销创新研究:基于扎根理论的案例分析[J].南开管理评论,2021(1):1-10.
[89]黄沛,王丹,周亮.营销创新管理[M].北京:清华大学出版社,2005.
[90]周正火.ZJ公司数字化营销策略研究[D].北京:北京林业大学,2020.
[91]陈勇.基于社会化媒体数据的汽车行业数字化营销战略研究:以产品A为例[D].北京:对外经济贸易大学,2017.
[92]冯晶.新零售时代的NSH服装公司数字化营销策略研究[D].上海:上海外国语大学,2020.
[93]刘晓英.构建信息时代企业数字化营销体系[N].中国社会科学报,2020-8-20(6).
[94]龚诗阳,李倩,赵平,等.数字化时代的营销沟通:网络广告、网络口碑与手机游戏销量[M].南开管理评论,2018,21(2):28-42.
[95]崔世杰.大丰荷兰花海旅游度假区数字化营销策略优化研究[D].兰州:兰州大学,2020.
[96]缥缈.2020中国数字营销案例TOP30[J].互联网周刊,2021,21(4):34-37.
[97]卢芳,吴健,罗定提.考虑产品体验性和营销努力的分销渠道合作策略研究[J].中国管理评论,2020,28(10):144-155.
[98]李征.体育赛事观众的体验型态、体验满意度及忠诚度的关系模型构建与验证[J].西安体育学院学报,2020,37(4):457-464.
[99]伯克豪特.新零售战略:提升顾客体验的营销之道[M].邱皓,译.北京:人民邮电出版社,2019.
[100]数字营销市场.2019年十大互动体验营销案例[EB/OL].(2020-01-10)[2022-05-09].https://www.sohu.com/a/366111872_120051662.

[101] 陈海军,张瑞清,王竞宇.互联网时代品牌跨界营销策略研究:以三大媒体 2019 年度盘点为例[J].新媒体研究,2020,6(30):37-40.

[102] 黄春萍,王芷若,马苓,曾珍香.跨界营销:源起、理论前沿与研究展望商业经济研究[J].2021(4):80-82.

[103] 成功营销.2020 营销盘点之十大跨界营销[EB/OL].(2021-02-04)[2022-05-11]. http://www.vmarketing.cn/index.php/index/newsdetail/nid/40117.

[104] 黄嘉涛.移动互联网环境下跨界营销对价值创造的影响[J].管理学报,2017,14(7):1052-1061.

[105] 王竹立.后疫情时代,教育应如何转型?[J].电化教育研究,2020,41(4):13-20.

[106] 许庆瑞,吕飞.服务创新初探[J].科学学与科学技术管理,2003(3):34-37.

[107] 蔺雷,吴贵生.服务创新的四维度模型[J].数量经济技术经济研究,2004(3):28-33.

[108] KRISTENSSON P, MAGNUSSON P R, MATTHING J. Users as a hidden resource for creativity:Findings from an experimental study on user involvement[J]. Creativity and Innovation Management,2002,11(1):55-61.

[109] 孙凯,刘人怀.基于信息处理理论的跨组织信息共享策略分析[J].管理学报,2013,10(2):293-298.

[110] 赵维双.技术经济学[M].北京:兵器工业出版社,2005.

[111] 曹平.技术创新的战略及管理[M].北京:经济科学出版社,2010.

[112] 齐建国.技术创新:国家系统的改革与重组[M].2 版.北京:社会科学文献出版社,2007.

[113] 弗罗里达.创意经济[M].方海萍,魏清江,译.北京:中国人民大学出版社,2006.

[114] 上海市经济委员会,上海创意产业中心.创意产业[M].上海:上海科学技术文献出版社,2005.

[115] 霍金斯.创意经济:如何点石成金[M].洪庆福,孙薇薇,刘茂玲,译.上海:上海三联书店,2006.

[116] 张京成.中国创意产业发展报告(2020)[M].北京:中国经济出版社,2020.

[117] 王钰,胡海青.知识产权保护与新创企业绩效:创业导向与社会责任的中介效应[J].科技进步与对策,2021,38(4):62-69.

[118] 吴汉东.知识产权的多元属性及研究范式[J].中国社会科学,2011(5):39-45.

[119] 张韵君.基于专利战略的企业技术创新研究[D].武汉:武汉大学,2014.

[120] 董美辰.商标权保护的经济学分析[D].长春:吉林大学,2016.

[121] 许培源,章燕宝.行业技术特征、知识产权保护与技术创新[J].科学学研究,2014,32(6):950-960.

[122] 杨莉,陶晓丽,李昂.创新创业平台知识产权服务模式研究[J].科技和产业,2018,18(3):84-90.

[123] 何能文.小微制造企业"双创"中知识产权风险防范研究[D].广州:华南理工大学,2017.

[124] 李小玲.美国大学生创业园区的分析与启示[J].教育教学论坛,2016(6):1-2.

[125] 梁翠,王智新.促进大众创业万众创新的知识产权保护政策研究[J].科学管理研究,2017,35(6):16-19.

[126] 史宇鹏,顾全林.知识产权保护、异质性企业与创新:来自中国制造业的证据[J].金融研

究,2013(8):136-149.

[127] FRANCO M, HAASE H, GOMES F. The influence of entrepreneurial attitude on business cooperation decisions: proposal for astructural model[J]. IUP Journal of Entrepreneurship Development,2010(9):49-68.

[128] 朱仁宏,曾楚宏,代吉林.创业团队研究述评与展望[J].外国经济与管理,2012,34(11):11-18.

[129] 巴林杰.创业计划:从创意到执行方案[M].陈忠卫,等译.北京:机械工业出版社,2016.

[130] 邓立治.商业计划书:原理、演示与案例[M].北京:机械工业出版社,2018.

[131] 靳诺,刘伟.中国大学生创业报告[M].北京:中国人民大学出版社,2018.

[132] 陈虹.大学创新创业教育[M].北京:文化发展出版社,2020.

[133] 邓荣霖.论公司[M].北京:中国人民大学出版社,2019.

[134] 曹旭平,黄湘萌,汪浩,等.市场营销学[M].北京:人民邮电出版社,2017.

[135] 投资界网站,PEdaily.中国创投简史[M].北京:人民邮电出版社,2017.

[136] 薛中行.小微企业股权激励[M].上海:复旦大学出版社,2016.

[137] 洪长青,张凤英,李学昆.市场营销策划[M].南京:南京大学出版社,2017.

[138] 严碧容,方明,余浪,等.财务分析[M].北京:人民邮电出版社,2014.

[139] 劳本信,杨帆.创业与运营管理实务[M].北京:人民邮电出版社,2016.

[140] 杜什尼茨基,余雷,路江涌.公司创业投资:文献述评与研究展望[J].管理世界,2021,37(7):198-216.

[141] 张三保,雷媛,罗志敏.中国高校创业教育的组织模式:演进、比较与方向[J].高等工程教育研究,2021(4):195-200.

[142] 张景峰.法定公司组织机构规范研究[J].河南财经政法大学学报,2021,36(2):101-112.

[143] 韩喜平,杨雪.新时代大学生创新创业困境及教育路径[J].思想政治教育研究,2020,36(5):152-155.

[144] 张紫,敖慧.创业公司如何避免陷入创业困境?:基于风险投资与管理者过度自信的调节效应[J].财会通讯,2020(16):56-59.

[145] 张璐.波特五力模型理论研究与思考[J].品牌(下半月),2015(6):345.

[146] 赵玲,田增瑞,常焙筌.创业资源整合对公司创业的影响机制研究[J].科技进步与对策,2020,37(6):27-36.

[147] 刘振,管梓旭,李志刚,等.社会创业的资源拼凑:理论背景、独特属性与问题思考[J].研究与发展管理,2019,31(1):10-20.

[148] 张萌萌,李建华,裴冬雪,等.高技术企业公司创业影响因素探析及模型构建[J].科研管理,2016,37(7):27-34.

[149] 何一清,崔连广,张敬伟.互动导向对创新过程的影响:创新能力的中介作用与资源拼凑的调节作用[J].南开管理评论,2015,18(4):96-105.

[150] 马鸿佳,董保宝,葛宝山.资源整合过程、能力与企业绩效关系研究[J].吉林大学社会科学学报,2011,51(4):71-78.

[151] 柳青,蔡莉.新企业资源开发过程研究回顾与框架构建[J].外国经济与管理,2010,32

(2):9-15.

[152]蔡莉,尹苗苗.新创企业学习能力、资源整合方式对企业绩效的影响研究[J].管理世界,2009(10):1-10.

[153]蔡莉,柳青.新创企业资源整合过程模型[J].科学学与科学技术管理,2007(2):95-102.

[154]SIRMON D G, HITT M A, IRELAND R D. Managing firm resources in dynamic environments to create value:Looking inside the black box[J]. The Academy of Management Review,2007,32(1):273-292.

[155]林嵩,张帏,林强.高科技创业企业资源整合模式研究[J].科学学与科学技术管理,2005(3):143-147.

[156]STARR J A, MACMILLAN I C. Resource cooperation via social constracting:Resource acquisition strategies for new venture[J]. Strategic Management Journal,1990(11):79-92.

[157]ASPELUND A, BERG-UTBY T, SKJEVDAL R. Initial resources' influence on new venture survival:A longitudinal study of new technology-based firms[J]. Technovation,2004,25(11):1337-1347.

[158]BRUSH C G. From initial idea to unique advantage:The entrepreneurial challenge of constructing a resource base[J]. Academy of management perspectives,2001,15(1):64-78.

[159]CHESBROUGH H. The logic of open innovation:Managing intellectual property[J]. California Management Review,2003,45(3):33-58.

[160]KEATS B W, HITT M A. A causal model of linkages among environmental dimensions, macro organizational characteristics, and performance[J]. The Academy of Management Journal,1988,31(3):570-598.

[161]SLATER S F, NARVER J C. Market-oriented is more than being customer-led[J]. Strategic Management Journal,1999,20(12):1165-1168.

[162]CHATZKEL J. A conversation with Goran Roos[J]. Journal of Intellectual Capital,2002,3(2):96-117.

[163]BARNEY J. Firm resources and sustained competitive advantage[J]. Journal of Management,1991,17(1):99-120.

[164]黄汉民.企业组织结构理论的演变与发展[J].经济学动态,2003(5):78-81.

[165]陈国权,刘薇.企业环境对探索式学习、利用式学习及其平衡影响的实证研究[J].中国软科学,2017(3):99-109.

[166]汪涛,陆雨心,金珞欣.动态能力视角下组织结构有机性对逆向国际化绩效的影响研究[J].管理学报,2018,15(2):174-182.

[167]王晓玲,陈艳,杨波.互联网时代组织结构的选择:扁平化与分权化:基于动态能力的分析视角[J].中国软科学,2020(1):41-49.

[168]符靖.大数据时代下企业组织结构设计与管理变革[J].品牌研究,2018(3):160-161.

[169]刘刚.知识积累和企业的内生成长[J].南开经济研究,2002(2):47-51.

[170]李宏贵,曹迎迎.新创企业的发展阶段、技术逻辑导向与创新行为[J].科技管理研究,2020,40(24):127-137.

[171] 李军波,蔡伟贤,王迎春.企业成长理论研究综述[J].湘潭大学学报(哲学社会科学版),2011,35(6):19-24.

[172] 姚梅芳,黄一丛,董保宝.市场导向、战略柔性与新企业成长:双元创新的中介作用[J].吉林大学社会科学学报,2019,59(3):18-29.

[173] 毛蕴诗,陈玉婷.统筹国内外两个市场的天生国际化企业持续成长研究:基于奥马电器的案例分析[J].经济与管理研究,2015,36(10):114-121.

[174] 刘刚,李强治.创业孵化的本质及其组织模式创新:基于价值网络的视角[J].中国科技论坛,2014(4):45-50.

[175] 张鲁彬,柳进军,刘学.国内外创业孵化模式比较与启示[J].现代管理科学,2015(10):3-6.

[176] SUN X Y, CHENG Y. Sustainable efficiency evaluation of regional state-level technology business incubating service systems in China: A dynamic two-stage slacks-based measure approach.[J]. Journal of Cleaner Production,2021,279.

[177] 潘涌,茅宁.创业加速器研究述评与展望[J].外国经济与管理,2019,41(1):30-44.

[178] AA加速器.中国加速器的发展现状与趋势[J].科技中国,2018(2):97-101.

[179] 长城企业战略研究所.创业苗圃相关案例研究[J].新材料产业,2015(4):64-67.

[180] ROTHWELL R. Successful industrial innovation: critical factors for the 1990s[J]. R&D Management,1992,22(3):221-240.

[181] 孙向阳.科技企业孵化器运营效率评价方法与改善策略研究[D].上海:上海大学,2021.

[182] 杨义兵.创业孵化器运行效率与商业模式研究[D].长春:吉林大学,2020.